《嶽麓書院藏秦簡（肆）》疏證

朱紅林 著

上海古籍出版社

項目資助
吉林大學哲學社會科學校級重點研究基地重大項目（2015）
全國高校古委會直接資助項目（編號 1846）
國家社科基金重大項目"簡帛學大辭典"（編號 14ZDB027）

前 言

嶽麓書院藏秦簡是繼睡虎地秦簡、里耶秦簡之後，秦簡的又一次重大發現。我們現在看到的這批秦簡雖然不是直接得自考古發掘，但它的價值仍然稱得起"重大"二字，它所包含的史料在秦史研究的很多領域都可以説具有填補空白的意義。以陳松長教授領銜的湖南大學嶽麓書院藏秦簡整理小組，對這批秦簡進行了艱辛而又高效的整理工作，到目前爲止，已有六册煌煌巨著相繼面世，爲學術界做出了巨大貢獻。這是我們所有讀者都應該感謝和銘記的。

《嶽麓書院藏秦簡（肆）》收録秦簡391枚（拼合後總簡數），時代大致在秦始皇及秦二世時期，内容主要包括《亡律》《田律》《金布律》《尉卒律》《繇律》《傅律》《倉律》《司空律》《内史襍律》《奔警律》《戍律》《行書律》《置吏律》《賊律》《具律》《獄校律》《興律》《襍律》《關市律》《索律》等二十篇有明確律名的簡文，《内史二千石官共令》一組令文，以及一部分無律令名稱的簡文。這批秦簡具有珍貴的史料價值：

一、這批秦簡中出現了一部分此前未見的秦律令名稱，如《尉卒律》《奔警律》《獄校律》《索律》及《内史二千石官共令》等。這對於研究秦代律令體系的構成是很有價值的。秦代的"律"究竟有多少種，它與"令"的關係如何，秦律令與漢律令的關係又如何，所謂漢承秦制，究竟漢律繼承了多少秦律，有多少秦律爲漢律所摒棄，隨着對秦律令的不斷發現、整理與深入研究，爲這一問題的解决提供了越來越多的機會。

二、這批秦簡中大部分律名雖已見於睡虎地秦簡或張家山漢簡（尤其是前者），而且不少律文的内容基本相同，但律文語句的前後順序或語言表述則有明顯差異。這種差異究竟是在律文不同時期的修訂過程中造成的，還是這批簡牘的抄手在抄寫過程中憑己意擅作改動造成的。這一問題目前很難有確切的答案，因爲在缺乏足夠佐證史料的情況下，主觀推測往往會産生很大的隨意性，稍有不慎，就會得出失之毫釐謬以千里的結論。但是，這種研究又是非常必要的，不可或缺的。只有搞清楚這一問題，才能使我們對這批秦簡的學術價值和歷史價值有一個可靠準確的定位，隨後才能以此爲基礎進行更深入的學術研究。否則，基石不穩，後續研究的學術大廈隨時有可能崩塌。

三、這批簡本身所包含的史學内容和法學内容也非常值得研究。它涉及當時的職官設置、行政區劃、經濟政策乃至國家的治國戰略等等。有的官職設置很少見於記載，如"執灋",雖然此前文獻中已有零星記載,但其具體職能並不容易準確把握,這次秦簡中出現的"執灋"職能雖然非常豐富,但涉及面廣,同樣很難對它的機構和職能進行比較準確的定位。有的制度則明顯可與傳世文獻相互印證,解決了長期以來對某些文獻記載的質疑,如關於《周禮》中"質劑"與"質布"的記載,這次秦簡的發現使我們對《周禮》這部經典著作的史料價值有了更加深刻的認識。此外,還有很多有價值的史料,如秦簡中所反映出的當時的流亡階層與雇工的關係、國家對於流亡人口的追捕、最基層機構的"里"設置與管理等等,在這批秦簡中都有體現。

以陳松長教授領銜的嶽麓書院藏秦簡整理與研究團隊,對這批秦簡進行了高品質的整理,爲學術界的進一步研究奠定了堅實的基礎。嶽麓秦簡每一批整理出版之前,嶽麓書院整理者都會邀請學術界的相關專家和學者舉行出版前的審訂會,儘量吸取學術界的意見和建議,爭取出版成果最大程度的完善。筆者有幸參與了《嶽麓書院藏秦簡(肆)》(以下簡稱《嶽麓肆》)的出版前審訂會,但由於才疏學淺,主要是去先睹爲快這批即將面世的新成果,同時學習聆聽學界專家的高見,未能對簡牘的修訂提出什麼有益的建議,深感慚愧。如今《嶽麓肆》的出版已經過了五年多,筆者在盡量充分吸收學界關於《嶽麓肆》研究成果的基礎上,結合自己研讀這批簡文的體會和感想,形成這本小書,一方面算作交給《嶽麓肆》出版審訂會的一份遲到的作業,請陳松長教授及嶽麓書院的同仁們批評指正,另一方面也衷心希望學術界的專家師長多加指點。

本成果主要是在嶽麓秦簡整理小組已有注釋的基礎上,進行疏證。具體內容如下:

一、新增注釋。《嶽麓肆》整理小組雖然對這批秦簡進行了高水準的整理,作了必要的注釋,但這批簡內容豐富,整理小組不可能做到面面俱到,還有很多需要作注的地方沒有作注。因此,本書在吸收整理者及學術界相關研究成果的基礎上,對簡文中那些需要作注而沒有注釋的地方,進行注釋。

二、補充原注。整理者已作注釋,所注內容基本正確,但注釋過於簡略,不足以深入揭示所反映制度的內涵。在這種情況下,我們結合原始的出土文獻和傳世文獻資料以及學術界相關研究成果,對整理小組的注釋作進一步補充說明,使整理小組的觀點更加明確。

三、修正原注及釋文標點。筆者認爲整理小組的某些注釋尚有值得商榷之處,對其進行修正,提出自己的觀點及相關論據。同時,對於簡文的標點,本書也有不少地方特意作了調整。通過研讀簡文,筆者深深感覺到,標點的恰當與否,往往會第一時間對研讀者的理解產生潛移默化的影響。不同的標點位置,有時甚至會產生截然相反的認知效果。此事實在是不可小覷。當然,標點正確與否,又決定於標點者對於文意理解的正確與否。本書在標點方面所作的調整也不一定都合適,還需要學界同仁的指正。

四、白話譯文。出於謹慎,嶽麓秦簡整理小組沒有對相關的簡文做譯文。本書爲了使更多的讀者加入到嶽麓秦簡的研究隊伍中來,對本卷嶽麓秦簡簡文進行了白話文翻譯,這樣可以使更多的人,包括專業人士和非專業人士,很快瞭解嶽麓秦簡的基本内容，使更多有興趣的人加入嶽麓秦簡的研究隊伍。當然，這樣做的風險很大，這也是很明顯的。理解簡文的大意容易，要想翻譯成白話文，就不可避免地涉及對每一個簡文文字及句子的理解，要想字字句句的理解都正確，這很難做到。因此，本書采取了折衷的辦法，明確説明譯文只是大意，不苛求每一個字的字義。當然，就算是大意，書中的譯文也必定還有很多不完善的地方，筆者就是希望學術界對這些不完善的地方盡可能多地提出意見和建議，然後筆者再吸收消化，進一步推出更準確的譯文奉獻給大家。

目　錄

前言 ………………………………………………………………… 1

第一組簡 ………………………………………………………… 1
簡 1966（001）…………………………………………………… 3
缺簡 01 …………………………………………………………… 9
簡 2042（002）…………………………………………………… 9
簡 1965＋2150-1＋2150-2（003—004）……………………… 10
簡 1991 正＋1991 背（005）…………………………………… 12
簡 1930（006）…………………………………………………… 13
簡 0782＋2085＋0796（007—009）…………………………… 14
簡 0797（010）…………………………………………………… 19
簡 2037＋2090（011—012）…………………………………… 20
簡 1980＋2086（013—014）…………………………………… 22
簡 2087（015）…………………………………………………… 26
簡 2041（016）…………………………………………………… 28
缺簡 02 …………………………………………………………… 29
簡 1981＋1974＋0169＋0180＋2036（017—021）…………… 29
簡 1988（022）…………………………………………………… 30

簡 1932（023）	31
缺簡 03	33
簡 1978＋1996＋2027＋1973＋2060＋2083（024—029）	33
簡 2132＋1998＋缺簡 04＋1982（030—032）	41
簡 1975＋0170＋2035＋2033（033—036）	44
簡 2129＋2091＋2071（037—039）	49
簡 2044（040）	51
簡 2048（041）	51
簡 2101（042）	52
簡 1989（043）	53
簡 2089（044）	54
簡 2088＋2054（045—046）	56
簡 2009＋1983（047—048）	57
簡 1997（049）	58
簡 1976（050）	60
簡 2081＋2039（051—052）	61
簡 2106＋1990＋1940＋2057＋2111＋1941＋2031（053—058）	62
缺簡 05	69
簡 1560（空白簡）(059)	69
簡 2011＋1984＋1977＋2040＋1979（060—064）	69
簡 2047＋1947＋1992＋1946（066—069）	72
簡 2010（070）	74
簡 1931＋2123＋1962＋2045＋2094（071—074,083）	74
簡 2012（075）	77

簡 1985（076）……	78
簡 1945（077）……	79
簡 2072＋2043（078、065）……	80
簡 2017（079）……	82
簡 1047（080）……	82
簡 1960（081）……	82
簡 1928（082）……	82
缺簡 06 ……	84
簡 2149＋2016＋2008＋2055（084—087）……	84
缺簡 07 ……	87
簡 2158＋1958（088）……	87
簡 0168＋0167（089—090）……	88
簡 0185（091）……	89
簡 2080（092）……	90
簡 2107＋2122（093—094）……	91
缺簡 08 ……	93
簡 1955（095）（空白簡）……	93
簡 2096（096）……	93
簡 2062（097）……	93
簡 2117（098）……	94
簡 0161＋0186＋2065＋0780＋0187（099—102）……	94
缺簡 09 ……	97
簡 1959＋2073（103—104）……	97
簡 2118（105）（空白簡）……	98

第二組簡 ······ 99

簡 1278＋1282＋1283（106—108）······ 101

簡 1277＋1401（109—110）······ 106

簡 1284＋1285＋1281（111—113）······ 109

簡 1276（114）······ 116

簡 1400（115）······ 118

簡 1402（116）······ 122

簡 1286（117）······ 124

簡 1287＋1230＋1280（118—120）······ 125

簡 1411＋1399＋1403（121—123）······ 128

簡 1289＋1288＋1233（124—126）······ 135

簡 1229＋1279＋1410＋1398＋1365（127—131）······ 139

簡 1404＋1290＋1292（132—134）······ 145

簡 1234＋1259＋1258＋1270（135—138）······ 150

簡 1409（139）······ 155

簡 1397＋1372（140—141）······ 157

簡 1373＋1405＋1291＋1293＋1235（142—146）······ 162

簡 1232＋1257＋1269＋1408（147—150）······ 170

簡 1255＋1371＋1381（151—153）······ 175

簡 1374＋1406-1（154—155）······ 180

缺簡 10 ······ 181

簡 1295＋1294＋1236＋1231（156—159）······ 181

簡 1256＋1268＋1275（160—162）······ 184

簡1251＋1254（163—164）	187
簡1370＋1382（165—166）	191
簡1375＋1412（167—168）	193
簡1413＋1297（169—170）	196
簡1296＋1237（171—172）	201
簡1224＋J45（173—174）	208
簡1266＋1274（175—176）	209
簡1252＋1253＋1369＋1383＋缺簡11＋1376（177—181）	211
缺簡12	217
簡1414-1＋1298（182—183）	217
簡1299＋1238＋缺簡13＋1225＋J46（184—187）	219
簡1267＋1273（188—189）	226
簡1248＋1249（190—191）	227
簡1250＋1368（192—193）	231
簡1384＋1388（194—195）	234
簡1377（196）	235
簡1417（197）	236
簡1415＋1428＋1300＋1301＋1351＋0990＋缺簡14＋1226＋J42＋1263（198—206）	237
簡1272＋1245＋1247（207—209）	245
簡1396＋1367（210—211）	248
缺簡15	249
簡1389＋1378＋1418（212—214）	249
簡1426＋1303＋1302＋1352＋0911（215—219）	252

缺簡 16 ·· 255

簡 1227＋J43＋1262（220—222）·················· 255

簡 1271＋1243（223—224）························· 258

簡 1244＋1246＋1395＋1364（225—227）········ 261

簡 1385＋1390（228—229）························· 263

簡 1392＋1427（230—231）························· 265

簡 1419＋1425＋缺簡 17＋1304＋1353＋1312（232—236）············ 266

簡 0912（237）··· 271

簡 0992＋0792（238—239）························· 272

簡 1228（240）··· 274

簡 J54（241）·· 276

簡 1261（242）··· 277

簡 1265（243）··· 278

簡 1241＋1242＋1363＋1386（244—247）········ 279

簡 1394＋1393＋1429＋1420＋1424（248—252）·· 285

簡 1305＋1355＋1313＋0913（253—256）········ 289

簡 0350＋0993＋0793＋0795＋J57（257—261）·· 292

簡 1260＋1264＋J30＋1240＋1362＋J28（262—267）············ 298

缺簡 18 ·· 303

簡 0118＋0173＋0060（268—270）················· 303

缺簡 19 ·· 305

殘 5＋1434＋1430＋1421＋1423＋1306（271—275）············ 305

簡 1354＋1314（276—277）························· 308

簡 0914＋0349（278—279）························· 310

簡 0994（280）………………………………………………………… 314

簡 0798＋0794（281—282）…………………………………………… 315

缺簡 20 ……………………………………………………………… 317

簡 J14（283）………………………………………………………… 317

第三組簡 ……………………………………………………………… 319

簡 0528＋0527（0）＋0467-1＋0019＋缺簡 21＋0557（284—288）…… 321

簡 0479（289）………………………………………………………… 325

缺簡 22 ……………………………………………………………… 325

簡 0326＋0324（290—291）…………………………………………… 325

簡 J44＋0705（292—293）…………………………………………… 326

簡 0099-2（294）……………………………………………………… 328

簡 0466＋0944（295—296）…………………………………………… 329

簡 0443＋0544＋0665＋1521（297—300）…………………………… 330

簡 0630＋0609（301—302）…………………………………………… 332

簡 0532-1＋0686（303—304）………………………………………… 335

簡 0530（305）………………………………………………………… 336

簡 0748＋0355（306—307）…………………………………………… 337

簡 1918＋0558＋0358＋0357＋0465（308—312）…………………… 340

簡 0698＋0641（313—314）…………………………………………… 343

簡 0754（315）………………………………………………………… 345

簡 0801（316）………………………………………………………… 345

簡 0589（317）………………………………………………………… 346

簡 0691＋0016＋0316（318—320）…………………………………… 346

簡 0624＋J47（321—322） ……………………………………………… 348

簡 0549（323） …………………………………………………………… 350

簡 0467（324） …………………………………………………………… 351

簡 0055（2）-3＋0327（325—326） …………………………………… 351

簡 0617（327） …………………………………………………………… 353

簡 0690（328） …………………………………………………………… 353

簡 0587＋0638＋0681（329—331） …………………………………… 353

簡 0749＋0351（332—333） …………………………………………… 357

簡 0559＋0359＋0353（334—336） …………………………………… 358

殘 37＋0672-1（337） …………………………………………………… 361

簡 0668＋0591＋0522（338—340） …………………………………… 361

簡 0639＋0680＋1520（341—343） …………………………………… 362

簡 0519＋0352（344—345） …………………………………………… 364

簡 0561＋缺簡 23＋0592＋0523＋0520＋2148＋0813＋0805＋0081＋
0932（346—353） ………………………………………………………… 366

簡 0018（354） …………………………………………………………… 373

簡 0099-1（355） ………………………………………………………… 374

簡 0395（356） …………………………………………………………… 374

簡 0640＋0635（357—358） …………………………………………… 375

簡 0526（359） …………………………………………………………… 377

簡 0319（360） …………………………………………………………… 378

簡 0652＋0524＋0521（361—363） …………………………………… 379

簡 0527＋0531（364—365） …………………………………………… 382

簡 0325＋0317＋0318＋J59＋J58＋0717（366—371） ……………… 384

簡 0015＋0391（372—373）··388

簡 0752（374）···389

簡 J70＋J71＋J67（375）··389

簡 0658（376）···389

簡 0671＋0651-1（377—378）··390

簡 0634＋0663＋0525＋0529（379—382）··391

簡 0669＋0666＋0588-1＋0588-2（383—385）····································395

簡 0518＋0610＋0667＋0664＋1131（386—390）··································397

簡 0356（空白簡）（391）··398

參考文獻··399

簡1966（001）[①]

匿罪人[1]當貲二甲[2]以上到贖死[3]，室人[4]存而年十八歲[5]以上者，貲各一甲，其奴婢弗坐[6]，典、田典[7]₀₀₁

【1】匿罪人

［疏證］

匿罪人，即藏匿罪人。根據嶽麓秦簡的記載，匿罪人者所受到的處罰，是根據所匿罪人的犯罪性質而定的。從目前掌握的材料看，可分爲三種情況：簡1966（001）"匿罪人當貲二甲以上到贖死"，簡1965（003）"匿亡收、隸臣妾"，簡2041（016）"……人奴婢，黥爲城旦舂，主匿黥爲城旦舂以下到耐罪"等。張家山漢簡《二年律令》簡167《亡律》："匿罪人，死罪，黥爲城旦舂，它各與同罪。"[②]概括性比較強，更加簡明扼要。除了藏匿死罪者減輕一等黥爲城旦舂之外，其餘均爲反坐，即藏匿者與被藏匿者同罪。通過比較可以看出，《二年律令·亡律》的這條法律，正是對嶽麓秦簡律令的總結和繼承。[③]

【2】貲二甲

［疏證］

貲甲盾是秦律行政處罰範圍内的一種經濟處罰手段。又稱爲"貲罪"或"貲罰"。嶽麓秦簡2036（021）："……金一兩，其不審，完爲城旦舂到耐罪，貲二甲；貲罪，貲一甲。"睡虎地秦簡中貲甲盾有貲一盾、貲一甲、貲二甲三個等級的處罰，貲二甲可能是當時行政處罰中一次性經濟處罰的最高界限。雖然《法律答問》簡49還出現過一次貲二甲一盾的情況，但屬於特例，其中原因有待進一步考察。[④]嶽麓秦簡中貲罪的出現也是集中在貲一盾、貲一甲、貲二甲三個等級。這表明嶽麓簡在時代上與睡虎地秦簡接近，比里耶秦簡略早。在里耶秦簡的記載中，作爲經濟處罰的手段之一，既有貲錢，也有貲甲盾，體現了貲罰由實物處罰向貨幣處罰的一種過渡形態。[⑤]但實際上不論是睡虎地秦簡，還是嶽麓秦簡、里耶秦簡，其中所記載的貲甲盾都是以銅錢來繳納的。[⑥]這種法律條

---

① 簡號後括號内編號爲《嶽麓肆》編號，下文除特殊注明，皆同此。
② 張家山二四七號漢墓竹簡整理小組編著：《張家山漢墓竹簡〔二四七號墓〕》（釋文修訂本），文物出版社2006年版，第31頁。
③ 《嶽麓肆》簡1—11的研究，曾以《〈嶽麓書院藏秦簡（肆）〉補注（一）》爲題，發表於王捷主編《出土文獻與法律史研究》第6輯，法律出版社2017年版，第100—119頁，收入本書時做了相應的修改和補充。
④ 劉樂賢、彭浩等撰著：《秦簡牘合集·釋文注釋修訂本（壹）》，武漢大學出版社2016年版，第201頁。
⑤ 朱紅林：《里耶秦簡債務文書研究》，《古代文明》2012年第3期，第45頁。
⑥ 于振波：《秦律中的甲盾比價及相關問題》，《史學集刊》2010年第5期，第36—38頁。

文上的殘留在張家山漢簡中仍然存在。單次貲罰金額在貲二甲以上,一般就由行政處罰進入刑事處罰的範圍了。

【3】贖死

[疏證]

贖死是秦國(代)贖刑系列的一種,也是秦律的一種經濟處罰。亦見於嶽麓簡2088(45):"廿五年五月戊戌以來,匿亡人及將陽者,其室主匿贖死罪以下,皆與同罪。"贖刑與貲甲盾性質不同,贖刑屬於刑事處罰,貲甲盾屬於行政處罰,這兩類處罰的內容和所針對的問題都有所不同。睡虎地秦簡的記載表明,當時的贖刑系列包括贖死、贖黥、贖劓、贖斬、贖宮、贖耐、贖遷等。贖斬包括贖斬左趾、贖斬右趾。贖黥、贖斬、贖宮等,又屬於贖肉刑,是狹義上的贖刑。①張家山漢簡《二年律令》中,已經把贖刑系列的贖金明確規定出來。《二年律令》簡119《具律》:"贖死,金二斤八兩。贖城旦舂、鬼薪白粲,金一斤八兩。贖斬、府(腐),金一斤四兩。贖劓、黥,金一斤。贖耐,金十二兩。贖䙴(遷),金八兩。有罪當府(腐)者,移内官,内官府(腐)之。"②我們相信,秦律中也一定存在相類似的系列等差的贖金價格,只是尚未被發現而已。

【4】室人存而年十八歲以上者

[整理小組注]

室人:同居之人。③

[疏證]

嶽麓秦簡整理小組注"同居之人",是正確的。"室人"在這裏是一個專門的法律術語,還見於嶽麓簡多處。簡1965(003):"主匿亡收、隸臣妾,耐爲隸臣妾,其室人存而年十八歲者,各與其疑同灋,其奴婢弗坐。"簡1984(061):"其室人、舍人存而年十八歲者及典、田典不告,貲一甲。"簡2040+1979(063—064):"其室人、舍人存而年十八歲以上者及典、田典、伍不告,貲一盾。"等等。

睡虎地秦簡中屢見"室人"一詞。《法律答問》簡77:"或自殺,其室人弗言吏,即葬狸(薶)之,問死者有妻、子當收,弗言而葬,當貲一甲。"簡92:"小畜生入人室,室人以投(殳)梃伐殺之,所殺直(值)二百五十錢,可(何)論?當貲二甲。"簡201:"可(何)謂'室人'?可(何)謂'同居'?'同居',獨户母之謂殹(也)。'室人'者,一室,盡當坐罪人之謂殹(也)。"《封診式》簡86—87《出子》:"有(又)訊甲室人甲到室居處及復(腹)痛子出狀。"《日書·甲種》簡63正:"刺者,室人妻子父母分離。"簡37背壹:"一宅中毋(無)故而室人皆疫,或死或病。"簡40背壹:"一宅之中毋(無)故室人皆疫,多瞢(夢)米(寐)死。"簡43背壹:"人毋(無)故一室人皆疫,或死或病。"簡36背貳:"一室人皆

---

① 朱紅林:《竹簡秦漢律中的"贖罪"與"贖刑"》,《史學月刊》2007年第5期,第16—20頁。
② 張家山二四七號漢墓竹簡整理小組編著:《張家山漢墓竹簡〔二四七號墓〕》(釋文修訂本),第25頁。
③ 陳松長主編:《嶽麓書院藏秦簡(肆)》,上海辭書出版社2015年版,第74頁。

毋（無）氣以息，不能童（動）作。"簡39背貳："一室人皆夗（縮）筋，是會蟲居其室西臂（壁）。"簡50背三："人毋（無）故一室人皆筆（垂）延（涎）。"52背三："一室人皆養（癢）體（體），厲鬼居之，燔生桐其室中，則已矣。"①

《秦簡牘合集·釋文注釋修訂本（壹）》（以下簡稱《釋文注釋修訂本（壹）》）收錄了諸家關於睡虎地秦簡"室人"的研究成果，摘錄如下：

> 室人，整理者：《禮記·昏義》注："謂女妐女叔諸婦也。"陳玉璟（1985）：指"全家""一家人"。《詩·邶風·北門》："我入身外，室人交徧謫我。"鄭玄箋："在室之人。"蔡鏡浩（1988B）：整理者引文是針對新婚婦人而言，與簡文不合。從秦律看，"室人"似指妻子、兒女。《答問》多次提到罪及妻、子，如簡17、簡116。高恒（1993）："室"即房屋內的人。同一室的人，不一定是親屬，更非"諸婦也"。
>
> 高恒（1993）：《封診式·出子》的"室人"僅是一個證人，《法律答問》簡77、簡92的"室人"受罰是因爲本人違法，而不是連坐。栗勁（1985，208頁）："家屬連坐"的範圍是以"户"爲限，同居、同室、同户之內，一人有罪，其餘人連坐。因爲他們共同擁有私有財産。張世超（1989A）：指同室而居之人，亦即"同居"。冨谷至（2006，154頁）結合《法律答問》簡22認爲"一室盡當坐罪之人"並不是確定緣坐範圍的必要條件，奴婢並不包含在內。②

嶽麓簡的"室人"，當以睡虎地秦簡《法律答問》簡201的解釋最爲恰當，也就是説，法律所謂"室人"，指一人犯罪，同室之中應當受到連坐的人。華東政法大學讀簡班（以下簡稱"華政讀簡班"）吸收了冨谷至的觀點，認爲奴婢應包含在"室人"範圍之內，是有道理的。③

存，指在現場。睡虎地秦簡《法律答問》簡98："賊入甲室，賊傷甲，甲號寇，其四鄰、典、老皆出不存，不聞號寇，問當論不當？審不存，不當論；典、老雖不存，當論。"④

【5】十八歲

[疏證]

十八歲在此處顯然是一種刑事責任年齡。簡1965（003）亦曰："主匿亡收、隸臣妾，耐爲隸臣妾，其室人存而年十八歲者，各與其疑同灋。"簡2011+1984+1977+2040+1979（060—064）："盜賊燧（遂）者及諸亡坐所去亡與盜同灋者當黥城旦舂以上及命

---

① 睡虎地秦墓竹簡整理小組編：《睡虎地秦墓竹簡》，文物出版社1990年版，釋文部分第111、115、141、161、189、212、213、216頁。
② 彭浩、劉樂賢等撰著：《釋文注釋修訂本（壹）》，第259、260頁。
③ 冨谷至著，柴生芳、朱恒曄譯：《秦漢刑罰制度研究》，廣西師範大學出版社2006年版，第152頁。華東政法大學出土法律文獻研讀班：《嶽麓簡秦律令釋讀（一）》，王沛主編：《出土文獻與法律史研究》第8輯，法律出版社2020年版，第153頁。
④ 睡虎地秦墓竹簡整理小組編：《睡虎地秦墓竹簡》，釋文部分第116頁。

者、亡城旦舂、鬼薪、白粲舍人室、人舍、官舍，主舍者不智（知）其亡，贖耐。其室人、舍人存而年十八歲者及典、田典不告，貲一甲。伍不告，貲一盾。當完爲城旦舂以下到耐罪及亡收、司寇、隸臣妾、奴婢闌亡者舍人室、人舍、官舍，主舍者不智（知）其亡，貲二甲。其室人、舍人存而年十八歲以上者及典、田典、伍不告，貲一盾。"簡1234+1259（135—136）："尉卒律曰：黔首將陽及諸亡者，已有奔書及亡毋（無）奔書盈三月者，輒筋〈削〉爵以爲士五（伍），有爵寡，以爲毋（無）爵寡，其小爵及公士以上子年盈十八歲以上，亦筋〈削〉小爵。"

十八歲也是傅籍的年齡。嶽麓簡2037+2090（011—012）："典、老占數小男子年未盈十八歲及女子，縣、道嗇夫誶，鄉部吏貲一盾，占者訾二甲，莫占吏數者，貲二甲。"未盈十八歲應該是未到傅籍年齡，典、老把這樣的人也申報到傅籍名單中去是錯誤的，所以要受到處罰。簡1396+1367（210—211）："置吏律曰：縣除小佐毋（無）秩者，各除其縣中，皆擇除不更以下到士五（伍）史者爲佐，不足，益除君子子、大夫子、小爵及公卒、士五（伍）子年十八歲以上備員，其新黔首勿强，年過六十者勿以爲佐。"彭浩認爲："這比《編年記》記載的始傅年齡大一歲，調整的時間大約在秦王政元年'喜傅'之後，是秦國的傅籍年齡的新資料。"[1]

十八歲作爲一個年齡界限，亦見於張家山漢簡《二年律令》簡342—343《户律》："寡夫、寡婦無子及同居，若有子，子年未盈十四，及寡子年未盈十八，及夫妻皆癃（癃）病，及年老七十以上，毋異其子；今毋它子，欲令歸户入養，許之。"[2] 凌文超也有類似的研究。[3] 不過，《二年律令》簡83《具律》又説："公士、公士妻及□□行年七十以上，若年不盈十七歲，有罪當刑者，皆完之。"[4] 這表明漢初的刑事責任年齡爲十七歲，值得關注。漢初的傅籍年齡則較秦制有所提高。《二年律令》簡364《傅律》："不更以下子年廿歲，大夫以上至五大夫之子及小爵不更以下至上造年廿二歲，卿以上子及小爵大夫以上年廿四歲，皆傅之。"這種因爵位高低而不同的等級傅籍制度，恐怕在秦代就已經出現了，只不過我們尚未見到相關的材料而已。

睡虎地秦簡一度把身高六尺作爲完全刑事責任年齡的標準。《法律答問》簡6："甲盜牛，盜牛時高六尺，毄（繫）一歲，復丈，高六尺七寸，問甲可（何）論？當完城旦。"簡67："甲謀遣乙盜殺人，受分十錢，問乙高未盈六尺，甲可（何）論？當磔。"簡158："甲小未盈六尺，有馬一匹自牧之，今馬爲人敗，食人稼一石，問當論不當？不當論及賞（償）稼。"簡166："女子甲爲人妻，去亡，得及自出，小未盈六尺，當論不當？已官，當論；未官，不當論。"[5] 張全民的研究表明，身高六尺是當時人的法律責任年齡，相當於十五周歲。[6]

綜上所述，可以看出，秦漢之際的刑事責任年齡是處於不斷變化之中的。

---

[1] 彭浩：《論〈嶽麓書院藏秦簡（肆）〉部分竹簡的歸類》，馬聰、王濤、曹旅寧主編：《出土文獻與法律史研究現狀學術研討會論文集》，暨南大學出版社2017年版，第2頁。
[2] 張家山漢簡二四七號墓整理小組編著：《張家山漢墓竹簡〔二四七號墓〕》（釋文修訂本），第55頁。
[3] 凌文超：《秦代傅籍標準新考——兼論自占年與年齡計算》，《文史》2019年第3輯，第14頁。
[4] 張家山漢簡二四七號墓整理小組編著：《張家山漢墓竹簡〔二四七號墓〕》（釋文修訂本），第20頁。
[5] 睡虎地秦墓竹簡整理小組編：《睡虎地秦墓竹簡》，釋文部分第95、109、130頁。
[6] 張全民：《秦律的責任年齡辨析》，《吉林大學社會科學學報》1998年第1期。

【6】其奴婢弗坐

[疏證]

其奴婢弗坐,即奴婢不因主人藏匿罪人而受到連坐。[①] 嶽麓簡1965(003)亦曰:"主匿亡收、隸臣妾,耐爲隸臣妾,其室人存而年十八歲者,各與其疑同瀍,其奴婢弗坐。"相關的法律亦見於睡虎地秦簡《法律答問》簡22:"'盜及者(諸)它罪,同居所當坐',可(何)謂'同居'?户爲'同居',坐隸,隸不坐户謂殹(也)。"[②]《法律答問》所謂"坐隸,隸不坐户",就是説主人或户人會因爲他們的奴婢犯罪而受連坐,但奴婢却不因主人犯罪而受連坐。這可能是因爲奴婢没有人身自由,其行爲受主人支配,所以奴婢犯罪,主人負有責任。反過來主人犯罪,却不一定與奴婢有關,因爲奴婢没有資格支配主人的行爲。當然,隸不坐户也是在一定範圍内才有效的,當主人因犯重罪被抄家時,奴婢也往往被一併没入官府,這項規定也就不再有效了。

【7】典、田典

[疏證]

"典、田典"並列出現,還見於嶽麓秦簡1965+2150-1+2150-2+1991+1991背(003—005):"主匿亡收、隸臣妾,耐爲隸臣妾,其室人存而年十八歲者,各與其疑同瀍,其奴婢弗坐,典、田典、伍不告,貲一盾,其匿□□歸里中,貲典、田典一甲,伍一盾,匿罪人雖弗敝(蔽)貍(埋),智(知)其請(情),舍其室,□□□吏遣,及典、伍弗告,貲二甲。亡律。"簡2011+1984+1977+2040+1979(060—064):"盜賊旋(遂)者及諸亡坐所去亡與盜同瀍者當黥城旦舂以上及命者、亡城旦舂、鬼薪、白粲舍人室、人舍、官舍,主舍者不智(知)其亡,贖耐。其室人、舍人存而年十八歲者及典、田典不告,貲一甲。伍不告,貲一盾。當完爲城旦舂以下到耐罪及亡收、司寇、隸臣妾、奴婢闌亡者舍人室、人舍、官舍,主舍者不智(知)其亡,貲二甲。其室人、舍人存而年十八歲以上者及典、田典、伍不告,貲一盾。"

"典、田典"連用,亦見於張家山漢簡《二年律令》簡305《户律》:"自五大夫以下,比地爲伍,以辨券爲信,居處相察,出入相司。有爲盜賊及亡者,輒謁吏。典、田典更挾里門籥(鑰),以時開。"張家山漢簡二四七號墓整理小組曾斷此句爲:"自五大夫以下,比地爲伍,以辨券爲信,居處相察,出入相司。有爲盜賊及亡者,輒謁吏、典。田典更挾里門籥(鑰),以時開。"[③] 日本"三國時代出土文字資料研究班"斷爲:"……輒謁吏。典、田典更挾里門籥(鑰),以時開。"[④] 現在看來,後者是正確的。其實"更挾"一語也説明了這一點,"更挾"是兩個人輪流掌握,如果是"田典"一個人,那就説不通了。

"典、田典"中,第一個"典"指的里典。里典爲一里的最高負責人,又稱爲率敖。

---

① 陳偉:《秦簡牘校讀及所見制度考察》,武漢大學出版社2017年版,第177頁。
② 睡虎地秦墓竹簡整理小組編:《睡虎地秦墓竹簡》,釋文部分第98頁。
③ 張家山漢簡二四七號墓整理小組著:《張家山漢墓竹簡〔二四七號墓〕》(釋文修訂本),第51頁。
④ 彭浩、陳偉、〔日〕工藤元男主編:《二年律令與奏讞書——張家山二四七號漢墓出土法律文獻釋讀》,上海古籍出版社2007年版,第215頁注〔五〕引。

睡虎地秦簡《法律答問》簡198："可（何）謂'衛（率）敖'？'衛（率）敖'當里典謂殹（也）。"① 漢初簡牘中，里典又稱爲正典。張家山漢簡《二年律令》簡201《錢律》："盜鑄錢及佐者，棄市。同居不告，贖耐。正典、田典、伍人不告，罰金四兩。"整理小組注："正典，里典。"② 但在《户律》中，"正典"又被整理小組解釋爲里正、田典，這顯然是不合適的。《二年律令》簡328—329《户律》："有移徙者，輒移户及年籍爵細徙所，并封。留弗移，移不并封，及實不徙數盈十日，皆罰金四兩；數在所正、典弗告，與同罪。"整理小組注："正、典，里正、田典。"③ 這與《錢律》中"正典"的解釋互相矛盾，邢義田已指出這一點，是有道理的。④

里中發生違法犯罪事件，里典要及時向上級管理機構鄉匯報，並配合調查。睡虎地秦簡《封診式》中有多處記載。如：簡11—12《封守》："幾訊典某某、甲伍公士某某：'甲黨（倘）有【它】當封守而某等脱弗占書，且有罪。'某等皆言曰：'甲封具此，毋（無）它當封者。'即以甲封付某等，與里人更守之，侍（待）令。"簡63《經死》："爰書：某里典甲曰：'里人士五（伍）丙經死其室，不智（知）故，來告。'即令令史某往診。"簡73—75《穴盜》："爰書：某里士五（伍）乙告曰：'自宵臧（藏）乙復（複）結衣一乙房内中，閉其户，乙獨與妻丙晦卧堂上。今旦起啓户取衣，人已穴房内，勶（徹）内中，結衣不得，不智（知）穴盜者可（何）人、人數，毋（無）它亡殹（也），來告。'即令令史某往診，求其盜。令史某爰書：與鄉□□隸臣某即乙、典丁診乙房内。"簡96—98《亡自出》："鄉某爰書：男子甲自詣，辭曰：'士五（伍），居某里，以迺二月不識日去亡，毋（無）它坐，今來自出。'問之□名事定，以二月丙子將陽亡，三月中逋築宫廿日，四年三月丁未籍一亡五月十日，毋（無）它坐，莫覆問。以甲獻典乙相診，今令乙將之詣論，敢言之。"甚至里中發生傳染病，里典也要及時匯報。《封診式》簡52《癘》："爰書：某里典甲詣里人士五（伍）丙，告曰：'疑癘，來詣。'"⑤

里中發生犯罪事件而没有及時察覺，里典往往要負連帶責任。睡虎地秦簡《秦律雜抄》簡32—33："匿敖童，及占痊（癃）不審，典、老贖耐，百姓不當老，至老時不用請，敢爲酢（詐）僞者，貲二甲；典、老弗告，貲各一甲；伍人，户一盾，皆遷（遷）之。"《法律答問》簡20："律曰'與盜同法'，有（又）曰'與同罪'，此二物其同居、典、伍當坐之。"《法律答問》簡98："賊入甲室，賊傷甲，甲號寇，其四鄰、典、老皆出不存，不聞號寇，問當論不當？審不存，不當論；典、老雖不存，當論。"《法律答問》簡164："可（何）謂'逋事'及'乏繇（徭）'？律所謂者，當繇（徭），吏、典已令之，即亡弗會，爲'逋事'；已閱及敦（屯）車食若行到繇（徭）所乃亡，皆爲'乏繇（徭）'。"《法律答問》簡183："甲誣乙通一錢黥城旦罪，問甲同居、典、老當論不當？不當。"⑥

---

① 睡虎地秦墓竹簡整理小組編：《睡虎地秦墓竹簡》，釋文部分第141頁。
② 張家山漢簡二四七號墓整理小組編著：《張家山漢墓竹簡〔二四七號墓〕》（釋文修訂本），第35頁。
③ 同上注，第54頁。
④ 邢義田：《張家山漢簡〈二年律令〉讀記》，《燕京學報》新15期，北京大學出版社2003年；又《地不愛寶：漢代的簡牘》，中華書局2011年版，第159頁。
⑤ 睡虎地秦墓竹簡整理小組編：《睡虎地秦墓竹簡》，釋文部分第149、158、160、163、156頁。
⑥ 同上注，釋文部分第87、98、116、132、137頁。

田典是里中管理農業的官吏。睡虎地秦簡《秦律十八種》簡13—14《廄苑律》："以四月、七月、十月、正月膚田牛。卒歲，以正月大課之，最，賜田嗇夫壺酉（酒）束脯，爲旱〈皂〉者除一更，賜牛長日三旬；殿者，諄田嗇夫，罰冗皂者二月。其以牛田，牛減絜，治（笞）主者寸十。有（又）里課之，最者，賜田典日旬，殿，治（笞）卅。"整理小組曾懷疑此處"田典"爲"里典"之誤。① 其實不然。《廄苑律》所言與農事密切相關，屬於田典管轄範圍之事。② 農業是農村的主要事務，因此田典與里典同爲里中的主要管理者，除農業之外，里中的很多事務田典也都參與管理，包括治安事務。《釋文注釋修訂本（壹）》引諸家説曰："田典，整理者：疑爲里典之誤。秦里設里正，見《韓非子·外儲説右下》，簡文作里典，當係避秦王政諱而改。高敏（1981A，141頁）：田典是田嗇夫的下屬。裘錫圭（1981A）：鄉嗇夫下面有鄉佐、里典，田嗇夫下面有部佐、田典，這是平行的兩個系統。魏德勝（2003，236頁）引《雲夢龍崗秦簡》'租者且出，以律告典、田典，典、田典令黔首皆知之'證明典、田典並存。今按：田典與正典同爲里的負責者，漢初因之，如《二年律令》簡201《錢律》：'盜鑄錢及佐者，棄市。同居不告，贖耐。正典、田典、伍人不告。罰金四兩。'"③ 嶽麓秦簡表明，黔首藏匿亡人，田典要與里典一道負連帶責任。

簡文大意

藏匿罪人，罪人應受處罰在貲罰二甲以上至贖死者，藏匿之家的室人在現場而年齡在十八歲以上者，貲罰各一甲，他家的奴婢不受連坐，里典、田典……

缺簡01

簡2042（002）

而[1]舍[2]之，皆貲一甲 002。

【1】而

[整理小組注]

而：假如。④

---

① 睡虎地秦墓竹簡整理小組編：《睡虎地秦墓竹簡》，釋文部分第23頁。
② 朱紅林：《戰國時期官營畜牧業立法研究——竹簡秦漢律與〈周禮〉比較研究（六）》，《古代文明》2010年第4期。
③ 彭浩、劉樂賢撰著：《釋文注釋修訂本（壹）》，第51—52頁。
④ 陳松長主編：《嶽麓書院藏秦簡（肆）》，第74頁。

[疏證]

嶽麓簡整理小組此注值得商榷。因爲"而"字爲簡首字,之前無其他内容,又不能與簡1966準確編聯,故無法確定其準確詞性及含義,或可解釋爲"卻"。

【2】舍

[疏證]

舍,指提供住處,收留。嶽麓簡中類似用法如:簡2150-1+2150-2(004)"智(知)其請(情),舍其室",簡1930(006)"父母、子、同産、夫妻或有罪而舍匿之其室及敝(蔽)匿之于外,皆以舍匿罪人律論之",簡1990(054)"男女去、闌亡、將陽,來入之中縣道,無少長,舍人室,室主舍者,智(知)其請(情),以律罨(遷)之",等等。

簡文大意

……卻收留他,皆貲罰一甲。

簡1965+2150-1+2150-2(003—004)

主[1]匿亡收、隸臣妾,耐爲隸臣妾,其室人存而年十八歲者,各與其疑[2]同瀘[3],其奴婢弗坐,典、田003典、伍[4]不告,貲一盾,其匿□□歸里中,貲典、田典一甲,伍一盾,匿罪人雖弗敝(蔽)貍(埋)[5],智(知)其請(情),舍其室004

【1】主

[疏證]

主,室主,也就是家長的意思。嶽麓簡2088(045):"廿五年五月戊戌以來,匿亡人及將陽者,其室主匿贖死罪以下,皆與同罪。"《周禮·天官·冢宰》"六曰主,以利得民",孫詒讓曰:"凡僑寓之賓旅於所寄之主人,與庸賃之閒民於執役之家長,並謂之主。"①

華政讀簡班認爲"主匿"之"主"爲"主持、主管"的意思,"'主匿'即作主藏匿之人",又引或說,"'主'在此處意爲室屋的主人"。②理論上"室人"都有可能往室中藏匿人口,但最終承擔法律責任的主體,還是要落實到"室主"的頭上。秦律"主匿亡人"的規定,也許就是從這一角度考慮而作的表述。再加上上引《嶽麓肆》45號簡有關"室主匿罪人"的

---

① 孫詒讓:《周禮正義》,中華書局2015年版,第1分册,第139頁。
② 華東政法大學出土法律文獻研讀班:《嶽麓簡秦律令釋讀(一)》,王沛主編:《出土文獻與法律史研究》第8輯,第154頁。

記載,因此,筆者不贊同此處"主持、主管"的理解。另外或説把"主"理解爲"室屋的主人"也不合適。這種理解與"室主"還是有區別的,而"室主"的含義更近似於户主或者説家長。還一種可能,"主"在此處理解爲"主客"之"主",即孫詒讓所説的第一種情況。

【2】疑

[整理小組注]

疑:讀爲儗,比儗,類似也。《漢書·食貨志下》:"東置滄海郡,人徒之費疑於南夷。"顔師古注:"疑讀曰儗,儗謂比也。"①

【3】同濾

[疏證]

"與同濾"指的是適用法律相同。② 嶽麓簡2041(016):"人奴婢,黥爲城旦舂,主匿黥爲城旦舂以下到耐罪,各與同濾。"睡虎地秦簡中多見"與盜同法"。《秦律十八種》簡174—175《效律》:"禾、芻藁積廥,有贏、不備而匿弗謁,及者(諸)移贏以賞(償)不備,羣它物當負賞(償)而僞出之以彼(貱)賞(償),皆與盜同法。"《法律答問》簡20:"律曰'與盜同法',有(又)曰'與同罪',此二物其同居、典、伍當坐之。"簡32:"府中公金錢私貸用之,與盜同法。"③

【4】典、田典、伍

[疏證]

此次公布的嶽麓秦簡表明,普通編户齊民犯罪,除同居之人("室人")外,連坐者往往還包括典、田典和伍人,有時爲典、老和伍人。第一個"典",指里典。伍人,在睡虎地秦簡中又稱爲"四鄰"(加上當事人爲伍)。《法律答問》簡99:"可(何)謂'四鄰'?'四鄰'即伍人謂殹(也)。"④ 在秦代,究竟哪些犯罪需要里典、田典、伍人承擔連坐責任,哪些犯罪需要里典、老、伍人承擔連坐責任,值得注意。

里典、田典、伍人連坐的情況,如嶽麓簡1966+2042(001—002):"匿罪人當貲二甲以上到贖死,室人存而年十八歲以上者,貲各一甲,其奴婢弗坐,典、田典(缺簡01)而舍之,皆貲一甲。"簡1965+2150-1+2150-2(003—004):"主匿亡收、隸臣妾,耐爲隸臣妾,其室人存而年十八歲者,各與其疑同濾,其奴婢弗坐,典、田典、伍不告,貲一盾,其匿□□歸里中,貲典、田典一甲,伍一盾,匿罪人雖弗敝(蔽)狸(埋),智(知)其請(情),舍其室……"簡2011+1984+1977+2040+1979(060—065):"盜賊旋(遂)者及諸亡坐所去亡與盜同濾者當黥城旦舂以上及命者、亡城旦舂、鬼薪、白粲舍人室、人舍、官舍,主舍者不智(知)其

---

① 陳松長主編:《嶽麓書院藏秦簡(肆)》,第74頁。
② 朱紅林:《試論竹簡秦漢律中的"與同法"和"與同罪"》,吉林大學古籍研究所編:《吉林大學古籍研究所建所二十周年紀念文集》,吉林文史出版社2003年版,第160頁。
③ 睡虎地秦墓竹簡整理小組編:《睡虎地秦墓竹簡》,釋文部分第59、98、101頁。
④ 同上注,釋文部分第116頁。

亡,贖耐。其室人、舍人存而年十八歲者及典、田典不告,貲一甲。伍不告,貲一盾。當完爲城旦舂以下到耐罪及亡收、司寇、隸臣妾、奴婢闌亡者舍人室、人舍、官舍,主舍者不智(知)其亡,貲二甲。其室人、舍人存而年十八歲以上者及典、田典、伍不告,貲一盾。"

里典、里父老及伍人連坐的情況,如嶽麓簡2037+2090(011—012):"☐☐,鄉部吏貲一甲,占者贖耐,莫占吏數者,贖耐。典、老占數小男子年未盈十八歲及女子,縣、道嗇夫訾,鄉部吏貲一盾,占者貲二甲,莫占吏數者,貲二甲。"簡1289+1288+1233(124—126):"金布律曰:市衛術者,没入其賣殹(也)于縣官,吏循行弗得,貲一循〈盾〉。縣官有賣殹(也),不用此律。有販殹(也),旬以上必於市,不者令續〈贖〉罨(遷),没入其所販及賈錢于縣官。典、老、伍人見及或告之而弗告,貲二甲。有能捕告贖罨(遷)皋一人,贖金一兩。賣瓦土毄〈墼〉糞者,得販賣室中舍中,租如律令。"簡1404+1290+1292(132—134):"尉卒律曰:緣故徼縣及郡縣黔齒〈首〉,縣屬而有所之,必謁于尉,尉聽,可許者爲期日。所之它縣,不謁,自五日以上,緣故徼縣,貲一甲;典、老弗告,貲一盾。非緣故徼縣殹(也),貲一盾。典、老弗告,治(笞)☐☐。尉令不謹,黔首失令,尉、尉史、士吏主者貲各一甲,丞、令、令史各一盾。"簡1226+J42+1263(204—206):"老爲占者皆罨(遷)之。舍室爲里人盜賣馬、牛、人,典、老見其盜及雖弗見或告盜,爲占質,黥爲城旦,弗見及莫告盜,贖耐,其伍、同居及一典,弗坐。賣奴卑(婢)、馬、牛者,皆以帛書質,不從令者,貲一甲。賣半馬半牛者,毋質諸鄉。"

【5】蔽埋

[整理小組注]

蔽埋:掩蓋,隱藏。蔽,掩蔽;埋,藏也。《國語·吳語》:"狐埋之而狐揖之,是以無成功。"韋昭注:"埋,藏也。"[1]

簡文大意

室主藏匿逃亡的收人、隸臣妾,要被耐爲隸臣妾,同居的室人當時在現場而年齡達到十八歲者,與室主按照相同的律令處理,他家中的奴婢不受連坐,里典、田典、同伍的伍人知情不報者,貲罰一盾,藏匿……回到里中,貲罰里典、田典一甲,伍人一盾,藏匿罪人雖没有故意掩藏,但知道其内情,把他留在自己家中,……

簡1991正+1991背(005)

☐☐☐吏遣,及典、伍弗告,貲二甲。005正。亡律[1] 005背

---

① 陳松長主編:《嶽麓書院藏秦簡(肆)》,第74頁。

【1】亡律

[整理小組注]

亡律：篇名。①

[疏證]

《嶽麓肆》所收有律名的法律之中，律名一般都置於句首，以"某某律曰"起始，此處獨以"亡律"律名置於簡背，睡虎地秦簡中大部分律名位於簡末，有相似之處，值得注意。

簡文大意

……官吏派遣，及里典、伍人不告發，貲罰二甲。

簡1930（006）

父母、子、同產[1]、夫妻或有罪而舍匿之其室及敝（蔽）匿[2]之于外，皆以舍匿罪人律[3]論之006。

【1】同產

[疏證]

同產，同母所生。睡虎地秦簡《秦律十八種》簡151《司空律》："百姓有母及同牲（生）爲隸妾，非適（謫）罪殹（也）而欲爲冗邊五歲，毋賞（償）興日，以免一人爲庶人，許之。"整理小組注："同生，即同產，《墨子·號令》：'諸有罪自死罪以上皆逮父母、妻子、同產。'此處指親姐妹。"② 張家山漢簡《二年律令》簡2《賊律》："其父母、妻子、同產，無少長皆棄市。"整理小組注："同產，《後漢書·明帝紀》注：'同產，同母兄弟也。'"③

【2】敝（蔽）匿

[疏證]

蔽匿，即隱藏。"敝（蔽）匿之于外"，與"舍匿之其室"相對，指藏於他處，與簡2150-1+2150-2（004）"敝（蔽）狸（埋）"意近。

---

① 陳松長主編：《嶽麓書院藏秦簡（肆）》，第74頁。
② 睡虎地秦墓竹簡整理小組編：《睡虎地秦墓竹簡》，釋文部分第54頁。
③ 張家山二四七號漢墓竹簡整理小組著：《張家山漢墓竹簡〔二四七號墓〕》（釋文修訂本），第7頁。

【3】舍匿罪人律

[疏證]

舍匿罪人律，就是指關於藏匿有罪之人的法律條文的統稱，並不是專門的律名。①此處指嶽麓簡1966、2042、1965、2150-1+2150-2（001—004）等簡文所規定的内容。張家山漢簡《二年律令》中也有類似的條文被稱爲"匿罪人律"。如《二年律令》簡167《亡律》："匿罪人，死罪，黥爲城旦舂，它各與同罪。其所匿未去而告之，除。諸舍匿罪人，罪人自出，若先自告，罪減，亦減舍匿者罪。"簡168《亡律》："取（娶）人妻及亡人以爲妻，及爲亡人妻，取（娶）及所取（娶），爲謀（媒）者，智（知）其請（情），皆黥以爲城旦舂。其真罪重，以匿罪人律論。"整理小組注："匿罪人律，指《二年律令》第一六七簡'舍罪人'條的法律規定。"②

簡文大意

父母、子女、同産、夫妻如果有罪而被藏匿到其中一方的家裏，或被隱藏到外面，都按照藏匿罪人的法律論處。

簡0782+2085+0796（007—009）

佐弋[1]隸臣、湯[2]家臣[3]，免爲士五（伍），屬佐弋而亡者[4]，論之，比寺車府[5]。内官[6]、中官[7]隸臣007妾、白粲以巧及勞免[8]爲士五（伍）、庶人[9]、工、工隸隱官[10]而復屬内官、中官者，其或亡008□……□□論之，比寺車府009。

【1】佐弋

[整理小組注]

佐弋：官名。《漢書·百官公卿表》曰："秦時少府有佐弋，漢武帝改爲佽飛，掌弋射者。"③

[疏證]

王偉曰："左同佐，有佐助之義。秦印封泥有'佐弋之印''佐弋丞印'和'北宫弋

---

① 朱紅林：《再論睡虎地秦簡中的"齎律"》，霍存福、吕麗主編：《中國法律傳統與法律精神》，山東人民出版社2010年版，第590頁。
② 張家山二四七號漢墓竹簡整理小組編著：《張家山漢墓竹簡〔二四七號墓〕》（釋文修訂本），第31頁。
③ 陳松長主編：《嶽麓書院藏秦簡（肆）》，第74頁。

丞'，傳世璽印還有'白水弋丞'，嶽麓秦簡中有'佐弋隸臣'，《史記·秦始皇本紀》有'佐弋竭'。秦都咸陽出土的筒瓦上有戳印陶文'弋左'兩件，文字豎排，袁仲一認爲'左弋下亦設有製陶作坊爲宮殿建築燒造磚瓦'。秦時北宮設有'佐弋'一職，應爲'佐弋'系統的屬官。"①

【2】湯

[整理小組注]

此字左側的偏旁不清楚，暫釋爲"湯"，湯當是湯官的省稱。《漢書·百官公卿表》記載，湯官、左弋同爲少府屬官。《漢舊儀》："湯官供餅餌果實……太官、湯官奴婢各三千人。"可知湯官之臣甚多。②

【3】家臣

[整理小組注]

家臣：一般爲諸侯、王公的私臣。《漢書·儒林傳·張山拊》："德配周召，忠合《羔羊》，未得登司徒，有家臣，卒然早終，尤可悼痛！"顏師古注："家臣，若今諸公國官及府佐也。"據簡文理解，這裏家臣或不是所謂諸侯、王公的私臣，而或應該是指在官署室內勞作的臣。如《左傳·昭公二十九年》："土正曰后土。"杜預注："在家則祀中霤，在野則爲社。"孔穎達疏："家謂宮室之内，對野爲文，故稱家，非卿大夫之家也。"因此，此"家臣"的身份地位或與"隸臣"相當。③

[疏證]

周波總結了此前陳松長、《嶽麓肆》整理者、"秋風掃落葉"、王偉等人的觀點後認爲，"湯家臣"不應理解爲"湯"之"家臣"，而應理解爲"湯、家"之"臣"，"湯"指皇太后、皇后、公主等之湯沐邑，"家"指卿大夫、列侯封君、太子等采地食邑所屬之奴隸、奴僕。④周波與王偉的觀點有些相似，都是把"臣"字單解，但也有不同之處。王偉把"湯家臣"理解爲"湯家之臣"，"嶽麓簡首見的'湯家臣'應該就是管理湯沐邑管理者'家令''家丞'的隸臣"，⑤似乎把"湯家臣"之"家"理解爲管理湯沐邑的"家令""家丞"了。這一解釋難以找到例證。嶽麓簡整理小組的解釋缺陷也很明顯，把"家臣"解釋爲在官府中内勞作的臣，確實很難讓人信服。相比之下，周波的解釋算是目前較爲合理的一種解釋。

---

① 陳松長等著：《秦代官制考論》，中西書局2018年版，第65頁。
② 陳松長主編：《嶽麓書院藏秦簡（肆）》，第74頁。
③ 同上注。
④ 周波：《〈嶽麓書院藏秦簡（肆）〉補説》，姚遠主編：《出土文獻與法律史研究》第7輯，法律出版社2018年版，第57—58頁。
⑤ 王偉：《〈嶽麓書院藏秦簡（肆）〉考釋二則》，《第二屆古文字與出土文獻語言研究學術討論會論文集》，西南大學漢語言文獻研究所2017年，第234—235頁。

【4】屬佐弋而亡者

[疏證]

屬佐弋而亡者，當爲"屬佐弋、湯而亡者"，"佐弋"後脫"湯"字，或爲抄手漏抄。周波認爲脫"湯家"二字，① 亦可通。隸臣、家臣即使被免除徒隸或奴婢身份，他仍然受原來的機構或主人的控制，不能擅自離開原機構或主人家而自由流動。也正因爲如此，《嶽麓書院藏秦簡（叁）》"識劫婉案"中大夫沛的奴隸識，在主人免除其奴隸身份並從軍之後，仍然干預主人家的事務，就是因爲他雖然已經是士伍身份，但還是沛的家庭中的一員。②

【5】寺車府

[疏證]

寺車府，參見嶽麓簡1975（033）"寺車府"整理小組注。③

【6】内官

[整理小組注]

秦官名。《史記·孝景本紀》："以大内爲二千石，置左右内官，屬大内。"韋昭注："大内，京師府藏。"④

[疏證]

"内官"一職見於秦封泥、里耶秦簡、張家山漢簡等。王偉認爲："出土文獻和典籍記載均顯示秦至漢初内官的主要職能與逮捕罪犯、看押囚犯以及獄律令法事有關；内官機構也設有製作皇室用器的工室，可能還參與部分武器的接收和製造事務。内官和廷尉分別負責皇室宗親和整個國家的司法事務，除涉及對象有別外，其職能基本相同。"⑤ 按，"司法事務"云云，恐非内官主要職責，内官主要職責仍當以整理小組注所言，以府藏爲主。

【7】中官

[整理小組注]

中官：秦官名。《漢書·高后紀》："諸中官、宦者令丞皆賜爵關内侯，食邑。"顏師古曰："諸中官，凡閹人給事於中者皆是也。"⑥

---

① 周波：《〈嶽麓書院藏秦簡（肆）〉補説》，姚遠主編：《出土文獻與法律史研究》第7輯，第61—62頁。
② 朱紅林：《讀〈嶽麓書院藏秦簡（叁）〉札記》，中國文化遺產研究院編：《出土文獻研究》第14輯，中西書局2015年版，第38—47頁。
③ 陳松長主編：《嶽麓書院藏秦簡（肆）》，第76頁。
④ 同上注，第74頁。
⑤ 陳松長等著：《秦代官制考論》，第58—59頁。
⑥ 陳松長主編：《嶽麓書院藏秦簡（肆）》，第74頁。

[疏證]

王偉:"秦時'中官'很可能是總理後宮中皇后以及諸嬪妃事務的總機構,蓋與管理太后事務的總機構'詹事'異名而同實。秦時的'中官'不僅僅掌理君王妻妾的膳食事務,還是一個領有多種屬官的後宮機構,其屬官的種類和數量應該不限於秦璽印封泥所見。"[1]

【8】以巧及勞免

[疏證]

以巧及勞免,隸臣妾、白粲憑藉手工技巧以及勞績而得以免除徒隸身份。

這條材料有幾點值得注意:

一、新記載了徒隸免除身份的兩種途徑,即"以巧及勞免"。巧,指有專門的手工技能。睡虎地秦簡《秦律十八種》簡113《均工律》:"隸臣有巧可以爲工者,勿以爲人僕、養。"整理小組注:"巧,技藝。"[2] 秦律對於有特長的手工業徒隸管理嚴格,也很重視。《秦律十八種》簡62《倉律》:"女子操敃紅及服者,不得贖。"説的就是隸妾有刺繡製衣專長者,不允許贖免其身份。但嶽麓簡此處表明,這一規定不是絶對的。隸妾可以憑其出色的手工特長或勞績,免除徒隸身份。

以勞績免除徒隸身份,也是這次嶽麓簡的新發現。簡2085(008)外,簡0170(034)也提到"(隸妾)以巧及勞免爲庶人"。睡虎地秦簡曾記載徒隸有勞績的情況。《秦律十八種》簡14《廄苑律》記載,每年正月舉行畜牧業飼養大考課時,每鄉"殿者,訾田嗇夫,罰冗皂者二月"。冗皂者就包括飼養馬牛的隸臣妾。考課成績殿後,要扣除他們兩個月的勞績。反過來説,平時這些徒隸的工作成績就是以勞績的形式來加以記錄的。《秦律十八種》簡146《司空律》:"司寇不踐,免城旦勞三歲以上者,以爲城旦司寇。"免城旦就是達到免老年齡的城旦。免城旦有三歲以上勞績者,可以減刑爲城旦司寇。那麽如果他能繼續積累更多的勞績,也許就可以免除徒隸身份。

二、可以免除身份的徒隸種類中出現了白粲。睡虎地秦簡中可以贖免徒隸身份的只提到了隸臣妾。以至於很多學者都認爲鬼薪白粲、城旦舂作爲犯罪性質較爲嚴重的刑徒,不能夠得到贖免。但現在新材料中出現了白粲,可以推測,與之性質相等的鬼薪,也有可能以同樣的條件得到贖免。而且,上面的論述已經證明,城旦可以積勞績而減刑,以至於免城旦有三歲勞績,身份可以減刑爲城旦司寇。因此,秦代徒隸的主要部分,即隸臣妾、鬼薪白粲和城旦舂,儘管仍然不能證明他們有刑期,但其贖免的渠道却很廣泛。

當然,《嶽麓肆》所載秦律再次證明,秦朝有手工技能的徒隸,即使免除了徒隸身份,仍然爲官府所控制。這一點與睡虎地秦簡的記載相同。睡虎地秦簡《秦律十八種》簡156《軍爵律》:"工隸臣斬首及人爲斬首以免者,皆令爲工。其不完者,以爲隱官工。"睡虎地

---

[1] 陳松長等著:《秦代官制考論》,第79頁。
[2] 睡虎地秦墓竹簡整理小組編:《睡虎地秦墓竹簡》,釋文部分第47頁。

秦簡免除徒隸身份的"工"和"隱官工"都是在官府的管控之下的。嶽麓秦簡整理小組指出,受過肉刑的工隸臣稱爲"工隸隱官",與睡虎地秦簡此處"隱官工"同,這是正確的。①

【9】士五(伍)、庶人

[疏證]

士五(伍)、庶人,此處特指官府徒隸被免除徒隸身份者,男性徒隸被免除徒隸身份之後,稱爲"士伍",女性徒隸被免除徒隸身份之後,稱爲"庶人";受過肉刑的徒隸被免除徒隸身份之後,稱爲"隱官"。秦簡中有不少"士伍""庶人"指的就是被免除徒隸身份者。這是需要注意的,他們的人身仍然隸屬於原官府機構,與普通黔首有所不同。如嶽麓秦簡1975+0170+2035+2033(033—036):"寺車府、少府、中府、中車府、泰官、御府、特庫、私官隸臣,免爲士五(伍)、隱官,及隸妾以巧及勞免爲庶人,復屬其官者,其或亡盈三月以上而得及自出,耐以爲隸臣妾,亡不盈三月以下而得及自出,笞五十,籍亡不盈三月者日數,後復亡,䎦數盈三月以上得及自出,亦耐以爲隸臣妾,皆復付其官。"其中的"士伍"就是指免除隸臣身份的男子,"庶人"指的是免除隸妾身份的女子。又如睡虎地秦簡《秦律十八種》簡155-156《軍爵律》:"欲歸爵二級以免親父母爲隸臣妾者一人,及隸臣斬首爲公士,謁歸公士而免故妻隸妾一人者,許之,免以爲庶人。工隸臣斬首及人爲斬首以免者,皆令爲工。其不完者,以爲隱官工。"其中明確提到"免故妻隸妾一人",免除隸妾身份之後,即稱爲"庶人"。對於有手工業特長的徒隸,在免除徒隸身份之後,稱之爲"工",不論男女,他們同樣與以自由身份服役的工匠有所不同。在這一點上,嶽麓秦簡與睡虎地秦簡的記載也是一致的。

由徒隸身份或奴婢身份而免爲"士伍""庶人",這裏的"士伍"身份是否就比"庶人"高一級,恐怕還值得進一步研究。②秦漢簡牘的資料表明,官府女性徒隸或私家女性奴僕在被免除徒隸或奴僕身份時,被稱爲"庶人"。官府的男性徒隸被免除徒隸身份之後被稱爲"士伍"。就是說,這裏的"士伍"與"庶人"首先是性別上的區分,未必有爵位上的高低之分。筆者甚至懷疑,"士伍"雖指男性,但未必指所有男性,而是特指在傅籍年齡範圍之內,也就是有能力完全承擔國家徭役兵役年齡範圍內的男性,年齡過低或過高的男性就不能稱爲"士伍",因爲他們不能編入什伍組織爲國家服兵役徭役了,這類人則歸入了廣義的"庶人"範疇。

【10】工隸隱官

[整理小組注]

工隸隱官:或稱隱官工。《睡虎地秦簡·秦律十八種》:"工隸臣斬首及人爲斬首以免者,皆令爲工。其不完者,以爲隱官工。"此處規定受過肉刑的工隸臣因功而免,其身

---

① 陳松長主編:《嶽麓書院藏秦簡(肆)》,第74頁。
② 賈麗英:《庶人:秦漢社會爵制身份與徒隸身份的銜接》,《山西大學學報(哲學社會科學版)》2019年第6期,第18—19頁。

份更爲隱官工,簡稱爲隱官。①

簡文大意

佐弋屬下的隸臣、湯沐邑及列侯封君屬下的臣妾,被免爲士伍後仍屬於佐弋、湯沐邑及列侯封君,如果逃亡,依法處理,比照寺車府的制度辦。内官、中官屬下的隸臣妾、白粲等憑藉技藝及勞績而免爲士伍、庶人、工匠、工隸隱官等,仍然隸屬於内官、中官等部門,如果有人逃亡,……論處,比照寺車府。

簡0797(010)

☐少府均輸四司空[1],得及自出者[2],吏治必謹訊,簿其所爲作務[3]以 010

【1】少府均輸四司空

[疏證]

少府均輸四司空,魯家亮均理解爲官職,讀作"少府均輸、四司空"。四司空,或即嶽麓簡2132(030)所提到的"宫司空、泰匠、左司空、右司空"。② 筆者認爲,魯說關於"四司空"的觀點是可以接受的,但對"均輸"的理解,却值得商榷。周波把"均輸"理解爲動詞,"'均'本指平均,'輸'指輸送","指少府官署之刑徒調撥輸送至四司空"。③ 相比較而言,這一說法更爲合理。

【2】得及自出者

[疏證]

得及自出者,指的是少府輸送四司空的刑徒,其中逃亡後被抓獲者以及自首者。

【3】簿其所爲作務

[疏證]

簿,在簿籍上記錄。④ 簿其所爲作務,意思是通過簿籍詳細記錄徒隸逃亡期間所從事作務的情況。這支簡記錄的大致意思可能是,少府向四司空輸送的徒隸,如果中途逃亡,被捕獲或自首後,官吏要詳加審訊,記錄其行蹤及活動内容。通過這些記錄,查勘

---

① 陳松長主編:《嶽麓書院藏秦簡(肆)》,第74頁。
② 魯家亮:《嶽麓書院藏秦簡〈亡律〉零拾》,王捷主編:《出土文獻與法律史研究》第6輯,第124、125-126頁。
③ 周波:《〈嶽麓書院藏秦簡(肆)補說〉》,姚遠主編:《出土文獻與法律史研究》第7輯,第63-64頁。
④ 何有祖:《讀嶽麓秦簡肆札記(一)》,武漢大學簡帛網2016年3月24日。

或偵訊徒隸的活動軌迹。張家山漢簡《奏讞書》中也有不少類似的例子。《奏讞書》簡54—55："蜀守讞（讞）：佐啓、主徒令史沐私使城旦環爲家作。告啓。啓詐（詐）簿曰治官府。疑罪。廷報：啓爲僞書也。"《奏讞書》簡56—57："蜀守讞（讞）：采鐵長山私使城旦田、舂女爲薑（饘），令内作，解書廷，佐悁等詐簿爲徒養，疑罪。廷報：悁爲僞書也。"① 這兩個案子中，都是官吏利用職權讓官府徒隸爲自己幹私活，而在作徒簿上記録爲官府勞作，結果被發現作僞而受到處罰。《奏讞書》簡205—207記載，官吏偵辦不知何人刺女子婢一案時，"即收訊人豎子及賈市者舍人、人臣僕、僕隸臣、貴大人臣不敬意、它縣人來流庸，疑爲盜賊者，徧視其爲謂，即薄（簿）出入所以爲衣食者，謙問其居處之狀。"也是通過市場管理機構所作的簿籍記録，調查出入於市場的各色人等，以便從中發現綫索。

簡文大意

……少府向四司空輸送徒隸，如果有人中途逃亡，被抓獲或者主動自首後，官吏必須嚴加訊問，詳細記録他們在逃亡期間的所作所爲……

簡2037＋2090（011—012）

☐☐，鄉部吏[1]訾一甲，占者[2]贖耐，莫占吏數者[3]贖耐。典、老[4]占數小男子年未盈十八歲及₀₁₁女子[5]，縣、道嗇夫訾，鄉部吏訾一盾，占者訾二甲，莫占吏數者訾二甲₀₁₂。

【1】鄉部吏

[疏證]

鄉部吏，這裏指的是鄉部負責此事的官吏，又稱爲"鄉部吏主者"，見嶽麓簡2057（056）。鄉部吏即鄉吏。嶽麓簡2057（056）還有"鄉部嗇夫"。里耶秦簡8-297+8-1600中有"鄉部官【嗇】夫、吏、吏主"一語，魯家亮認爲"鄉部嗇夫即鄉嗇夫"。② 彭浩認爲，《嶽麓肆》簡011—012所載内容屬於秦代傅籍制度的規定，與一般的户籍登記制度有所不同，③ 這是有道理的。

---

① 張家山二四七號漢墓竹簡整理小組釋作"悁"[《張家山漢墓竹簡（二四七號墓）》〔釋文修訂本〕，第96頁]，彭浩、陳偉、工藤元男等釋作"恬"(《二年律令與奏讞書——張家山二四七號漢墓出土法律文獻釋讀》，上海古籍出版社2007年版，第348頁)。
② 陳偉主編：《里耶秦簡牘校釋》（第1卷），武漢大學出版社2012年版，第130頁。
③ 彭浩：《談〈嶽麓書院藏秦簡（肆）〉部分竹簡的歸類》，馬聰、王濤、曹旅寧主編：《出土文獻與法律史研究現狀學術研討會論文集》，第1頁。

【2】占者

[整理小組注]

占者：指負責登記的典、老。①

【3】莫占吏數者

[整理小組注]

莫占吏數者：指不去吏處如實登記年齡超過十八歲的黔首。②

[疏證]

"莫占吏數者"之後原簡釋文有逗號，與"贖耐"隔開，今刪除逗號。"莫占吏數者贖耐"與"占者贖耐"相對應，"占者贖耐"說的是户籍統計時，負責統計者因出現問題而被處罰，而"莫占吏數者贖耐"說的則是没有主動向官吏申報户籍者要被贖耐。

【4】典、老

[疏證]

户籍統計過程中，典、老作爲一個村的負責人，是最基層最直接的經辦者，他們直接對鄉部户籍統計部門負責。所謂"莫占吏數者"，吏指的就是鄉部吏這類人。典、老與户籍制度的關係，亦見於睡虎地秦簡《秦律雜抄》簡32—33："匿敖童，及占癃（癃）不審，典、老贖耐。百姓不當老，至老時不用請，敢爲酢（詐）僞者，貲二甲；典、老弗告，貲各一甲；伍人，户一盾，皆遷（遷）之。傅律。"張家山漢簡《二年律令》簡325《户律》："民皆自占年。小未能自占，而毋父母、同産爲占者，吏以□必定其年。"這裏的"吏"當與嶽麓簡相同，指鄉部吏而言。

老，睡虎地秦簡整理小組把解釋爲"伍老"，未深作說明。③已有學者對其表示不同意見。現在從嶽麓簡的材料來看，三十户以上設置典、老各一人，則"伍老"之說顯然不成立。睡虎地秦簡《法律答問》簡98："賊入甲室，賊傷甲，甲號寇，其四鄰、典、老皆出不存，不聞號寇，問當論不當？審不存，不當論；典、老雖不存，當論。"此處的"典"，當爲里典，"四鄰"加上當事人爲"伍"，如果再把"老"理解爲"伍老"，同樣也是不合理的。杜正勝和邢義田都把睡虎地秦簡這裏的"老"理解爲"父老"，④也不是特別確切的。正如鄒水傑所說，文獻中的"父老"或者說"里父老"往往泛指"基層社會中年高德劭的權威人物"，很難具體落實到"由民衆推擇、政府設置的職役之吏"的專稱。因此，將秦簡中與"里典"並列爲里中管理者的"老"稱爲"里老"，是很有

---

① 陳松長主編：《嶽麓書院藏秦簡（肆）》，第74頁。
② 同上注。
③ 睡虎地秦墓竹簡整理小組編：《睡虎地秦墓竹簡》，釋文部分第87頁。
④ 杜正勝：《編户齊民——傳統政治社會結構之形成》，臺灣聯經出版事業公司1990年版，第137頁。邢義田：《秦漢史論稿》，臺灣東大圖書股份有限公司1987年版，第221頁。

道理的。①

【5】女子

[疏證]

女子不在傅籍範圍之内,故典老如果傅籍時,把女子也統計在傅籍範圍之内,就屬於違犯法律的行爲,要受到處罰。

簡文大意

……鄉部負責的官吏貲罰一甲,自占名數(不實等)的人處以贖耐的刑罰,不到官吏那裏自占名數的也要被處以贖耐的刑罰。典、老如果把未滿十八歲的小男子及女子也納入登記範圍者,縣道嗇夫要被斥責,鄉部負責的官吏貲罰一盾,負責占名數的典老貲罰二甲,不到官吏那裏占名數者,貲罰二甲。

簡1980+2086（013—014）②

子殺傷[1]、毆詈、投（殳）殺[2]父母,父母告子不孝[3]及奴婢[4]殺傷、毆、投（殳）殺主、主子、父母[5],及告殺,其奴婢及013子亡已命[6]而自出者,不得爲自出[7]014。

【1】子殺傷

[疏證]

這條律文主要説的是,子女不孝順父母及奴婢傷害主人的種種情況,這類犯罪者即使自首,法律也決不寬貸。此前睡虎地秦簡及張家山漢簡所提到有關子女不孝及奴婢傷主罪,都是直接説對這類犯罪如何處罰。嶽麓簡此處説的是如果這類人逃亡後自首應當如何處理的問題。可以説是對此前子女不孝及奴婢傷害主人罪有關處罰的一個補充。

睡虎地秦簡中有關子女不孝及奴婢傷害主人的法律規定,見於《法律答問》及《封診式》。《法律答問》簡76:"'臣妾牧殺主。'可(何)謂牧? 欲賊殺主,未殺而得,爲牧。"簡78:"'毆大父母,黥爲城旦舂。'今毆高大父母,可(何)論? 比大父母。"簡102:"免老

---

① 陳松長等著《秦代官制考論》,第219頁。
② 《嶽麓肆》編號013簡至102簡,曾以《〈嶽麓書院藏秦簡(肆)〉補注(二)》爲題,發表在武漢大學簡帛研究中心主辦:《簡帛》第15輯(上海古籍出版社2007年版),收入本書時作了相應的修改和補充。

告人以爲不孝,謁殺,當三環之不? 不當環,亟執勿失。"《封診式》簡50—51:"爰書:某里士五(伍)甲告曰:'甲親子同里士五(伍)丙不孝,謁殺,敢告。' 即令令史已往執。令史己爰書:與牢隸臣某執丙,得某室。丞某訊丙,辭曰:'甲親子,誠不孝甲所,毋(無)它坐罪。'"《法律答問》是對法律條文的司法解釋,這就是說它所解釋內容在法律正文中是存在的。嶽麓秦簡的發現再次確認了這一點。

有關不孝罪的諸項規定,在張家山漢簡《二年律令》中都出現在《賊律》中。如簡34:"子賊殺傷父母,奴婢賊殺傷主、主父母妻子,皆梟其首市。"簡35:"子牧殺父母,毆詈泰父母、父母叚(假)大母、主母、後母,及父母告子不孝,皆棄市。"簡38"賊殺傷父母,牧殺父母,歐〈毆〉詈父母,父母告子不孝,其妻子爲收者,皆鋦,令毋得以爵償、免除及贖。"我們推測,嶽麓簡有關不孝罪的律文,或許也屬於秦《賊律》的內容。

【2】投(殳)殺

[疏證]

殳殺,棒殺。睡虎地秦簡《效律》簡45:"殳、戟、弩,漆汙相易殹(也),勿以爲贏、不備,以職(識)耳不當之律論之。"整理小組注:"殳(音書),用竹束成的長棒形武器。"① 成東、鍾少異據秦兵馬俑所持兵器說:"秦殳形制較簡單,是一個銅圓筒,頂部呈三棱錐形,無利刃,下接長柄,顯然這樣的兵器不大利於實戰,主要是作爲儀仗隊的禮兵使用。在秦俑三號坑中曾成批出土了銅殳,據考證,三號坑是指揮坑,而手執銅殳的武士俑正是擔任警衛職務的殳仗隊。"② 睡虎地秦簡中"殳梃"連用兩見。《法律答問》簡90:"邦客與主人鬭,以兵刃、投(殳)梃、拳指傷人,撃以布。"簡92:"小畜生入人室,室人以投(殳)梃伐殺之,所殺直(值)二百五十錢,可(何)論? 當貲二甲。"梃即棍棒。簡91:"'以梃賊傷人'。可(何)謂'梃'? 木可以伐者爲'梃'。""殳梃"連用,說明現實生活中"殳"與"梃"的區分並不明顯,指木棒類武器。

睡虎地秦簡整理小組注蓋據《說文》。《說文·殳部》:"殳,目杖殊人也。《周禮》:殳以積竹,八觚,長丈二尺,建於兵車,旅賁目先驅。"段玉裁注:"云杖者,殳用積竹而無刃。毛傳'殳長丈二而無刃'是也。殊,斷也。以杖殊人者,謂以杖隔遠之。《釋名》:'殳,殊也。有所撞挃於車上,使殊離也。' 殳、殊同音,故謂之殳,猶以近窮遠謂之弓也。以積竹者,用積竹爲之。《漢書》:'昌邑王道買積竹杖。' 文穎曰:'合竹作杖也。' 竹部曰:'籚,積竹矛戟柄,竹欑秘。' 凡戈矛柄皆積竹,而殳無金刃,故專積竹杖之名,廬人爲之。《考工記》注云:'凡矜八觚。' 此無刃,亦八觚也。"③ 秦簡中的"殳"或"殳梃"一般爲竹木製,與三號坑中的銅製圓筒爲外套的銅殳有所不同。

---

① 睡虎地秦墓竹簡整理小組編:《睡虎地秦墓竹簡》,釋文部分第74頁。
② 成東、鍾少異編著,張博智、張濤繪圖:《中國古代兵器圖集》,解放軍出版社1990年版,第120頁。
③ 段玉裁:《說文解字注》,鳳凰出版社2007年版,第212頁。

何有祖將原釋"殳"之字改釋爲"牧",[1]彭浩認爲是"牧"之誤字。[2]從文例而言,釋"牧"義似乎更勝一籌。

【3】父母告子不孝

[疏證]

秦律中對於不孝罪的處罰是很嚴厲的。睡虎地秦簡《法律答問》簡102:"免老告人以爲不孝,謁殺,當三環之不?不當環,亟執勿失。"《封診式》簡50-51:"告子爰書:某里士五(伍)甲告曰:'甲親子同里士五(伍)丙不孝,謁殺,敢告。'即令令史己往執。令史己爰書:與牢隸臣某往執丙,得某室。丞某訊丙,辭曰:'甲親子,誠不孝甲所,毋(無)它坐罪。'"《爲吏之道》簡40貳-41貳説"爲人父則兹(慈),爲人子則孝",簡46貳-47貳也説"君鬼臣忠,父兹(慈)子孝,政之本殹(也)"。嶽麓簡《爲吏治官及黔首》也把"黔首不田作不孝"作爲懲治的行爲之一。兩者都把"父慈子孝"作爲爲官必須關注的一項教化內容。

【4】奴婢

[疏證]

陳偉指出,睡虎地秦簡的"臣妾牧殺主"與嶽麓簡的"奴婢牧殺主"含義相同,這種稱謂上的變化發生在秦統一之後。[3]這是正確的。嶽麓簡中還有其他例子可以證明"臣妾""奴婢"稱謂之間的變化。如睡虎地秦簡《秦律十八種》簡140《司空律》:"百姓有貲贖責(債)而有一臣若一妾,有一馬若一牛,而欲居者,許。"嶽麓簡J28(267)作:"黔首有貲贖責(債)而有一奴若一婢,有一馬若一牛,而欲居者,許之。"此外,睡虎地秦簡中的"公"在嶽麓簡中都被改成了"縣官",睡虎地秦簡中的"百姓"在嶽麓簡中被改爲"黔首",等等,應該都是秦統一後文書制度的要求。學界對此多有關注。[4]另外,我們懷疑,此處有關奴婢的規定,表明奴婢在某種程度上也是被作爲家庭成員看待的。

【5】主子、父母

[疏證]

主子父母,嶽麓簡整理小組原連讀,今改作"主子、父母",即奴婢傷害主人之子女

---

[1] 何有祖:《讀〈嶽麓書院藏秦簡(肆)〉札記(三則)》,姚遠主編:《出土文獻與法律史研究》第7輯,第75-76頁。
[2] 彭浩:《談〈嶽麓書院藏秦簡(肆)〉部分竹簡的歸類》,馬聰、王濤、曹旅寧主編:《出土文獻與法律史研究學術研討會論文集》,第2頁。
[3] 陳偉:《"奴妾""臣妾"與"奴婢"》,"第六屆出土文獻與法律史研究暨慶祝華東政法大學法律古籍整理研究所成立三十週年學術研討會"論文,華東政法大學法律古籍整理研究所2016年。
[4] 陳松長:《嶽麓書院所藏秦簡綜述》,《文物》2009年第3期;中國政法大學中國法制史基礎史料研究會:《睡虎地秦簡法律文書集釋(二):〈秦律十八種〉(〈田律〉〈廄苑律〉)》,中國政法大學法律古籍整理研究所編:《中國古代法律文獻研究》第7輯,社會科學文獻出版社2013年版,第93頁。

或主人父母。還有一種可能,嶽麓簡的"主子父母",或許是"主父母妻子"或"主妻子父母"的誤寫,如張家山漢簡《二年律令》簡34《賊律》:"子賊殺傷父母,奴婢賊殺傷主、主父母妻子,皆梟其首市。"秦漢律令把子女不孝父母罪與奴婢冒犯傷害主人罪放在一起,是因爲它們都屬於家庭犯罪的範疇。

【6】命

[疏證]

命,官府發文通緝。還見於嶽麓簡其他處,如:簡2009(047):"城旦舂亡而得,黥,復爲城旦舂;不得,命之。自出殹(也),笞百。"整理小組注:"命,出告示緝拿。"① 簡1976(050):"城旦舂司寇亡而得,黥爲城旦舂,不得,命之,其獄未鞫而自出殹(也),治(笞)五十,復爲司寇。"簡2081(051):"佐弋之罪,命而得,以其罪罪之。自出殹(也),黥爲城旦舂。它罪,命而得,黥爲城旦舂。"

命者,即被官府通緝者。如:嶽麓簡2011(060)"盜賊旞(遂)者及諸亡坐所去亡與盜同灋者當黥城旦舂以上及命者、亡城旦舂、鬼薪、白粲舍人",整理小組注:"命者,逃亡的一類人,即被告示緝拿的逃亡者。《張家山漢簡·二年律令·捕律》'殺傷群盜、命者,及有罪,能捕群盜、命者,若斬之一人,免以爲庶人。所捕過此數者,贖如律。'"② 案,"贖如律"之"贖"當爲"購"之誤。"命者"還見於其他嶽麓簡,如簡2122(094)"及命者旞(遂),盜賊亡,司寇、隸臣妾、奴婢闌亡者"。肩水金關漢簡和居延舊簡中也有關於"命者"的記載。如肩水金關漢簡73EJT23:897:"元壽二年七月丁卯朔辛卯,廣昌鄉嗇夫、假佐宏敢言之:陽里男子任良自言欲取傳,爲家私使之武威、張掖郡中。謹案,良年五十八,更賦皆給,毋官獄徵事,非亡人命者,當得取傳。謁移過所河津、關,毋苛留,如律令。'"③ 居延舊簡47·6:"命者,縣別課與計偕。謹移應書一編。敢言之。"④ 所謂命者,相當於今天所說的通緝犯。張家山漢簡《二年律令》簡123《具律》:"有罪當完爲城旦舂、鬼薪白粲以上而亡,以其罪命之。"整理小組注:"命,確認罪名。《漢書·刑法志》'已論命復有笞罪者,皆棄市'注引晉灼曰:'命者名也,成其罪也。'"⑤ 晉灼的解釋用在這裏恐怕是不準確的,仍以嶽麓簡"通緝"解釋爲是。

【7】不得爲自出

[疏證]

不得爲自出,不能按照自首處理。爲,此處相當於法律上的認定。逃亡者向官府自

---

① 陳松長主編:《嶽麓書院藏秦簡(肆)》,第77頁。
② 同上注,第78頁。
③ 甘肅簡牘保護中心等編:《肩水金關漢簡(貳)》(中),中西書局2012年版,第236頁。
④ 簡牘整理小組:《居延漢簡(壹)》,中研院歷史語言研究所專刊之一〇九,中研院歷史語言研究所2014年版,第155頁。
⑤ 張家山二四七號漢墓竹簡整理小組編著:《張家山漢墓竹簡〔二四七號墓〕》(釋文修訂本),第25—26頁。

首,一般情況下會被從輕發落。子殺傷父母及奴婢殺傷主人都要從重處罰,因此即使這些人逃亡後自出,也不在從輕發落之列。張家山漢簡《二年律令》簡132《告律》:"殺傷大父母、父母及奴婢殺傷主、主父母妻子,自告者皆不得減。"自告,也屬於自首的一種,但與自出有所區别。後者強調在逃亡之後自動到官府投案。

簡文大意

子女殺傷、毆打辱駡、棒殺父母,父母告發子女不孝以及奴婢殺傷、毆打、棒殺主人、主人的子女、主人父母,以及主人控告並要求殺死奴婢,奴婢及主人子女逃亡已被通緝,後來向官府自首者,不得按照自首處理。

簡2087(015)

有罪去亡,弗會[1],已獄[2]及已劾[3]未論[4]而自出者,爲會,鞫[5],罪不得減015。

【1】會

[整理小組注]

會:《說文》:"會,合也。"《公羊傳·桓公十年》:"會者何?期辭也。"秦簡"會"指按規定日期前去官府報到。《漢書·淮南王傳》:"臣願會逮。"顔師古曰:"會,謂應逮書而往也。"會逮,指按照逮書規定的日期,向官府報到,即自首。不按期報到則稱"弗會"或"不會"。①

【2】已獄

[整理小組注]

已獄:即"獄已具",指案情已經確認,案例卷宗已經編寫完備。《張家山漢簡·二年律令·興律》:"縣道官所治死罪及過失、戲而殺人,獄已具,毋庸論,上獄屬所二千石官。"《漢書·于定國傳》:"具獄上府……于公爭之,弗能得,乃抱其具獄。"師古曰:"具獄者,獄案已成,其文備具也。"②

[疏證]

"已獄及已劾未論"指的是"已獄未論"和"已劾未論"兩種情況,都還没有進行到

---

① 陳松長主編:《嶽麓書院藏秦簡(肆)》,第74頁。
② 同上注。

"論"的程序。"訊鞫論報"四個程序,"鞫"爲法庭正式審理階段,"論"爲依法判決階段,二者雖有先後之分,但時間上緊密相連。但只要沒有正式判決,犯罪嫌疑人就還有機會。簡文此處說"已獄及已劾未論而自出",意思可能是說這種情況下,如果逃亡在外的犯人投案自首,還可以對其案件進行正式審理,即使可能已經對案件進行過缺席審理,也可以再次進行審理,所以這種情況仍屬於"會鞫",也就是說犯罪嫌疑人的自出情節還是可以得到法庭的考慮。正是出於這一考慮,華政讀簡班把"會鞫"連讀。按照這種讀法,整個簡文則理解爲,即使此時"自出"屬於"會鞫",也不會減刑。[1]

嶽麓秦簡整理小組把"會鞫"以逗號斷開分讀,大概也是重點考慮了"罪不得減"的原因,就是說在"已獄及已劾未論"時自出,雖然都屬於"會",存在着從輕處罰的可能,但"自出"的時間不能晚於"鞫"。如果"鞫"之後再自出,即使未"論",也無法減刑,因爲法庭正式審理已經完成,故"罪不得減"。"會"的對象是逮書的規定到案日期,也就是"逮",而不是"鞫"。也就是說,"鞫"之前投案,都屬於自首。一旦案件進入"鞫"的程序,即使自首,也不被法庭認可了。這樣理解,也就不存在華政讀簡班所說的"如從整理者斷讀,則'鞫'字在此處似乎並無出現的必要,顯得累贅"這種情況了。[2] 嶽麓簡1976(050)記載,城旦舂司寇在逃亡過程中,"其獄未鞫而自出殹(也)",被從輕處理。可爲這一解讀添一證據。

【3】已劾

[疏證]

已劾,應指劾文書已經完成並上報。劾文書,居延漢簡中稱爲"劾狀",據高恒先生的研究,劾狀包括"劾章"和"狀辭"兩部分,"在劾文書中,劾章是主件,狀辭是附件。另有一件是呈交、轉呈和簽發'狀辭''劾章'的文件。所以每件劾文書若細分有:① 狀辭,② 狀辭呈文,③ 劾章,④ 劾章呈文,⑤ 簽發文書。這些文件內容,也反映出舉劾程序。即由負責官吏(監臨或部主)提出狀辭,呈本機構的主管官吏。若是刑事案件,則由主管官吏審核狀辭,並根據狀辭擬出劾章,呈報上級機關(簡中劾文書中的上級機關即'甲渠候官')。然後以上級機關的名義,簽發移呈審判機關(居延獄)。"[3] 漢承秦制,從居延漢簡所載的舉劾制度,可推知嶽麓秦簡的"舉劾"與之相仿。

【4】論

[疏證]

論,論處,判決。

---

[1] 華東政法大學出土法律文獻研讀班:《嶽麓簡秦律令釋讀(一)》,王沛主編:《出土文獻與法律史研究》第8輯,法律出版社2020年版,第169—170頁。
[2] 同上注,第170頁。
[3] 高恒:《秦漢簡牘中法制文書輯考》,社會科學文獻出版社2008年版,第308頁。

【5】鞫

[疏證]

鞫,審理,這裏指的是案件已進入或完成正式庭審程序。獄麓簡1976(050)有"其獄未鞫而自出也",整理小組注"鞫:即鞫審、審問也",①亦可證明"鞫"指案件的正式審理階段。《漢書·張湯傳》所謂"訊鞫論報",説明了漢代案件審判的四個主要程序。"訊"爲案件偵查階段,"鞫"爲正式審判階段,"論"爲定罪量刑階段,"報"爲最高司法機關核准階段。"鞫"爲正式審判階段,故記録案件審理過程及結論的文書亦稱爲"鞫",法官根據"鞫"對罪犯定罪量刑。

簡文大意

有罪逃亡,不應徵官府的逮書前去投案,案件卷宗已經完備及已經告劾還未論處而自首者,都可以算作"會",但如果自首時案件已經完成"鞫"的程序,則不能按照自首的政策減輕處罰。

簡2041(016)

人奴婢,黥爲城旦舂[1]。主[2]匿黥爲城旦舂以下到耐罪[3],各與同瀘016。

【1】黥爲城旦舂

[疏證]

"人奴婢"之前,當有闕文。從上下文看"人奴婢,黥爲城旦舂",與下文"主匿黥城旦舂以下"云云表述的是兩類不同的内容,獄麓秦簡整理小組在"黥爲城旦舂"之後原標逗號,今改爲句號。

【2】主

[疏證]

主,即室主。

【3】黥爲城旦舂以下到耐罪

[疏證]

張家山漢簡《二年律令》167《亡律》:"匿罪人,死罪,黥爲城旦舂,它各與同罪。""它各與

---

① 陳松長主編:《獄麓書院藏秦簡(肆)》,第77頁。

同罪",即"匿罪人,黥爲城旦舂罪以下,各與同罪",與嶽麓簡此處的"主匿黥爲城旦舂以下到耐罪,各與同灋"内容相似,可相互比較。嚴格來説"同灋"不一定"同罪",這是需要注意的。

簡文大意

……人奴婢,黥爲城旦舂。室主藏匿城旦舂以下到耐罪的罪犯,各與其所藏匿者按照同樣的法律處理。

缺簡02

簡1981+1974+0169+0180+2036(017—021)

及諸當隸臣妾者亡,以日六錢[1]計之,及司寇冗作及當踐更[2]者亡,皆以其當冗作及當踐017更日,日六錢計之,皆與盗同灋018。不盈廿二錢[3]者,貲一甲。其自出殹(也),減罪一等┘。亡日錢數過六百六十[4]而能以錢數捕告[5]019者,購金二兩,其不審,如告不審律。六百六十錢以下及不能審錢數而告以爲亡,購020金一兩,其不審,完爲城旦舂到耐罪,貲二甲;貲罪,貲一甲021。

【1】日六錢

[整理小組注]

日六錢:居貲償債的計算標準。《睡虎地秦簡·秦律十八種·司空》:"有罪以貲贖及有責(債)於公,以其令日問之,其弗能入賞(償),以令日居之,日居八錢;公食者,日居六錢。"①

【2】踐更

[整理小組注]

踐更:秦漢時一種服徭役的方式,即本人親自前往服役。《史記·吴王濞傳》:"然其居國以銅鹽故,百姓無賦。卒踐更,輒與平賈。"②

[疏證]

陳偉認爲:"'踐更'很可能是與'冗作'對舉,指司寇的兩種供役狀態。如然,這是司寇踐更更爲直接的例證。"③這也表明司寇與普通黔首地位接近,故承擔基本相同的

---

① 陳松長主編:《嶽麓書院藏秦簡(肆)》,第75頁。
② 同上注。
③ 陳偉:《秦簡牘校讀及所見制度考察》,第85頁。

繇戍義務。

【3】廿二錢

[整理小組注]

廿二錢：秦代處罰或購賞的標準之一。《睡虎地秦簡·金布律》："錢十一當一布。"可知"廿二錢"即相當於二布。①

【4】六百六十

[整理小組注]

六百六十：秦代處罰或購賞的標準之一。相當於六十布。

[疏證]

據睡虎地秦簡記載，贓值在六百六十錢以上的經濟犯罪，要從重處罰；會計制度中，誤差在六百六十錢以上者，屬於"大誤"，也要從重處罰。

【5】捕告

[疏證]

"捕告"之"捕"，嶽麓秦簡整理小組原釋作"物"，今從魯家亮說，改釋爲"捕"②。

簡文大意

……及當爲隸臣妾者逃亡，逃亡日子每天按照六錢計算，以及司寇冗作和當踐更者逃亡，均按照冗作及踐更的日期，每天按六錢計算，均按照與處罰盜賊相同的法律進行處罰。贓值不滿二十二錢者，貲罰一甲。如果自首，減罪一等。逃亡日期所計錢數超過六百六十錢，有人能把這種逃亡者的贓值及人員所在詳細向官府告發者，獎勵黃金二兩；舉報不實者，按照告不審的法律處罰舉報者。逃亡日期所計贓值在六百六十錢以下而有人舉報，以及不能弄清楚逃亡者逃亡日期所計贓值而僅僅舉報其逃亡者，獎勵黃金一兩；舉報不實者，如被錯誤舉報的罪名在完爲城旦舂到耐罪之間，舉報者貲罰二甲；如果被錯誤舉報的罪爲貲罪，舉報者貲罰一甲。

簡1988（022）

┗臧不盈廿二錢，貲一甲[1]；耐罪以下，令備前毄（繫）日[2] 022。

---

① 陳松長主編：《嶽麓書院藏秦簡（肆）》，第75頁。
② 魯家亮：《嶽麓書院藏秦簡〈亡律〉零拾》，王捷主編：《出土文獻與法律史研究》第6輯，第127頁。

【1】臧不盈廿二錢,貲一甲

[疏證]

臧不盈廿二錢,貲一甲,從上下文義來看,這裏説的應該是針對逃亡徒隸或踐更者的處罰,與簡0169(019)"不盈廿二錢者,貲一甲"説的是同一回事兒。秦律規定每日按六錢計算,"臧不盈廿二錢"即逃亡時間在四天以下。"臧不盈廿二錢,貲一甲"之前,當有針對更長時段逃亡的相應處罰規定,這是最低的一級。

【2】耐罪以下,令備前毄(繫)日

[疏證]

耐罪以下,令備前毄(繫)日,與"臧不盈廿二錢,貲一甲"是針對逃亡罪從兩個方面作出的處罰規定,是並列的關係,故兩者之間應使用分號隔開,而不是逗號。"臧不盈廿二錢,貲一甲"及之前的系列規定相當於主刑,"耐罪以下,令備前毄(繫)日"相當於附加刑。"備前繫日",被拘繫者在拘繫期間逃往,如果逃亡日期較短,所判處的逃亡罪處罰較輕,那麽抓獲之後,不但進行經濟處罰,還要補足逃往期間所拘繫的時日。如睡虎地秦簡《法律答問》簡132:"隸臣妾毄(繫)城旦舂,去亡,已奔,未論而自出,當治(笞)五十,備毄(繫)日。"

秦漢律中有重罪吸收輕罪的原則。如張家山漢簡《二年律令》簡99《具律》:"一人有數□罪殹,以其重罪罪之。"這一原則在秦律中就已存在。嶽麓秦簡所載律令應當是部分采用了這一處罰原則,故耐罪以上的逃亡罪處罰不再要求"令備前毄(繫)日",而是直接延長刑期,不再附加其他處罰。如簡2129+2091+2071(037-039)規定:"奴婢毄(繫)城旦舂而去亡者,毄(繫)六歲者,黥其顔(顏)頯,毄(繫)八歲者,斬左止,毄(繫)十歲、十二歲者,城旦黥之,皆畀其主,其老小不當刑者,毄(繫)六歲者,毄(繫)八歲;毄(繫)八歲者,毄(繫)十歲;毄(繫)十歲者,毄(繫)十二歲。皆毋備其前毄(繫)日。"

簡文大意

逃亡者在拘繫期間逃亡,逃亡日期所計贓值在二十二錢以下者,貲罰一甲;逃亡者逃亡所計贓值在耐罪以下,除了對他們進行相應的處罰之外,還要讓他們補足逃亡所耽誤的被服刑時日。

簡1932(023)

貲贖未入,去亡及不會貲贖[1]而得,如居貲贖去亡之灋[2]₀₂₃。

【1】不會貲贖

[疏證]

不會貲贖，不按時繳納貲贖錢款。會，按規定時間地點履行官府所要求之事，參見嶽麓簡2087（015）整理小組注。嶽麓秦簡中多見"不會"某某處罰的規定。如簡2044（040）："不會縠（繫）城旦舂者，以亡律論〈論〉之。"簡2048（041）："不會收及隸臣妾之耐，皆以亡律論之。"簡2101（042）："不會司寇之耐者，以其【獄鞫已】論，其審當此【耐而不會，耐爲鬼薪】。"簡1989（043）："不會笞及除，未盈卒歲而得，以將陽辟（癖），卒歲而得，以闌辟，有（又）行其笞。"等等。另外，簡1228（240）亦載："興律曰：當爲求盜，典已戒而逋不會閲及已閲而逋若盜去亭一宿以上，貲二甲。"不會閲，即不按時參加檢閲。

睡虎地秦簡中也有"不會"或者"會"某事的記載。《秦律雜抄》簡29："廄吏乘馬篤、胔（胔），及不會廄期，貲各一盾。""不會廄期"就是不按時前往參加評比。《封診式·封守》簡9："妻曰某，亡，不會封。"不會封，不接受封守而逃脱。《法律答問》簡163："'不會治（笞），未盈卒歲得，以將陽，有（又）行治（笞）。'今士五（伍）甲不會治（笞）五十，未卒歲而得，治（笞）當駕（加）不當？當。"睡虎地秦墓竹簡整理小組原標點作："'不會，治（笞）；未盈卒歲得，以將陽有（又）行治（笞）。'今士五（伍）甲不會，治（笞）五十；未卒歲而得，治（笞）當駕（加）不當？當。"注："不會，指徵發徭役時不應徵報到。"譯文爲："'不報到，應笞打；未滿一年被捕獲，因遊蕩罪應再笞打。'如士伍甲不報到，應笞打五十；未滿一年被捕獲，應否加打？應當。"[①] 現在據嶽麓秦簡相關律令條文來看，把"不會"與"治（笞）"及"不會"與"治（笞）五十"分別從中點斷，顯然是不準確的，第一個"治（笞）"字及"治（笞）五十"後點分號也不合適，整個句子的理解也應調整。按照嶽麓秦律的規定，逃亡不滿十二個月爲"將陽"，超過十二個月爲"闌亡"，"未盈卒歲得"屬於"將陽"，所以這條律文的大意當爲："'不按時前往接受笞打，逃亡不滿一年被抓獲，按將陽罪論處，並且補上原來的笞打。'現在士伍甲沒有按時前往接受笞五十的處罰，未滿一年被捕獲，應否（在補齊笞五十的基礎上）加打？應當。"

【2】居貲贖去亡之瀘

[疏證]

居貲贖去亡之瀘，指有關居貲贖者逃亡的律令條文。如嶽麓簡2047+1947+1992+1946（066—069）："十四年七月辛丑以來，諸居貲贖責（債）未備而去亡者，坐其未備錢數，與盜同灋。其隸臣妾殹（也），有（又）以亡日臧數，與盜同灋。隸臣妾及諸當作縣道官者、僕、庸、爲它作務，其錢財當入縣道官而逋未入去亡者，有（又）坐逋錢財臧，與盜同灋。"居貲贖去亡之瀘，這種表述方式類似於秦漢律文中常見的"某某律"，指的是内容

---

① 睡虎地秦墓竹簡整理小組編：《睡虎地秦墓竹簡》，釋文部分第131—132頁。

相關的一類律文的統稱,而非專有律名,如睡虎地秦簡中的"平罪人律""職(識)耳不當之律""效盈不備之律",張家山二四七號漢墓竹簡中的"私自叚(假)律""奴婢律""匿罪人律""舍亡人律"等等。①

簡文大意

(居貲贖者)貲贖錢款沒有繳納完畢就逃亡,以及不按時前往繳納貲贖錢款,被抓住後,按照居貲贖者逃亡之法來處理。

缺簡03

簡1978+1996+2027+1973+2060+2083(024-029)

　　者已刑,令備貲責(債)。▇[1]亡不仁邑里、官[2],毋以智(知)何人殹(也),中縣道官詣[3]咸陽,郡〖縣〗[4]道詣其郡都024縣[5],皆縠(繫)城旦舂,榑作[6]倉,苦[7],令舂[8]勿出,將司[9]之如城旦舂。其小年未盈十四歲者[10],榑025作事[11]之,如隸臣妾然。令人智(知)[12]其所,爲人識[13],而以律論之。其奴婢之毋(無)罪者[14]殹(也),黥其麗(顏)026頯[15],畀其主。咸陽及郡都縣恒以計時上[16]不仁邑里及官者數獄[17]屬所[18]執灋[19],縣道官別[20]之027,且[21]令都吏[22]時覆治[23]之,以論失者[24],覆治之而即言請(情)者,以自出律論之028。【匿】[25]亡不仁邑里、【官】者,貲二甲029。

【1】▇

　　[整理小組注]

　　▇,當爲分層的符號。②

【2】亡不仁邑里、官

　　[整理小組注]

　　亡不仁邑里、官:仁,讀爲認。《玉篇·言部》:"認,識認也。""亡不仁邑里、官",指

---

① 朱紅林:《再論睡虎地秦簡中的"齎律"》,霍存福、吕麗主編:《中國法律傳統與法律精神》,第585-593頁。
② 陳松長主編:《嶽麓書院藏秦簡(肆)》,第75頁。

一類逃亡者，因不知其原籍縣鄉里和所屬官者，不能通過原籍地的户籍資料和官署記録確認其姓名等情況，故簡文言"毋以智（知）何人殹（也）"。①

[疏證]

睡虎地秦簡中有"不仁其主及官""不仁邑里"等記載，睡虎地秦簡整理小組曾解釋爲不忠實地對待主人及官府，或在鄉里爲非作歹，皆從"仁"之本義出發來解釋。《秦律十八種》簡95—96《金布律》："亡、不仁其主及官者，衣如隸臣妾。"睡虎地秦簡整理小組注："不仁，不忠實對待。此處即所謂犯上。不仁其主疑指私人奴婢（簡文稱臣妾或人奴妾）而言。"②《法律答問》簡63："將上不仁邑里者而縱之，可（何）論？當作如其所縱，以須其得；有爵，作官府。"栗勁："這裏所謂'不仁邑里者'，秦簡整理小組譯爲'在鄉里作惡的人'，並視爲'罪犯'。其實不然，這是指那些破壞社會秩序而又没有觸犯刑律的搗亂分子，因爲没有確定什麽罪名，不應稱爲罪犯。"③如果從"仁"字本義出發，栗勁先生對於"不仁其主者"性質的認識是有道理的，秦律這類人定性爲"不仁"，就説明這類人並未觸犯刑律。這類人很像《周禮》中提到的"有罪過而未麗於法，而害於州里者"。《周禮·秋官·大司寇》："凡萬民之有罪過而未麗於灋，而害於州里者，桎梏而坐諸嘉石，役諸司空。"鄭玄注："有罪過，謂邪惡之人所罪過者也。麗，附也。未附於法，未著於法也。"孫詒讓認爲這類人"即《司救》所云'凡民之有衺惡者'，彼注云'衺惡謂侮慢長老，語言無忌，而未麗於罪者'是也"。④

嶽麓簡之所以改"仁"通"認"，主要是因爲嶽麓簡律文後半句有"毋以智（知）何人殹（也）""令人智（知）其所，爲人識"等與之相呼應。這樣看來，似乎嶽麓簡的解釋更加合理。睡虎地秦簡的記載也表明，官府抓獲逃亡者之後，首先就需要查明其來源。如《封診式》簡13—14《覆》篇："敢告某縣主：男子某辭曰：'士五（伍），居某縣某里，去亡。'可定名事里，所坐論云可（何），可（何）罪赦，【或】覆問毋（無）有，幾籍亡，亡及逋事各幾可（何）日，遣識者騰，騰皆爲報，敢告主。"《覆》篇所舉的例子就是一個逃亡者，官府抓獲之後第一件事就是"定名事里"，也就是問清楚姓甚名誰，所從事職業，家住何方，所以男子回答"居某縣某里，去亡"。嶽麓秦簡所説的"毋以智（知）何人"這種情況，應該是逃亡者的供詞無法查證。

【3】詣

[整理小組注]

詣：扭送。⑤

---

① 陳松長主編：《嶽麓書院藏秦簡（肆）》，第75頁。
② 睡虎地秦墓竹簡整理小組編：《睡虎地秦墓竹簡》第42頁。
③ 栗勁：《秦律通論》，山東人民出版社1985年版，第401—402頁。
④ 孫詒讓：《周禮正義》，中華書局2015年版，第8分册，第3317頁。
⑤ 陳松長主編：《嶽麓書院藏秦簡（肆）》，第75頁。

【4】〔縣〕

　　［整理小組注］

　　"縣"字據文義補。①

【5】都縣

　　［疏證］

　　都縣,當爲郡治所在縣。《後漢書·輿服上》:"長安、雒陽令及王國都縣加前後兵車。"② 王國都縣,即王國國都所在縣。里耶秦簡8-6有"都鄉",陳偉等注曰:"都鄉,縣治所在之鄉的名稱。《奏讞書》案例十六記新郪縣令信之語云:'五月中天旱不雨,令民槫,武主趣都中,信行離鄉。'都中當包括都鄉,與離鄉(都鄉以外諸鄉)相對。據里耶16-5號等簡所載,遷陵縣有都鄉、啓陵鄉、貳春鄉。"③ "都縣"與"都鄉"詞例相同。

【6】槫

　　［整理小組注］

　　槫:團也,聚也。《集韻》徒官切,音團,楚人謂圓爲槫。《楚辭·九章》:"曾枝剡棘,圓果槫兮。"銀雀山漢墓竹簡《孫臏兵法·十陣》:"圓陣者,所以槫也。""槫作"當爲秦代習用詞語,即聚集一起居作之意。④

【7】苦

　　［整理小組注］

　　苦:粗劣,惡也。《漢書·匈奴傳上》:"不備善而苦惡。"顏師古曰:"苦,猶粗也。"或隸定爲"窖",或讀爲"鋼"。⑤

　　［疏證］

　　何有祖從字形上考釋作"告",讀爲"梏",意爲戴刑具勞作,亦可通。⑥

【8】舂

　　［整理小組注］

　　舂:舂米或其他勞作。⑦

---

① 陳松長主編:《嶽麓書院藏秦簡(肆)》,第75頁。
② 范曄:《後漢書》,中華書局1965年版,第3651頁。
③ 陳偉主編:《里耶秦簡牘校釋》(第1卷),第30頁。
④ 陳松長主編:《嶽麓書院藏秦簡(肆)》,第75頁。
⑤ 同上注。
⑥ 何有祖:《讀〈嶽麓書院藏秦簡(肆)〉札記三則》,華東政法大學法律古籍整理研究所等編:《第七屆出土文獻與法律史研究學術研討會論文集》,嶽麓書院2017年,第111頁。
⑦ 陳松長主編:《嶽麓書院藏秦簡(肆)》,第75頁。

【9】將司

[疏證]

將司,看管,監督。還見於嶽麓簡1997(049)"泰廄城旦不將司從馬"、簡1412(168)"仗城旦勿將司"、簡1421(273)"城旦舂當將司者廿人"等。睡虎地秦簡《秦律十八種》簡134—135《司空律》:"鬼薪白粲,羣下吏毋耐者,人奴妾居贖貲責(債)於城旦,皆赤其衣,枸櫝欙杕,將司之。"睡虎地秦簡整理小組注:"將司,監管。"①

【10】年未盈十四歲

[疏證]

十四歲是一個年齡界限。除簡1996(025)外,還見於嶽麓簡0187(102)"年自十四歲以上耐爲隸臣妾"、簡1377(196)"毋敢令年未盈十四歲者行縣官恒書"等。銀雀山漢簡《守法守令十三篇》簡931—932《田法》:"□□□以上、年十三歲以下,皆食於上。年六十【以上】與年十六以至十四,皆爲半作。"②嶽麓簡提到的"十四歲"大概與銀雀山漢簡"十四歲"含義相當,是一個半作的年齡,而且同時也開始承擔一定的刑事責任,與十八歲完全刑事責任年齡相比,也許可以稱爲"半刑事責任年齡"。睡虎地秦簡中正常服役身高,男子是身高六尺五寸,女子身高六尺二寸。《倉律》説:"隸臣、城旦高不盈六尺五寸,隸妾、舂高不盈六尺二寸,皆爲小;高五尺二寸,皆作之。"也就是説,男子身高六尺五寸以下至五尺二寸,女子身高六尺二寸以下至五尺二寸,皆爲半作,同理,也屬於半刑事責任年齡。

【11】事

[整理小組注]

事:役使。《史記·靳歙列傳》:"坐事國人過律。"司馬貞《索隱》引劉氏云:"事,役使也,謂使人違律數多也。"③

【12】智(知)

[整理小組注]

智(知):通知,知曉,調查了解。④

【13】識

[整理小組注]

識:識認也。⑤

---

① 睡虎地秦墓竹簡整理小組編:《睡虎地秦墓竹簡》,釋文部分第52頁。
② 銀雀山漢墓竹簡整理小組編:《銀雀山漢墓竹簡(壹)》,文物出版社1985年版,第145頁。
③ 陳松長主編:《嶽麓書院藏秦簡(肆)》,第75頁。
④ 同上注。
⑤ 同上注。

【14】毋罪者

[整理小組注]

毋罪者：指除逃亡外，無其他罪者。①

【15】黥其䭾（顔）頯

[疏證]

黥顔頯，在面部刺出圖案或文字，是一種羞辱性懲罰。據秦漢簡牘記載，這種刑罰在當時多施用於奴婢。見於《嶽麓秦簡（肆）》者，除簡2027（026）"䭾"外，還見於簡2129、0168、2062、2117、0161、0186、0187、1959、2073（037、089、097、098、099、100、102、103、104）等皆作"顔"。睡虎地秦簡《法律答問》簡75"顔頯"，整理小組注："顔，面額中央。頯（音逵），顴部。"②《二年律令》簡122《具律》："奴婢有刑城旦舂以下至䙴（遷）、耐罪，黥顔（顔）頯畀主。"《二年律令》簡135《告律》："奴婢自訟不審，斬奴左止（趾），黥婢顔（顔）頯，畀其主。"張家山漢簡《奏讞書》簡15—16："吏當：黥媚顔（顔）頯，畀禄，或曰當爲庶人。"整理小組注："顔，額中央。頯，顴部。"③《二年律令》中還有"黥頯"，或許就是"黥顔頯"的省略。《二年律令》簡30《賊律》："奴婢毆庶人以上，黥頯，畀主。"《二年律令與奏讞書》按曰："'黥頯'，刺青於臉頰。'畀主'，將犯罪奴婢返還其主人。秦律及《二年律令》中，對於私家奴隸的犯罪，常采取'黥頯''畀主'等措施。"④

【16】恒以計時上

[整理小組注]

恒以計時上：即"上與計偕"。見《睡虎地秦簡·秦律十八種》第37簡："縣上食者籍及它費大（太）倉，與計偕。都官以計時雠食者籍。"整理者注："與計偕，《漢書·武帝紀》注：'計者，上計簿使也，郡國每歲遣詣京師上之。偕者，俱也。'即與地方每年上呈計簿同時上報。"⑤

【17】數獄

[整理小組注]

數獄：名數和卷宗。⑥

---

① 陳松長主編：《嶽麓書院藏秦簡（肆）》，第75頁。
② 睡虎地秦墓竹簡整理小組編：《睡虎地秦墓竹簡》，第111頁。
③ 張家山二四七號漢墓竹簡整理小組編著：《張家山漢墓竹簡〔二四七號墓〕》（釋文修訂本），第92頁。
④ 彭浩、陳偉、[日]工藤元男主編：《二年律令與奏讞書——張家山二四七號漢墓出土法律文獻釋讀》，第102頁。
⑤ 陳松長主編：《嶽麓書院藏秦簡（肆）》，第75頁。
⑥ 同上注。

【18】屬所

[整理小組注]

屬所：隸屬的地方。《張家山漢簡·二年律令·具律》："上獄屬所二千石官，二千石官令都吏覆之。"①

[疏證]

屬所，即"所屬"。"上獄屬所二千石官"，即"上獄所屬二千石官"。

【19】執灋

[疏證]

執灋，還見於嶽麓簡2111（057）"執灋屬官"、1295（156）"必先請屬所執灋"、1304（234）"□會獄治，詣所縣官屬所執灋"、0019（287）"毋病，黔首爲故不從令者，貲丞、令史、執灋、執灋丞、卒史各二甲"、0561（346）"縣官上計執灋，執灋上計冣（最）皇帝所"、0532（348）"上攻所執灋，執灋上其日"、0520（349）"屬、尉佐、有秩吏，執灋免之"、0018（354）"上其校獄屬所執灋，執灋各以案臨計，乃相與校之，其計所同執灋者，各別上之其曹"、0099-1（355）"獄□校者各上其校屬所執灋"等。嶽麓秦簡中"執灋"一職，學界多有研究，其所見執掌範圍很廣，見於中央及郡縣各層級，涉及政治、經濟、司法諸領域，有可能是一個職官系統，其中有關郡級"執灋"的記載尤多。②需要注意的是，郡縣執灋的權力和職能如此廣泛，它在郡縣行政系統中處於一個什麽樣的位置，它與郡縣的行政長官郡守、縣令有何區別，這倒是學術界鮮有提及的，也是應該關注的。否則一味根據所見材料論證其具有如何如何的職能，也只能是就事論事，流於表面化。

【20】別

[整理小組注]

別：決獄。《荀子·宥坐》："孔子拘之，三月不別。"楊倞注："別，猶決也。"③

[疏證]

朱騰主持的人大讀簡班引日本學者土口史記及京都大學讀簡班的意見，④把"別"理解爲識別、分別，即分門別類的意思。"縣道官別之"，意思是按照所屬縣道官把這些案件卷宗分類。"上不仁邑里及官者數獄屬所執灋，縣道官別之"，意思是把不仁邑里及

---

① 陳松長主編：《嶽麓書院藏秦簡（肆）》，上海辭書出版社2015年版，第75頁。
② 彭浩：《談〈嶽麓書院藏秦簡（肆）〉中的"執灋"》，"第六屆出土文獻與法律史研究暨慶祝華東政法大學法律古籍整理研究所成立三十周年學術研討會"論文，華東政法大學法律古籍整理研究所2016年。陳松長等著：《秦代官制考論》，第245—253頁。王四維：《秦郡"執法"考——兼論秦郡制的發展》，《社會科學》2019年第11期，第153頁。
③ 陳松長主編：《嶽麓書院藏秦簡（肆）》，第75頁。
④ 中國人民大學法學院法律史料讀簡班：《嶽麓書院秦律令簡集注（一）》，待刊。

官者的檔案卷宗上報給執灋,執灋則按照卷宗所屬縣道官分類處理。這種理解當然比整理小組原來的注釋要合理,不過"縣道官"在此作狀語,這種句式在此仍然顯得有些突兀,有待於進一步研究。

【21】且

[整理小組注]

且:將。①

【22】都吏

[整理小組注]

都吏:官名,二千石官的直屬官吏,相當於漢代的督郵。《漢書·文帝紀》:"二千石官遣都吏循行,不稱者督之。"顏師古注引如淳曰:"律說,都吏今督郵是也。閑惠曉事,即爲文無害都吏。"②

[疏證]

關於秦代"都吏"的職能,張家山漢簡《二年律令》中關於都吏覆案的規定可提供參考。《二年律令》簡116—117《具律》:"气(乞)鞫者各辭在所縣道,縣道官令、長、丞謹聽,書其气(乞)鞫。上獄屬所二千石官。二千石官令都吏覆之。都吏所覆治,廷及郡各移旁近郡。御史、丞相所覆治移廷。"《二年律令》簡347—348《效律》:"縣道官令長及官(?)比(?)長而有丞者□免、徙。二千石官遣都吏效代者。雖不免、送(徙),居官盈三歲,亦輒遣都吏案效之。效案官而不備,其故吏不效新吏,新吏罪之;不盈歲,新吏弗坐。"《二年律令》396—397《興律》:"縣道官所治死罪及過失、戲而殺人,獄已具,毋庸論,上獄屬所二千石官。二千石官令毋害都吏復案,問(聞)二千石官,二千石官丞謹錄,當論,乃告縣道官以從事。徹侯邑上在所郡守。"筆者的理解是,不論是"都吏",還是"都官",都是上級對於下級而言的,由中央派駐到地方,由郡派駐到縣道的官吏或部門,都可以稱爲"都吏",或"都官"。也就是說,"都吏"或"都官",並非專指某一職官或某一部門。

【23】覆治

[疏證]

覆治,指對案件進行深入調查,此處是指對已了結的案件進行覆查。在秦漢簡牘記載中,有時候一審案件中使用"覆"這個詞,也有時候在對案件進行重審的時候使用"覆"這個詞。也就是說,"覆"這個詞本身不能表明案件是一審還是再審,要看它具體的使用環境。

---

① 陳松長主編:《嶽麓書院藏秦簡(肆)》,第76頁。
② 同上注。

一審中使用"覆"的案例舉例。睡虎地秦簡《封診式》簡13—14《覆》:"敢告某縣主:男子某辭曰:'士五(伍),居某縣某里,去亡。'可定名事里,所坐論云可(何),可(何)罪赦,【或】覆問毋(無)有,幾籍亡、亡及逋事各幾可(何)日,遣識者當騰,騰皆爲報,敢告主。"《釋文注釋修訂本(壹)》注:"覆,籾山明(1995):和《有鞫》一樣,《覆》也是以在縣廷審訊嫌犯爲前提而發出的文書。和再審訊無任何關係。"① 張家山漢簡《二年律令》簡113《具律》:"治獄者,各以其告劾治之。敢放訊杜雅,求其它罪,及人毋告劾而擅覆治之,皆以鞫獄故不直論。"整理小組注:"覆,《爾雅·釋詁》:'覆,審也。'參看《睡虎地秦墓竹簡·封診式》之《覆》條。"② 籾山明之所以強調"覆"並没有特指對案件進行再審訊的含義,是因爲秦漢簡牘在記載案件重審的案例中使用了"覆"字,有學者據此認爲"覆"有重新審理之意。③

重審時使用"覆"一詞的案例舉例。張家山漢簡《奏讞書》簡77—78《淮陽守行縣掾新郪獄》:"七月甲辰淮陽守偃刻(劾)曰:武出備盜賊而不反(返),其從迹類或殺之,獄告出入廿日弗窮訊,吏莫追求,坐以毄(繫)者毋毄(繫)牒,疑有奸詐(詐),其謙(廉)求捕其賊。復(覆)其奸詐(詐)及智(知)縱不捕賊者,必盡得,以法論。"又如簡99《城旦講乞鞫》:"覆視其故獄。"這兩個案子中"覆"顯然是指對案件進行重新審理。嶽麓簡此處説的也是上級"執灋"對所轄地區及部門上呈的案件卷宗進行審查,對其中有疑問者重新審理,因此,這裏的"覆治"有重審之意。

【24】論失者

[疏證]

論失者,這裏指論處案件處理過程中操作失誤的官吏或被誤判者。《嶽麓書院藏秦簡(叁)》(以下簡稱《嶽麓叁》)簡14:"監御史康劾以爲:不當,錢不處,當更論。更論及論失者言夬(決)。"整理小組注:"論失者,即論處誤判的官員。"④ 當然,也有學者把《嶽麓叁》的"論失者"解釋爲判案失誤的官員,亦通。龍崗秦簡木牘:"鞫之,辟死論不當爲城旦,吏論失者已坐以論。九月丙申,沙羨丞甲、史丙免爲庶人。令自尚也。""吏論失者"即官吏判案失誤者。⑤ 官吏判案失誤,亦稱爲"失刑",見於睡虎地秦簡《法律答問》簡33、35、115。

---

① 彭浩、劉樂賢等撰著:《秦簡牘合集·釋文注釋修訂本》(壹),第271頁。
② 張家山二四七號墓漢簡整理小組:《張家山漢墓竹簡〔二四七號墓〕》(釋文修訂本),第24頁。
③ 籾山明:《秦代審判制度的復原》,劉俊文主編:《日本中青年學者論中國史》(上古秦漢卷),上海古籍出版社1995年版,第257—260頁。
④ 朱漢民、陳松長主編:《嶽麓書院藏秦簡(叁)》,上海辭書出版社2013年版,第109頁。
⑤ 劉信芳、梁柱編著:《雲夢龍崗秦簡》,科學出版社1997年版,第45頁。《龍崗秦簡》"吏論"與"失者"之間以冒號斷開,"失者,已坐已論"爲"吏論"的結果,其標點與注釋均誤,今改(中國文物研究所、湖北省文物考古研究所編:《龍崗秦簡》,中華書局2001年版,第144頁)。

【25】【匿】

[整理小組注]

本簡第一字殘,根據殘存筆畫和文義,定爲"匿"字。①

簡文大意

……者已經接受肉刑之後,令他們補償完畢剩餘貲罰和債務。逃亡者中那些不知道來自何地或哪個機構的人,沒有人了解他們,中縣道官府(抓獲這類人後)把他們輸送到咸陽,地方郡縣(抓獲到這類人)則把他們輸送到郡治所在縣,這些人都要被刑具拘繫,干城旦舂的活。他們要在倉的管理下集體勞作,干粗活累活,干舂活的女性不能隨意外出,這些人都按照城旦舂的模式進行管理。其中年齡不滿十四歲的少年,集體接受役使,像管理隸臣妾一樣。官府使人對這些逃亡者進行辨認,確定他們的身份和出處,然後按照法律處罰他們。對於其中除逃亡之外無其他罪過的奴婢,在其面部施以黥刑,然後交還其主人。咸陽及郡縣通常在上計的時候把這些不知其邑里及所屬官府的逃亡者的名單簿籍上呈給所屬的執灋,執灋按所屬縣道分類歸檔,咸陽及郡定時下派都吏進行覆核,以檢查有無誤判,覆核時交代實情者,按照有關自出的法律論處。藏匿逃亡而不知所出邑里及官府者,貲罰二甲。

簡2132+1998+缺簡04+1982(030—032)

空及人僕[1]、養、老[2],它官徒輸宮司空[3]、泰匠[4]、左司空、右司空[5]者,皆作功[6],上[7]。及毋得從親[8]它縣₀₃₀道官者,從親它縣道官黥爲城旦舂,吏聽[9]者,與同罪₀₃₁。(缺簡04)道官亦令毋得從親它縣道官₀₃₂。

【1】人僕

[疏證]

"人僕"之"人",嶽麓秦簡整理小組原釋作"入",今從劉傑說改。②

【2】老

[整理小組注]

老:吏的家僕。③

---

① 陳松長主編:《嶽麓書院藏秦簡(肆)》,第76頁。
② 劉傑:《〈嶽麓書院藏秦簡(肆)〉札記四則》,《中山大學學報(社會科學版)》2019年第6期,第114頁。
③ 陳松長主編:《嶽麓書院藏秦簡(肆)》,第76頁。

[疏證]

老,在先秦文獻中作"家僕"意義講時,一般指卿大夫的家臣之長,地位類似管家,或稱"室老"。以《左傳》爲例,《襄公十七年》:"齊晏桓子卒,晏嬰麤縗斬,苴絰、帶、杖,菅屨,食鬻,居倚廬,寢苫,枕草。其老曰:'非大夫之禮也。'"楊伯峻注:"其老,晏氏之宰。"① 《襄公二十一年》:"桓子卒,欒祁與其老州賓通,幾亡室矣。""室老聞之,曰:'欒王鮒言於君,無不行,求赦吾子,吾子不許。祁大夫所不能也,而曰必由之,何也?'"楊伯峻注:"室老,羊舌氏家臣之長。"② 《襄公二十二年》:"鄭公孫黑肱有疾,歸邑於公,召室老、宗人立段,而使黜官、薄祭。"楊伯峻注:"室老即宰,家臣群吏之長,見胡匡衷《儀禮釋官》。"③《昭公二十五年》:"平子怒,拘臧氏老。"《哀公十五年》:"孔氏之老欒寧問之,稱姻妾以告。"

因此,嶽麓簡此處的"老"是否作"吏的家僕"講,還值得斟酌。"老"與"僕、養"並列,"僕、養"都是從其在官府擔任角色的角度而命名的,同理,"老"在此也應是因其在官府擔任角色而命名。在這種情況下,解釋爲"吏的家僕"顯然說不通。據嶽麓簡2089(044),類似春秋時期"室老"角色的家臣,在嶽麓簡中被稱爲"家嗇夫"。因此楊振紅推測:"'老',應是官府中負責各種雜務和僕、養等官徒的總管。"④ 義雖稍可通,然還是讓人感覺有點怪異。類似情況在《嶽麓伍》中也出現過,謝坤認爲是"走"的誤寫。⑤ 華政讀簡班吸收了這一成果,認爲《嶽麓肆》此處的"老"字亦是"走"字誤寫。⑥ 若果真如此,則文從字順。

【3】輸宮司空

[整理小組注]

宮司空:宮中主役使刑徒及水土工程的官署,漢改爲中司空。宮與外相對。秦律中有"宮均人""宮狡士",《睡虎地秦簡·法律答問》:"可(何)謂'宮均人'?宮中主循者殹(也)。""可(何)謂'宮狡士''外狡士'?皆主王犬者殹(也)。"秦封泥中有"宮司空印""宮司空丞"⑦。

[疏證]

輸,楊振紅曰:"輸的本義是運輸、輸送,這裏當指輸作。《漢書·黥布傳》:'及壯,坐法黥……布以論輸驪山。'顏師古注:'有罪論決,而輸作於驪山。'《後漢書·安帝紀》:元初二年,'詔郡國中都官繫囚減死一等,勿笞,詣馮翊、扶風屯,妻子自隨,占著所在;女子勿輸。'李賢注:'不輸作也。'輸作是在'論決'即判決後服刑的一種方式。"⑧ "輸宮司空",

---

① 楊伯峻:《春秋左傳注》,中華書局1990年版,第1033頁。
② 同上注,第1060頁。
③ 同上注,第1068頁。
④ 楊振紅:《嶽麓秦簡中的"作功上"與秦王朝大興土木——兼論〈詩·豳風·七月〉"上入執宮功"句義》,《湖南師範大學社會科學學報》2019年第1期,第10頁。
⑤ 謝坤:《讀嶽麓秦簡〈内史倉曹令〉札記》,武漢大學簡帛網2018年3月10日。
⑥ 華東政法大學出土法律文獻研讀班:《嶽麓簡秦律令釋讀(一)》,王沛主編:《出土文獻與法律史研究》第8輯,第188頁。
⑦ 陳松長主編:《嶽麓書院藏秦簡(肆)》,第76頁。
⑧ 楊振紅:《嶽麓秦簡中的"作功上"與秦王朝大興土木——兼論〈詩·豳風·七月〉"上入執宮功"句義》,《湖南師範大學社會科學學報》2019年第1期,第10頁。

即"輸作於宮司空"。

【4】泰匠

[整理小組注]

泰匠：大匠，官名，與工師同。《史記·五帝本紀》："堯曰不可而試之工師"，《正義》："工師，若今大匠卿也。"漢代有"將作大匠"。《史記·孝景本紀》："將作少府爲將作大匠。"①

【5】左司空、右司空

[整理小組注]

左司空、右司空：即左右司空，爲少府的屬官。《漢書·百官公卿表》："少府，秦官，掌山海池澤之稅，以給共養，有六丞。屬官有尚書、符節、太醫、太官、湯官、導官、樂府、若盧、考工室、左弋、居室、甘泉居室、左右司空、東織、西織、東園匠十（六）官令丞。"②

【6】作功

[整理小組注]

作功：即作工，居作勞役的意思。《漢書·貢禹傳》："故時齊三服官輸物不過十笥，方今齊三服官作工各數千人，一歲費數鉅萬。"③

【7】上

[整理小組注]

上：上計④。

[疏證]

"上"字後，嶽麓秦簡整理小組原標點爲逗號，今改爲句號。

楊振紅把"作功上"連讀，認爲與《詩經》"上入執宮功"同義，"嶽麓簡2132就是關於輸作官徒到中央宮司空等機構的法令規定"，"從此簡的內容看，仍輸送大量官徒到京城進行土木工程等建設，這與傳世文獻的記載正相吻合"。⑤可備一說。

【8】從親

[疏證]

從親，這裏指官徒訪親，或投奔親人，與合縱連橫之"從親"含義有所不同。嶽麓簡

---

① 陳松長主編：《嶽麓書院藏秦簡（肆）》，第76頁。
② 同上注。
③ 同上注。
④ 同上注。
⑤ 楊振紅：《嶽麓秦簡中的"作功上"與秦王朝大興土木——兼論〈詩·豳風·七月〉"上入執宮功"句義》，《湖南師範大學社會科學學報》2019年第1期，都13頁。

0325(366):"郡及關外黔首有欲入見親、市中縣【道】,【毋】禁錮者殹(也),許之。"郡及關外黔首想要到中縣道探望親友是可以的,但受到法律禁錮者除外。"欲入見親",就相當於"從親"。不允許官徒離開管理機構到他縣道從親,是因爲這部分的人身自由是受到限制的,屬於"禁錮"的範圍。

本組簡文説的是官徒在不同機構不同地區之間調配輸作的事,所以筆者認爲"從親他縣道官"指的是勞動力轉輸過程中,有的官徒没有到指定地區或機構報到,而是投靠到當地的親友家去了,相當於逃亡,因此"從親他縣道官"指的是"從親於他縣道官"。楊振紅則認爲,"從親"不是指官徒,而是指負責分配官徒勞役事宜的官吏相互勾結,在分配刑徒的事情上弄虛作假,對抗上級,她把"從親"按照"合從連横"的思路去理解了。① 華政讀簡班解讀爲"跟從親近之人前往其他的縣道官府",② 也不通。這是官徒輸作,是官方組織的勞動力轉移行爲,"跟從親近之人"無從説起。因此,這兩種解讀,筆者都不贊同。

【9】聽

[整理小組注]

聽:順從也。《吕氏春秋·審應》:"審則令無不聽矣。"高誘注:"聽,從也。"③

簡文大意

……司空及人僕、養、老,其他類型的官徒輸送到宫司空、泰匠、左司空、右司空者,都要從事勞作,勞作情況要統計上報。不允許到其他縣道探望或投靠親友,官徒擅自到其他縣道探望或投靠親友者,黥爲城旦舂,主管官吏允許者,與之同罪。……各縣道也不允許本縣道官徒前往他縣道探望或投靠親友。

簡1975+0170+2035+2033(033—036)

寺車府[1]∟、少府[2]、中府[3]、中車府[4]、泰官[5]、御府[6]、特庫[7]、私官[8]隸臣,免爲士五(伍)、隱官[9],及隸妾033以巧[10]及勞[11]免爲庶人,復屬其官者[12],其或亡盈三月以上而得及自出,耐以爲隸034臣妾[13];亡不盈三

---

① 楊振紅:《嶽麓秦簡中的"作功上"與秦王朝大興土木——兼論〈詩·豳風·七月〉"上入執宫功"句義》,《湖南師範大學社會科學學報》2019年第1期,第10頁。
② 華東政法大學出土法律文獻研讀班:《嶽麓簡秦律令釋讀(一)》,王沛主編:《出土文獻與法律史研究》第8輯,第190頁。
③ 陳松長主編:《嶽麓書院藏秦簡(肆)》,第76頁。

月以下而得及自出,笞五十[14];籍亡不盈三月者日數,後復亡,斬035數盈三月以上得及自出,亦耐以爲隸臣妾[15]。皆復付其官[16]036。

【1】寺車府

[整理小組注]

寺車府:寺通侍,秦封泥中有"寺車府印""寺車府",主車與府藏。《漢書·百官公卿表》:"太僕"下有車府令。①

[疏證]

"寺車府"亦見於張家山漢簡《二年律令·秩律》,表明這一機構漢初仍然沿用。②《秩律》簡463—464規定,寺車府"秩六百石,有丞、尉者半之"。張家山二四七號漢墓竹簡整理小組曾誤把"寺"與"車府"分爲兩個官職,標點爲"寺,車府",③已爲學者所辨明。④

【2】少府

[整理小組注]

秦官名。《史記·秦始皇本紀》:"少府章邯",應劭注:少府"掌山澤陂池之税,名曰禁錢,以給私養,自別爲藏。少者小也,故稱少府"。⑤

[疏證]

張家山漢簡《二年律令》簡440—441《秩律》:少府令"秩二千石"。

【3】中府

[整理小組注]

中府:官署名。《漢書·季布欒布田叔傳》:"魯王聞之,大慼,發中府錢,使相償之。"顏師古注:"中府,王之財物藏也。"廣州漢代衙署遺址中出土有"中府丞印"。⑥

【4】中車府

[整理小組注]

中車府:官署名。《史記·秦始皇本紀》:"書已封,在中車府令趙高行符璽事所,未授使者。"《集解》伏儼曰:"中車府,主乘輿路車。"⑦

---

① 陳松長主編:《嶽麓書院藏秦簡(肆)》,第76頁。
② 陳松長等著:《秦代官制考論》,第52頁。
③ 張家山二四七號漢墓竹簡整理小組編著:《張家山漢墓竹簡〔二四七號墓〕》(釋文修訂本),第74頁。
④ 周天游、劉瑞:《西安相家巷出土秦封泥簡讀》,《文史》2002年第3輯。彭浩、陳偉、[日]工藤元男主編《二年律令與奏讞書——張家山二四七號漢墓出土法律文獻釋讀》,第270、289頁。
⑤ 陳松長主編:《嶽麓書院藏秦簡(肆)》,第76頁。
⑥ 同上注。
⑦ 同上注。

[疏證]

《秦封泥彙考》收"中車府丞"印12品。傅嘉儀曰:"中車府丞,官名,中車府令之佐官。秦時已置,屬太僕。秦太僕屬官有車府令,乃隨車駕出入的侍從官員。《史記·蒙恬列傳》:'秦王聞高彊力,通於獄法,舉以爲中車府令。'同書《秦始皇本紀·集解》引伏儼曰:'主乘輿諸車。'中車府或與秦之中廄一樣,爲車府下設分支機構之一,主皇帝乘輿諸車,設有令丞。"①

王偉以爲,"車府職掌皇帝乘輿馬車之事,因車府機構所設地點或服務對象不同,故有多種車府",中車府或"掌管後宮車馬事務"。② 可備一説。

【5】泰官

[整理小組注]

泰官:即大官,官署名,與私官相對應。《漢書·張湯傳》:"大官私官並供其第。"③

[疏證]

泰官,少府屬官,主膳食。《秦封泥彙考》收"泰官"印2品,"泰官丞印"9品,"泰官庫印"3品。④ 里耶秦簡9-860:"☐付泰官行。"⑤ 泰官,又作"大官",睡虎地秦簡《秦律雜抄》簡23有"大(太)官",睡虎地秦墓竹簡整理小組把"大官"與其後的"右府、左府"並列爲三個機構。我們認爲也不排除"大官"下設左、右府,簡文或當斷作"大官右府、左府"。張家山漢簡《二年律令·秩律》簡461有"大(太)官",秩六百石。王偉認爲,秦統一之前稱"大官",而不稱"泰官"。⑥ 然"大官"的稱呼在秦統一之後也在沿用,漢代的出土文獻和傳世文獻中都可看到。

【6】御府

[整理小組注]

御府:官署名,秦置,皇宮内收藏金錢財寶及衣物的機構。《漢書·百官公卿表》少府屬官有御府。《史記·李斯列傳》:"御府之衣,臣得賜之。"《秦封泥彙考》録"御府之印"封泥6品,"御府丞印"封泥26品。⑦

【7】特庫

[整理小組注]

特庫:官署名。《秦封泥彙考》録"特庫之印"2品,"特庫丞印"6品。⑧

---

① 傅嘉儀編著:《秦封泥彙考》,第26頁。
② 陳松長等著:《秦代官制考論》,第52頁。
③ 陳松長主編:《嶽麓書院藏秦簡(肆)》,第76頁。
④ 傅嘉儀編著:《秦封泥彙考》,第72—74頁。
⑤ 陳偉主編:《里耶秦簡牘校釋》第2卷,武漢大學出版社2018年版,第216頁。
⑥ 陳松長等著:《秦代官制考論》,第64頁。
⑦ 陳松長主編:《嶽麓書院藏秦簡(肆)》,第76頁。
⑧ 同上注。

[疏證]

傅嘉儀曰:"《秦封泥集》考:'特爲雄畜。《周禮·夏官·校人》:'凡馬,特居四分之一。'《禮記·郊特牲》鄭玄注:'郊者,祭天之名,用一牛,故曰特牲。'《國語·楚語》:'大夫舉以特牲,祀以少牢。'又《史記·秦本紀》文公四十七年,'伐南山大梓,豐大特。'徐廣曰:'今武都故道有怒特祠,圖大牛,上生樹木,有牛從木中出,後見於豐水之中。'特庫或爲怒特祠之庫。又特廟,《公羊·隱公五年》:'考仲子之宫。'何休注:'不説惠公廟者,妾母卑,故雖爲夫人,猶特廟而祭之。'庫爲儲車服之所。則特庫當爲特廟之庫。"① 按,傅説"特庫"爲特牲祭廟之庫,基本上是采納了《秦封泥集》的説法,略加引申。② 此説甚爲奇特,可備一説,有待後證。

【8】私官

[整理小組注]

私官:官署名。《漢書·張湯傳》:"大官私官並供其第。"服虔注:"私官,皇后之官也。"③

[疏證]

《秦封泥彙考》收"私官丞印"5品。傅嘉儀曰:"私官,官名。戰國秦置,乃皇后食官。私官丞應爲私官令之副。戰國及秦代的青銅器銘文亦有私官字樣,如咸陽塔兒坡出土的'三十六年私官鼎'是其證也。《漢書·張湯傳》:'天子取婦,皇后嫁女,大官、私官並供其第。'顔師古注引服虔注:'私官,皇后之官也。'《漢舊儀》:'太官尚食用黃金釦器,中官私官尚食用白銀釦器,如祠廟器。'"④

【9】隱官

[整理小組注]

隱官:指肉刑被赦免者工作生活之所。隱官指身份時,指受肉刑者被赦免後的身份。⑤

【10】巧

[整理小組注]

巧:技術。⑥

[疏證]

睡虎地秦簡《秦律十八種》簡113《均工》:"隸臣有巧可以爲工者,勿以爲人僕、養。"可見,有手工技藝的人是受到官府重視和關注的。《秦律十八種》簡62—63《倉律》:"隸臣欲以人丁粼者二人贖,許之。其老當免老、小高五尺以下及隸妾欲以丁粼者

---

① 傅嘉儀編著:《秦封泥彙考》,第158頁。
② 周曉陸、路東之編著:《秦封泥集》,第221頁。
③ 陳松長主編:《嶽麓書院藏秦簡(肆)》,第76頁。
④ 傅嘉儀編著:《秦封泥彙考》,第94頁。
⑤ 陳松長主編:《嶽麓書院藏秦簡(肆)》,第77頁。
⑥ 同上注。

一人贖,許之。贖者皆以男子,以其贖爲隸臣。女子操敀紅及服者,不得贖。邊縣者,復數其縣。""女子操敀紅及服者,不得贖",也説明官府要想方設法留住有手工技巧的人才,所以不允許贖免。嶽麓簡此處説,徒隸可以憑藉手工技藝免除徒隸身份,應當是徒隸憑藉高超的手工技藝得到了上級獎勵,是一種激勵提高手工技巧的措施。

【11】勞

[疏證]

勞,勞績。以巧及勞免,是免除徒隸身份的兩種途徑。勞績不僅僅是考核官吏及庶人在官者工作成績的手段,對於官府控制下的徒隸,也以勞績記錄其勞作成績。徒隸的勞績達到一定標準,就可以減刑,以至於最終免除徒隸身份。詳見嶽麓簡2085(008)"以巧及勞免"疏證。

【12】復屬其官

[疏證]

復屬其官,仍屬於原來的官府機構。秦漢時期,官府所屬的徒隸及私家奴婢即使被免除徒隸或奴婢身份,仍然依附於原先所屬的官府或奴婢主人,被免除者只是身份上的變化,並不能解除原來的附屬關係。被免除徒隸或奴婢身份者一旦擅自離開原來的控制者,仍然被視爲逃亡。張家山漢簡《二年律令》簡162《亡律》:"奴婢爲善而主欲免者,許之,奴命曰私屬,婢爲庶人,皆復使及筭(算),事之如奴婢。"這就是説,奴婢被主人免除奴婢身份之後,男的稱爲"私屬",女的稱爲庶人,主人仍按照奴婢的身份使用他們。嶽麓秦簡的律文是關於官府徒隸被免除身份後與原機構隸屬關係的規定,張家山漢簡的這條律令則是關於私家奴婢被免除奴婢身份後與主人依附關係的規定,兩者相輔相成,説明秦漢時期不論是官府奴婢還是私家奴婢,即使被免除身份,仍然隸屬於原來的管理者,並不能獲得真正的人身自由。

【13】耐以爲隸臣妾

[疏證]

"耐以爲隸臣妾"之後,嶽麓秦簡整理小組原標點爲逗號,今改爲分號。

【14】笞五十

[疏證]

"笞五十"之後,嶽麓秦簡整理小組原標點爲逗號,今改爲分號。

【15】亦耐以爲隸臣妾

[疏證]

"亦耐以爲隸臣妾"之後,嶽麓秦簡整理小組原標點爲逗號,今改爲句號。我們之所以在標點符號上作調整,是因爲"亡盈三月以上而得及自出""亡不盈三月以下而得及自出""籍亡不盈三月者日數,後復亡,轍數盈三月以上得及自出"爲三種情況逃亡者,它們之間是並列關係。

【16】皆復付其官

[疏證]

皆復付其官,是説上述三種情況下的逃亡者在受到應有的處罰之後,都要交還給原來所屬的官府部門。

簡文大意

寺車府、少府、中府、中車府、泰官、御府、特庫、私官所屬的隸臣,被免爲士伍、隱官,以及隸妾因高超的手工技巧及勞績被免爲庶人,仍屬於原來的官署。如果其中有人逃亡滿三月以上而被抓獲或自首者,都要被耐爲隸臣妾;逃亡不滿三月而被抓獲或自首,笞打五十;逃亡不滿三月者的逃亡日數會被記錄在册,以後若再逃亡被抓獲,或者自首,新逃亡日數加上原來逃亡的日數超過三個月以上者,也要被耐爲隸臣妾。這些人在受到處罰之後,都要交還給原所屬官署。

簡2129＋2091＋2071（037—039）

奴婢嗀(繫)城旦舂而去亡者[1],嗀(繫)六歲者,黥其顏(顏)頯[2];嗀(繫)八歲者,斬左止[3];嗀(繫)十歲、十二歲 037 者,城旦黥之[4]。皆畀其主[5]。其老小不當刑者[6],嗀(繫)六歲者,嗀(繫)八歲;嗀(繫)八歲者,嗀(繫)十歲;嗀(繫)十歲者,嗀(繫)十二歲。皆 038 毋備其前嗀(繫)日[7] 039。

【1】奴婢嗀(繫)城旦舂而去亡者

[疏證]

奴婢嗀(繫)城旦舂而去亡者,這句話是總述,下面分"繫六歲者""繫八歲者""繫十歲、繫十二歲者"三種情況分述。

【2】黥其顏(顏)頯

[疏證]

"黥其顏(顏)頯"之後,嶽麓秦簡整理小組原標點爲逗號,今改爲分號。

【3】斬左趾

[疏證]

"斬左趾"之後,嶽麓秦簡整理小組原標點爲逗號,今改爲分號。

【4】城旦黥之

[疏證]

"城旦黥之"之後,嶽麓秦簡整理小組原標點爲逗號,今改爲句號。"城旦黥之",即按照對城旦施以黥刑的方式施刑。又見嶽麓秦簡0186(100):"奴婢從誘,其得徼中,黥顏(顔)頯;其得故徼外,城旦黥之;皆畀主。"簡1959(103):"顏(顔)頯,其得故徼外,城旦黥之,皆畀主。"睡虎地秦簡《法律答問》簡5:"人臣甲遣人妾乙盜主牛,買(賣),把錢偕邦亡,出徼,得,論各可(何)殹(也)?當城旦黥之,各畀主。"睡虎地秦簡整理小組注:"城旦黥,據簡文應指與城旦相同的黥刑。古時黥刑刺墨的位置和形式可有不同,城旦黥是按城旦刺墨的方式施黥。"①

【5】皆畀其主

[疏證]

皆,指"繫六歲者""繫八歲者""繫十歲、十二歲"三種情況的逃亡而被抓獲者。

【6】其老小不當刑者

[疏證]

老小不當刑者,秦漢法律對刑事責任年齡有專門的規定,年齡過老或過小都可以免受刑事處罰或從輕處罰。② 如睡虎地秦簡《法律答問》簡6:"甲盜牛,盜牛時高六尺,毄(繫)一歲,復丈,高六尺七寸,問甲可(何)論?當完城旦。"睡虎地秦簡整理小組注:"古時一般認爲男子十五歲身高六尺,詳見孫詒讓《周禮正義》卷二十一。簡文常說'六尺''不盈六尺',可能六尺在判刑時是一種界限。秦六尺約合今一·三八米。"③《法律答問》簡158:"甲小未盈六尺,有馬一匹自牧之,今馬爲人敗,食人稼一石,問當論不當?不當論及賞(償)稼。"《法律答問》簡166:"女子甲爲人妻,去亡,得及自出,小未盈六尺,當論不當?已官,當論;未官,不當論。"④又如張家山漢簡《二年律令》簡86《具律》:"有罪年不盈十歲,除;其殺人,完爲城旦舂。"⑤《二年律令》簡122《具律》:"其有贖罪以下及老小不當刑、刑盡者,皆笞百。"整理小組注:"老小,指不到或

---

① 睡虎地秦墓竹簡整理小組編:《睡虎地秦墓竹簡》,釋文部分第94頁。
② 朱紅林:《再論竹簡秦漢律中的"三環"——簡牘中所反映的秦漢司法程序研究之一》,《當代法學》2007年第1期。
③ 睡虎地秦墓竹簡整理小組編:《睡虎地秦墓竹簡》,釋文部分第95頁。
④ 同上注,釋文部分第130、132頁。
⑤ 張家山二四七號漢墓竹簡整理小組編著:《張家山漢墓竹簡〔二四七號墓〕》(釋文修訂本),第21頁。

超過法定年齡者。"①

"老小不當刑者"此處是總述,下面分"繫六歲者""繫八歲者""繫十歲者"等三種情況分述。

【7】皆毋備其前豰(繫)日

[疏證]

皆毋備其前豰(繫)日,指的是"其老小不當刑者"的三種情況,分別爲"繫六歲者""繫八歲者""繫十歲者"等三種情況。這三類人都是在拘繫其間逃亡,被罪加一等從重處理,按照新的刑期服刑,因此無需補足原來的刑期。

簡文大意

奴婢繫城旦舂而逃亡,如果是繫六歲者,被抓獲之後在其面部施以黥刑;如果是繫八歲者,斬左趾;如果是繫十歲、繫十二歲者,要按照城旦舂的方式對其施以黥刑。這三類人在被施刑之後都交還給他們的主人。那些年齡過老或過小不能施以肉刑者,原來繫六歲者改爲繫八歲;原來繫八歲者,改爲繫十歲;原來繫十歲者,改爲繫十二歲。改判之後,刑期重新算起,無需補足原來的刑期。

簡2044(040)

不會豰(繫)城旦舂者,以亡律諭〈論〉之040。

簡文大意

不按時到司法機關接受繫城旦舂處罰者,以《亡律》論處。

簡2048(041)

不會收及隸臣妾之耐[1],皆以亡律論之041。

---

① 張家山二四七號漢墓竹簡整理小組編著:《張家山漢墓竹簡〔二四七號墓〕》(釋文修訂本),第25頁。

【1】隸臣妾之耐

[疏證]

隸臣妾之耐,按照對隸臣妾實施耐刑的方式施刑。"隸臣妾之耐"與簡2101(042)"司寇之耐"詞例結構相同,亦與簡2091(038)"當城旦黥之"的處罰原則相同。"城旦黥"可以說是"城旦之黥"的省略形式。因爲簡2091(038)"城旦黥"後面有"之",而且這個"之"是"黥"的賓語,因此"城旦"與"黥"之間的"之"只好省略,這樣句子才顯得精煉,結構合理。

簡文大意

不按時接受司法機關没收成爲收人或不按時到司法機關接受耐爲隸臣妾之處罰者,均按照《亡律》論處。

簡2101(042)

不會司寇之耐者[1],以其【獄鞫已】論[2],其審當此【耐而不會,耐爲鬼薪】。042

【1】司寇之耐

[疏證]

司寇之耐,按照對司寇施加耐刑的方式施刑。

【2】以其【獄鞫已】論

[疏證]

對不會某某刑者的處罰規定,其前提都是這些"不會"者本已經逃亡,後來自首或被抓獲,才有接下來的相應處罰。"以其【獄鞫已】論"應該是各種"不會司寇之耐者"情況中的一種,否則按照嶽麓簡2044(040)、2048(041)的簡文表述體例,"不會司寇之耐者"之後會直接跟如何處置的條文,中間無需特別說明。按照《嶽麓肆》"凡例"的說明,可知"【獄鞫已】""【耐而不會,耐爲鬼薪】"中的文字爲嶽麓秦簡整理小組所補,不知其根據何在。彭浩認爲,即使不補字,上下文也說得通。① "其審當此【耐而不會,

---

① 彭浩:《談〈嶽麓書院藏秦簡(肆)〉部分竹簡的歸類》,馬聰、王濤、曹旅寧主編:《出土文獻與法律史研究現狀學術研討會論文集》,第4頁;王沛主編:《出土文獻與法律史研究》第8輯,第204頁。

耐爲鬼薪】"大意當爲"經過審理,當事人確實應當被處以這種耐刑,却故意不前往受刑,所以從重處理,耐爲鬼薪"。按照整理小組補充文字的理解,這則規定完全可以與簡2044、2048的表述相似,作:"不會司寇之耐者,耐爲鬼薪。"中間的表述及補充文字毫無必要。因此,筆者認爲,嶽麓秦簡整理小組的補充文字是否準確,還有待於進一步研究。

簡文大意

不按時前往接受司寇之耐處罰者,經過審理,確實應當被耐爲司寇,却故意不按時前往受刑,被抓獲後從重處罰,耐爲鬼薪。

簡 1989（043）

不會答及除[1],未盈卒歲而得,以將陽癖（癖）[2];卒歲而得,以闌癖[3]。有（又）行其答[4]₀₄₃。

【1】除

[整理小組注]

除:或爲除刑徒任勞役,《睡虎地秦簡·秦律十八種》第150簡:"司寇勿以爲僕、養、守官府及除有爲殹（也）。有上令除之,必復請之。"①

[疏證]

嶽麓簡1989的内容與睡虎地秦簡《法律答問》簡163的内容有相似之處,二者之間或者就是同一條律文的不同傳抄版本。《法律答問》簡163:"'不會治（答）,未盈卒歲得,以將陽,有（又）行治（答）。'今士五（伍）甲不會治（答）五十;未卒歲而得,治（答）當駕（加）不當? 當。"② 嶽麓簡説了兩件事"不會答及除",睡虎地秦簡只説了一件事"不會答",同時在逃亡時間上,嶽麓簡提到兩個時間節點"不滿一年"和"一年及一年以上",睡虎地秦簡只提到一個時間節點"不滿一年"。陳松長曾把二者做過比較,認爲《法律答問》簡163脱"癖;卒歲而得,以闌癖","未卒歲而得,治（答）當加不當? 當"是誤抄或漏抄的結果。③ 筆者認爲,這或許和睡虎地秦簡《法律答問》本身的特點有關。因爲睡虎地秦簡《法律答問》只是針對一些法律律文進行教科書式的解答説明,這裏很可能只是舉了該條律文中的一句進行舉例分析,並非完整解説。

---

① 陳松長主編:《嶽麓書院藏秦簡（肆）》,第77頁。
② 睡虎地秦簡整理小組原釋文標點有誤,本文已有説明,見嶽麓簡1932(023)"不會貲贖"疏證。
③ 陳松長:《睡虎地秦簡中的"將陽"小考》,《湖南大學學報（社會科學版）》,2012年第5期,第6頁。

【2】廦

[整理小組注]

廦：讀爲辟。①

[疏證]

廦讀爲辟，辟爲處罰、論處。"以將陽廦（辟）"之後，嶽麓秦簡整理小組原標點爲逗號，今改爲分號。

【3】闌

[疏證]

闌，闌亡。按照嶽麓秦簡的記載，逃亡滿一年及一年以上者爲闌亡，不足一年者爲將陽。"以闌廦"之後，嶽麓秦簡整理小組原標點爲逗號，今改爲句號。

【4】有（又）行其笞

[疏證]

又行其笞，是針對"未盈卒歲"和"盈卒歲"兩種情況說的。不論是否"盈卒歲"，逃亡者在被抓獲之後，除了按照逃亡罪處罰之外，原來應受的處罰必須補上。

簡文大意

不按時前往接受官府的笞刑或任務分派（而逃亡），未滿一年即被抓獲者，按照將陽罪論處；滿一年而被抓，按照闌亡罪論處。同時（不論滿不滿一年，被抓獲後）都要補上原來所逃避的笞刑。

簡2089（044）

廿年後九月戊戌以來[1]，其前死及去乃後還[2]者，盡論之如律。卿[3]，其家嗇夫是[4]坐之 044。

【1】廿年後九月戊戌以來

[疏證]

"廿年後九月戊戌以來"至"盡論之如律"，又見於嶽麓簡2010（070）。又簡1985

---

① 陳松長主編：《嶽麓書院藏秦簡（肆）》，第77頁。

(076):"廿年後九月戊戌以來,取罪人、羣亡人以爲庸,雖前死及去而後遝者,論之如律。"我們或許可以推測,簡2089、2010與簡1985抄録的都是同一內容,不過前兩者均脱"取罪人、羣亡人以爲庸"一句。

歐陽對"年月日以來"的律令格式語進行過探討。他認爲,"日期起首律文來源於設定法律規則的王命、王令或制詔"。"首先,我們認定'年月日以來'是一種對原始的公文書進行編删後的省略格式,其主要的改動是删去原始文書中的立法理由,保留法律規範部分"。"其次,含'自今以來'的原始文書可大致分爲兩類,一類是官吏議請設定法律規範,其標識是'請自今以來',另一類是君主發布的命令或製詔設定法律規範,其標識有'聞'等"。① 總而言之,"某某年以來"的法律條文,至少標誌着它所對應的內容規範由臨時性、特定性,轉變爲具有普遍性和長期穩定性的特點,可說是由令向律轉化的一個標誌。

"年月日以來"起首格式的秦簡律文,曾經在龍崗秦簡中出現過。華政讀簡班認爲,嶽麓秦簡中的類似格式律文中的"年月日","應如龍崗秦簡整理者所說,爲其本身的頒布日期,而非如再整理者所認爲的那樣,是其所修正的先前條文的頒布日期。"② 可從。

【2】遝

[疏證]

遝,及也,"在這裏特指之後生效的法律對之前發生的行爲具有溯及力"。③ 睡虎地秦簡《法律答問》簡143:"法(廢)令、犯令,遝免、徙不遝?遝之。"整理小組注:"遝,及,見《秦律十八種》中的《工律》'公器官久'條注〔二〕,此處意思是追究。"④ 可參證。

【3】卿

[疏證]

卿,二十等爵中左庶長以上、大庶長以下之爵位的通稱。張家山漢簡《二年律令》簡236《傳食律》"卿以上比千石",整理小組注:"《漢書・樊噲傳》王先謙《補注》引錢大昭曰:'卿則左庶長以上,封君則大庶長之屬矣。'"⑤ 彭浩曰:"指卿以上有違法行爲,不受處罰,由其家嗇夫坐罪。"⑥

---

① 歐陽:《嶽麓秦簡〈亡律〉日期起首律條初探》,華東政法大學法律古籍整理研究所編:《第六屆"出土文獻與法律史研究"暨慶祝華東政法大學法律古籍整理研究所成立三十周年學術研討會論文集》,中國上海2016年11月,第136、138頁。
② 華東政法大學出土法律文獻研讀班:《嶽麓簡秦律令釋讀(一)》,王沛主編:《出土文獻與法律史研究》第8輯,第157頁。
③ 同上注,第158頁。
④ 睡虎地秦墓竹簡整理小組編:《睡虎地秦墓竹簡》,釋文部分第126頁。
⑤ 張家山二四七號漢墓竹簡整理小組編著:《張家山漢墓竹簡〔二四七號墓〕》(釋文修訂本),第41頁。
⑥ 馬聰、王濤、曹旅寧主編:《出土文獻與法律史研究現狀學術研討會論文集》,第5頁。

【4】其家嗇夫是坐之

[疏證]

家嗇夫,家臣之長。秦封君有"家丞",其職責或與此處"家嗇夫"相類似。① "是",彭浩曰:"通作'諟',《說文》:'理也。'"② 其實,"是"在這裏理解爲增強語氣的助詞也無妨,"其家嗇夫是坐之"即"其家嗇夫坐之"。

簡文大意

廿年後九月戊戌以來,在此之前已經死亡或離開者,事後被發現被追究其身,盡按照法律論處。如果爵位爲卿,則由其家嗇夫承擔責任。

簡2088+2054(045—046)

廿五年五月戊戌以來,匿亡人[1]及將陽者,其室主[2]匿贖死罪以下[3],皆與同罪。亡人罪輕于045□有(又)以亡律論之046。

【1】亡人

[疏證]

據秦律,亡人根據逃亡的日期分爲兩類,逃亡日期滿一年及一年以上者稱爲"闌亡",逃亡日期不足一年者,稱爲"將陽"。嶽麓簡2088此處的"亡人"與"將陽者"並舉,故前者當指"闌亡者"。

【2】室主

[疏證]

室主,即户主。"室主"亦見於嶽麓簡1990(054)"舍人室,室主舍者,智(知)其請(情),以律罨(遷)之"。"室主"有時又簡稱"主",嶽麓簡1965(003)有"主匿亡收、隸臣妾,耐爲隸臣妾,其室人存而年十八歲者,各與其疑同灋"。

華政讀簡班、人大讀簡班等皆引諸家説,則把"室主"分開讀,"室"屬上,"主"屬下,作:"廿五年五月戊戌以來,匿亡人及將陽者其室,主匿贖死罪以下,皆與同罪。"③ 文

---

① 陳松長等著:《秦代官制考論》,第59頁。
② 馬聰、王濤、曹旅寧主編:《出土文獻與法律史研究現狀學術研討會論文集》,第5頁。
③ 華東政法大學出土法律文獻研讀班:《嶽麓簡秦律令釋讀(一)》,王沛主編:《出土文獻與法律史研究》第8輯,第205頁。中國人民大學法學院法律史料研讀班:《嶽麓書院藏秦律令簡集注(一)》,待刊。

意雖可通,然不如原句讀更符合上下文例的一致風格。

【3】贖死罪以下

[疏證]

秦律中的贖刑系列,據睡虎地秦簡記載,包括贖死、贖(肉)刑、贖耐、贖遷等。贖(肉)刑包括贖宮、贖鬼薪鋈足、贖黥等。漢初贖刑系列,據張家山漢簡《二年律令·具律》記載,包括贖死、贖城旦舂鬼薪白粲、贖斬府(腐)、贖劓黥、贖耐、贖遷,各級贖刑之價格明碼標價。①

簡文大意

廿五年五月戊戌以來,藏匿闌亡及將陽者,所藏匿者爲贖死罪以下者,户主皆與之同罪。如果亡人罪輕於……以亡律論處。

簡 2009+1983（047—048）

城旦舂亡而得,黥,復爲城旦舂;不得,命之[1]。自出殹(也),笞百。其懷子者047大[2]枸櫝及杕[3]之,勿笞048。

【1】命

[整理小組注]

命:出告示緝拿。②

[疏證]

"命之"之後,嶽麓秦簡整理小組原標點爲逗號,今改爲句號。"得"與"不得"是逃亡者的兩種結果,是並列關係。"自出"則是與"得""不得"相區別的另一種情況,故用句號與二者隔開。

【2】大

[疏證]

大,寬大,寬鬆。因爲被捕的舂已經懷孕,故從輕處理,戴上寬鬆的刑具。

---

① 朱紅林:《竹簡秦漢律中的"贖罪"與"贖刑"》,《史學月刊》2007年第5期。
② 陳松長主編:《嶽麓書院藏秦簡(肆)》,第77頁。

【3】枸櫝及杕

[整理小組注]

枸櫝及杕：均爲刑具。枸櫝應爲木械，如枷或桎梏之類。杕爲套在囚徒足脛的鐵鉗。《睡虎地秦簡·司空律》："公士以下居贖刑罪、死罪者，居於城旦舂，毋赤其衣，勿枸櫝欙杕。"

[疏證]

宋傑："釱，單個使用的鐵製腳鐐，《史記》卷30《平準書·集解》引韋昭曰：'釱，以鐵爲之，著左趾以代刖也。'《史記索隱》注：'《三蒼》云："釱，踏腳鉗也。"《字林》徒計反。張斐《漢晉律序》云"狀如跟衣，著左足下，重六斤，以代臏……"'"①

圖一　釱②

簡文大意

城旦舂逃跑後被抓獲，處以黥刑，仍然爲城旦舂；如果抓不到，就發文通緝。如果自首，笞打一百下。逃亡的舂自首時如果已經懷孕，則戴寬鬆的刑具，免於笞打。

簡1997(049)

泰廄^[1]城旦不將司從馬^[2]，亡而得者，斬其左止，復爲城旦。後復亡，勿斬^[3]，如它城旦然^[4]₀₄₉。

---

① 宋傑：《漢代監獄制度研究》，中華書局2013年版，第339頁。
② 引自秦中行：《漢陽陵附近鉗徒墓的發現》，《文物》1972年第7期。

【1】泰廄

[整理小組注]

泰廄：即太廄、大廄，秦朝廷廄名。《漢書·百官公卿表》："太僕，秦官，掌輿馬，有兩丞。屬官有太廄、未央、家馬三令，各五丞一尉。"《秦封泥集》有封泥"泰廄丞印"。《睡虎地秦簡·廄苑律》："其大廄、中廄、宮廄馬殿（也），以其筋、革、角及其賈（價）錢效。"①

【2】將司從馬

[整理小組注]

從馬：從同縱，縱馬即牧馬。《張家山漢簡·奏讞書》："南門外有縱牛，其一黑牝，類擾易捕也。"②

[疏證]

中國人民大學法學院法律史料研讀班（以下簡稱人大讀簡班）總結了兩種理解。一種理解是，"將司"即監管之義，在此作狀語，修飾"從馬"，也就是說泰廄城旦在無人監管的狀態下牧馬，因此趁機逃亡。另一種理解是，"將司"同樣是"監管"之義，但作謂語，"從馬"作賓語，意為"牧馬之人"，即泰廄城旦不監管牧馬之人而自己逃亡了。人大讀簡班選擇了第一種理解，可從。③

【3】勿斬

[疏證]

勿斬，這裏指的是不要再次實施斬刑。陳偉據此認為："我們應可認為在秦律中，並不像張家山漢簡《二年律令》那樣，存在'斬右趾'的刑罰。至少在睡虎地秦律所代表的統一前夕和嶽麓書院秦律所代表的統一之後的時期如此。這種處置的出發點，大概仍如劉海年思考的方向相同，是為了不致使這些罪犯徹底喪失勞動能力。"④

【4】如它城旦然

[疏證]

如它城旦然，陳偉解釋為"明確顯示不把'斬右趾'作為對於已'斬左趾'者再犯的進一步懲罰，並且這種處理方式是與其他部門的城旦一致"。也就是說，其它部門的城旦如果犯罪被斬左趾後，再犯也不再進一步加重斬右趾了。陳偉據此認為，此時的秦律中尚不存在"斬右趾"的刑罰。⑤華政讀簡班則認為："若當時不存在'斬右趾'，則第二

---

① 陳松長主編：《嶽麓書院藏秦簡（肆）》，第77頁。
② 同上注。
③ 中國人民大學法學院法律史料研讀班：《嶽麓書院藏秦律令簡集注（一）》，待刊。
④ 陳偉：《秦簡牘校讀及所見制度考察》，第186—187頁。
⑤ 同上注，第186頁。

次逃亡後他就無趾可斬,法律也就完全没有必要明文規定'勿斬'了。因此,從'勿斬'進行反推,則當時應該已經出現了'斬右趾'這一刑種。"① 亦可備一説。

簡文大意

泰廄屬下的城旦在無人監管的狀態下牧馬,趁機逃亡,被抓獲之後,要斬其左足,繼續作城旦,之後再次逃亡,被抓獲之後,不再進一步實施斬右趾的刑罰,這種處置方式與其他部門的城旦是一樣的。

簡1976(050)

城旦舂司寇[1]亡而得,黥爲城旦舂,不得,命之[2]。其獄未鞫[3]而自出殹(也),治(笞)五十,復爲司寇[4]050。

【1】城旦舂司寇

[疏證]

睡虎地秦簡《秦律十八種》簡141《司空律》有"城旦舂之司寇",整理小組注曰:"城旦舂之司寇,據簡文應爲城旦舂減刑爲司寇者,簡中有時分稱城旦司寇、舂司寇。"②

【2】命之

[疏證]

"命之"之後,嶽麓秦簡整理小組原標點爲逗號,今改爲句號。

【3】鞫

[整理小組注]

鞫:即鞫審、審問也。③

[疏證]

鞫,在此專指案件進入正式審理這一階段的司法程序,乃"訊鞫論報"四階段之一,而非籠統意義上的審理。逃亡者在逃亡過程中自首,也要有早晚之分,早自首,可以從輕發落,晚自首,就未必有這一待遇了。是否在"鞫",也就是正式庭審前自首,就是一

---

① 華東政法大學出土法律文獻研讀班:《嶽麓簡秦律令釋讀(一)》,王沛主編:《出土文獻與法律史研究》第8輯,第211頁。
② 睡虎地秦墓竹簡整理小組編:《睡虎地秦墓竹簡》,釋文部分第52頁。
③ 陳松長主編:《嶽麓書院藏秦簡(肆)》,第77頁。

個時間界限,"鞫"之前自首,或可從寬發落;"鞫"之後自首,則"罪不得減"。參見嶽麓簡2087(015)"鞫,罪不得減"疏證。

【4】司寇

[整理小組注]

司寇:這裏是承上"城旦舂司寇"之省語。①

簡文大意

城旦舂司寇逃亡之後被抓獲,黥爲城旦舂,如果抓不到,就發布告通緝。案件尚未進入鞫審程序時,逃亡者來自首,笞打五十下,繼續作城旦舂司寇。

簡2081+2039(051—052)

佐弋之罪[1],命而得,以其罪罪之。自出殹(也),黥爲城旦舂[2]。它罪,命而得,黥爲城旦舂[3],其有大辟罪[4]051罪之。自出殹(也),完爲城旦舂052。

【1】罪

[整理小組注]

罪,指犯罪之人。②

[疏證]

罪,亦可作動詞解,犯罪。即佐弋犯了罪。"罪"前或脫"大辟"或"死罪"之類的刑罰名稱。下文說即使自首,從輕一等處理,爲"黥爲城旦舂",因此我們推測,原處罰很可能是死刑。

【2】自出也,黥爲城旦舂

[疏證]

黥爲城旦舂是很重的處罰。根據張家山漢簡《二年律令》的記載,如果是死罪,從輕一等處罰是"黥爲城旦舂"。如《二年律令》126—131《告律》:"誣告人以死罪,黥爲城旦舂;它各反其罪。告不審及有罪先自告,各減其罪一等,死罪黥爲城旦舂,城旦舂罪完爲城旦舂,完爲城旦舂罪□□鬼薪白粲及府(腐)罪耐爲隸臣妾,耐爲隸臣妾罪耐爲司

---

① 陳松長主編:《嶽麓書院藏秦簡(肆)》,第77頁。
② 同上注。

寇、司寇、墨(遷)及黥顏(顏)頯罪贖耐,贖耐罪罰金四兩,贖死罪贖城旦舂,贖城旦舂罪贖斬,贖斬罪贖黥,贖黥罪贖耐,耐罪☐金四兩罪罰金二兩,罰金二兩罪罰金一兩。令、丞、令史或偏(徧)先自告得之,相除。"因此我們推測,前文"佐弋之罪也"之"罪"字之前或脱"大辟"二字。

【3】它罪,命而得,黥爲城旦舂

[疏證]

這裏的"它罪"與"佐弋之罪"是相對而言的,也就是説佐弋犯了大辟罪被通緝,抓住之後,以其罪罪之;其他人犯了罪被通緝,一般情況下,抓住之後,黥爲城旦舂。

【4】大辟罪

[整理小組注]

大辟罪:即死刑,傳爲上古五刑之一。見《尚書·吕刑》:"墨罰之屬千,劓罰之屬千,剕罰之屬五百,宫罰之屬三百,大辟之罰其屬二百,五刑之屬三千。"秦國刑制之大辟,見《漢書·刑法志》:"秦用商鞅,連相坐之法,造參夷之誅;增加肉刑、大辟,有鑿顛、抽脅、鑊亨之刑。"①

[疏證]

這裏的"大辟罪"是針對"它罪"中的特殊情況而言的。前文已經説過,"它罪"不是指"其它罪",而是指與佐弋相對的其他人犯了罪。其他人犯了罪被通緝,一般情況下被抓住之後是黥爲城旦舂,但如是死刑犯,即"大辟罪",性質嚴重,那就特殊處理,以其罪罪之,也處以死刑。還有一種可能,那就是051簡之後應該連接的並不是052簡,二者連讀,語氣還是有些怪異。

簡文大意

佐弋犯了(大辟)罪(而逃亡),被通緝抓獲,按照其本罪進行處置。如果自首,黥爲城旦舂。其他人犯罪(而逃亡),被通緝抓獲,(一般情況下)黥爲城旦舂,但如果是死刑犯,則按照本罪處置;自首者完爲城旦舂。

簡2106+1990+1940+2057+2111+1941+2031(053—058)

郡[1]及襄武[2]┕、上雒[3]┕、商[4]┕、函谷關[5]外人及墨(遷)[6]郡、襄

---

① 陳松長主編:《嶽麓書院藏秦簡(肆)》,第77頁。

武、上雒、商、函谷關外₀₅₃男女去、闌亡、將陽[7]，來入之中縣道[8]，無少長，舍人室，室主舍者，智（知）其請（情），以律巺（遷）之。典、伍不告，貲典一甲，伍一盾。不智（知）其₀₅₄請（情），主舍，貲二甲，典、伍不告，貲一盾。舍之過旬乃論之˩。舍，其鄉部課之，卒歲，鄉部吏[9]弗能得，它人捕之，男₀₅₅女無少長，伍（五）人，諄鄉部嗇夫[10]；廿人，貲鄉部嗇夫一盾；卅人以上，貲鄉部嗇夫一甲，令、丞諄[11]，鄉部吏主者，與鄉部₀₅₆嗇夫同罪。其亡居日[12]都官、執灋[13]屬官˩、禁苑˩、園[14]˩、邑[15]˩、作務˩、官道[16]畍（界）中，其嗇夫、吏[17]˩、典、伍及舍者坐之，如此律₀₅₇。免老˩、小未傅˩、女子未有夫而皆不居償日者，不用此律[18]₀₅₈。

【1】郡

[整理小組注]

郡：這裏當是關東諸郡縣道的代稱。嶽麓秦簡2107記載："□□□罪而與郡縣道及告子居隴西縣道及郡縣道者，皆毋得來之中縣道官。"簡文中"中縣道""隴西縣道""郡縣道"三者界限分明。可見"郡縣道"是相對"中縣道""隴西縣道"而言的一個特指區域，由此推斷這裏的"郡"或就是"郡縣道"或"關東諸郡縣道"的省稱。①

[疏證]

華政讀簡班曰："郡：秦所設各郡的統稱，包括關中和關外的郡。或者僅指襄武、上雒、商、函谷關所劃定區域內的秦郡。"②

【2】襄武

[整理小組注]

襄武：地名。《史記·建元以來侯者年表》："襄武在隴西也。"《漢書·地理志》中爲隴西郡下轄縣名，"襄武，莽曰相恒"，治今甘肅縣（按：當爲"省"之誤）隴西縣東。③

【3】上雒

[整理小組注]

上雒：地名。《史記·蘇秦列傳》："西河之外，上雒之地，三川晉國之禍，三晉之半，秦禍如此其大也。"《漢書·地理志》中爲弘農郡下轄縣名，治今陝西商縣。"上雒、商"亦見於《張家山漢簡·二年律令·秩律》，其書注釋曰："漢初屬內史。"④

---

① 陳松長主編：《嶽麓書院藏秦簡（肆）》，第77頁。
② 華東政法大學出土法律文獻研讀班：《嶽麓簡秦律令釋讀（一）》，王沛主編：《出土文獻與法律史研究》第8輯，第215—216頁。
③ 陳松長主編：《嶽麓書院藏秦簡（肆）》，第77頁。
④ 同上注。

【4】商

[整理小組注]

商：地名。《漢書·地理志》中爲弘農郡下轄縣名，"商，秦相衛鞅邑也"。①

【5】函谷關

[整理小組注]

函谷關：地名。《史記·項羽本紀》："函谷關有兵守關，不得入。"《索隱》文穎曰："在弘農縣衡山嶺，今移在穀城。"顔師古云："今桃林縣南有洪滔澗水，即古之函關。"《正義》引《括地志》云："函谷關在陝州桃林縣西南十二里，秦函谷關也。《圖記》云西去長安四百餘里，路在谷中，故以爲名。"按，《括地志》所云乃秦時函谷關，即陝州桃林縣西南十二里，治今河南靈寶市。②

【6】䙴（遷）

[整理小組注]

䙴（遷）：䙴（遷）往。"䙴（遷）郡、襄武、上雒、商、函谷關外男女"，即遷往關東諸郡和襄武、上雒、商、函谷關外的男女，與前面所說的"郡、襄武、上雒、商、函谷關外人"是兩類人，一類是當地人，一類是外來人，故中間用連詞"及"聯接。③

【7】闌亡、將陽

[整理小組注]

闌亡：秦代逃亡的一種，即無符傳私越關卡，且逃亡時間在一年以上者。將陽：秦代逃亡的一種，即不經批准擅自出走、其逃亡時間在一年以內者。④

[疏證]

鄒水傑認爲"闌亡、將陽"當與前面的"去"字連讀，作"去闌亡、將陽"。他解釋說："整理者原來的標點是'男女去，闌亡、將陽'，但未注明'去'爲何意。根據上述有關'去亡'的材料，可知'去闌亡、將陽'應連讀。材料首先體現的是'去亡'，表示的是這個區域外的人或遷往這個區域外（可直接稱"郡及關外"）的男女，要麽不屬於秦人，要麽是受罰被遷出的秦人，他們相對'中縣道'的秦人，身份存在一定差別。他們逃亡至'中縣道'是爲逃避這種身份，因而稱爲'去亡'。他們的逃亡行爲，根據時限就有了'闌亡'與'將陽亡'的分别。律文中如果沒有'去'，直接說'男女闌亡、將陽'，在語法上完全沒有問題，但律文卻要加上'去'，表示逃亡者是爲了逃避郡人及關外人的身份，

---

① 陳松長主編：《嶽麓書院藏秦簡（肆）》，第77頁。
② 同上注，第78頁。
③ 同上注。
④ 同上注。

因而要稱'去闌亡、將陽'。"①

筆者認爲，嶽麓秦簡整理小組的標點更合適，鄒水傑的標點意見則需要斟酌。"去"字屬上讀，正是强調了亡者離開指定地域、脱離指定身份這一事實，下面"闌亡、將陽"是對"去"這一事實的進一步分類解説。如果没有進一步的分類解説，那麽必須"去亡"連讀，方能解釋"去"的性質。但是如果有進一步"闌亡、將陽"的分説，再把"去"與其連讀，則語義重複，且不成辭。

【8】中縣道

[整理小組注]

中縣，當指秦關中所轄之縣道。從簡文看，所謂"中縣道"或即指"襄武、雉、商、函谷關"所劃定的地域。其中襄武在隴西，故中縣道或包括隴西郡所轄的若干縣道。據此，這裏所説的"關中"可能是指《三輔舊事》中所記的"西以散關爲界，東以函谷爲界，二關之中謂之關中"的狹義的關中。②

[疏證]

《嶽麓肆》釋文對"中縣道"的標點不統一，或作"中縣道"，或作"中縣、道"，統一斷作"中縣道"即可，指秦中央政府直轄的縣道。如簡1978（024）"中縣道官詣咸陽"，簡1990（054）"來入之中縣道"，簡2017（093）"皆毋得來之中縣道官"，簡0325（366）"郡及關外黔首有欲入見親、市中縣【道】"。鄒水傑曰："簡文中兩次出現'郡及襄武、上雉、商、函谷關外'，與之相對的是'來入之中縣道'，很明顯，'郡及襄武、上雉、商、函谷關'圍成的區域即'中縣道'。"③大致不錯。至於《漢書·高祖本紀》提到的"南海尉它居南方長治之，甚有文理，中縣人以故不耗減，粵人相攻擊之俗益止"，如淳曰"中縣之民，中國縣民也"，更多具有華夷之辨的意義，④與此處的"中縣道"不同。

【9】鄉部吏

[疏證]

"鄉部吏"還見於嶽麓簡2037+2090（011-012）："☐☐，鄉部吏貲一甲，占者贖耐，莫占吏數者，贖耐。典、老占數小男子年未盈十八歲及女子，縣、道嗇夫貲鄉部吏貲一盾，占者貲二甲，莫占吏數者，貲二甲。""鄉部吏"即"鄉部吏主者"的省稱。

---

① 鄒水傑：《論秦及漢初簡牘中有關逃亡的法律》，《湖南師範大學社會科學學報》2019年第1期，第20頁。
② 陳松長主編：《嶽麓書院藏秦簡（肆）》，第78頁。
③ 鄒水傑：《嶽麓秦簡"中縣道"初探》，華東政法大學法律古籍整理研究所等編：《第七届"出土文獻與法律史研究學術研討會"論文集》，湖南長沙2017年，第362頁。
④ 班固：《漢書》，中華書局1962年版，第73頁。

【10】鄉部嗇夫

[疏證]

鄉部嗇夫,即"鄉部官嗇夫"。① "鄉部官嗇夫""鄉部嗇夫"屢見於張家山漢簡《二年律令》。如《二年律令》簡5《賊律》:"鄉部官嗇夫、吏主者弗得,罰金各二兩。"簡201—202《錢律》:"尉、尉史、鄉部官嗇夫、士吏部主者弗得,罰金四兩。"簡322《户律》:"代户、貿賣田宅,鄉部田嗇夫、吏留弗爲定籍,盈一日,罰金各二兩。"簡327—330《户律》:"恒以八月令鄉部嗇夫、吏、令史相雜案户籍,副臧(藏)其廷。有移徙者,輒移户及年籍爵細徙所,並封。留弗移,移不並封,及實不徙數盈十日,皆罰金四兩;數在所正、典弗告,與同罪。鄉部嗇夫、吏主及案户者弗得,罰金各一兩。"簡334—335《户律》:"民欲先令相分田宅、奴婢、財物,鄉部嗇夫身聽其令,皆三辨券書之,輒上如户籍。"不過,《張家山漢墓竹簡〔二四七號墓〕》(釋文修訂本)在句讀方面,簡5、201—202、322中的"鄉部官嗇夫""鄉部田嗇夫"分别斷作"鄉部、官嗇夫"、"鄉部、田嗇夫",而簡327—330、簡334—335中的"鄉部嗇夫"皆連讀,前後斷句標準不統一,"鄉部、官嗇夫""鄉部、田嗇夫"斷句不合適,當如"鄉部嗇夫"連讀,"鄉部官嗇夫"即"鄉部嗇夫","鄉部田嗇夫"屬於"鄉部官嗇夫"中的一種。《二年律令》簡450《秩律》:"司空、田、鄉部二百石。""鄉部"即鄉部嗇夫。

【11】令、丞誶

[整理小組注]

誶:申訴,斥責。②

[疏證]

令、丞誶,嶽麓秦簡整理小組原"令丞"連讀,今以頓號斷開。又,整理小組注"申訴"當爲"申斥"之誤。

【12】居日

[整理小組注]

居日,居貲償日,即以居貲服役的方式來抵償役期。《張家山漢簡·二年律令·具律》:"其當繫城旦舂,作官府償日者,罰歲金八兩,不盈歲者,罰金四兩。"注曰:"作官府償日,在官府服勞役以抵償刑期。"③

[疏證]

"居日"之"日",日本京都大學秦代出土文字史料研讀班及華政讀簡班皆據圖

---

① 陳松長等著:《秦代官制考論》,第205頁。
② 陳松長主編:《嶽麓書院藏秦簡(肆)》,第78頁。
③ 同上注。

版,認爲當釋作"田",①進而把"其亡居田、都官、執灋屬官、禁苑、園、邑、作務、官道畛(界)中",解釋爲逃亡者逃亡到"田、都官、執灋屬官、禁苑、園、邑、作務、官道畛(界)"這些機構中。但問題在於下文簡1941+2031(058)補充說"免老、小未傅、女子未有夫而皆不居償日者,不用此律",其中的"不居償日"很可能是與"居償日",也就是"居日"相對而言的。若真如此,把"居日"改釋爲"居田"就需要重新考慮了。

當然,"居日"說雖然可以與下文"不償居日"相互對應,但上下文意一時確實很難理解。總不能說那些逃亡者是逃亡到都官、執灋屬官這些機構中去居日吧?主張"居田"說的學者們也許正是或者說至少考慮到了這一點。但是,如果我換一個角度來理解,"其亡居日、都官、執灋屬官"云云不是逃亡到這些機構中,而是這些機構中"居日"的人逃亡,那文意就可能就比較通順了。

【13】執灋

[整理小組注]

執灋:官名或官署名,或爲朝廷法官。《戰國策·魏策四》:"秦自四境之內,執法以下,至於長挽者,故曰:'與嫪氏乎?與呂氏乎?'雖至於門閭之下,廊廟之上,猶之如是也。"可見"執灋"在"廊廟之上",故此處的"執灋"當爲朝廷法官,故常與丞相、御史並列。如嶽麓簡1872:"御史、丞相、執灋以下"。或爲郡縣法官。郡執法有斷獄、奏讞、上計、調發刑徒等職責。此處與都官並列,故應爲郡縣法官之名。②

【14】園

[整理小組注]

園:這裏當指官府經營的農牧園。嶽麓秦簡0930:"縣官園";《里耶秦簡》8-383+8-484有"鬊園課";《睡虎地秦簡·秦律雜抄》:"鬊園殿,貲嗇夫一甲";《漢書·高帝紀上》:"故秦苑囿園池,令民得田之。"顏師古注:"所以種植謂之園。"③

【15】邑

[整理小組注]

邑:此處當指邑的官府所經營的產業。《漢書·食貨志上》:"而山川園池市肆租稅之入,自天子以至封君湯沐邑,皆各爲私奉養,不領於天子之經費。"顏師古注:"言各收其所賦稅以自供,不入國朝之倉廩府庫也。"④

---

① 華東政法大學出土法律文獻研讀班:《嶽麓簡秦律令釋讀(一)》,王沛主編:《出土文獻與法律史研究》第8輯,第216—217頁。
② 陳松長主編:《嶽麓書院藏秦簡(肆)》,第78頁。
③ 同上注。
④ 同上注。

【16】官道

［整理小組注］

官道：縣官道，如馳道等。見《漢書·賈山傳》曰："(秦始皇)爲馳道於天下，東窮燕齊，南極吳楚，江湖之上，瀕海之觀畢至。道廣五十步，三丈而樹，厚築其外，隱以金椎，樹以青松。"可見官道固有其界①。

【17】嗇夫、吏

［疏證］

嗇夫、吏，嶽麓秦簡整理小組原標點作"嗇夫吏"，今改，即"鄉部嗇夫、吏主者"的省稱。嶽麓簡1410(129)："鄉亭嗇夫吏弗得，貲各一甲。""鄉亭嗇夫吏"亦當斷作"鄉亭嗇夫、吏"。簡1224(173)"不如令，官嗇夫、吏貲各二甲"，簡0993(258)"當居弗居者貲官嗇夫、吏各一甲"等，整理小組則把"官嗇夫、吏"用頓號斷開，這是正確的。"嗇夫吏"的斷句不統一問題，在《嶽麓肆》修訂再版時很有必要引起注意。

【18】不用此律

［疏證］

"免老、小未傅、女子未有夫而皆不居償日者，不用此律"一句，其中省略了內容。"免老、小未傅、女子未有夫而皆不居償日者"説的是"不居償日"的三類人，這三類人從事什麽活動可以"不用此律"呢？應該指的是擅自離開指定居住地而進入中縣道。

簡文大意

關東諸郡及襄武、上雒、商、函谷關外原居住民，以及遷居關東諸郡、襄武、上雒、商、函谷關外的男女，擅自離開居住地，闌亡或將陽，進入中縣道，不論少長，居住在別人家裏，室主收留者，如知道借宿人的實情而不舉報，按律處以遷刑。里典、伍人不舉報，里典貲罰一甲，伍人貲罰一盾；不知道實情，室主收留者，貲罰二甲，里典、伍人不舉報，貲罰一盾。收留逃亡者超過十天即可按收留亡人進行處理。對於收留逃亡人員的情況，由鄉部進行管理，鄉部官吏全年都不能發現轄區内擅自收留逃亡者的情況，而其他人捕獲了被收留的逃亡者五人以上者，不論男女老幼，鄉部嗇夫要(因失職)受到申斥；如果(不是被鄉部吏發現，而是)被其他人抓獲的流亡者在二十人以上，鄉部嗇夫要被貲罰一盾；三十人以上，鄉部嗇夫要被貲罰一甲，並申斥所在縣的令、丞，鄉部直接負責此事的官吏與鄉部嗇夫同罪。那些在都官、執灋屬官、禁苑、園、邑、手工作坊、官道界中居作償日者如果逃亡到中縣道，這些部門的嗇夫、里典、伍人以及收留他們的人都要受到連坐，

---

① 陳松長主編：《嶽麓書院藏秦簡(肆)》，第78頁。

按照此項法律處理。那些因免老、年齡小未傅籍及女子没有丈夫等不居作官府抵償刑期者,如逃亡到中縣道,不適用這項法律。

缺簡05

簡1560(空白簡)(059)

簡2011+1984+1977+2040+1979(060—064)

盜賊旞(遂)[1]者及諸亡坐所去亡與盜同灋者當黥城旦舂以上及命者[2]、亡城旦舂、鬼薪白粲[3]舍人060室[4]、人舍[5]、官舍[6],主舍者[7]不智(知)其亡,贖耐。其室人、舍人[8]存而年十八歲者及典、田典[9]不告,貲一甲。伍[10]061不告,貲一盾⌐。當完爲城旦舂以下到耐罪[11]及亡收、司寇、隸臣妾、奴婢闌亡者舍062人室、人舍、官舍,主舍者不智(知)其亡,貲二甲。其室人、舍人存而年十八歲以上者及典、田典、伍不告063,貲一盾064。

【1】旞

[整理小組注]

旞,通遂。《説文·辵部》:"遂,亡也。"《張家山漢簡·奏讞書》:"律,僑乏不鬭,斬。篡遂縱囚,死罪囚,黥爲城旦。"①

【2】命者

[整理小組注]

命者:逃亡的一類人,即被告示緝拿的逃亡者。《張家山漢簡·二年律令·捕律》:"殺傷群盜、命者,及有罪當命未命,能捕群盜、命者,若斬之一人,免以爲庶人。所捕過此數者,贖如律。"②

[疏證]

《張家山漢簡·二年律令·捕律》"贖如律"之"贖",或當爲"購"之誤。

---

① 陳松長主編:《嶽麓書院藏秦簡(肆)》,第78頁。
② 同上注。

【3】鬼薪白粲

[疏證]

鬼薪白粲，原標點作"鬼薪、白粲"，既然"城旦舂"並未點作"城旦、舂"，"鬼薪白粲"亦無須斷開，句子讀起來也更順暢，故改。

【4】人室

[整理小組注]

人室，私人住宅。《睡虎地秦簡·法律答問》："小畜生入人室，室人以杸（殳）梃伐殺之，所殺直（值）二百五十錢，可（何）論？當貲二甲。"①

【5】人舍

[整理小組注]

人舍：私人開的旅舍，與"官舍"相對應。

[疏證]

人舍，私人所開客舍。《史記·扁鵲倉公列傳》："扁鵲者，勃海郡鄭人也，姓秦氏，名越人，少時爲人舍長。"《索隱》曰："爲舍長，劉氏云：'守客館之帥。'"②

【6】官舍

[整理小組注]

官舍：官府辦的旅舍。③

[疏證]

官舍，官方開設的客舍。《史記·韓信盧綰列傳》："豨常告歸過趙，趙相周昌見豨賓客隨之者千餘乘，邯鄲官舍皆滿。"④官舍，又稱爲"縣舍"，如同"縣官"指代官府一樣。張家山漢簡《二年律令》簡237《傳食律》："諸吏乘車以上及宦皇帝者，歸休若罷官而有傳者，縣舍食人、馬如令。"這裏的"縣舍"指的就是官方的客舍。

【7】主舍者

[整理小組注]

主舍者："人室、人舍、官舍"的主管人員。⑤

---

① 陳松長主編：《嶽麓書院藏秦簡（肆）》，第78頁。
② 司馬遷：《史記》，中華書局1959年版，第2786頁。
③ 陳松長主編：《嶽麓書院藏秦簡（肆）》，第79頁。
④ 司馬遷：《史記》，第2640頁。
⑤ 陳松長主編：《嶽麓書院藏秦簡（肆）》，第79頁。

[疏證]

商鞅之法規定，不論是私人客舍還是官舍，客人入住必須提供身份證明。《史記·商君列傳》："商君亡至關下，欲舍客舍。客人不知其是商君也，曰：'商君之法，舍人無驗者坐之。'""客人"，瀧川資言以爲當作"客舍人"，① 即客舍的負責人，也就是嶽麓簡所謂的"主舍者"。這就意味着，秦國規定，不論是私人住戶，還是官私客舍，留宿客人都必須驗證客人的身份。嶽麓簡的這條律令規定，也是商君之法的具體實踐。

【8】舍人

[整理小組注]

舍人：同舍之人。②

【9】典

[整理小組注]

典：里典，即里正。簡文省作典，當係避秦始皇名諱而改。《龍崗秦簡》："租者且出以律，告典、田典，典、田典令黔首皆知之。"田典是隸屬於田嗇夫、田佐的基層官吏。③

【10】伍

[整理小組注]

伍：秦代户籍的編制單位，五家爲伍。《漢書·尹翁歸傳》："盜賊發其比伍中。"顏師古注："五家爲伍，若今五保也。"④

【11】當完爲城旦舂以下到耐罪

[疏證]

"當完爲城旦舂以下到耐罪"者，是不能擅自居於民里之中的，如果擅自居於民里之中，將會被視爲逃亡而受到法律的懲處。⑤ 張家山漢簡《二年律令》簡307《户律》："隸臣妾、城旦舂、鬼薪白粲家室居民里中者，以亡論之。"這表明刑徒有單獨的居住區。⑥ 現在看來，漢律的這項規定也是從秦律繼承來的。

---

① ［日］瀧川資言：《史記會注考證》，上海古籍出版社2015年版，第6分册，第2886頁。
② 陳松長主編：《嶽麓書院藏秦簡（肆）》，第79頁。
③ 同上注。
④ 同上注。
⑤ 陳松長等著：《秦代官制考論》，第186頁。
⑥ 朱紅林：《試說睡虎地秦簡中的"外妻"》，張德芳主編：《甘肅省第二屆簡牘學國際學術研討會論文集》，上海古籍出版社2012年版，第494頁。

簡文大意

盜賊逃亡及各種因逃亡被判處與盜同法被處以黥城旦舂以上者,以及通緝犯、逃亡的城旦舂、鬼薪白粲等,住在私人家中、私人旅舍、官府旅舍,室主或私人旅舍及官府旅舍的負責人如果不知道這些人是逃亡犯,應當被處以贖耐。家室中的人、舍中的人在場而年齡在十八歲以上者以及里典、田典等不舉報者,貲罰一甲。應當被判處完爲城旦舂以下至耐罪的人逃亡以及收人、司寇、隸臣妾、奴婢逃亡一年以上者住在私人家室中、私人旅舍、官府旅舍中,室主或旅舍的負責人不知道他們是逃亡者的,貲罰二甲;家室中的人、旅舍中的人在現場而年齡在十八歲以上者,以及里典、田典、伍人貲罰一盾。

簡 2047+1947+1992+1946(066—069)

十四年七月辛丑以來,諸居貲贖責(債)未備而去亡者,坐其未備錢數[1],與盜同灋066。其隸臣妾殹(也),有(又)以亡日臧數[2],與盜同灋067。隸臣妾及諸當作[3]縣道[4]官者,僕庸爲它作務[5],其錢財當入縣道官而逋未入去亡者068,有(又)坐逋錢財臧,與盜同灋069。

【1】坐其未備錢數

[疏證]

居貲贖債者沒有居作完規定的日子,中途逃亡,抓獲之後,應根據剩餘居作工作日應繳的錢數,按照與處理盜竊罪相同的法律論處。

【2】又以亡日臧數

[疏證]

又以亡日臧數,是說如果在居貲贖債其間逃亡者身份爲隸臣妾,那麼除了他在居貲贖債其間剩餘未還的欠款之外,還要加上按照其逃亡天數(每天按六錢)計算所得的錢數,共計臧值,按照與處理盜竊罪相同的法律論處。類似徒隸逃亡及百姓踐更者服役期間逃亡的例子如:嶽麓簡1981+1974(017—018):"及諸當隸臣妾者亡,以日六錢計之,及司寇冗作及當踐更者亡,皆以其當冗作及當踐更日,日六錢計之,皆與盜同灋。"

【3】作

[整理小組注]

作：居作，即居貲勞作。《張家山漢簡·二年律令·亡律》："吏民亡，盈卒歲，耐；不盈卒歲，繫城旦舂。公士、公士妻以上作官府，皆償亡日。"①

【4】道

[整理小組注]

"道"字已殘泐得很難辨認，釋文根據後面的簡文補。②

【5】僕庸爲它作務

[疏證]

整理小組把"僕庸"與前"作縣道官者"並列，三者之間加頓號，而與"爲它作務"斷開，讀作"諸當作縣道官者、僕、庸，爲它作務"。陳偉先生則把"作縣道官者"與"僕"連讀，"僕""庸"之間加頓號，"庸"與"爲它作務"連讀，"僕""庸"皆作動詞解，"僕"爲一事，"庸爲它作務"爲一事，讀作"諸當作縣道官者僕、庸爲它作務"。③我們認爲，陳偉先生的句讀雖比嶽麓秦簡整理小組的句讀前進了一步，但還有改進的地方。這條簡文強調的是隸臣妾和那些本應到縣道官居作的人，如果從事了其他工作（"它作務"），那麼他們的收入應該歸縣道官官方所有。這些人之所以能夠這樣做，是縣道官把他們出租出去的，沒有必要把"僕庸"用頓號隔開分爲二事，因爲"僕"的結果也是要收取佣金的，因此"僕庸"在這裏是一個詞。另外，"僕庸"應與前面的"作縣道官者"用逗號隔開，因爲前面說的是本應在官府居作，後面說的是被官府出租收取佣金，是兩回事，"爲它作務"與"作縣道官"正相對。因此，我們認爲這句話應讀作"隸臣妾及諸當作縣道官者，僕庸爲它作務"云云。

簡文大意

十四年七月辛丑以來，那些居貲贖債沒有期滿而中途逃亡者，因其剩餘未居作的錢數，與盜竊罪同樣論處。如果逃亡的居貲贖債者是隸臣妾，則除了剩餘欠款之外，還要按逃亡天數（每日六錢）計算贓值，與盜竊罪同樣論處。隸臣妾以及那些應當在縣道官居作的人，被出租去從事其他工作，所收入的錢財應當上繳縣道官而未上繳却逃亡者，按照其所獲贓值，與盜竊罪同樣論處。

---

① 陳松長主編：《嶽麓書院藏秦簡（肆）》，第79頁。
② 同上注。
③ 陳偉：《秦簡牘校讀及所見制度考察》，第191頁。

簡 2010（070）

廿年後九月戊戌以來，其前死及去後遷者，盡論之如律[1]₀₇₀。

【1】盡論之如律

［疏證］

本條律文又見嶽麓簡 2089、1985（044、076），內容有增減。本條律文或當與簡 2047+1947+1992+1946（066—069）連讀。

簡文大意

二十年後九月戊戌日以來，之前已經死去及離開後又受到追究的人，都按照法律論處。

簡 1931+2123+1962+2045+2094（071—074，083）

諸羈（遷）者、羈（遷）者所包[1]去羈（遷）所，亡□□得，羈（遷）處所[2]。去亡而得者，皆耐以爲隸臣妾；不得者，論令[3]出₀₇₁會之。復付羈（遷）所縣。羈（遷）者、羈（遷）者所包其有罪它₀₇₂縣道官者，罪自刑城旦舂以下[4]，已論報[5]之，復付羈（遷）所縣道官╛。羈（遷）者、羈（遷）者所包有罪已論，當₀₇₃復詣羈（遷）所[6]，及罪人、收人[7]當論而弗詣弗輸者，皆羈（遷）之。有能捕若詞告[8]當復詣羈（遷）所[9]₀₇₄及當輸不輸者一人，購金二兩₀₈₃。

【1】包

［整理小組注］

包：讀爲保，隨往。《睡虎地秦簡·法律答問》："羈（遷）者妻當包不當？不當包。"注曰："包，據簡文指罪人被流放時其家屬應隨往流放的地點。"①

---

① 陳松長主編：《嶽麓書院藏秦簡（肆）》，第 79 頁。

【2】罨(遷)處所

[疏證]

罨(遷)處所,此句文意難解。因爲前文"亡□□得"中間缺字,無法據以推測後文"罨(遷)處所"的具體含義。"罨(遷)處所"與"遷所"或當有所不同,也可能是作動詞使用,是對"諸罨(遷)者、罨(遷)者所包去罨(遷)所,亡□□得"行爲的處罰措施,是總述。"去亡而得者,皆耐以爲隸臣妾""不得者,論令出會之"爲分述。總述與分述之間,用句號隔開。嶽麓秦簡整理小組原使用逗號,今改爲句號。分述的二者之間,用分號隔開。

【3】論令

[疏證]

論令,華政讀簡班:"論令:秦漢法律用語,指判決及其執行令,與'論命'不同。張家山漢簡《二年律令》簡122—124:'有罪當完城旦舂、鬼薪(薪)白粲以上而亡,以其罪命之;耐隸臣妾罪以下,論令,出會之,以其亡爲罪。'"[①]可從。"復付遷所縣"是針對"去亡而得者,皆耐以爲隸臣妾""不得者,論令出會之"兩種情況共同的處理結果,屬於分述之後的總述,故單獨成句,與前面的"論令出會之"之間用句號隔開。

【4】罪自刑城旦舂以下

[疏證]

罪自刑城旦舂以下,嶽麓秦簡整理小組原標點爲句號,今改爲逗號。

【5】論報

[疏證]

華政讀簡班:"論報:各類生效判決的統稱。'論'是生效判決,'報',是有權機關對擬判的批覆。秦漢時適用法律有疑問的案件,以及依法或依上級指令而須奏、請的案件,審判機關將其案卷連同擬判("當"或"議")一併上呈給上級機關("奏"或"讞"),上級機關作出的批覆("報")即可成爲可執行的生效判決。"[②] "論報"在嶽麓簡此處作動詞用,表示已經完成了論報程序。

【6】復詣罨(遷)所

[疏證]

"復詣罨(遷)所"之後,嶽麓秦簡整理小組原標點爲分號,今改爲逗號。

[①] 華東政法大學出土法律文獻研讀班:《嶽麓簡秦律令釋讀(一)》,王沛:《出土文獻與法律史研究》第8輯,第236頁。
[②] 同上注。

【7】收人

[整理小組注]

收人：即亡收之人。《睡虎地秦簡·法律答問》："隸臣將城旦，亡之，完爲城旦，收其外妻、子。子小未可別，令從母爲收。""可（何）謂'從母爲收'？人固買（賣），子小不可別，弗買（賣）子之謂殹（也）。"①

[疏證]

整理小組此注不確，"收人"乃因他人（多爲本家之人）犯罪而受連坐被官府收捕之人。"亡收之人"是指應被收或已被收而後逃亡的人，與"收人"是兩回事。

【8】捕若詗告

[整理小組注]

捕若詗告：《龍崗秦簡》第74簡稱"捕詗"，即捕告和詗告的合稱，秦漢律令規定應賞以購金或減免其刑罰的兩種行爲。捕告，是指將有罪者扭送官府並舉報其罪行的行爲。詗告，是指向官吏舉報有罪者及其處所的行爲，官吏成功抓獲有罪者之後，舉報者才能得賞。見《張家山漢簡·二年律令·亡律》第172簡："取亡有罪者爲庸，不智（知）其亡，以舍亡人律論之。所舍取未去，若已去後，智（知）其請（情）而捕告，及詞〈詗〉告吏捕得之，皆除其罪，勿購賞。"②

【9】當復詣砉（遷）所

[疏證]

紀婷婷等研究認爲，"當復詣砉（遷）所"之後，當連接嶽麓簡2094（083）"及當輸不輸者，一人購金二兩"，③從文義上看，亦可通。這樣"當復詣砉（遷）及當輸不輸者一人"就成了"捕若詗告"的賓語，故"捕若詗告"之後的逗號及"復詣砉（遷）所"之後的句號皆刪除。

簡文大意

那些被處以遷刑者、遷者的隨從家屬擅自離開遷刑所在地，逃亡……被抓獲，遷往服刑所在地。離開逃亡而被抓獲者，都要被耐爲隸臣妾；抓不到者，貼出告示命令逃亡者自首，然後再次交付遷刑所在縣。服遷刑者、遷刑者的隨從家屬如果在其他縣道犯罪，罪行自刑城旦舂罪以下者，已經論罪並得到批準，再次交付遷刑所在地縣道。服遷刑者、遷刑隨從家屬有罪已經論處完畢，應再次交付遷刑所在地；以及罪人、受罪人連坐

---

① 陳松長主編：《嶽麓書院藏秦簡（肆）》，第79頁。
② 同上注。
③ 紀婷婷：《嶽麓書院藏秦簡〈亡律〉集釋及文本研究》，武漢大學2017年碩士學位論文，第99頁。華東政法大學出土法律文獻研讀班：《嶽麓簡秦律令釋讀（一）》，王沛主編：《出土文獻與法律史研究》第8輯，第237頁。

的收人應當被論處,而不前往官府、不被輸作者,都要被處以遷刑。有能抓捕或報告當再次送回遷所者以及應當輸作而未被輸作者,每抓捕或舉報一人,獎勵黃金二兩。

簡2012(075)

取罪人、羣亡人以爲庸[1],智(知)其請(情),爲匿之[2];不智(知)其請(情),取過五日以上,以舍罪人律[3]論之075。

【1】取罪人、羣亡人以爲庸

[疏證]

取罪人、羣亡人以爲庸,這裏的"罪人"和"群亡人"都是亡人,前者是因有罪而逃亡,後者是因逃亡而有罪,兩者又合稱爲"亡人及罪人亡者"。張家山漢簡《二年律令》簡170—172《亡律》:"諸舍亡人及罪人亡者,不智(知)其亡,盈五日以上,所舍罪當黥☐贖耐;完城旦舂以下到耐罪,及亡收、隸臣妾、奴婢及亡盈十二月以上,贖耐。取亡罪人爲庸,不智(知)其亡,以舍亡人律論之。所舍取未去,若已去後,智(知)其請(情)而捕告,及詞(訽)告吏捕得之,皆除其罪,毋購。"《二年律令·亡律》的這兩條規定很明顯是繼承了嶽麓簡所載秦律的內容。

【2】爲匿之

[整理小組注]

爲匿之:視爲"匿罪人"行爲論罪。"匿罪人"與"舍罪人"的刑罰不同,有時合稱"舍匿罪人"。《張家山漢簡·二年律令·亡律》:"匿罪人,死罪,黥爲城旦舂,它各與同罪。其所匿未去而告之,除。諸舍匿罪人,罪人自出,若先自告,罪減,亦減舍匿者罪。"此處,"匿罪人"是一類行爲,"諸舍匿罪人"是"匿罪人"和"舍罪人"等多類行爲的合稱。①

[疏證]

結合上下簡文及整理小組注,我們可以總結出這樣的認識:舍罪人,指的是在不知情的情況下收留罪人;匿罪人,指的是知道罪人身份的情況下知情不報,仍然收留他。

【3】舍罪人律

[疏證]

舍罪人律,擅自收留罪人的法律。這裏的"罪人",即前面所說的"罪人、羣亡人"。

---

① 陳松長主編:《嶽麓書院藏秦簡(肆)》,第79頁。

《二年律令·亡律》所説的"舍亡人律"同樣包括這兩類人。"舍罪人"與"匿罪人"性質不同，前者屬於過失犯罪，後者屬於故意犯罪。嶽麓簡所謂的"舍罪人律"，當指簡2011+1984+1977+2040+1979+2043（060—065）所記載的內容："盜賊䑇（遂）者及諸亡坐所去亡與盜同灋者當黥城旦舂以上及命者、亡城旦舂、鬼薪、白粲舍人室、人舍、官舍，主舍者不智（知）其亡，贖耐。其室人、舍人存而年十八歲者及典、田典不告，貲一甲。伍不告，貲一盾。當完爲城旦舂以下到耐罪及亡收、司寇、隸臣妾、奴婢闌亡者舍人室、人舍、官舍，主舍者不智（知）其亡，貲二甲。其室人、舍人存而年十八歲以上者及典、田典、伍不告，貲一盾。"

簡文大意

僱用有罪之人及其他逃亡的人爲傭工，僱主如果知道僱工的真實身份（仍然僱用他），按藏匿罪人或亡人論處；不知僱工的真實身份，僱用他超過五日以上，按照收留罪人的法律論處。

簡1985（076）

廿年後九月戊戌以來，取罪人、羣亡人以爲庸，雖前死及去[1]而後遝者[2]，論之如律076。

【1】前死及去

[疏證]

前死及去，指的是作爲傭工的罪人、羣亡人。

【2】後遝者

[疏證]

華政讀簡班認爲："'前死及去而後遝'所指的對象，以理解爲被僱傭者爲優，不過也不排除爲僱傭者的可能。"① 筆者以爲，"後遝者"指的是僱主。作爲逃犯的僱工已經死亡或離開，事情被官府發覺而追究僱主，故稱"後遝者"。如果指的是逃亡的僱工，僱工都已離開或死了，法律還怎麼追究？

---

① 華東政法大學出土法律文獻研讀班：《嶽麓簡秦律令釋讀（一）》，王沛主編：《出土文獻與法律史研究》第8輯，第240頁。

簡文大意

二十年後九月戊戌日以來，凡是僱用罪人、群亡人作僱工的，即使事發時僱工已死或離開，僱主仍要被按律論處。

簡1945（077）

免奴爲主私屬[1]而將陽闌亡者，以將陽闌亡律[2]論之，復爲主私屬 077。

【1】免奴爲主私屬

[疏證]

免奴，有兩種理解：一種是作名詞解，指免除奴之身份的男子在户籍上的標注，如《嶽麓叁》簡119把免除妾之身份的婉稱爲"免妾"。另一種是作動詞解，意爲"免除奴身份"。奴在被主人免除"奴"的身份之後，稱爲"私屬"。這就是說，私屬並没有完全的人身自由，他們在一定程上仍然屬於主人的依附人口。張家山漢簡《二年律令》簡162—163《亡律》："奴婢爲善而主欲免者，許之，奴命曰私屬，婢爲庶人，皆復使及筭（算）事之如奴婢。主死若有罪，以私屬爲庶人，刑者以爲隱官。所免不善，身免者得復入奴婢之。其亡，有它罪，以奴婢律論之。"我們在分析張家山漢簡《亡律》中免除奴婢身份的私屬和庶人的特點時，曾經說到過他們的依附特點，[①]現在嶽麓簡的材料證明了秦代免除奴婢身份的人口也具有這一點。這說明在這點上漢律也是繼承了秦律的規定。

官府的徒隸被免除徒隸身份之後，同樣也並不是完全獲得了自由，而是仍然在原官署的管理之下。這也是值得注意的。嶽麓簡0782+2085+0796（007—009）："佐弋隸臣、湯家臣，免爲士五（伍），屬佐弋而亡者，論之，比寺車府。内官、中官隸臣妾、白粲以巧及勞免爲士五（伍）、庶人、工、工隸隱官而復屬内官、中官者，其或亡▨……▨▨論之，比寺車府。"簡1975+0170+2035+2033（033—036）："寺車府、少府、中府、中車府、泰官、御府、特庫、私官隸臣，免爲士五（伍）、隱官，及隸妾以巧及勞免爲庶人，復屬其官者，其或亡盈三月以上而得及自出，耐以爲隸臣妾，亡不盈三月以下而得及自出，笞五十，籍亡不盈三月者日數，後復亡，斱數盈三月以上得及自出，亦耐以爲隸臣妾，皆復付其官。"睡虎地秦簡《秦律十八種》："工隸臣斬首及人爲斬首以免者，皆令爲工。其不完者，以爲隱官工。"工隸臣被免除隸臣身份後，仍爲工或者隱官工，也說明他們並没有脱離原來的手工

---

① 朱紅林：《讀〈嶽麓書院藏秦簡（三）〉劄記》，中國文化遺產研究院編：《出土文獻研究》第14輯，中西書局2015年版，第45頁。

業管理機構的管理，只是身份上有所改變而已。

【2】將陽闌亡律

[疏證]

所謂將陽闌亡律，並不是一項專門的法律，而是有關處罰將陽闌亡的一類法律條文的統稱。嶽麓秦簡關於將陽闌亡的律文不少。簡0185（091）："闌亡盈十二月而得，耐。不盈十二月爲將陽，毄（繫）城旦舂。"這是關於將陽闌亡最直接的界定與處罰規定。簡1989（043）："不會笞及除，未盈卒歲而得，以將陽辟（癖），卒歲而得，以闌辟，有（又）行其笞。"簡2088（045）："廿五年五月戊戌以來，匿亡人及將陽者，其室主匿贖死罪以下，皆與同罪。"簡2106＋1990（053—054）："郡及襄武、上雒、商、函谷關外人及罼（遷）郡、襄武、上雒、商、函谷關外男女去，闌亡、將陽，來入之中縣道，無少長，舍人室、室主舍者，智（知）其請（情），以律罼（遷）之。"簡1234（135）："尉卒律曰：黔首將陽及諸亡者，已有奔書及亡毋（無）奔書盈三月者，輒筋〈削〉爵以爲士五。"簡1305（253）："繇（徭）律曰：發繇（徭），自不更以下繇（徭）戍，自一日以上盡券書，及署于牒，將陽倍（背）事者亦署之。"

簡文大意

免奴爲主人的私屬，如果將陽或闌亡，抓獲之後將按照有關將陽闌亡的法律論處，然後仍然交還主人作私屬。

簡2072＋2043（078、065）

匿户弗事[1]、匿敖童弗傅∟[2]，匿者及所匿，皆贖耐。逋傅[3]，貲一甲。其有物故[4]，不得會傅[5]₀₇₈，以故逋[6]，除₀₆₅。

【1】匿户弗事

[疏證]

匿户弗事，藏匿户口，逃避國家的繇役賦税義務。睡虎地秦簡《法律答問》簡165："可（何）謂'匿户'及'敖童弗傅'？匿户，弗繇（徭）使，弗令出户賦之謂殹（也）。"①這條簡文只解釋了"匿户"的含義，没有解釋何謂"敖童弗傅"。

---

① "匿户，弗繇（徭）使"，睡虎地秦簡整理小組原標點作"匿户弗繇（徭）、使"，今改。

【2】匿敖童弗傅

[疏證]

匿敖童弗傅，藏匿敖童，不使其傅籍。睡虎地秦簡《秦律雜抄》簡32—33："匿敖童，及占癃（癃）不審，典、老贖耐，百姓不當老，至老時不用請，敢爲酢（詐）僞者，貲二甲；典、老弗告，貲各一甲；伍人，戶一盾，皆遷（遷）之。傅律。"

【3】逋傅

[疏證]

逋傅，逃避傅籍。

【4】物故

[疏證]

物故，某種原因。另外，嶽麓簡0691（318）有"丞相議：吏歸治病及有它物故"、嶽麓簡1006（《嶽麓伍》標號080）有"其奏决有物故，却而當論者"等簡文中的"物故"皆當作此解。里耶秦簡、肩水金關漢簡等簡牘中"物故"也有類似用法。[1]

【5】會傅

[疏證]

會傅，參加傅籍。"會傅"之後，嶽麓秦簡整理小組原接簡2017（079）"爲匿之"，從上下文義上明顯講不通。紀婷婷認爲，"會傅"之後，當連接簡2043（065）"以故逋，除"，[2]從上下文義來看，比原來連接簡079要通順得多。但也不是絕對没問題。前文（078）説"其有物故，不得會傅"，下文又説"以故逋，除"，"不得會傅"的原因被説了兩遍，語義重複。因此，是否應該連接在一起，也還是值得進一步研究。

【6】以故逋

[疏證]

以故逋，因故缺席傅籍。"逋"，嶽麓秦簡整理小組原釋爲"捕"，今從雷海龍説改釋。[3]

簡文大意

藏匿戶口逃避國家的徭役徵發、藏匿敖童不爲他們傅籍，藏匿者及其所藏匿的人，

---

[1] 王偉：《里耶秦簡"付計"文書義解》，《魯東大學學報》2015年第5期。徐世虹：《肩水金關漢簡〈功令〉令文疏證》，中國文化遺産研究院編：《出土文獻研究》第18輯，中西書局2019年版。
[2] 紀婷婷：《嶽麓書院藏秦簡〈亡律〉集釋及文本研究》，第98頁。
[3] 雷海龍（網名：秋風掃落葉）：《〈嶽麓書院藏秦簡（肆）初讀〉》，武漢大學簡帛網2018年3月23日。

都要被判處贖耐的刑罰。逃避傅籍，貲罰一甲。如果有某種原因不能參加傅籍，可以免除處罰。

簡 2017（079）

爲匿之 ₀₇₉。

簡 1047（080）

☐……☐₀₈₀

簡 1960（081）

☐其☐……歲以上，贖金一兩。其捕一☐☐☐☐☐☐☐☐☐禁其故徼₀₈₁

簡 1928（082）

☐瀘[1]；耐皋以下罨（遷）之；其臣史殹（也），輸縣鹽[2]。能捕若詞告犯令者，刑城旦皋以下到罨（遷）皋一人，購金二兩[3]₀₈₂。

【1】☐瀘

［疏證］

☐瀘，當爲"……執瀘"或"與盜同瀘"之類。"耐皋以下罨（遷）之，其臣史殹（也），輸縣鹽"從句式、語氣上來看，與前者應該是一種等級處罰依次表述的模式。因此，"☐瀘"與下文"耐皋以下罨（遷）之"說的分別是針對兩種對象做出的兩種處罰規定。嶽麓秦簡整理小組在二者之間標點爲逗號，今改爲分號。

【2】輸縣鹽

[整理小組注]

輸縣鹽：或爲"輸巴縣鹽"之省。《張家山漢簡·奏讞書》181簡："輸巴縣鹽。"整理者注："鹽，鹽官。《漢書·地理志》巴縣朐忍有鹽官。"①

【3】購金二兩

[疏證]

"購金二兩"之後，嶽麓秦簡整理小組原標點爲逗號，今改爲句號。因爲082簡之後爲缺簡，未有可相連之簡。

[疏證]

"其臣史殹（也）輸縣鹽"是對"耐皋以下辠（遷）之"的進一步補充說明，與前者相比，是一種新情況。嶽麓秦簡整理小組在兩者之間原標點爲逗號，今改爲分號。

嶽麓秦簡整理小組把"輸縣鹽"解釋爲"輸巴縣鹽"是正確的。有關巴縣鹽的記載，在《嶽麓書院藏秦簡（伍）》中的記載更多見。李洪財把"輸巴縣鹽"解釋爲"到巴縣運輸鹽"，②恐怕還不全面。筆者認爲，這裏的"輸"當解釋爲"輸作"，③"鹽"當指鹽業開採及管理機構，也就是作"鹽官"解。官徒在鹽官指揮下所從事的鹽業生產活動，不僅包括運輸鹽，更多的可能是開採鹽礦和製鹽。莊小霞對此作了較爲深入的研究，她說："秦漢時期巴郡都是重要的產鹽區，張家山漢簡、嶽麓書院秦簡所載'巴縣鹽'是指秦代在巴郡產鹽縣設置的鹽官，具體很可能指的是巴郡的朐忍、臨江、涪陵三縣鹽官。嶽麓秦簡所見'輸巴縣鹽'反映了秦政府將已定罪的刑徒和六國反秦貴族輸送設置在巴郡產鹽縣的鹽官工場罰作勞役。'輸巴縣鹽'在秦代應當屬於'難亡所苦作'，即（按：當爲"既"）嚴厲懲處了罪犯和六國反秦貴族，又方便人身控制有效防止他們逃亡。"④其結論是中肯的。

簡文大意

……法；耐罪以下者處以遷刑；如果是臣史，則輸往巴縣鹽官勞作。能抓捕或向官府通報違反法令者，抓捕或舉報刑城旦罪一人，獎勵黃金二兩。

---

① 陳松長主編：《嶽麓書院藏秦簡（肆）》，第79頁。
② 李洪財：《秦簡牘"從人"考》，《文物》2016年第12期，第69頁。
③ 楊振紅：《嶽麓秦簡中的"作功上"與秦王朝大興土木——兼論〈詩·豳風·七月〉"上入執宮功"句義》，《湖南師範大學社會科學學報》2019年第1期，第10頁。
④ 莊小霞：《秦漢簡牘所見"巴縣鹽"新解及相關問題考述》，《四川文物》2019年第6期，第52頁。

缺簡06

簡2149+2016+2008+2055（084—087）

虜[1]學炊（吹）[2]椆（枸）邑[3]、壞德[4]、杜陽[5]、陰密[6]、沂陽[7]及在左樂[8]、樂府[9]者，及左樂、樂府謳[10]₀₈₄隸臣妾，免爲學子[11]、炊（吹）人[12]，已免而亡，得及自出，盈三月以爲隸臣妾，不₀₈₅盈三月，笞五十，籍亡日，後復亡，軵[13]盈三月，亦復以爲隸臣妾，皆復炊（吹）謳₀₈₆于（？）官₀₈₇。

【1】虜

[整理小組注]

虜：虜獲的人。①

[疏證]

虜即俘虜，即被俘之敵方人員。睡虎地秦簡《秦律雜抄》簡38："寇降，以爲隸臣。"寇降即爲虜。王占通、栗勁在解釋《秦律雜抄》這條材料時說："這一法律規定僅僅是針對'降寇'制定的，並不能適用於俘虜。因爲只有'寇'才可能全是男性，故只規定判處爲隸臣。而在戰爭中掠來的俘虜，必然會男女老幼雜而有之，那就會有隸妾、小隸臣妾，而不僅僅只有隸臣。"② 其實，這種分析有點求之過深。首先，"寇"是否一定都是男性，並不絕對，睡虎地秦簡所載只是針對一般情況而言。如果"寇"爲男性，則判爲隸臣，如果是女性，同級別當然也就是隸妾了。其次，虜獲之人與"寇"並不衝突，"寇"也可以包含在其中。嶽麓簡此處的"虜"即包括男女而言。

【2】學炊

[整理小組注]

學炊：炊，當讀爲吹，學炊，當指學習吹奏樂器等技藝。或認爲當是下文"學子、炊人"的省稱。"學炊"的後面應該是承後省略了介詞"於"。③

---

① 陳松長主編：《嶽麓書院藏秦簡（肆）》，第79頁。
② 王占通、栗勁：《"隸臣妾"是帶有奴隸殘餘屬性的刑徒》，《吉林大學社會科學學報》1984年第2期。
③ 陳松長主編：《嶽麓書院藏秦簡（肆）》，第79頁。

【3】栒(枸)邑

[整理小組注]

栒(枸)邑：秦置縣，屬內史，治所在今陝西旬邑縣東北二十五里職田鎮，漢屬右扶風。《史記·酈商列傳》："別將定北地、上郡。破雍將軍焉氏，周類軍栒(枸)邑，蘇駔軍於泥陽。"①

【4】壞德

[整理小組注]

壞德：即懷德，秦置縣，屬內史，治所在今陝西大荔縣東南，漢屬左馮翊。《漢書·地理志》作"裹德"。《漢書·周勃傳》："還定三秦，賜食邑懷德。"②

【5】杜陽

[整理小組注]

杜陽：秦置縣，屬內史，治所在今陝西麟遊縣西北招賢鎮。《漢書·地理志》右扶風管轄下有杜陽縣。《史記·甘茂列傳》："封小令尹以杜陽。"又見於《張家山漢簡·二年律令·秩律》。③

【6】陰密

[整理小組注]

陰密：秦置縣，屬北地郡，治所在今甘肅靈台縣西北五十里百里鄉。《漢書·地理志》安定郡管轄下有陰密縣。《史記·秦本紀》："五十年十月，武安君白起有罪，爲士伍，遷陰密。"又見於《張家山漢簡·二年律令·秩律》。④

【7】沂陽

[整理小組注]

沂陽：具體地望不詳。見於《張家山漢簡·二年律令·秩律》，又見於《漢書·夏侯嬰傳》："賜嬰食邑沂陽。"⑤

【8】左樂

[整理小組注]

左樂："左樂"之稱未見於史書，秦封泥中有"左樂丞印""雍鐘左樂"等，可見"左

---

① 陳松長主編：《嶽麓書院藏秦簡(肆)》，第79頁。
② 同上注。
③ 同上注，第80頁。
④ 陳松長主編：《嶽麓書院藏秦簡(肆)》，第80頁。
⑤ 同上注。

樂"應是設有"丞"的樂府機構。我們從秦封泥"雍鐘左樂"來推測,"左樂"應爲鐘官下屬之官署機構名。①

[疏證]

《秦封泥彙考》收"左樂丞印"19品。傅嘉儀曰:"左樂丞,官名。《漢書·百官公卿表》少府屬官有樂府令丞。武帝太初元年更爲樂府三丞。説見'樂府'。《秦封泥集》考:一説秦'奉常'系統有'太樂令丞'(參見《漢表》《通典》)。此'左樂丞印'可能爲'太樂令丞'之一。秦時樂府約有三丞。一説左通佐,爲樂府之佐官。"②《秦封泥彙考》還收録"外樂"印3品。傅嘉儀曰:"《秦封泥集》考:'"外樂"之職未見《史》《漢》,或與所謂"内樂"相對。《張家山·奏讞書》所記秦王政初年"黥城旦講乞鞫"案中,有"故樂人……踐十一月更,外樂,月不盡一日下總咸陽"。秦之音樂有宮寢、宗廟、祠祀之樂,又有宮廷、宴饗、韶武之樂,前者或爲"内樂",後者或即"外樂"。'"③果真如此,那麽與"左樂"機構相對的或許還有"右樂"。再加上下文的"樂府",可見秦朝的音樂機構是相當複雜和龐大的。

【9】樂府

[整理小組注]

樂府:掌管音樂的官署名。《漢書·百官公卿表》:少府屬官有樂府令丞。陝西相家巷出土秦封泥中有"樂府""樂府丞印""樂府鐘官"等多種。④

[疏證]

《秦封泥彙考》收"樂府"印2品。傅嘉儀曰:"樂府,掌管音樂的官署。秦以前即有此職。《詩·周頌·有瞽》:'有瞽有瞽,在周之庭。'瞽,樂官也。府,亦指官府的通稱。《周禮·天官·太宰》:'以八法治官府。'注:'百官所居曰府。'《漢書·百官公卿表》少府屬官有樂府令丞。《漢書·禮樂志》:'(武帝)乃立樂府,采詩夜誦,有趙、代、秦、楚之謳。'顏師古注:'始置之也。樂府之名蓋起於此,哀帝時罷之。'但從此封泥'樂府'和近年來出土的秦始皇陵樂府鐘'樂府',及華縣始皇詔銅權肩部'左樂''樂',可知樂府之署,秦時已有,必無疑。"⑤

王偉認爲,"左樂"屬奉常之下"太樂",爲"掌管有關宗廟和陵寢祭祀類嚴肅音樂的樂官";"樂府"屬少府,爲"供皇帝個人娛樂的音樂機構"。⑥

【10】謳

[整理小組注]

謳:齊聲歌唱。《漢書·高帝紀上》:"漢王既至南郊,諸將及士卒皆歌謳思東歸。"顏

---

① 陳松長主編:《嶽麓書院藏秦簡(肆)》,第80頁。
② 傅嘉儀編著:《秦封泥彙考》,第15頁。
③ 同上注,第17頁。
④ 陳松長主編:《嶽麓書院藏秦簡(肆)》,第80頁。
⑤ 傅嘉儀編著:《秦封泥彙考》,第12頁。
⑥ 陳松長等著:《秦代官制考論》,第44—45頁。

師古注:"謳,齊歌也,謂齊聲而歌。""謳隸臣妾"或指樂府中歌唱的隸臣妾。①

【11】學子

[整理小組注]

學子:與下面的"炊(吹)人"並列,當是學藝者的泛稱。《張家山漢簡·二年律令·復律》:"□□工事縣官復其户而各其工。……新學盈一歲,乃爲復,各如其手次。盈二歲而巧不成者,勿爲復。"②

【12】炊(吹)人

[整理小組注]

炊(吹)人:即演奏樂器之人。③

【13】軵

[整理小組注]

軵:總,計也。軵盈三月,即總數滿三個月,《張家山漢簡·二年律令·亡律》"軵數盈卒歲而得"中的"軵"用法同此。

簡文大意

被虜獲之人在枸邑、懷德、杜陽、陰密、沂陽學習吹奏者,及原本就在左樂、樂府等官府機構學習的徒隸,以及在左樂、樂府學習合唱的隸臣妾,被免除罪人身份稱爲學子、吹人,如果免除罪人身份之後逃亡,被抓獲以及自首,逃亡時間如果滿三個月,則判爲隸臣妾;不滿三個月,則笞打五十,記録下來他們逃亡的天數,此後再次逃亡,累計逃亡天數滿三個月,也要判處爲隸臣妾,都再次交付原來的官署學習吹奏及合唱。

缺簡07

簡2158+1958(088)

䙴(遷),貲二甲[1];不盈卒歲,貲一盾[2]。皆毋籍亡日 088。

---

① 陳松長主編:《嶽麓書院藏秦簡(肆)》,第80頁。
② 同上注。
③ 同上注。

【1】罨(遷),貲二甲

[疏證]

"罨(遷),貲二甲"與下文"不盈卒歲,貲一盾"當爲針對逃亡罪由重至輕的兩種處罰,屬並列關係。嶽麓秦簡整理小組在二者之間原標點爲句號,今改爲分號。

【2】不盈卒歲,貲一盾

[疏證]

"皆毋籍亡日"與前文"罨(遷),貲二甲""不盈卒歲,貲一盾"是總述與分述的關係,是説前面的各種逃亡罪處罰,都不再記錄其逃亡日期,以作爲後來可能發生的再次逃亡的日期累加基礎。因此,"皆毋籍亡日"與前文"罨(遷),貲二甲"之間用句號隔開。

簡文大意

……處以遷刑,貲罰二甲;不滿一年,貲罰一盾。都無需記錄逃亡的天數。

簡0168+0167(089—090)

奴亡,以庶人以上[1]爲妻,卑(婢)亡,爲司寇以上[2]妻,黥奴婢顔(顏)頯,畀其主。以其子[3]爲隸臣妾∟,奴089妻欲去[4],許之090。

【1】庶人以上

[疏證]

庶人以上,指庶人以上身份的人。奴指男奴,免除"奴"身份之後,身份爲庶人。男奴與高於其身份的女性結婚,這是當時制度所不允許的,故法律在處罰其逃亡罪的同時,還給予了相應的其他處罰。

【2】司寇以上

[疏證]

司寇以上,指司寇以上身份的人。據張家山漢簡《二年律令》簡311《户律》記載,在國家授田制度下,司寇可以分得庶人授田份額的一半,"司寇、隱官各五十畝",宅地分配也可以分得庶人份額的一半,《二年律令》簡316《户律》記載"司寇、隱官半宅"。可見漢初司寇的身份在庶人之下,很接近於庶人。秦代司寇的身份與漢初司寇身份相近,是高於奴婢的。因此,女奴,也就是婢,與司寇身份以上的男子結婚,也是當時社會制度所不容許的。

【3】子

[疏證]

子,子女,即奴婢逃亡期間,奴與庶人以上身份的妻子,婢與司寇身份以上的男子,所生的子女。

【4】奴妻欲去

[疏證]

奴逃亡期間所娶的庶人身份以上的妻子想要離開丈夫,結束婚姻關係。

簡文大意

奴逃亡,娶庶人身份以上的女子爲妻,婢逃亡,嫁給司寇以上身份的人爲妻,這兩種情況中,逃亡的奴和婢都要被黥面,然後交還給他們的主人。他們所生的子女要被官府收爲隸臣妾,作爲奴妻子的庶人身份以上的女子這時如果要離開她的家庭,法律是允許的。

簡0185(091)

闌亡盈十二月[1]而得,耐。不盈十二月爲將陽,毄(繋)城旦舂[2]091。

【1】十二月

[疏證]

十二月指一年,故秦簡中又稱"一歲""卒歲"。秦律中逃亡時間長短,是否滿一年,是一個界限,一年及一年以上者,從重處罰。從此簡的表述看,此處"闌亡"是指逃亡時間在十二個月及以上者。類似表述還見於簡1372(141):"黔[首]之闌亡者卒歲而不歸,結其計,籍書其初亡之年月于結,善臧(藏)以戒其得。"簡1989(043):"不會笞及除,未盈卒歲而得,以將陽辟(僻),卒歲而得,以闌辟,有(又)行其笞。"這就表明"闌亡""將陽"是有區別的,滿一年者爲"闌亡",不滿一年者爲"將陽"。張家山漢簡《二年律令》簡157《亡律》:"吏民亡,盈卒歲,耐;不盈卒歲,繋城旦舂。"漢初對吏民逃亡是否"盈卒歲"的區別處罰,就是延續了秦代《亡律》中的相關的規定。

【2】毄(繫)城旦舂

[整理小組注]

毄(繫)城旦舂：是對隸臣妾的一種附加刑罰，即一種有期限的刑罰。據《張家山漢簡·二年律令·具律》，繫城旦舂有一歲以上、六歲以下兩種刑。今據秦簡所知，繫城旦舂還有三歲、六歲、八歲、十二歲等多種刑期。①

簡文大意

闌亡滿十二個月被抓獲，處以耐刑；不滿十二個月屬於將陽，處以繫城旦舂的刑罰。

簡2080（092）

☐☐其逋[1]殹(也)，事[2]；其毋逋[3]殹(也)，笞五十。其工殹(也)，笞五十，有(又)毄(繫)城旦舂，拾逋事[4]⌐。人屬[5] ₀₉₂

【1】逋

[整理小組注]

逋：逃亡、欠債。《漢書·武帝紀》："諸逋貸及辭訟在孝景後三年以前，皆勿聽治。"顏師古注："逋，亡也。欠負官物亡匿不還者，皆謂之逋。"②

【2】事

[整理小組注]

事：即"給事"，也就是完成其勞役。③

【3】毋逋

[疏證]

毋逋，不是因爲逃避某種負擔而實施的逃亡。人大讀簡班綜合諸家説，把"逋"解釋爲三種情況，一是"逃避勞務負擔"，二是"逃避錢物負擔"，三是"逃避登録傅籍"。人大讀簡班選擇了第一種解釋。④可從。

---

① 陳松長主編：《嶽麓書院藏秦簡（肆）》，第80頁。
② 同上注。
③ 同上注。
④ 人大讀簡班：《〈嶽麓書院藏秦簡（肆）〉簡091—094集釋》，待刊。

【4】拾逋事

[整理小組注]

拾：通給。《説文·糸部》："給，相足也。"《玉篇》："供也，備也。"拾逋事：指罪人完成其逋逃的勞役。《張家山漢簡·二年律令·亡律》第157簡："吏民亡，盈卒歲，耐；不盈卒歲，繫城旦舂；公士、公士妻以上作官府，皆償亡日。其自出殹（也），笞五十。給逋事，皆籍亡日，軵數盈卒歲而得，亦耐之。"①

【5】人屬

[疏證]

"人屬"後或有"弟子"二字。人屬弟子，見嶽麓簡1232（147），參見該簡注。

簡文大意

……如果屬於逋逃勞役，（被抓獲之後，）要補完逃亡期間應服的勞役；如果不是因爲逃避勞役而亡，笞打五十。如果是手工業工人，笞打五十，並處以繫城旦舂的刑罰，補償完畢逃亡期間的勞役。人屬弟子……

簡2107+2122（093—094）

□□□罪而與[1]郡縣道及告子[2]居隴西縣道[3]及郡縣道者，皆毋得來之中縣道官。犯律者，皆 093 作其數[4]，及命者旝（遂），盜賊亡、司寇、隸臣妾、奴婢闌亡者，吏弗能審而[5]數，其縣道嗇夫 094

【1】與

[整理小組注]

與：疑是遷字之誤。②

【2】告子

[疏證]

告子，被父母告發不孝的子女。睡虎地秦簡《封診式》簡46—49《遷子》："騖（遷）

---

① 陳松長主編：《嶽麓書院藏秦簡（肆）》，第80頁。
② 同上注。

子：爰書：某里士五（伍）甲告曰：'謁鋈親子同里士五（伍）丙足，罷（遷）蜀邊縣，令終身毋得去罷（遷）所，敢告。'告法（廢）丘主：士五（伍）咸陽才（在）某里曰丙，坐父甲謁鋈其足，罷（遷）蜀邊縣，令終身毋得去罷（遷）所。論之，罷（遷）丙如甲告，以律包。今鋈丙足，令吏徒將傳及恒書一封詣令史，可受代吏徒，以縣次傳詣成都，成都上恒書太守處，以律食。法（廢）丘已傳，爲報，敢告主。"《封診式》簡50—51《告子》："爰書：某里士五（伍）甲告曰：'甲親子同里士五（丙）丙不孝，謁殺，敢告。'即令令史己往執，令史己爰書：與牢隸臣某往執丙，得某室。丞某訊丙，辭曰：'甲親子，誠不孝甲所，毋（無）它坐罪。'"這兩份爰書中被告發並處理的不孝子都屬於嶽麓簡所謂的"告子"一類的人物。

【3】隴西縣道

[疏證]

鄒水傑曰："與'中縣道''郡縣道'相對的'隴西縣道'，顯示襄武以西的隴西之地既未設郡，也未涵蓋在'中縣道'之內，最合理的解釋就是由屬邦管轄，同時，'隴西縣道'意味着屬邦在隴西區域轄有縣和道。"[1]

【4】作其數

[整理小組注]

數：名數。[2]

[疏證]

"作其數"很難理解，華政讀簡班："'數'即'名數'之數，指户籍所登記的信息。""'作其數'指按照其户籍登記的信息勞作。或者，'數'代指户籍所在地，'作其數'意爲在户籍所在地勞作。"[3]如果按照目前編聯的方式，"作其數"是承接上文"犯律者"而來的，因此這裏的"勞作"也有可能是懲罰性的"居作"。

也許正因爲"作其數"一語難以理解，王偉在細察其圖版之後，認爲"若僅從字形來看，此字釋爲'作'或'占'皆在疑似之間"，"而如果考慮到與此字連讀的'其數'以及下文'吏弗能審而數'以及簡4-011（按：《嶽麓肆》011簡）中的'占者''莫占吏數者'諸簡文，則此字顯然應釋爲'占'"。從上下文意來看，王偉把簡2122、2037、2090（094、011、012）編聯在一起："占其數，及命者旞（遂），盜賊亡，司寇、隸臣妾、奴婢闌亡者，吏弗能審而數，其縣道嗇夫【貲一】盾，鄉部吏貲一甲，占者貲耐，莫占吏數者，貲耐。典、老占數小男子年未盈十八歲及女子，縣、道嗇夫貲，鄉部吏貲一盾，占者貲二甲，莫占吏數者，貲二甲。"同時他在研究成果中還附上了《嶽麓肆》簡094、011、012背後的劃綫圖，

---

[1] 鄒水傑：《秦代屬邦與民族地區的郡縣化》，《歷史研究》2020年第2期，第53頁。
[2] 陳松長主編：《嶽麓書院藏秦簡（肆）》，第80頁。
[3] 華東政法大學出土法律文獻研讀班：《嶽麓簡秦律令釋讀（一）》，王沛主編：《出土文獻與法律史研究》第8輯，第260頁。

也大致可以證成他的觀點。[1]

不過,在找到更多的證據之前,筆者還是暫從嶽麓秦簡整理小組"作其數"的説法,以待進一步研究。

【5】而

[整理小組注]

而:代詞,相當於"其"。

簡文大意

……罪而遷居關東諸郡縣道及告子居隴西縣道以及關東郡縣道者,都不得到中縣道。違反此項法律的,都要按名數去居作,以及通緝犯逃亡,司寇、隸臣妾、奴婢闌亡者,官吏不能明察其名數,其縣道嗇夫……

缺簡08

簡1955(095)(空白簡)

簡2096(096)

☐數而盜,入其餘縣道官 096。

簡2062(097)

☐【舂】司寇。【舂】司寇、白粲、奴婢以亡,黥爲城旦舂[1],黥奴婢顱(顔)頯,畀其主 097。

---

[1] 王偉:《嶽麓書院藏秦簡札記(四則)》,武漢大學簡帛網2020年4月27日。

【1】黥爲城旦舂

[疏證]

黥爲城旦舂,是針對舂司寇、白粲而言的。奴婢逃亡被抓獲,是按照黥城旦舂的方式黥其面,交還給奴婢主人,而不是真的把奴婢黥爲城旦舂。

簡文大意

……舂司寇。舂司寇、白粲、奴婢逃亡,黥爲城旦舂,奴婢黥其面,交還主人。

簡2117(098)

奴婢亡而得[1],黥顔(顏)頯,畀其主。●其自出吏[2]及自歸□☒098

【1】奴婢亡而得

[疏證]

"奴婢亡而得"至"畀其主",内容已見嶽麓簡2062(097)。

【2】自出吏

[疏證]

"自出吏"即"自出於吏"之省稱。

簡文大意

奴婢逃亡而被抓獲,黥其面,交還給主人。如果自己到官吏那裏去自首及自己回歸主人家……

簡0161+0186+2065+0780+0187(099—102)

□□主[1];不自出而得,黥顔(顏)頯,畀其主。之[2]亡徼中蠻夷[3]而未盈099歲[4],完爲城旦舂。奴婢從誘[5],其得徼中,黥顔(顏)頯;其得故徼外，城旦舂之[6]。皆畀主100。誘隸臣、隸臣從誘以亡故塞徼外蠻夷[7]，皆黥爲城旦舂；亡徼中蠻夷，黥其誘者，以爲城旦舂；亡縣道，耐其誘者，以爲隸臣101。道[8]徼中蠻夷來誘者，黥爲城旦舂。其從誘者，年自十四歲以上耐爲隸臣妾∟，奴婢黥顏（顏）頯，畀其主102。

【1】□□主

[疏證]

"□□主"云云，當與下文"不自出而得，黥顏（顏）頯，畀其主"相對，故兩者之間當標點爲分號，華政讀簡班就采用了這一標點，① 今從之。"□□主"云云，說的當是"自出而得"的情況，官府對其處罰完畢之後，也應當是"畀其主"。

【2】之

[整理小組注]

之：行也。②

[疏證]

"之"字在此出現，難以解讀。學者或認爲"之亡"之前省略了主語，或認爲"之亡"是"亡之"的誤寫。③ 其實，這裏的"之"也有可能就是衍文，"亡徼中蠻夷"云云完全說得通。

【3】徼中蠻夷

[整理小組注]

徼中蠻夷：繳中，故徼之內；蠻夷，指蠻夷聚居之地。徼中蠻夷，即故徼之內蠻夷聚居的地域。④

[疏證]

周海鋒認爲，"所謂徼中蠻夷是指服從秦統治的少數民族政權管轄區，與睡虎地秦簡中出現的'臣邦'性質相近；'徼中蠻夷'地區依舊由蠻夷控制，秦朝政府並不能委派官員前去管轄，這也是其與'道'最爲顯著的差別。徼外蠻夷與徼中蠻夷相對，指不接受秦統治的少數民族政權管轄區。故'徼'不能簡單的解釋爲'塞'，'徼中''徼外'與地理上的遠近或無關係，較之'徼外蠻夷'，'徼中蠻夷'或離秦之核心統治區域更遠。'徼中'與'徼外'或許不以是否設置關塞、離秦國距離遠近爲主要區別特徵，而以是否臣服於秦國爲標誌。"⑤

---

① 王沛主編：《出土文獻與法律史研究》第8輯，第264頁。
② 陳松長主編：《嶽麓書院藏秦簡（肆）》，第81頁。
③ 王沛主編：《出土文獻與法律史研究》第8輯，第264頁。
④ 陳松長主編：《嶽麓書院藏秦簡（肆）》，第81頁。
⑤ 周海鋒：《秦律令研究——以〈嶽麓書院藏秦簡〉（肆）爲重點》，湖南大學2016年博士學位論文，第34頁。

鄒水傑認爲,由於秦統一前後官方文書用語的變化,嶽麓秦簡中的"徼中蠻夷"相當於睡虎地秦簡中的"臣邦人",嶽麓秦簡中的"故塞徼外蠻夷"相當於睡虎地秦簡中的"外臣邦","'故塞徼外蠻夷'是指原昭襄王長城之外的匈奴與戎羌等少數民族,這些區域在秦始皇三十三年前並非秦屬之地,睡虎地秦簡中稱該區域的少數民族政權爲'外臣邦'。相應地,昭襄王長城之內的少數民族就是'故塞徼中蠻夷',原爲屬邦之下的'臣邦'統轄"。①

兩位學者的共同點,就是以是否服從秦統治爲區分"徼中蠻夷"與"徼外蠻夷"的依據之一。其説可從。

【4】未盈歲

[疏證]

嶽麓秦簡0185(091)規定:"闌亡盈十二月而得,耐。不盈十二月爲將陽,毄(繫)城旦舂。"之亡徼中蠻夷而未盈歲,即屬於將陽的範圍,本當"繫城旦舂",大概是亡入蠻夷,故從重處罰,"完爲城旦舂"。

【5】從誘

[整理小組注]

從誘:誘,指誘導他人逃亡至特定地域的行爲。從誘,跟從誘導。來誘者,指前來誘導他人逃亡的人。《張家山漢簡·二年律令》第3簡:"【從諸侯】來誘及爲間者,磔。亡之【諸侯】。"②

[疏證]

引誘人口逃亡者,黥爲城旦舂。張家山漢簡《奏讞書》簡17—27記載,高祖十年"臨淄獄史闌誘女子南"案,奏讞之後,上級回復,闌當黥爲城旦。與嶽麓秦簡此律判罰相同。

【6】城旦黥之

[疏證]

"城旦黥之"之後,嶽麓秦簡整理小組原標點爲分號,今改爲句號。因爲"奴婢從誘,其得徼中,黥顔(顏)頯"與"其得故徼外,城旦黥之"是並列關係,而"皆畀主"是對二者共同的處置措施。也就是説,前兩者是分述,後者是總述,本書按照統一標點體例,類似這樣的情況,前分述與後總述之間,統一標點句號。

---

① 鄒水傑:《秦代屬邦與民族地區的郡縣化》,《歷史研究》2020年第2期,第54、57頁。
② 陳松長主編:《嶽麓書院藏秦簡(肆)》,第81頁。

【7】故塞徼外蠻夷

[疏證]

鄒水傑認爲，"亡故徼塞外蠻夷"，只能是逃往與秦地接壤的西北匈奴與戎羌。[①]

【8】道

[疏證]

道，從也。劉欣欣曰："根據張家山漢簡《奏讞書》案例3的記載，漢律禁止'從諸侯來誘者'，這裏的'從諸侯來誘者'中的'諸侯'指的是諸侯國地域而非指人。嶽麓秦簡《亡律》0187/102簡'道徼中蠻夷來誘者'中'徼中蠻夷'如周海鋒先生所言是指服從秦統治的少數民族民族（按："民族"一詞或重複）政權管轄區。'道徼中蠻夷來誘者'與'從諸侯來誘者'語法結構相同，這裏的'道'應是動詞，意爲'從、由'，即有'從……來'之意。傳世文獻中，'道'也有這種用法，例如《史記·高祖本紀》曰：'太尉周勃道太原入，定代地。'集解韋昭曰：'道猶從。'《史記·項羽本紀》：'從酈山下，道芷陽間行。'"此説甚詳，結論可從。華政讀簡班也采納了這一説法。[②]

簡文大意

……主人，不是主動向官府投案而是被抓獲，黥其面，交還給主人。逃亡入徼中蠻夷未滿一年，完爲城旦舂。奴婢順從誘惑而逃亡，如果是在徼中被抓獲，黥其面；如果是在故徼外被抓獲，按照城旦的方式處以黥刑。處罰完畢的逃亡奴婢都交還給主人。誘騙隸臣者以及隸臣順從誘惑逃亡到塞外故徼蠻夷之中者，都要被黥爲城旦舂；逃亡到徼中蠻夷地區，對誘惑的人處以黥刑，罰爲城旦舂；逃亡到縣道，對其誘惑者處以耐刑，罰爲隸臣。從徼中蠻夷地區來引誘人口者，一旦抓獲，黥爲城旦舂。那些被引誘者，年齡自十四歲以上者耐爲隸臣妾，如果是私家奴婢，黥顏頯之後，交還給主人。

缺簡09

簡1959+2073（103—104）

顔（顔）頯，其得故徼外，城旦黥之，皆畀主[1]₁₀₃。□□得？其□□□□

---

① 鄒水傑：《秦代屬邦與民族地區的郡縣化》，《歷史研究》2020年第2期，第55頁。
② 劉欣欣：《秦漢〈亡律〉分類集釋》，湖南大學2017年碩士學位論文，第88頁。華東政法大學出土法律文獻研讀班：《嶽麓簡秦律令釋讀（一）》，王沛主編：《出土文獻與法律史研究》第8輯，第271頁。

□□□□□□□□□黥顏（顏）104

【1】皆畀主

[疏證]

"顏（顏）頯，其得故徼外，城旦黥之，皆畀主"又見於嶽麓簡0186（100）。

簡文大意

……黥其面，如果是在故徼外被抓獲，按照城旦舂的方式處以黥刑，然後都還給奴婢的主人。……

簡2118（105）（空白簡）

第二組簡

簡1278+1282+1283（106—108）

●田律曰[1]：租禾稼、頃芻稾[2]，盡一歲[3]不膚（畢）入，及諸貣它縣官者[4]，書[5]到其縣官，盈卅日弗入及有逮不106入者[6]，貲其人及官嗇夫、吏主者各一甲┕，丞、令、令史各一盾[7]。逮其入而死、亡有皋毋（無）後不可得者[8]，有（又）令官嗇107夫、吏代償[9]108。

【1】田律曰

［疏證］

　　嶽麓簡有明確律名的簡文，律名都在簡文的開頭，以"某某律曰"的形式出現，如"田律曰""金布律曰""尉卒律曰""繇（徭）律曰""傅律曰""倉律曰""司空律曰""内史襍律曰""奔敬（警）律曰""戍律曰""行書律曰""置吏律曰""置后律曰""賊律曰""具律曰""獄校律曰""興律曰""襍律曰""關市律曰""素（索）律曰"等。周海鋒認爲："將律名前置或後置，表面看來只是個人的書寫習慣不同所致，但可據此判斷簡牘來源及其性質。衆所周知，若是元始官文書，必有其特定的書寫、編纂範式，同類文書不會出現樣式各異的情況。律令文書乃官文書之一，某一時期内，當遵循統一的書寫格式。"① 嶽麓簡與睡虎地秦簡的律文抄寫格式有所不同。睡虎地秦簡有明確律名的簡文，大部分律名都在簡文的末尾。如《秦律十八種》簡1—3《田律》："雨爲澍（澍），及誘（秀）粟，輒以書言澍〈澍〉稼、誘（秀）粟及狼（墾）田暢毋（無）稼者頃數。稼已生後而雨，亦輒言雨少多，所利頃數。早〈旱〉及暴風雨、水潦、螽（蟲）蚰、羣它物傷稼者，亦輒言其頃數。近縣令輕足行其書，遠縣令郵行之，盡八月□□之。田律。"僅有兩條律文有"某某律曰"。《秦律雜抄》38—39："《捕盜律》曰：捕人相移以受爵者，耐。求盜勿令送逆爲它，令送逆爲它事者，貲二甲。《戍律》曰：同居毋並行，縣嗇夫、尉及士吏行戍不以律，貲二甲。"這種情況的出現，可能與官府頒布法律時，不是同一批頒布的，律文的書寫形式不統一，有的律名寫在律文的開頭，有的寫在律文的末尾；也有可能是法律在從上到下的傳抄過程中，不同抄手的抄寫習慣不一樣，有的把律名寫在開頭，有的把律名寫在結尾。

　　根據睡虎地秦簡的記載，地方縣道的各級機關每年都要派人到各縣道指定的地方去核對本機關所使用的律令條文，包括對新頒發律文的抄録。《秦律十八種》簡186《内史雜》："縣各告都官在其縣者，寫其官之用律。"不同抄手對律文的理解不同，抄録時往往不是嚴格抄録原文，而是或多或少對律文進行了更改。國家要求定期核對法律，其實

---

① 周海鋒：《秦律令研究——以〈嶽麓書院藏秦簡〉（肆）爲重點》，第110頁。

就是對這種情況的修正。傳世文獻中也一再提到由於對律文理解不同而產生糾紛，這種情況的產生不乏各級機關所據律文因抄錄不準確而導致的執法偏差。張家山漢簡《二年律令》的抄寫與嶽麓簡和睡虎地秦簡有所不同，每篇法律只寫一次律名，放在本篇律文的最後，並署有抄手的名字。睡虎地秦簡的律文是直接抄自官方，還是私人之間的傳抄還不好說。

【2】租禾稼、頃芻稾

[整理小組注]

租禾稼、頃芻稾：即按禾稼、芻稾各自的稅率收取的禾稼和芻稾。芻稾稅一般按頃徵收，所以叫頃芻稾，《睡虎地秦簡·田律》："入頃芻稾，以其受田之數，無墾不墾，頃入芻三石，稾二石……"①

[疏證]

租禾稼，指的是交納糧食。周海鋒據里耶秦簡8-1519"銜（率）之，畝一石五"，認爲"秦代田賦是每頃繳納糧食百五十石，芻三石，稾二石"。②張家山漢簡《二年律令》簡331《户律》有"田租籍"，就是記錄每户繳納田租情況的簿籍。

頃芻稾，整理小組注釋認爲是按稅率徵收，是正確的。晋文也說："對'入頃芻稾'的正確解釋，應是依照農民申請開墾的草田並被官府備案的總畝數來繳納芻稾。""在討論'入頃芻稾'的過程中，學界對秦或秦國按照實有耕種面積徵收田租的看法已逐漸形成共識"。③

【3】盡一歲

[疏證]

盡一歲，意思是租稅繳納的時間期限爲一年。另外，"租禾稼、頃芻稾，盡一歲不齎（畢）入"，與"及諸貣它縣官者"說的是兩件事，故"不齎（畢）入"與"及諸貣它縣官者"之間，整理小組原來連讀，今改爲以逗號隔開。

【4】諸貣它縣官

[疏證]

諸貣它縣官，一種情況是途經它縣，向所經縣借貸。睡虎地秦簡《秦律十八種》簡44《倉律》："宦者、都官吏、都官人有事上爲將，令縣貣（貸）之，輒移其稟縣，稟縣以減其粟。已稟者，移居縣責之。""令縣貣之"，就是說爲上辦事的宦者、都官吏、都官人，根據相關規定，由沿途所經縣道貸給口糧。"輒移其稟縣"則是說同時移書到出差人員所隸

---

① 陳松長主編：《嶽麓書院藏秦簡（肆）》，第163頁。
② 周海鋒：《嶽麓書院藏秦簡〈田律〉研究》，武漢大學簡帛研究中心主辦：《簡帛》第11輯，上海古籍出版社2015年版，第109頁。
③ 晋文：《睡虎地秦簡與授田制研究的若干問題》，《歷史研究》2018年第1期。

屬單位,扣去其本月應發的口糧。如果此人既在出差途中向所經縣道借領口糧,又接受了本單位所發當月口糧,必須向本單位退還,否則將受到處罰。需要注意的是,並不是所有的因公出差人員都可以向沿途縣道借貸口糧。睡虎地秦簡《秦律十八種》簡45《倉律》規定:"有事軍及下縣者,齎食,毋以傳貳(貸)縣。"這是説"有事軍及下縣"這類出差者,他們需要隨身携帶口糧,不得憑傳向所過縣借貸。張家山漢簡《二年律令》簡216《置吏律》:"諸使而傳不名取卒、甲兵、禾稼志者,勿敢擅予。"《二年律令》這條史料則是説如果使者所持有的傳上没有寫明可以向沿途縣道"取卒、甲兵、禾稼",那麽沿途縣道可以拒絶此類索取要求。

"諸貸它縣官"還有一種情況,就是在一個縣借貸後,移居到另一個縣去居住,債權縣也可移書債務人所在縣進行追討。睡虎地秦簡《秦律十八種》簡76《金布律》:"有責(債)於公及貲、贖者居它縣,輒移居縣責之。公有責(債)百姓未賞(償),亦移其縣,縣賞(償)。"

【5】書

[疏證]

書,追繳租税或其他債務的文書。睡虎地秦簡《秦律十八種》簡133《司空律》:"有罪以貲贖及有責(債)於公,以其令日問之,其弗能入及賞(償),以令日居之,日居八錢;公食者,日居六錢。"整理小組注:"令日,判決所規定的日期。問,訊問。"[①] 現在看來,睡虎地秦簡所謂的"以其令日問之",當如嶽麓簡所記載,是有文書作爲法律憑據的。

【6】有逋不入者

[疏證]

這裏的處罰針對三種情況:一是"租禾稼、頃芻稾,盡一歲不膚(畢)入"者,也就是一年之内不繳納田租和芻稾税者;二是"諸貸它縣官者,書到其縣官,盈卅日弗入"者,也就是不能如期償還縣官債務者;三是針對以上兩種情況"有逋不入者"者,也就是逃避租税及其它縣官債務者。

【7】貲其人及官嗇夫、吏主者各一甲,丞、令、令史各一盾

[疏證]

這條材料有幾點值得注意。

一是這條律令規定的處罰包括對黔首不按時繳納田租的情況。已發現的睡虎地秦簡《田律》和張家山漢簡《田律》記載的只是如何繳納田租和芻稾税的規定,而未發現對違犯規定者的處罰措施,嶽麓簡《田律》的這條規定可以説是一項新補充,豐富了我們對秦漢律《田律》租税繳納的認識。另外,此處規定黔首如不按時交田租,國家的處罰是貲甲盾。張家山漢簡《二年律令·市律》有一條針對商販不交市租進行處罰的規

---

① 睡虎地秦墓竹簡整理小組編:《睡虎地秦墓竹簡》,釋文部分第51頁。

定，要求交罰金。簡260—261《市律》："市販匿不自占租，坐所匿租臧（贓）爲盜，没入其所販賣及賈錢縣官，奪之列。列長、伍人弗告，罰金各一斤。嗇夫、吏主者弗得，罰金各二兩。"兩者雖然一是針對農民，一是針對商人，對象有所不同，但都是對不繳納租稅者的經濟處罰，在這點上是有共通之處的。

　　二是長官連坐的處罰。農民不交租或不按時交租，當事人及主管官吏貲一甲，令、丞及令史這些上級主管受連坐貲一盾。這種長官連坐處罰的等差，亦見於睡虎地秦簡《效律》簡51—53："官嗇夫貲二甲，令、丞貲一甲；官嗇夫貲一甲，令、丞貲一盾。其吏主者坐以貲、誶如官嗇夫。其它冗吏、令史掾計者，及都倉、庫、田、亭嗇夫坐其離官屬於鄉者，如令、丞。"

　　三是長官連坐時，令史與令、丞並列，這是值得注意的。這裏的"令史"當是"令史主者"的省稱，也就是負責此事的令史。睡虎地秦簡《效律》簡52中的"令史掾計"，整理小組把"令史掾"解釋爲一種官吏，陳長琦曾指出其非，認爲"掾"爲動詞，乃"參與"之義，《效律》的意思是上計出錯，參與此事的令史與令、丞處罰相同，皆貲一盾。① 《嶽麓肆》此處令、丞與令史的連坐處罰相同，再次證明陳長琦的論斷是有道理的。秦代縣級政府中，令史是一類很重要的職位，縣廷諸曹都設令史值守。② 嶽麓簡此處的令史與田租有關，里耶秦簡8-488"户曹計録"下有"租質計"，因此嶽麓簡此處的"令史"多半就是户曹的負責人"户曹令史"，里耶秦簡8-487+8-2004有"户曹令史雜"。③ 這裏的處罰人員分爲兩類，一類是當事人及本部門長官，即"其人及官嗇夫、吏主者"，另一類是上級主管部門"丞、令及令史"。黎明釗、唐俊峰的研究也證明，縣級區域内的行政考課，"令、丞、令史、官嗇夫、吏"都是負有責任的，可與此相互印證。④

　　四是"丞、令、令史"的表述順序。一般來説，按照律令文書的等級特點，職務的排列一般是先高後低，但在《嶽麓肆》公布的這批律令簡中，凡是令、丞、令史三者並列時，順序均爲"丞、令、令史"，"丞"在"令"前，無一例外。只有令、丞時，則"令"在"丞"先，如簡2057（056）"貲鄉部嗇夫一甲，令、丞誶"，簡1285（112）"先爲錢及券，缿以令、丞印封，令、令史、賦主各挾一辨，月盡發缿令、丞前"，簡1399（122）"以令若丞印封缿而入"，1398（130）"馬齒盈四以上當服暴車、狠（墾）田、就（僦）載者，令廄嗇夫丈齒令、丞前"，J54（241）"諸當叚（假）官器者，必有令、丞致乃叚（假）"，等等。而在睡虎地秦簡所見材料中，因爲令、丞、令史未見到同時出現的情況，而在令、丞同時出現時，一般是"令"在"丞"前，僅有兩處"丞"在"令"前。如《秦律十八種》簡64《金布律》："官府受錢者，千錢一畚，以丞、令印印。不盈千者，亦封印之。錢善不善，雜實之。出錢，獻封丞、令，乃發用之。"秦簡中這種"丞"在"令"前的表述方式，究竟是有特定的原因，還是

---

① 陳長琦：《〈睡虎地秦墓竹簡〉譯文商榷（二則）》，《史學月刊》2004年第11期。
② 孫聞博：《秦縣的列曹與諸官——從〈洪範五行傳〉一則佚文説起》，武漢大學簡帛研究中心主辦：《簡帛》第11輯，第86頁。黎明釗、唐俊峰：《里耶秦簡所見秦代縣官、曹組織的職能分野與行政互動——以計、課爲中心》，武漢大學簡帛研究中心主辦：《簡帛》第13輯，上海古籍出版社2016年版，第131頁。
③ 陳偉主編：《里耶秦簡牘校釋》（第1卷），第166頁。
④ 黎明釗、唐俊峰：《里耶秦簡所見秦代縣官、曹組織的職能分野與行政互動——以計、課爲中心》，武漢大學簡帛研究中心主辦：《簡帛》第13輯，第157頁。

無意爲之,有待於進一步研究。

【8】亡有皋毋(無)後不可得者

[整理小組注]

亡有皋毋(無)後:指有罪逃亡而無後代之人。①

[疏證]

亡有皋毋(無)後不可得者,有罪而且無後的人逃亡,且無法抓獲者。"亡"字所修飾的對象是"有皋毋(無)後"者,就是説"有皋毋(無)後"者逃亡,而且一時還無法抓獲,有關官吏要受到連坐的處罰。嶽麓簡以"亡"字所修飾來表示逃亡對象的用法,在律令中常見,如:簡1965(003)"亡收、隸臣妾",即逃亡的收人、隸臣妾;簡2086(014)"亡已命",即已被論命(通緝)逃亡者;簡1978(024)"亡不仁邑里、官",即説不出所在邑里、(屬)官的逃亡者;簡0170(034)"亡盈三月以上而得及自出",即逃亡三個月以上而被抓獲或自首者,等等。張家山漢簡《二年律令》中把各種逃亡之人統稱爲"諸亡"。如《二年律令》簡166《亡律》:"諸亡自出,减之;毋名者,减其罪一等。"

"亡有皋毋(無)後"還有一個要強調的就是"無後","後"作爲户主的繼承人,是受到法律的認可的,當然也就需要承擔相應的法律責任,他是一户的第二責任人,户主逃亡不可得,如果有"後","後"就要承擔相應的法律責任,如果無"後",那只能找主管官吏追究責任了。張家山漢簡《二年律令》中的《置後律》就有這方面的專門規定。

【9】有(又)令官嗇夫、吏代償

[疏證]

此處的"吏",即指前文的"吏主者"而言。

秦律規定,官府有關部門在債務收繳方面因不能及時采取措施而導致相關財産不能及時上繳,或無法上繳,從而給國家造成損失者,相關部門的長官(即嗇夫)及直接負責人(吏主者)有負責賠償的責任。睡虎地秦簡《秦律十八種》簡77—79《金布律》:"百姓叚(假)公器及有責(債)未賞(償),其日踐以收責之,而弗收責,其人死亡;及隸臣妾有亡公器、畜生者,以其日月减其衣食,毋過三分取一,其所亡衆,計之,終歲衣食不踐以稍賞(償),令居之,其弗令居之,其人【死】亡,令其官嗇夫及吏主者代賞(償)之。"嶽麓簡此處"吏代償"的"吏",與前面受貲罰者一樣,也是"吏主者"。

簡文大意

《田律》規定:禾稼、芻藁繳納租税,一年之内不能盡數繳納,以及借貸其它縣官府的債務,催繳的文書到達本縣,滿三十日不繳納以及有逃亡不繳納者,貲罰該人及官嗇

---

① 陳松長主編:《嶽麓書院藏秦簡(肆)》,第163頁。

夫、負責此事的官吏各一甲，貲罰令、丞、令史各一盾。逃避債務而死亡、有罪逃亡而無後，無法追繳債務者，命令其所屬的官嗇夫及主管官吏代償。

簡1277+1401（109—110）

●田律曰[1]：侍菆郵、門[2]，期足[3]，以給乘傳晦行求燭者，郵具二席[4]及斧、斤、鑿、錐、刀、甕、繘[5]，置梗（綆）井旁[6]∟。吏有 109 縣官事使而無僕者，郵爲餴[7]，有僕，叚（假）之器[8]，毋爲餴，皆給水醬（漿）[9] 110。

【1】田律曰

[疏證]

周海鋒認爲，從内容上看，這條簡文的内容與《行書律》密切相關，"謄抄嶽麓秦簡的某個書手的確極有可能錯將《行書律》的律文冠以《田律》之名"，但又不敢肯定，説"這僅僅是一種不夠嚴謹的推測"。① 我們認爲，這種推測可備一説。

【2】侍菆郵、門

[整理小組注]

侍菆郵、門：菆，麻稭。郵，傳遞文書的驛站。門，門亭，負責地方治安的機構，亦承擔某些邊遠或治安欠佳地區的文書傳遞工作。《張家山漢簡·二年律令·行書律》："塞郵、門亭行書者得以符出入。""畏害及近邊不可置郵者，令門亭卒、捕盜行之。"②

[疏證]

侍，通"偫"。《尚書·費誓》"峙乃糧糧"，孫星衍疏："峙从止，俗誤从山，《釋詁》云：'峙，具也。'"③ 劉起釪引段玉裁《撰異》云："玉裁按，'峙'，从止，寺聲，轉寫者易止爲山耳。《爾雅·釋詁》：'峙，具也。'亦同其義。即《説文》之偫字也。（按《説文》"儲，偫也"）。孔云'儲，峙'，即'儲，偫也'。"④

【3】期足

[整理小組注]

期足：足夠，多指數量上而言。《睡虎地秦簡·秦律十八種·倉律》："用犬者，畜犬

---

① 周海鋒：《嶽麓書院藏秦簡〈田律〉研究》，武漢大學簡帛研究中心主辦：《簡帛》第11輯。
② 陳松長主編：《嶽麓書院藏秦簡（肆）》，第163頁。
③ 孫星衍：《尚書今古文注疏》，中華書局1986年版，第514頁。
④ 顧頡剛、劉起釪：《尚書校釋譯論》，中華書局2005年版，第4分册，第2150頁。

期足。"①

[疏證]

期足,亦見於嶽麓簡1413(171):"内史襍律曰:諸官縣料各有衡石贏(纍)、斗甬(桶),期足,計其官,毋叚(假)黔首。不用者,平之如用者。"簡1383(180):"老弱癃(癃)病不足以守,豫遺重卒,期足,以益守。"睡虎地秦簡《秦律十八種》簡63《倉律》:"用犬者,畜犬期足。"整理小組注:"期足,以足夠爲度。馬王堆漢墓帛書《五十二病方》:'煮秝米期足。'"②"期足",在秦簡中一般用於表示配備足夠的某類物資,"期足"一詞往往與下文以逗號斷開,根據句式語氣長短,有時也與前文以逗號斷開。嶽麓秦簡整理小組此處"期足"原與下文"以給乘傳晦行求燭者"連讀,今以逗號隔開。

【4】郵具二席

[疏證]

"郵具二席"之後的類似内容,又見於張家山漢簡《二年律令》簡267《行書律》:"郵各具席,設井磨。吏有縣官事而無僕者,郵爲炊;有僕者,叚(假)器,皆給水漿。"就内容而言,嶽麓簡的這些内容歸於《行書律》更可以令人理解,何以卻歸到《田律》中,還待於進一步研究。《周禮·地官·遺人》:"凡賓客、會同、師役,掌其道路之委積。凡國野之道,十里有廬,廬有飲食;三十里有宿,宿有路室,路室有委;五十里有市,市有候館,候館有積。"孫詒讓云:

> 云"凡國野之道,十里有廬,廬有飲食"者,此野謂城郭外,自近郊至五百里畿,凡道路所出皆有此制,與上文野鄙專指甸稍異。廬即野廬氏所巡行宿息之等。云"三十里有宿,宿有路室,路室有委"者,《吕氏春秋·不廣篇》云:"軍行三十里爲一舍。"故三十里有宿。路室儲偫多於廬,故有委。《管子·大匡篇》云:"三十里置遽委焉,有司職之。從諸侯欲通,吏從行者,令一人爲負以車。若宿者,令人養其馬,食以委積。"注云:"遽,今之郵驛也。委謂當有儲,擬以供過者。"此與三十里路室有委合。又據《管子》,則路室似兼爲傳遽之舍。《續漢·輿服志》云:"驛馬三十里一置。"周法或與漢同。云"五十里有市,市有候館,候館有積"者,《荀子·大略篇》云"吉行五十里",故五十里有市,候館儲偫尤多,故有積。《大戴禮記·王言篇》云"五十里而封,百里而有都邑,乃爲畜積衣裘焉,使處者恤行者有與亡。"此與五十里候館有積合。③

由此可見,戰國時期的郵驛系統,已經可以爲官府的使者及往來行旅提供較爲充足的保障措施。嶽麓秦簡所記載的驛站爲行旅所提供的住宿及生活用具,是對當時保障措施的具體反映。

---

① 陳松長主編:《嶽麓書院藏秦簡(肆)》,第163頁。
② 睡虎地秦墓竹簡整理小組編:《睡虎地秦墓竹簡》,釋文部分第35頁。
③ 孫詒讓:《周禮正義》,第4分册,第1192—1193頁。

【5】䌉

[整理小組注]

䌉：井繩。字形爲繘的古文，見《説文·糸部》繘字下所收的古文。①

[疏證]

繘，《説文·糸部》：“綆也。”段注：“《易·井卦》：'汽至亦未繘井，羸其瓶。'鄭云：'繘，綆也。'《方言》曰：'繘，自關而東，周、洛、韓、魏之間謂之綆，或謂之絡；關西謂之繘。'”②

【6】置梗（綆）井旁

[疏證]

嶽麓秦簡整理小組釋“梗”爲“綆”。“綆”本作“緪”。《説文·糸部》：“綆，汲井綆也。”段注：“汲者，引水於井也。綆者，汲水索也。何以盛水？則有缶。《缶部》曰'䍃，汲缾也'是也。何以引缾而上？則有綆。《春秋傳》'具綆缶'是也。”③井供飲水，爲驛站必備之設施。《周禮·秋官·野廬氏》“比國郊及野之道路、宿息、井、樹”，鄭玄注：“比猶校也。宿息，廬之屬，賓客所宿及晝止者也。井共飲食，樹爲藩蔽。”④“綆”與“繘”皆謂井繩，兩者重複不知是否可疑，待考。“置梗井旁”之前，説的是驛站服務器具配備的事，之後説的是特殊情況可以提供飲食服務，是兩個層次。整理小組原標點爲逗號，今改爲句號，閱讀起來更易於理解。

【7】飭

[整理小組注]

飭：治，此指治食。類似律文見《張家山漢簡·二年律令·行書律》：“吏有縣官事而無僕者，郵爲炊；有僕者，叚（假）器，皆給水漿。”⑤

【8】叚（假）之器

[疏證]

驛站把相關的用器借給使者使用。在這種情況下，如果使者出現意外情況，使者所帶的隨從要承擔賠償責任。睡虎地秦簡《秦律十八種》簡101《工律》：“邦中之縣（繇）及公事官（館）舍，其叚（假）公，叚（假）而有死亡者，亦令其徒、舍人任其叚（假），如從興成然。”

---

① 陳松長主編：《嶽麓書院藏秦簡（肆）》，第163頁。
② 段玉裁：《説文解字注》，鳳凰出版社2007年版，第1145頁。
③ 同上注，第1146頁。
④ 孫詒讓：《周禮正義》，第9分冊，第3487頁。
⑤ 陳松長主編：《嶽麓書院藏秦簡（肆）》，第163頁。

【9】水醬(漿)

[疏證]

水醬(漿),或爲二物,即水、漿。《禮記·玉藻》曰:"上水、漿、酒、醴、酏。"又曰:"惟水漿不祭。"鄭玄注曰:"上水,水爲上。餘其次之。"又曰:"水漿,非盛饌也。"① 孫希旦曰:"上水者,以水爲上,貴其自然之性也。"② 《周禮·漿人》:"共王之六飲:水、漿、醴、涼、醫、酏,入于酒府。"《周禮·酒正》曰:"辨四飲之物,一曰清,二曰醫,三曰漿,四曰酏。"鄭玄注曰:"漿,今之酨漿也。"孫詒讓曰:"云'漿,今之酨漿也'者,鄭《内則》注亦云'漿,酢酨'。《説文·水部》'涼'、《酉部》'酨'並云'酢漿也'。涼即漿之正字。《釋名·釋飲食》云:'漿,將也,飲之寒溫多少,與體相將順也。'《廣雅·釋詁》云:'酪、酨、酨,漿也。'案:漿酨同物,絫言之則曰酨漿,蓋亦釀糟爲之,但味微酢耳。《内則》又有'醷',注以爲梅漿,蓋亦酨漿之别,此漿内通含之矣。賈疏云:'此漿亦是酒類,酨之言載,米汁相載,漢時名爲酨漿也。'"③ 水是自然之物,漿是比較初級的釀飲,都屬於最普通的飲料。此處或許就是指飲水而言。

簡文大意

《田律》説:驛站和門亭的麻稈儲備要充足,以供給乘傳車夜行需要燭火的人,驛站要具備兩張竹席以及斧、斤、鑿、錐、刀、甕、䥫等生活用具,井邊要備好井繩,官吏有公事經過驛站而没有帶隨從時,驛站爲他們準備飲食;如有隨身帶了僕從,驛站則只爲其提供器具,不提供飲食;兩種情況都提供水漿。

簡1284+1285+1281(111—113)

●田律曰:吏歸休[1]、有縣官事[2],乘乘馬及縣官乘馬[3]過縣,欲貣芻稾、禾、粟、米及買叔(菽)者[4],縣以朔日111平賈(價)[5]受錢⌐,先爲錢及券舓[6],以令、丞印封,令令史[7]、貣主各挾一辨[8],月盡發舓令、丞前[9],以中辨券案112雔(讎)錢[10],錢輒輸少内[11],皆相與靡(磨)除封印[12],中辨臧(藏)縣廷[13]113。

---

① 孔穎達:《禮記正義》,上海古籍出版社2008年版,第1180、1195頁。
② 孫希旦:《禮記集解》,中華書局1989年版,第778頁。
③ 孫詒讓:《周禮正義》,第1分册,第425、427頁。

【1】歸休

[疏證]

"吏歸休"與"有縣官事"是兩件並列的事,嶽麓秦簡整理小組原用逗號隔開,今改爲頓號。"吏歸休",爲個人歸家休假,屬私人事務。"有縣官事",屬公務。張家山漢簡《二年律令》簡237《傳食律》:"諸吏乘車以上及宦皇帝者,歸休若罷官而有傳者,縣舍食人、馬如律令。"

【2】有縣官事

[疏證]

事,嶽麓書院整理小組原釋爲"吏",今從陳偉說改。[1] 有縣官事,即有公務,與前文"吏歸休",並爲需乘乘馬或縣官乘馬的兩件事。"有縣官事"與"乘乘馬"之間,嶽麓秦簡整理小組連讀,今爲了便於理解文意,改爲用逗號隔開。

【3】乘乘馬及縣官乘馬

[疏證]

乘乘馬,騎乘乘馬,也有可能是乘坐乘馬所駕的車。乘馬,本指達到使用標準的馬。根據嶽麓秦簡1229+1279+1410+1398+1365(127—131)的規定,只有身高達到五尺五寸、齒齡四歲的馬,經官府認定,打上"當乘"二字的烙印,才可以騎乘或從事駄載等生產活動,這樣的馬就叫做"乘馬"。簡1284(111)此處"乘馬"當指私家乘馬,與後面的"縣官乘馬"相對。

睡虎地秦簡提到的"乘馬"多指縣官乘馬。《秦律十八種》簡11《田律》:"乘馬服牛稟,過二月弗稟、弗致者,皆止,勿稟、致。"《秦律十八種》簡128《司空律》:"官長及吏以公車牛稟其月食及公牛乘馬之稟,可殹(也)。"《秦律雜抄》簡29:"虜吏乘馬篤、掔(骾)、及不會虜期,貲各一盾。"整理小組注:"乘馬服牛,駕車的牛馬。《易·繫辭下》:'服牛乘馬,引重致遠。'"[2]《法律答問》簡175:"以其乘車載女子,可(何)論?貲二甲。以乘馬駕私車而乘之,毋論。""乘車"與"私車"相對,"乘車"屬於官方車輛,同理,"乘馬"指的就是縣官乘馬。

【4】欲貸芻稾、禾、粟、米及買叔(菽)者

[疏證]

貸,即暫借。吏歸休假,當持有有關部門發給的傳,可以憑傳向沿途所經縣道借貸糧食芻稾等生活物資。睡虎地秦簡中有以傳借貸的記載。《秦律十八種》簡44《倉律》:"宦者、都官吏、都官人有事上爲將,令縣貣(貸)之,輒移其稟縣,稟縣以減其粟。已稟者,移居縣責之。"簡45:"有事軍及下縣者,齎食,毋以傳貣(貸)縣。"張家山漢簡中也

---

[1] 陳偉:《嶽麓秦簡肆校商(壹)》,武漢大學簡帛網2016年3月27日。
[2] 睡虎地秦墓竹簡整理小組編:《睡虎地秦墓竹簡》,釋文部分第22頁。

有驛站爲沿途官吏及歸休者提供飲食住宿及芻稾的規定。《二年律令》簡237《傳食律》:"諸吏乘車以上及宦皇帝者,歸休若罷官而有傳者,縣舍食人、馬如令。"

叔,嶽麓秦簡整理小組原釋作"菽",雷海龍認爲簡文此字不作"菽",當作"叔",秦漢簡牘中多"用'叔'表'菽'","菽'爲表大豆義的後起分化字"。① 陳偉亦從此説。故釋文作"叔(菽)"。② 今從雷海龍、陳偉説改。

【5】朔日平賈

[疏證]

平賈,亦見於嶽麓簡1301+1351(201—202)"皇帝其買奴卑(婢)、馬,以縣官馬牛羊貿黔首馬牛羊及買,以爲義者,以平賈(價)買之,輒予其主錢"、簡0990(203)"黔首其爲大隃取義,亦先以平賈(價)直之"。朔日平價,或即後來漢代的月平,指的是每月朔日縣治所在地市場上商品的官方價格。《周禮·天官·小宰》:"聽賣買以質劑。"鄭司農注:"質劑,謂市中平價,今時月平是也。"孫詒讓曰:"孔廣森云:《漢書·溝洫志》注:'律,平價一月,得錢二千,所謂月平也。'《楊子·法言》曰:'一閧之市,必立之平。'蓋市價以時貴賤,故每月更平之。《景武功臣表》:'梁期侯任當千,坐賣馬一匹賈錢十五萬,過平,臧五百以上,免。''案:孔説是也。月平者,漢時市價,蓋每月評定貴賤,若今時朔望爲長落也。《漢書·食貨志》載王莽令諸司市常以四時中月實定所掌,爲物上中下之賈,各自用爲其市平。即此月平也。"③

劉善澤曰:"《唐六典》二十李林甫注云:'漢大司農屬官有平準令丞。'並引韋昭《辨釋名》云:'平準主平物價,使相依准。'蓋漢時市賈以時氏印,每月必更番平定其直,故曰月平。"又曰:"又案《漢書·溝洫志》:'治河卒非受平賈者,爲著外繇六月。'注:蘇林曰:'平賈以錢取人作卒,顧其時庸之平賈也。'如淳曰:'律説,平賈一月得錢二千。'《吴王濞傳》:'卒踐更,輒予平賈。'注:服虔曰:'顧其庸隨時月與平賈也。'則漢時不僅市物有月平,雇傭亦然。"④

張家山漢簡《二年律令》簡427—428《金布律》:"有罰、贖、責(債),當入金,欲以平賈(價)入錢,及當受購、償而毋金,及當出金、錢縣官而欲以除其罰、贖、責(債),及爲人除者,皆許之。各以其二千石官治所縣十月金平賈(價)予錢,爲除。"十月金平價,當爲十月朔日郡治頒布的市場黄金價格。邢義田:"所謂平價,固然須依市場狀況,因涉及罰金、贖金和發放購賞等官方行爲,這個平價必得爲官方所認可或公布。如此,説它是'法定的'也未嘗不可。"⑤

---

① 雷海龍:《〈嶽麓書院藏秦簡(肆)〉釋文商補八則》,華東政法大學法律古籍整理研究所等主編《第七届出土文獻與法律史研究學術研討會論文集》,2017年,第98頁。
② 陳偉:《秦與漢初律令中馬"食禾"釋義及其方法論啓示》,澳門大學、武漢大學、香港城市大學、佛羅里達大學合辦:《首届新語文與早期中國研究國際研討會論文集》,2016年6月,第28頁。陳文亦見於《秦簡牘校讀及所見制度考察》第十章《秦與漢初律令中馬"食禾"釋義》,第210頁。
③ 孫詒讓:《周禮正義》,第1分册,第213頁。
④ 劉善澤:《三禮注漢制疏證》,嶽麓書社1997年版,第16頁。
⑤ 邢義田:《張家山〈二年律令〉行錢行金補證》,武漢大學簡帛網2005年11月14日。後收入氏著:《地不愛寶:漢代的簡牘》,中華書局2011年版,第165頁。

【6】爲錢及券缿

[整理小組注]

爲錢及券：即登記所受錢數和寫好券書。①

[疏證]

嶽麓秦簡整理小組原標點作"先爲錢及券，缿以令、丞印封"，今改。"缿"，當屬前讀，作"先爲錢及券缿"。當然，這就涉及一個問題，"錢及券缿"是指"錢及券"之缿，還是"錢缿"和"券缿"。也就是說，錢和券是放在同一個缿中，還是分開放？陳偉認爲是分開放，他說："'錢缿'當用於盛放'買叔'所發生的現金交易，'券缿'則大概是用於盛放'貰芻稾、禾、粟米'時所製作的券。"②林少平認爲是放在同一缿中，他說："整理者斷法可從，但陳先生關於'中辨券也需置入專門的缿中'的意見有可取之處。事實上，並非是'中辨券置入專門的缿中'，而是'中辨券與錢置入同一缿中加印封存'。故後文言'月盡發缿令、丞前，以中辨券案雠（讎）錢，錢輒輸少内，皆相與靡（磨）除封印，中辨臧（藏）縣廷'。此句大意是'每月結束在令、丞前開啓缿，以中辨券核驗錢數，核驗後的錢輒輸入少内，都是共同切除每一個缿上的封印，核驗的中辨券藏於縣廷。'"③。林少平的意思，似乎是把"月盡發缿令、丞前"的"缿"理解爲一種缿，那自然就是"錢及券"之缿了，簡文又說"以中辨券讎錢"，那麼"中辨券"自然也是從"錢及券"之缿中拿出來的。林少平之所以贊同整理者把"缿"字後屬作"缿以令、丞印封"，恐怕正是出於把"錢及券缿"理解爲一種缿的考慮。需要指出的是，這裏的"券"，不僅僅是債券，還包括購買大豆（叔）的相當於質劑的券。作爲質劑的券上記錄着交易的金額，否則就不存在在月底核對交易收入總額的事。儘管嶽麓秦簡《金布律》有關市場交易須取得質劑的規定僅僅强調了奴婢、馬牛，但其中簡1263（206）"賣半馬半牛者，毋質諸鄉"，說明一定範圍内的小額交易也是需要質劑券的。

其實，單就嶽麓簡此處簡文中的兩個"缿"字而言，可以理解爲一種缿，那就是"錢及券"之缿；也可以理解爲兩種缿，那就是"錢缿"和"券缿"，都可以說得通。但是，嶽麓簡1411＋1399＋1403（121－123）所載《金布律》的規定，則傾向於支持林少平的觀點，其文曰："金布律曰：官府爲作務、市受錢，及受齎、租、質、它稍入錢，皆官爲缿，謹爲缿空（孔），叟（須）毋令錢能出，以令若丞印封缿而入，與入錢者叁辨券之，輒入錢缿中，令入錢者見其入。月壹輸缿錢，及上券中辨其縣廷，月未盡而缿盈者，輒輸之，不如律，貲一甲。""與入錢者叁辨券之，輒入錢缿中"，表明三辨券之中辨是與錢一起放在錢缿中的。"券"後或脱"書"字，或"券"本身即作爲動詞使用。張家山漢簡《二年律令》簡334－335《户律》："民欲先令相分田宅、奴婢、財物，鄉部嗇夫身聽其令，皆參辨券書之，輒上如户籍。""三辨券之"即將有關商品買賣或賦稅繳納等金錢出入之事書之於三辨

---

① 陳松長主編：《嶽麓書院藏秦簡（肆）》，第163頁。
② 陳偉：《秦簡牘校讀及所見制度考察》，第210頁。
③ 吴淏：《〈嶽麓書院藏秦簡（肆）〉集釋及相關問題研究》，復旦大學2018碩士學位論文，第88頁引。

券。"輒入錢缿中"前省略或脱"中辨"二字,即把中辨券及時投入錢缿中。這一規定爲漢初法律所繼承。張家山漢簡《二年律令》簡429《金布律》也繼承了這一規定:"官爲作務、市及受租、質錢,皆爲缿,封以令、丞印而入,與參辨券之,輒入錢缿中,上中辨其廷。"張家山漢簡的記載與嶽麓簡相比,較爲簡略,但基本内容一致。

　　縣道官機構的金錢收藏於缿,封泥上要加蓋令、丞之印。睡虎地秦簡《秦律十八種》簡64《金布律》:"官府受錢者,千錢一畚,以丞、令印印。不盈千者,亦封印之。"張家山漢簡《二年律令》簡429《金布律》:"官爲作務、市及受租、質錢,皆爲缿,封以令、丞印而入,與參辨券之,輒入錢缿中,上中辨其廷。"相比之下,嶽麓簡1285(112)"以令、丞印封"、嶽麓簡1399(122)"以令若丞印封"、睡虎地秦簡作"以丞、令印印",張家山簡作"封以令、丞印",可以看出,上述内容含義相同,只是文字略有變化。嶽麓簡1284+1285+1281(111—113)的這部分内容,應當屬於《金布律》的範疇。何以歸入《田律》之中?有兩種可能。一種可能是,原簡抄手抄寫錯誤,錯把《金布律》的内容抄到了《田律》下面,或者把"金布律"三字誤寫爲"田律"。另一種可能是没錯,這確是《田律》的内容,只不過是涉及貨幣的儲藏和管理,因此《田律》中就挪用了《金布律》的相關内容。因爲睡虎地秦簡《金布律》和張家山漢簡《金布律》都是在先提到"官爲作務、市"云云,然後才提到貨幣的儲藏和管理,而嶽麓簡此處則是提到驛站服務收取費用,然後才提到貨幣收入及管理,兩者還是有點區別的。

【7】令令史

[疏證]

　　嶽麓秦簡整理小組原來把"令"與"令史"以頓號隔開。陳偉認爲:"前一'令'字當是動詞,與後文連讀。因爲縣令不會親臨交易,而三辨券中之中辨需要上呈縣廷,此外祇有上、下兩辨由令史與買者分别持有。"[1]今從陳偉説改。令史和賦主各挾一辨,大概是左右兩辨券,中辨券應該是投入缿中的,所以下文才説月底核對收入時,打開缿,以中辨券讎錢。如果按照整理小組原來的標點,則"令史"之前的"令"就成了"縣令",變成縣令、令史和賦主各挾一辨券,[2]那麽缿中之辨券就無從説起了。

　　令史之所以執券,或許因爲他是交易的見證人。里耶秦簡中提到官府糧倉調撥糧食時,往往由令史視平。如:8-764:"徑廥粟米一石九斗少半斗。卅一年正月甲寅朔丙辰,田官守敬、佐壬、稟人顯出稟貲貸士五(伍)巫中陵免將。令史扁視平。壬手。"8-1540:"粟米五斗。卅一年五月癸酉,倉是、史感、稟人堂出稟隸妾嬰兒褕。令史尚視平。感手。"8-2247:"粟米三石七斗少半斗。卅二年八月乙巳朔壬戌,貳春鄉守福、佐敢、稟人怵出,以稟隸臣周十月、六月廿六日食。令史兼視平。敢手。"《里耶秦簡牘校釋》(第1卷)(以下簡稱"《校釋一》")注:"視平,或省作'視'(8-880),或省作

---

[1] 陳偉:《嶽麓秦簡肆校商(壹)》,武漢大學簡帛網2016年3月27日。
[2] 沈剛:《簡牘所見秦代縣級財政管理問題探討》,《中國經濟史研究》2019年第1期,第69頁。

'平'(8-217),同樣場合有時也用'監'字(8-760),疑'視'或'視平'與'監'含義類似,指督看,以保證公平。"① 邢義田推測:"秦代地方郡縣三辨券的左券即應在當事人之手,右和中券應分別在鄉嗇夫、令史或其他主管其事的官吏手中,最後由主管吏將中辨券上呈,藏於縣廷。"② 若真如此的話,此處賦主所持即爲左券,令史所持則爲右券。

【8】賦主

[疏證]

賦主,就是買主,出錢的一方。《漢書・元帝紀》"貲不滿千錢者賦貸種、食",顔師古注:"賦,給與之也。"③睡虎地秦簡《秦律十八種》簡97《關市律》:"爲作務及官府市,受錢必輒入其錢缿中,令市者見其入,不從令者貲一甲。"④嶽麓簡的"賦主"與睡虎地秦簡的"市者"含義相類似。⑤陳偉、邢義田皆以"賦主"之"賦"爲"錢"字之誤抄,可備一説。不論是"賦主"還是"錢主"在此指的都是同一種人,不影響上下文意。

【9】月盡發缿令、丞前

[疏證]

發,打開。錢缿封存時,加蓋了令、丞的印信,打開時同樣需要令、丞驗看。睡虎地秦簡《秦律十八種》簡64-65《金布律》亦曰:"出錢,獻封丞、令,乃發用之。"⑥

【10】以中辨券案讎(讐)錢

[疏證]

讎,校驗、核對之義。睡虎地秦簡《秦律十八種》簡37《倉律》:"縣上食者籍及它費大(太)倉,與計偕。都官以計時讎食者籍。"整理小組注:"讎,校對。"⑦《秦律十八種》簡199《尉雜》:"歲讎辟律于御史。"⑧即每年到御史那裏去核對法律條文。

以中辨券讎錢,就是用錢缿中的中辨券上所記錢款數額來核對錢缿中的總收入。這裏的中辨券應該有兩種,一種是賣出菽時所製作三辨券中的中辨券,屬於買賣券;一種是借貸"芻藁、禾、粟、米"時所製作三辨券中的中辨券,屬於債券。我們甚至懷疑,嶽麓簡此處"賫"與"買"采用了互文的手法,也就是說,所有的東西既可以"賫"也可以"買"。陳偉認爲簡1285(112)所提到的"中辨券"僅指借貸債券,是不準確的。嶽麓簡1411+1399+1403(121-123)已經説得很清楚了。因此,所謂"以中辨券讎錢",就有兩

---

① 陳偉主編:《里耶秦簡牘校釋》(第1卷),第40頁。
② 邢義田:《今塵集》,中西書局2019年版,下册,第358—359頁。
③ 班固:《漢書》,中華書局1962年版,第279頁。
④ 睡虎地秦墓竹簡整理小組編:《睡虎地秦墓竹簡》,釋文部分第42頁。
⑤ 陳偉:《嶽麓秦簡肆校商(壹)》,武漢大學簡帛網2016年3月27日。邢義田:《今塵集》,下册,第356頁。
⑥ 睡虎地秦墓竹簡整理小組編:《睡虎地秦墓竹簡》,釋文部分第35頁。
⑦ 同上注,釋文部分第29頁。
⑧ 同上注,釋文部分第64頁。

種含義，一種是根據債券與買賣券所記總數核對收入，一種是分別核對賣出萩所得現金數與借貸物資的借貸總值。還有一種可能，那就是這裏的鱬錢僅指以買賣券核對現金收入。

【11】錢輒輸少內

［疏證］

少內，主管財政的機構之一，中央與地方都設有少內。睡虎地秦簡《秦律十八種》簡80-81《金布律》："縣、都官坐效、計以負賞（償）者，已論，嗇夫即以其直（值）錢分負其官長及冗吏，而人與参辨券，以效少內，少內以收責之。其入贏者，亦官與辨券，入之。其責（債）毋敢踰（逾）歲，踰（逾）歲而弗入及不如令者，皆以律論之。"睡虎地秦簡整理小組注："少內，《漢書·丙吉傳》有'少內嗇夫'，注：'少內，掖庭主府臧（藏）之官也。'漢末鄭玄注《周禮·職內》也説：'……，若今之泉所入謂之少內。'簡文此處的少內可能也是朝廷管理錢財的機構。另有縣少內，見下《法律答問》及《封診式》。《十鐘山房印舉》卷二有'少內'半通印。"① 于豪亮與睡虎地秦簡整理小組的意見相同，認爲《金布律》中的"少內"指"中央政府的少內"，裘錫圭、栗勁都認爲屬於"縣少內（包括都官少內）"。② 嶽麓秦簡此處的"少內"同樣存在"中央少內"和"縣道少內"兩種可能，在尚未發現更多證據的情況下，我們傾向於"中央少內"的認識。

【12】靡（磨）除封印

［疏證］

靡（磨）除封印，即磨除裝錢與券的缿上的封印。磨除封印的類似制度亦見於睡虎地秦簡。《秦律十八種》簡86《金布律》："縣、都官以七月糞公器不可繕者，有久識者靡蚩之。"睡虎地秦簡整理小組注："久，讀爲記，記識指官有器物上的標誌題識。靡，即磨。蚩（音産），讀爲徹。磨徹，意爲磨壞、磨除。"③

【13】中辨臧（藏）縣廷

［疏證］

相應的制度亦見於張家山漢簡《二年律令》簡429《金布律》："官爲作務、市及受租、質錢，皆爲缿，封以令、丞印而入，與参辨券之，輒入錢缿中，上中辨其廷。"④ 嶽麓簡此處規定記載，錢呈少內，券藏縣廷，這裏的"縣廷"，當指縣廷諸曹中的金布曹⑤。

---

① 睡虎地秦墓竹簡整理小組編：《睡虎地秦墓竹簡》，釋文部分第39頁。
② 彭浩、劉樂賢撰著：《秦簡牘合集·釋文注釋修訂本（壹）》，第91-92頁。
③ 睡虎地秦墓竹簡整理小組編：《睡虎地秦墓竹簡》，釋文部分第41頁。
④ 張家山二四七號漢墓竹簡整理小組著：《張家山漢墓竹簡〔二四七號墓〕》（釋文修訂本），第67頁。
⑤ 于洪濤：《里耶秦簡文書簡分類整理與研究》，吉林大學2017年博士學位論文，第145頁。

簡文大意

《田律》規定：官吏休假歸家、有公事，乘私人乘馬或縣官乘馬從縣中經過，如需從所過縣借貸芻稾、禾、粟、米以及購買大豆者，當地有關部門以本月市場平賈借給或賣給他，官府接受買者所付錢時，要在券書上記錄，並把錢、作爲買賣憑證的中辨券、借貸的中辨券分別投入缿中，上面加蓋令、丞的封印，由令史、付錢者（或借貸者）各持三辨券（其餘兩辨）中各一辨，月底的時候在令、丞面前打開缿，以中辨券核對錢數（及借出物資數額），然後將錢立即輸往少內，同時去掉錢缿上的封印，中辨券收藏於縣廷。

簡1276（114）

●田律曰：有臯，田宇[1]已入縣官，若已行[2]，以賞予人[3]，而有勿（物）故[4]，復（覆）治[5]，田宇不當入縣官，復畀之其故田宇[6]₁₁₄。

【1】有臯，田宇已入縣官

[整理小組注]

田宇，即田宅。①

[疏證]

田宇，準確地説，指田和宇，田指農田，宇指宅基地。里耶秦簡8-307："庚申，潁陰相來行田宇。"《校釋（壹）》注："田宇，猶田宅。《爲吏之道》記魏户律也云：'自今以來，叚（假）門逆旅（旅），贅婿後父，勿令爲户，勿鼠（予）田宇。'又《日書》乙種《失火》云：'午失火，田宇多。'嶽麓書院秦簡《數》書0884云：'宇方百步，三人居之，巷廣五步，問宇幾可（何）？'可見宇指宅地。"② 只有立户，國家才授予農田和宅地。張家山漢簡《二年律令·户律》中田與宅有明確的區分，不同身份的人授予農田和宅地的數額各不相同。

睡虎地秦簡記載了官府查封有罪之人家室的經過，其中提到了住宅的查封。《封診式》簡8-12《封守》："鄉某爰書：以某縣丞某書，封有鞫者某里士五（伍）甲家室、妻、子、臣妾、衣器、畜産。甲室、人：一宇二内，各有户，内室皆瓦蓋，木大具，門桑十木。妻曰某，亡，不會封。子大女子某，未有夫。子小男子某，高六尺五寸。臣某，妾小女子某。牡犬一。幾訊典某某、甲伍公士某某：'甲黨（倘）有【它】當封守而某等脱弗占書，且有罪。'某等皆言曰：'甲封其此，毋（無）它當封者。'即以甲封付某等，與里人更守之，侍

---

① 陳松長主編：《嶽麓書院藏秦簡（肆）》，第163頁。
② 陳偉主編：《里耶秦簡牘校釋》（第1卷），第98頁。

（待）令。"這裏查封的内容中只提到了宅，没有提到所擁有的田，有的學者據此認爲當時是授田制，農民所耕種農田屬於國有，因此不存在没收田的事。① 實際上即使是授田制，百姓犯罪，國家也可能收回其土地的使用權。至於《封診式》中爲何没有提到此事，可另行討論，未必一定與土地的國有還是私有有關。嶽麓秦簡此處的規定，就説明百姓犯罪，農田和住宅都是有可能被没收的。張家山漢簡《二年律令》簡174《收律》："罪人完城旦舂、鬼薪以上，及坐奸府（腐）者，皆收其妻、子、財、田宅。"《收律》所謂的"田宅"與嶽麓簡《田律》的"田宇"含義相同，包括農田和住宅。《二年律令·户律》也提到了幾種没收田宅的情況，簡319："田宅當入縣官而詐（詐）代其户者，令贖城旦，没入田宅。"簡323—324："諸不爲户，有田宅附令人名，及爲人名田宅者，皆令以卒戍邊二歲，没入田宅縣官。爲人名田宅，能先告，除其罪，有（又）畀之所名田宅，它如律令。"

【2】行

[整理小組注]

行：行田。②

[疏證]

行，嶽麓簡整理小組解釋爲"行田"，即分配土地。這裏指的是"以賞予人"，就是説土地被没收之後，分配給了别人。故何有祖把"行以賞"連讀，亦可從。③

【3】以賞予人

[疏證]

"以賞予人，而有勿（物）故"，嶽麓秦簡整理小組原標點作"以賞予人而有勿（物）故"，今改。意思是説，犯罪嫌疑人被被判有罪後，田宅被没收，而後分配給了别人，但隨後發現由於某種原因判罰失誤。因此，"以賞予人"與"而有物故"是轉折關係，用逗號隔開，便於理解文意。

【4】勿（物）故

[整理小組注]

勿（物）故：亡故。《漢書·蘇武傳》："前以降及物故，凡隨武還者九人。"顔師古注："物故謂死也，言其同於鬼物而故也。"④

[疏證]

勿（物）故，此處指的是"某種原因"，嶽麓秦簡整理小組據顔師古注，解釋爲"亡

---

① 張金光：《試論秦自商鞅變法後的土地制度》，《中國史研究》1983年第12期。張金光：《戰國秦社會經濟形態新探——官社經濟體制模式研究》，商務印書館2013年版，第156頁。
② 陳松長主編：《嶽麓書院藏秦簡（肆）》，第163頁。
③ 何有祖：《讀嶽麓秦簡肆札記（一）》，武漢大學簡帛網2016年3月24日。
④ 陳松長主編：《嶽麓書院藏秦簡（肆）》，第163頁。

故",不確。就《漢書·蘇武傳》本意而言,當是"以前投降在匈奴以及其他原因留在匈奴的人,這次跟隨蘇武返回漢朝的共有九人",但如果把"物故"理解爲"亡故",整個句子就變成"以前降在匈奴及亡故的人,這次跟隨蘇武返回漢朝的共有九人",文意讓人難以理解。放在嶽麓簡中同樣如此。就拿簡1276(114)的記載而言,如果把"物故"解釋爲"某種原因",文意就很好理解了,意思是說:"黔首有罪,他的田宇被官府沒收,賞給了別人,但後來發現案情由於某種原因判罰有誤,進行重審,認爲不當沒收他的田宇,所以要把他原來的田宇(贖回來)還給他。"

【5】復(覆)治

[整理小組注]

復(覆)治:重新審查案件。①

【6】田宇不當入縣官,復畀之其故田宇

[疏證]

案件重審,發現原來沒收田宇是不合適的,要返還被沒收的田宇。張家山漢簡《奏讞書》簡99—123"講不盜牛乞鞫"案中,講一度被誣陷盜牛,並遭到嚴刑逼供而被迫認罪,後案件重審,講被改判無罪,"其除講以爲隱官,令自常(尚),畀其於於。妻子已賣者者(按:後一"者"字爲衍文),縣官爲贖。它收已賣,以賈(價)畀之。"官府對錯案的處理原則與嶽麓簡所載相同。

簡文大意

《田律》説:有罪,田宅被沒收入縣官,如果已經被重新分配,賞賜給了別人,由於某種原因,案件重審,發現不應當沒收田宅,要把原來已經沒收的田宅還給當事人。

簡1400(115)

黔首[1]居田舍者[2]毋敢醓〈醋(酤)〉酒[3],不從令者䙴(遷)之[4]。田嗇夫、吏[5]、吏部[6]弗得,貲各二甲,丞、令、令史各一甲115。

---

① 陳松長主編:《嶽麓書院藏秦簡(肆)》,第163頁。

【1】黔首

[疏證]

相似的内容亦見於嶽麓簡0994(280):"田律曰:黔首居田舍者毋敢酤〈酤(酤)〉酒,不從令者罨(遷)之,田嗇夫、士吏、吏部弗得,貲二甲。第乙。"

與簡1400(115)相比,首先,簡0994(280)簡首有"田律曰"三字,這與嶽麓簡多數有律名簡的抄録格式相同。其次,簡0994(280)"貲各二甲"脱一"各"字,接着脱"丞、令、令史各一甲"一句。第三,簡0994(280)的記載,"田嗇夫"之後爲"士吏",可知簡1400(115)"田嗇夫、吏"之"吏"前可能脱"士"字。而"士吏"是縣尉的僚屬,那麼這裏的"田"或爲軍事組織的屯田,亦未可知。周海鋒認爲:"1400號似乎比0994號的規定更加嚴密,增加了貲罰'丞令、令史各一甲'的規定,同時抄寫時漏抄'士吏'之'士'字。但也有可能是抄録0994號的書手不小心漏抄了'丞、令、令史各一甲'數字。兩支簡末端均留白,顯然都是完整的律文,簡上均殘留兩道編痕,説明二者曾被編聯成册,但是尺寸不完全一致,則極有可能各處一册。二者字體存在差異,應出自不同書手。以上迹象表明,抄手謄録兩支簡時所依據的法律文本是存在差異的。若所有的嶽麓秦簡爲某一個人的陪葬物,墓主人很可能在秦始皇二十六年至秦二世三年之間多次請人抄録編纂其時通行律令以備行政所需。因爲律令是行政所本而秦法律文本不斷被修訂,故墓主人不得不及時僱人抄録最新的律條並重新編聯成册。或許正是由於這個原因,今日所見嶽麓秦簡律令,或内容完全一致,或同中有異。"[1]

睡虎地秦簡《田律》簡12也有内容與之基本相同的律文:"百姓居田舍者毋敢酤(酤)酉(酒),田嗇夫、部佐謹禁御之,有不從令者有罪。"陳松長曰:"簡文稱'黔首',睡虎地簡稱'百姓'。或許可以説明嶽麓書院藏秦簡中律文摘抄的時間在睡虎地簡之後。"[2]中國政法大學中國法制史基礎史料研讀會:"比較二律,其中'百姓'與'黔首'的稱謂反映了律文的歷史變化,'有罪'與'遷之'的罪刑表述的不同又反映了律文流布間的差異。"[3]研讀會所謂"律文流布間的差異",就是説他們認爲"有罪"與"遷之"的罪行表述差異,有可能不是法律修訂的結果,而是不同地區抄寫不同而造成的。周海鋒則認爲這種表述差異,是律文修訂"前修未密,後出轉精"的結果。[4]隨着簡牘資料的不斷出現,同類内容不同表述版本也時有可見,我們應該慎重對待類似表述差異産生的原因,也就是説,有的差異究竟確是制度變革使然,還是律文抄手在抄寫的過程中根據己意而對律文所做的改變,乃至無意識的誤抄,都需要進一步分析。也許睡虎地秦簡時代

---

[1] 周海鋒:《嶽麓書院藏秦簡〈田律〉研究》,武漢大學簡帛研究中心主辦:《簡帛》第11輯,第103頁。
[2] 陳松長:《嶽麓書院所藏秦簡綜述》,《文物》2009年第3期。
[3] 中國政法大學中國法制史基礎史料研讀會:《睡虎地秦簡法律文書集釋(二):〈秦律十八種〉(〈田律〉〈廄苑律〉)》中國政法大學法律古籍整理研究所編:《中國古代法律文獻研究》第7輯,第93頁。
[4] 周海鋒:《嶽麓書院藏秦簡〈田律〉研究》,武漢大學簡帛研究中心主辦:《簡帛》第11輯,第102頁。

的律文此處對於違反《田律》的黔首和官吏已有具體的處罰規定，但抄手在抄寫時加以省略，以"有不從令者有罪"一筆帶過，也是有可能的。另外，嶽麓簡中的"田嗇夫"之後的"士吏、吏部"在睡虎地秦簡中抄作"部佐"，這之間的變化很難説是簡文修訂的結果，更像是後者對前者的一種概括性描述。也就是説，睡虎地秦簡所抄録的原本很可能本就是"士吏、吏部"，而睡虎地秦簡的抄録者將其概括爲"部佐"，而嶽麓簡的抄録者則保持了原貌。睡虎地秦簡整理小組曾認爲"部佐"是鄉佐一類的官吏，①但現在嶽麓簡的資料表明，這裏的"吏"指的是"士吏"，那麼"吏部"顯然也就不屬於鄉佐這種性質的機構了。

【2】田舍

[疏證]

《釋文注釋修訂本（壹）》引諸家説："田舍，整理者：農村中的居舍。高敏（1981A，333頁）：'居田舍'的百姓，很可能是耕種國家授田於民的國有土地的農民。劉興林：是田間的小茅棚，供身份較低的庸耕者或看護莊稼者居住。居田舍者關農事，在農官田嗇夫職管範圍内。劉欣寧（2012）分析居延漢簡資料指出，'田舍'一詞應指城邑外之居民，與'邑中舍'爲對稱。"②這幾種説法中，劉興林的説法比較接近事實。

筆者對此問題曾做過探討，摘録至此："田舍，解釋爲'農村中的居舍'，恐怕不準確。當如金景芳師所説，是農忙季節農民在田間搭建的臨時居舍。《詩·小雅·信南山》：'中田有廬，疆場有瓜。'鄭玄箋：'中田，田中也。農人作廬焉以便其田事。'孔穎達疏：'古者農人於田中作廬，以便其農事。'《漢書·食貨志》説：'在野曰廬，在邑曰里。……春令民畢出在野，冬則畢入於邑。其《詩》曰："四之日舉趾，同我婦子，饁彼南畝。"又曰："十月蟋蟀入我牀下，嗟我婦子，聿爲改歲，入此室處。"所以順陰陽，備寇賊，習禮文也。'《説文·廣部》説：'廬，寄也，秋冬去，春夏居。''中田有廬'，指的就是田舍。"③因此，秦簡中的田舍，恐怕不是隨意或偶然建築的居住場所，而是具有普遍性的，是建在田間供農忙時使用的。正因爲田舍主要用於農忙時節，秦律所説的百姓居田舍多半處於這個階段，所以制度上禁止買酒，以免喝酒耽誤農事。《封診式·賊死》簡60—61："男子死（屍）所到某亭百步，到某里士五（伍）丙田舍二百步。"《嶽麓書院藏秦簡（三）》簡0320（《嶽麓叁》編號142）"棄婦毋憂縛死其田舍，衣襦亡。"這表明，秦時的田舍在當時可能經常有人居住。學者們分析認爲，"考慮到法律的相對滯後性，百姓居於田舍的現象應該已經存在較久了"，甚至於因此已經產生了相對於城邑聚居區的分散的聚落。④

---

① 睡虎地秦墓竹簡整理小組編：《睡虎地秦墓竹簡》，釋文部分第22頁。
② 彭浩、劉樂賢等撰著：《秦簡牘合集·釋文注釋修訂本（壹）》，第47—48頁。
③ 朱紅林：《嶽麓簡〈爲吏治官及黔首〉分類研究（一）》，王沛主編：《出土文獻與法律史研究》第1輯，上海人民出版社2012年版，第88頁。
④ 陳松長等著：《秦代官制考論》，第197頁。

【3】酤〈酤（酤）〉酒

[疏證]

酤，買酒。睡虎地秦簡《秦律十八種》簡12《田律》"酤酒"，整理小組解釋爲"賣酒"，其文曰："酤酒，賣酒。《韓非子·外儲説右上》有宋人酤酒故事。《漢書·景帝紀》：'夏旱，禁酤酒。'注：'酤，謂賣酒也。'"① 按，酤酒可以解釋爲賣酒，也可以解釋爲買酒。《説文·酉部》："酤，一曰買酒也。"② 《墨子·非儒下》："子路爲享豚，孔丘不問肉之所由來而食；號祔人衣，以酤酒，孔丘不問酒之所由來而飲。"吳毓江校注："吳鈔本'酤'作'沽'。畢云：《孔叢》'酤'作'沽'，同。"③ 《韓非子·外儲説右上》："或令孺子懷錢挈壺罋而往酤。"④ 此"酤"，亦"買酒"也。秦律中的規定，黔首（百姓）居田舍者是在農忙時節，禁止酤酒，主要是怕他們飲酒耽誤農事，因此解釋爲"買酒"，更爲順暢合理。

【4】不從令者毳（遷）之

[疏證]

"不從令者毳（遷）之"之後，嶽麓秦簡整理小組原標點作逗號，今改爲句號。

【5】吏

[整理小組注]

吏：當是"士吏"的漏抄。參見簡0994（280）。

【6】吏部

[疏證]

吏部，當爲"吏部主者"的省稱。睡虎地秦簡《秦律雜抄》簡13—14："軍人禀所、所過縣百姓買其禀，貲二甲，入粟公；吏部弗得，及令、丞貲各一甲。"整理小組注："吏部，疑爲部吏誤倒。部吏即鄉部、亭部之吏，如《漢書·王莽傳》：'盜賊始發，其原甚微，非部吏伍人所能禽也。'《後漢書·王符傳》：'鄉亭部吏亦有任決斷者。'"⑤ 《釋文注釋修訂本（壹）》："張金光（1997）：此'吏部'之'部'即爲鄉部。史黨社（2002）：《雲夢龍崗秦簡》185簡有'鄉部稗官'。《墨子·號令》：'分里以爲四部，部一長，以苛往來。''其正（里正）及父老有守此巷中者部吏，皆得救之。'此爲里部之部吏。今按：'吏部'亦見嶽麓書院秦簡0993（陳松長2009B）。部有統轄義。'吏部'似猶'吏主'。"⑥

---

① 睡虎地秦墓竹簡整理小組編：《睡虎地秦墓竹簡》，釋文部分第22頁。
② 段玉裁：《説文解字注》，第1297頁。
③ 吳毓江：《墨子校注》，中華書局1993年版，第463頁。
④ 陳奇猷：《韓非子新校注》，上海古籍出版社2000年版，第784頁。
⑤ 睡虎地秦墓竹簡整理小組編：《睡虎地秦墓竹簡》，釋文部分第83頁。
⑥ 彭浩、劉樂賢等撰著：《秦簡牘合集·釋文注釋修訂本（壹）》，第164頁。

按,"吏部"和"部吏"不存在睡虎地秦簡整理小組注所謂誤倒的關係,"吏部"強調的是管轄範圍,"部吏"強調的是負責官吏,是兩回事。嶽麓簡此處"吏部"實爲"吏部主者"的省稱。"吏部主者"見於張家山漢簡《二年律令》簡144—145《捕律》:"盜賊發,士吏、求盜部者,及令、丞、尉弗覺智(知),士吏、求盜皆以卒戍邊二歲,令、丞、尉罰金各四兩。令、丞、尉能先覺智(知),求捕其盜賊,及自劾,論吏部主者,除令、丞、尉罰。"簡147《捕律》:"□□□□發及鬬殺人而不得,官嗇夫、士吏、吏部主者,罰金各二兩,尉、尉史各一兩。""吏部主者"有時又作"吏部主"。張家山漢簡《二年律令》簡74《盜律》:"盜出財物于邊關徼,及吏部主智(知)而出者,皆與盜同法;弗智(知),罰金四兩。"整理小組注:"'部主',該管其事。《晉書·刑法志》:'張湯、趙禹始作監臨、部主、見知、故縱之例。'"[①]

睡虎地秦簡《田律》"田嗇夫、部佐謹禁御之",其中所謂的"部佐",或許就是嶽麓簡《田律》的"吏、吏部"另一個版本的表達。也就是說,在睡虎地秦簡的時代,《田律》這條内容有可能就是"(士)吏、吏部",而抄手抄寫時據己意而擅自抄作"部佐"。

簡文大意

黔首在田舍中居住時,不得買酒,不遵從法令者處以遷刑。田嗇夫、士吏、吏部主者没有覺察,貲罰各二甲,令、丞、令史貲罰各一甲。

簡1402(116)

  金布律曰:諸亡縣官器者[1],必獄治[2];臧(贓)不盈百廿錢,其官自治[3],勿獄116。

【1】諸亡縣官器者

[疏證]

縣官器,睡虎地秦簡作"公器"。睡虎地秦簡《秦律十八種》簡77—79《金布律》:"百姓叚(假)公器及有責(債)未賞(償),其日踐以收責之,而弗收責,其人死亡;及隸臣妾有亡公器、畜生者,以其日月減其衣食,毋過三分取一,其所亡衆,計之,終歲衣食不踐以稍賞(償),令居之,其弗令居之,其人【死】亡,令其官嗇夫及吏主者代賞(償)之。"睡虎地秦簡《金布律》的記載似乎表明,當時丢失公家器物,以行政處罰爲主。而嶽麓簡對於超過百廿錢公器亡失者交由司法機關處理,則似乎已進入刑事處罰範圍。但張

---

① 張家山二四七號漢墓竹簡整理小組:《張家山漢墓竹簡〔二四七號墓〕》(釋文修訂本),第19頁。

家山漢簡《二年律令》的記載表明,漢初亡失縣官財物,仍是以行政處罰爲主。《二年律令》簡434《金布律》:"亡、毀、傷縣官器財物,令以平賈(價)償。入毀傷縣官,賈(價)以減償。"因此,對於嶽麓簡的記載,我們還應進一步研究。

【2】獄治

[整理小組注]

獄治,以掌治獄的官署治其罪,異於下文"其官自治"的處理方式。《漢書・賈誼傳》:"人有告勃謀反,逮繫長安獄治。"①

[疏證]

"獄治"之後,整理小組原標點爲逗號,今改爲分號。"獄治"與"其官自治"分別指兩類案件,屬於並列關係。嶽麓秦簡的這條律令意思是説,丟失縣官器者,價值在一百二十錢以下的,由相關部門自行處理,實際上相當於接受本部門內部的行政處罰;價值在百二十錢及以上者,將受到刑事處罰。這是值得注意的,它與《周禮》中的處罰方式有點相似。《周禮》中經常説"附於刑者歸於士",就是説,如過不觸犯刑律,則由各級行政部門處理,一旦觸犯刑律,則移交司法機關處理。比如《周禮・地官・大司徒》:"凡萬民之不服教而有獄訟者,與有地治者聽而斷之;其附於刑者歸於士。"就是説萬民發生糾紛的,一般情況下由地方各級行政機關,即"有地治者"處理,如果觸犯刑律,則"附於刑",即移交司法機關處理,也就是所謂的"歸於士"了。又如《周禮・地官・媒氏》:"凡男女之陰訟,聽之於勝國之社;其附於刑者,歸之於士。"男女婚姻方面的糾紛,一般情況下由媒氏在勝國之社處理,但如觸犯了刑律,則交給士處理。又如《周禮・地官・司市》:"市刑:小刑憲罰,中刑徇罰,大刑撲罰,其附於刑者歸於士。"違反市場管理制度的,司市可根據情節處以憲罰、徇罰或者撲罰,這都是市場管理部門有權作出的行政處罰,一旦觸犯刑律,也要"歸於士",由司法部門處理。李力把"獄治"解釋爲"將某人逮捕入獄調查後審理(處理)其案件(或治其罪)",亦通。②

【3】其官自治

[疏證]

其官自治,各級行政機關本部門內部自行處理。這在《周禮》中稱爲"官刑"。《周禮・天官・宰夫》:"凡失財用、物辟名者,以官刑詔冢宰而誅之。"説的是在工作中出現問題的,要按照本部門的規章制度進行處罰。鄭玄注:"官刑,在《司寇》五刑第四者。"③ 這裏的"《司寇》五刑"指的是野刑、軍刑、鄉刑、官刑、國刑,其中官刑的作用是"上能糾職",是一種行政處罰,針對的就是行政工作中的錯誤或失誤。

---

① 陳松長主編:《嶽麓書院藏秦簡(肆)》,第163頁。
② 李力:《嶽麓秦簡(肆)〈金布律〉讀記(一)——關於1402簡釋文與注釋的討論》,中國文化遺産研究院編:《出土文獻研究》第17輯,中西書局2018年版,第135頁。
③ 孫詒讓:《周禮正義》,第1分冊,第243頁。

簡文大意

《金布律》規定：丟失縣官器物者，必須抓起來移交司法機關治罪；但如果丟失器物的價值在一百二十錢以下，由各部門自行處理，不必移交司法機關。

簡1286(117)

●金布律曰：有買及賣[1]殹(也)，各嬰[2]其賈(價)，小物不能各[3]一錢者，勿嬰117。

【1】有買及賣

[疏證]

睡虎地秦簡《秦律十八種》簡69《金布律》有相同的内容。不過，睡虎地秦簡《金布律》的律名位於簡文末尾。另外，"賣"亦作"買"，睡虎地秦簡整理小組把第一個"買"字解釋爲"賣"，作"有買(賣)及買"，現在從嶽麓秦簡《金布律》律文來看，或許應把睡虎地秦簡《金布律》的第二個"買"字解釋作"賣"，即"有買及買(賣)"。

【2】嬰

[整理小組注]

嬰：繫也。《荀子·富國》："辟之，是猶使處女嬰寶珠，佩寶玉，負戴黄金，而遇中山之盜也。"楊倞注："嬰，繫於頸也。""嬰其賈"，指在貨物上繫籤標明價格。①

[疏證]

睡虎地秦簡整理小組注："嬰，繫。嬰其價，指在貨物上繫籤標明價格。《周禮·典婦功》等條有'比其小大而賈(價)之，物書而楬之'，'以其賈(價)楬而藏之'，都是用木籤記出價格。"②

【3】各

[疏證]

各，至也。清徐灝《説文解字注箋·口部》："各，古格字，故從夊。夊有至義，亦有止義，格訓爲至，亦訓爲止矣。"

---

① 陳松長主編：《嶽麓書院藏秦簡(肆)》，第163頁。
② 睡虎地秦墓竹簡整理小組編：《睡虎地秦墓竹簡》，釋文部分第37頁。

簡文大意

《金布律》規定：有商品買賣的時候，商品上要用木簽標明價格，價值不足一錢的，就不用標明價格了。

簡1287+1230+1280（118—120）

●金布律曰：出户賦者[1]，自泰庶長[2]以下，十月户出芻一石十五斤；五月户出十六錢，其欲出布者，許 118 之[3]。十月户賦，以十二月朔日入之，五月户賦，以六月望日入之，歲輸泰守[4]。十月户賦不入芻而入錢[5] 119者，入十六錢。吏先爲?印，斂，毋令典、老[6]挾[7]户賦錢 120。

【1】户賦

[疏證]

"户賦"在出土秦漢簡中已見於睡虎地秦簡、里耶秦簡和張家山漢簡等。睡虎地秦簡《法律答問》簡165："可（何）謂'匿户'及'敖童弗傅'？匿户，弗繇（徭）、使，弗令出户賦之謂殹（也）。"里耶秦簡8-518："卅四年，啓陵鄉見户、當出户賦者志：☐見户廿八户，當出繭十斤八兩。"張家山漢簡《二年律令》簡255《田律》："卿以下，五月户出賦十六錢，十月户出芻一石，足其縣用，餘以入頃芻律入錢。"《二年律令》簡429—430《金布律》："租、質、户賦、園池入錢，縣道官勿敢擅用，三月壹上見金、錢數二千石官，二千石官上丞相、御史。"學者們對此多有研究。如：高敏認爲，户賦是把按人頭徵收的口錢、算賦的賦税改爲按户出税，把按頃畝入芻的芻税改爲按户徵收。① 張榮强則認爲，漢代的户賦指一般庶民繳納的丁口之賦或其他雜賦，實際上就是一户内所納諸賦的集合。② 現在從新出簡牘資料來看，秦漢時期每户户賦的繳納數額是等額的，看不出與户内人口、財産等因素的關係。③ 户賦繳納時間、内容及數量，嶽麓簡的規定與張家山漢簡比較接近，都是分五月、十月兩次繳納，其中五月户出賦十六錢，秦漢相同；十月秦出芻一石十五斤，漢出芻一石，略有差異。但實際上賦税繳納時，會比較靈活，從律令的規定可以互相折合，就可以看出來繳納金錢更受歡迎，里耶秦簡"廿八户當出繭十斤八兩"也是

---

① 高敏：《關於漢代有"户賦""質錢"及各種礦産税的新證——讀〈張家山漢墓竹簡〉》，《史學月刊》2003年第4期。
② 張榮强：《吴簡中的"户品"問題》，北京吴簡研討班編：《吴簡研究》第1輯，崇文書局2004年版。
③ 鄔文玲：《里耶秦簡所見"户賦"及相關問題瑣議》，武漢大學簡帛研究中心主辦：《簡帛》第8輯，上海古籍出版社2013年版，第217頁。

當時户賦的一種繳納方式。

【2】泰庶長

[整理小組注]

泰庶長：即大庶長，秦爵第十八級。①

[疏證]

張家山漢簡《二年律令》簡255《田律》："卿以下，五月户出賦十六錢，十月户出芻一石，足其縣用，餘以入頃芻律入錢。"周海鋒、齊繼偉等認爲，漢律的規定應當是繼承了嶽麓秦簡《金布律》這樣的秦制。漢律的"卿以下"相當於秦律的"泰庶長以下"。② 這個論斷是正確的，當然漢律的規定與秦律相比也存在着本身的特點，但大原則相差不遠。

【3】其欲出布者，許之

[疏證]

這一點表明，嶽麓秦簡的時代與睡虎地秦簡相近，仍保留着錢、布並行的貨幣制度。睡虎地秦簡《秦律十八種》簡66—67《金布律》："布袤八尺，福（幅）廣二尺五寸，布惡，其廣袤不如式者，不行。錢十一當一布，其出入錢以當金、布，以律。賈市居列者及官府之吏，毋敢擇行錢、布，擇行錢、布者，列伍長弗告，吏循之不謹，皆有罪。"從嶽麓秦簡的表述來看，户賦的繳納也是以金錢繳納爲主了，所以把户賦又稱爲"户賦錢"。在户賦由縣上繳到郡的時間上，嶽麓簡規定"歲輸泰守"，而張家山漢簡規定"三月壹上見金、錢數二千石官"，二者還是有點區別的。

【4】歲輸泰守

[整理小組注]

泰守：即太守，郡守。③

[疏證]

陳松長、周海鋒、沈剛等據此認爲，秦代縣道每年稅收都要輸送到郡守處，然後再由郡轉送到中央財政。④ 但律文的記載可能只是原則上的規定，具體情況也許要複雜一些。廖伯源通過漢簡的記載認爲，漢代"縣政府徵收賦稅後，上繳朝廷之部份藏於本縣之倉庫，候朝廷郡府之命令，遣吏直接輸送到京師之都内或指定之地點；並非先送郡府，

---

① 陳松長主編：《嶽麓書院藏秦簡（肆）》，第163頁。
② 周海鋒：《嶽麓書院藏秦簡〈金布律〉研究》，鄔文玲主編：《簡帛研究》二〇一七春夏卷廣西師範大學出版社2017年版。齊繼偉：《秦漢賦役制度叢考》，湖南大學2019年博士學位論文，第28頁。
③ 陳松長主編：《嶽麓書院藏秦簡（肆）》，第163頁。
④ 陳松長：《秦代"户賦"新證》，《湖南大學學報（社會科學版）》2016年第4期，第8頁。周海鋒：《嶽麓書院藏秦簡〈金布律〉研究》，鄔文玲主編：《簡帛研究》二〇一七春夏卷，第183頁。沈剛：《簡牘所見秦代縣級財政管理問題探討》，《中國經濟史研究》2019年第1期，第65頁。

由郡集中再轉上朝廷"。"按各縣之盈餘,存於本縣之倉庫,待朝廷郡府之徵調。朝廷以運輸費昂,爲免來回輸送,不令錢貨集於京師,而使分藏於徵收之縣邑,俟使用之數額及地點確定,乃令鄰近目的地之郡縣解送,故各縣之錢貨上繳中央,非每年皆須輸送。而郡府若無須使用,亦不令各縣之盈餘集中郡府所在,蓋日後使用此錢物之地點尚不知,先運輸集中,不免有來回搬運,浪費之失。"① 當然,所謂漢承秦制,並非所有制度都是原封不動的繼承,很多情況下是有選擇性地繼承,在繼承中又有變化。因此,秦代地方稅收的具體處置辦法,也許還值得進一步研究。

【5】户賦不入芻而入錢

[疏證]

每年芻稾稅的實物徵收達到一定數量後,官府會要求後繳的百姓改爲貨幣繳納。張家山漢簡《二年律令》簡240—241《田律》:"收入芻稾,縣各度一歲用芻稾,足其縣用,其餘令頃入五十五錢以當芻稾。芻一石當十五錢,稾一石當五錢。"可參考。

【6】典、老

[整理小組注]

典、老:指里典和里父老。里父老:見《居延漢簡甲乙編》45·1:"東利里父老夏聖等教數。"《漢書·食貨志》:"二千石遣令長、三老、力田及里父老善田者受田器。"②

[疏證]

典、老作爲最基層地域組織的行政負責人,也是國家徵發賦稅徭役的最直接的組織者。户賦錢的徵收都是經他們的手而上交到鄉或者縣里的。不過賦稅的徵收有一個過程,不可能一下子全部收齊。法律要求典、老把收到的户賦錢及時上繳到上級(鄉或者縣),不在自己手里保存。《居延漢簡釋文合校》45·1:"熒陽秋賦錢五千。東利里父老夏聖等教數。西鄉守有秩志臣、佐順、臨。……親具。"526·1:"秋賦錢五千。……里父老……正安撐數□。鄉嗇夫京、佐吉受。"可參看。所謂"十月户賦,以十二月朔日入之,五月户賦,以六月望日入之",十二月朔日、六月望日可能是黔首上繳户賦的最後期限,或者由鄉統一上繳到縣或由縣統一上繳到郡的日子。

【7】挾

[整理小組注]

挾:持也,藏也。《漢書·惠帝紀》:"省法令妨吏民者,除挾書律。"顏師古注引應劭曰:"挾,藏也。"③

---

① 廖伯源:《簡牘與制度:尹灣漢墓簡牘官文書考證》(增訂版),廣西師範大學出版社2005年版,第184、191頁。
② 陳松長主編:《嶽麓書院藏秦簡(肆)》,第163頁。
③ 同上注。

簡文大意

《金布律》説：繳納户賦者，自泰庶長以下，十月份每户繳納芻一石十五斤；五月份每户繳納十六錢，如果想繳納布者，是可以的。十月份繳納的户賦，截止到十二月朔日繳納完畢，五月份繳納的户賦，以六月望日繳納完畢，每年統一上繳到泰守府。十月份的户賦不繳納芻而繳納錢者，每户繳納十六錢。……收集起來，不要讓典、老保存户賦錢。

簡1411+1399+1403（121−123）

●金布律曰[1]：官府爲作務[2]、市受錢，及受齎[3]、租[4]、質[5]、它稍入錢[6]，皆官爲缿，謹爲缿空（孔），叟（須）[7]毋令錢 121 能出，以令若丞印封缿而入，與入錢者叄辨券之[8]，輒入錢缿中，令入錢者見其入。月壹輸 122 缿錢，及上券中辨其縣廷，月未盡而缿盈者，輒輸之，不如律 ∟，貲一甲 123。

【1】金布律曰

[疏證]

嶽麓簡《金布律》這條規定的主要內容，還見於睡虎地秦簡《關市律》和張家山漢簡《二年律令·金布律》，三者内容大同小異，相互比較，對於我們研究秦漢之際的法律傳承是很有幫助的。

睡虎地秦簡《秦律十八種》簡97《關市律》："爲作務及官府市，受錢必輒入其錢缿中，令市者見其入，不從令者貲一甲。"此簡歸屬，學界見解不同。睡虎地秦簡整理小組注："關市，官名，見《韓非子·外儲説左上》，管理關和市的税收等事務。《通鑑·周紀四》胡注認爲關市即《周禮》的司關、司市，'戰國之時合爲一官'。此處關市律係關於關市職務的法律。"[1] 張家山漢簡《二年律令》簡429−432《金布律》："官爲作務、市及受租、質錢，皆爲缿，封以令、丞印而入，與參辨券之，輒入錢缿中，上中辨其廷。質者勿與券。租、質、户賦、園池入錢縣道官，勿敢擅用，三月壹上見金、錢數二千石官，二千石官上丞相、御史。"（列表比較如下）：

---

[1] 睡虎地秦墓竹簡整理小組：《睡虎地秦墓竹簡》，釋文部分第42−43頁。

	①	②	③	④	⑤	⑥
睡虎地秦簡《關市律》	爲作務及官府市	受錢		必輒入其錢缿中,令市者見其入		不從令者貲一甲
嶽麓秦簡《金布律》	官府爲作務、市	受錢,及受齎、租、質、它稍入錢	皆官爲缿	謹爲缿空(孔),嬰毋令錢能出,以令若丞印封缿而入,與入錢者參辨券之,輒入錢缿中,令入錢者見其入	月壹輸缿錢,及上券中辨其縣廷,月未盡而缿盈者,輒輸之	不如律,貲一甲
張家山漢簡《金布律》	官爲作務、市	受租、質錢	皆爲缿	封以令、丞印而入,與參辨券之,輒入錢缿中	上中辨其廷。質者勿與券。租、質、戶賦、園池入錢縣道官,勿敢擅用,三月壹上見金、錢數二千石官,二千石官上丞相、御史	

　　相比較之下可以看出,嶽麓秦簡《金布律》、睡虎地秦簡《關市律》及張家山漢簡《金布律》關於貨幣收入管理這項內容的規定大致相同,其中嶽麓簡的記載可以說最爲詳細,睡虎地簡的記載最爲簡略。六項比較中,第①項,嶽麓簡與張家山漢簡的表述極爲相近,前者"官府爲作務、市"與後者"官爲作務、市"僅一字之差,都顯得比較規範,而睡虎地秦簡"爲作務及官府市"的表述,則顯得比較隨意。第②項,嶽麓簡爲"受錢,及受齎、租、質、它稍入錢",詳細列舉了"受錢"的種類,張家山漢簡列舉了其中的兩種"受租、質錢",而睡虎地秦簡則僅以"受錢"二字概括。第③項,嶽麓簡說"皆官爲缿",張家山漢簡省略"官"字,作"皆爲缿",睡虎地秦簡則省略此項,徑直在第④項中說"必輒入其錢缿中",那麼存在錢缿這一事實就很清楚了,同理,錢缿由官府所置也是不言自明的。第④項中,嶽麓簡詳細說明了錢缿的特點及使用管理程序,張家山漢簡的表述次之,沒有像嶽麓簡那樣介紹錢缿"能入不能出"的特點,但還是說明了入錢於缿和給入錢者發放三辨券的規定。睡虎地秦簡的表述仍然是簡明扼要,提到一是官方收錢,要"必輒入其錢缿中",二是要"令市者見其入"。第⑤項則是提到錢缿中錢的去向問題,嶽麓簡與張家山漢簡的記載互有詳略,兼有不同。張家山漢簡在這一項中詳細記載了錢缿中錢的種類,與嶽麓簡第②項所述基本相同,但張家山漢簡"三月壹上見金、錢數二千石官"的規定,與嶽麓簡"月壹輸缿錢"的記載,則存在明顯的差異。睡虎地秦簡則沒有發現對於錢缿中錢的去向的規定,如果排除資料闕如的可能性,那麼就和抄錄者的目的有關,也就是說也許抄錄者只想說明官府在買賣交易時如何受錢這一行爲,至於收入款項的去向,並不是他想要說明的重點,所以就略去了。第⑥項則是對違反受錢程序

的處罰,張家山漢簡在此項闕如,嶽麓簡記載爲"不如律,貲一甲",睡虎地秦簡則表述爲"不從令者貲一甲",相比之下還是嶽麓簡此處的表述比較規範,因爲這一條屬於"金布律",當然說"不如律如何如何"更嚴謹,而睡虎地秦簡說"不如令"顯然不是嚴謹的表述。

不過,我們仔細搜集了《嶽麓肆》所收簡文在類似情況下的表述,發現其中說"不如律"或"不從律"的情況較少,除簡1403(123)外,還有簡1299(184):"戍律曰:戍者月更。君子守官四旬以上爲除戍一更。遣戍,同居毋並行。不從律,貲二甲。"而談到律的規定時說"不如令"或"不從令"就要被如何如何的情況更爲多見。比如:簡1224(173):"田律曰:毋令租者自收入租,入租貲者不給,令它官吏助之。不如令,官嗇夫、吏貲各二甲。"簡1409(139):"尉卒律曰:縣尉治事,毋敢令史獨治,必尉及士吏與,身臨之,不從令者,貲一甲。"簡1377(196):"行書律曰:毋敢令年未盈十四歲者行縣官恒書,不從令者,貲一甲。"簡1265(243):"關市律曰:縣官有賣買殹(也),必令令史監,不從令者,貲一甲。"簡1305+1355(253—254):"䌛(徭)律曰:發䌛(徭),自不更以下䌛(徭)戍,自一日以上盡券書,及署于牒,將陽倍(背)事者亦署之,不從令及䌛(徭)不當券書,券書之,貲鄉嗇夫、吏主者各一甲,丞、令、令史各一盾。"簡0994(280):"田律曰:黔首居田舍者毋敢酤〈酤(酤)〉酒,不從令者遷(遷)之,田嗇夫、士吏、吏部弗得,貲二甲。第乙。"《嶽麓肆》中還有幾處雖然內容連貫,但因爲"律曰"與"不從令"不在同一支簡上,爲穩妥起見,此處未列。由此可以看出,儘管當時律、令從法律意義上而言灼然有別,但在一些特定語境的表述中,"律""令"二字仍然混用。

除了第⑤項比較可能存在制度性變化之外,其餘五項的不同都可以歸屬於內容詳略的變化,而不一定是制度性的不同。也就是說,這種差別很有可能是抄手在抄寫時所做的有意或無意的改變,而不是官方律文發生了變化。

在第⑤項的比較中,嶽麓簡的規定是每月上繳一次錢缿中的現金,張家山漢簡說的則是每三月上報一次現金錢數,初看之下似乎存在明顯的變化。但仔細琢磨,還存在不少疑問。嶽麓簡提到"月壹輸缿錢"時,下句是"及上券中辨其縣廷",則每月一次的缿錢的輸送對象究竟是縣廷,還是郡或中央,都有可能;而張家山漢簡說的每三月一次上報現金錢數的對象則是郡以及丞相、御史。二者是不一樣的。也許在嶽麓簡的制度中,每月把現金輸送到縣廷之後,縣廷則每三月向郡匯報一次。

我們推測三者之間的不同,除了制度變化而導致律文詳略變化之外,抄手抄錄時的態度可能會產生更大的作用。

《釋文注釋修訂本(壹)》注:"陳松長(2010)據嶽麓書院藏秦簡金布律推斷:睡虎地秦簡《關市律》實際就是《金布律》。簡後署爲'關市',很可能是抄寫者所根據的底本有誤,或者抄寫者本身誤抄所致。陳偉(2012):在秦律中,'入錢缿中'律可能同時出現於《關市》《金布》二律而各有側重。"[①]兩位先生的推斷都是有可能的,在沒有進一步

---

① 彭浩、劉樂賢等撰著:《秦簡牘合集·釋文注釋修訂本(壹)》,第98頁。

材料印證的情況下,我們暫且按照陳偉先生的意見處理。

【2】爲作務

[疏證]

張伯元認爲,睡虎地秦簡《秦律十八種·關市律》"爲作務及官府市"及張家山漢簡《二年律令·金布律》"官爲作務、市"中的"作務",指的都是"以官府的名義對外作務","因此就有受錢入缿的事"。① 以官府的名義對外作務而收取報酬,實際上就是官府對外出租勞動力。陳偉認爲,嶽麓秦簡《金布律》此處的"爲作務",亦當如是解。②

此前睡虎地秦墓竹簡整理小組對"作務"的解釋就是按照手工業來的,但在譯文中説得比較模糊,譯爲"從事手工業和爲官府出售產品,收錢時必須立即把錢投進錢缿中",從事手工業如何收錢,就没説清楚,③當然這在譯文中解釋也不合適。如果手工業者在官府作坊中生產出產品再出售,④那不還是屬於爲"官府市"了嗎,没有必要在律文中再重複一遍。因此以手工業者出售產品來解釋因"作務"收錢,是説不通的。他們在此出售的就是直接的勞動力,是僱傭勞動,而不是勞動力物化之後的商品。官府出租所控制的徒隸以牟利,在秦簡,尤其是嶽麓秦簡中並不少見,因此當以出租勞動力來解釋睡虎地秦簡和嶽麓簡的"官府爲作務"最合適。

【3】齎

[整理小組注]

齎:齎錢,指因損害公家財物後照價賠償的錢。⑤

[疏證]

睡虎地秦簡中有"齎錢",還有"齎律",二者都出現在損壞公物或損傷他人而進行賠償的場合。《秦律十八種》簡102—103《工律》:"公甲兵各以其官名刻久之,其不可刻久者,以丹若鬃書之。其叚(假)百姓甲兵,必書其久,受以久。入叚(假)而而毋(無)久及非其官之久也,皆没入公,以齎律責之。"整理小組注:"齎,通資字,資財。《齎律》當爲關於財物的法律。"⑥《秦律十八種》簡104—107《工律》:"公器官□久,久之。不可久者,以鬃久之。其或叚(假)公器,歸之,久必乃受之。敝而糞者,靡蚩其久。官輒告叚(假)器者曰:器敝久恐靡者,遝其未靡,謁更其久。其久靡不可智(知)者,令齎賞(償)。"《秦律十八種》簡177《效律》:"效公器贏、不備,以齎律論及

---

① 張伯元:《出土法律文獻研究》,商務印書館2005年版,第303頁。
② 陳偉:《秦簡牘校讀及所見制度考察》,第194頁。
③ 睡虎地秦墓竹簡整理小組:《睡虎地秦墓竹簡》,第42—43頁。
④ 陸德富:《戰國時期地方官營手工業中的商品生產》,《中國經濟史研究》2011年第3期。李力:《秦漢簡〈關市律〉〈金布律〉解讀之若干問題辨析》,中國文化遺產研究院編:《出土文獻研究》第15輯,中西書局2016年版。
⑤ 陳松長主編:《嶽麓書院藏秦簡(肆)》,第164頁。
⑥ 睡虎地秦墓竹簡整理小組編:《睡虎地秦墓竹簡》,釋文部分第44頁。

賞（償），毋齎者乃直（值）之。"整理小組注："毋齎者，據簡文應指《齎律》没有規定錢數。值，估價。"①《法律答問》簡90："'邦客與主人鬭，以兵刃、投（殳）梃、拳指傷人，擊以布。'可（何）謂'擊'？擊布入公，如貲布，入齎錢如律。"整理小組注："齎，通資。"②

　　學術界對於秦律中的"齎"，還有多家討論。栗勁説："齎，聯繋到律文，則還有索取和賠償財物的意思。齎律當爲財務往來的法律。"③吴樹平説："《齎律》之名凡三見，一見於《工律》律文，兩見《效律》律文。《周禮·天官·典婦功職》云：'掌婦式之法以授嬪婦及内人女功之事齎。'鄭玄注：'謂以女功之事來取絲枲，故書"齎"爲"資"。杜子春讀爲"資"。'《釋文》：'"齎"音諮，本亦作"資"。'是'齎'與'資'同。顧名思義，《齎律》即有關物資管理的法律。《工律》云：'……其叚（假）百姓甲兵，必書其久，受之以久。入叚（假）而而毋（無）久及非其官之久也，皆没入公，以《齎律》責之。'《效律》云：'效公器贏、不備，以《齎律》論及賞（償），毋齎者乃直（值）之。'此條律文《效律》中重複出現兩次。從《工律》《效律》律文與《齎律》的比類來看，《齎律》所列確實是國家物資管理的法規，與《工律》《效律》的原則是相通的。"④彭浩説："《齎律》大多與《效律》有關，而《效律》是核驗府庫資產的法律。由此可以推斷，《齎律》的主要内容應是記録府庫内各類公物（或"公器"）的價值，也可稱作法定價值。"⑤王惠説："《齎律》是關於規定携帶、保管、償還、給付財物應如數齊全的一篇秦律，並設有主管的職官。在漢律中，平價制的出現代替了由秦《齎律》規定數額的制度。"⑥

　　案：栗勁等諸家的解釋都是根據睡虎地秦簡的記載做出的推測，含義有點擴大化，相比而言，嶽麓簡整理小組的解釋就事論事，還是比較合適的。齎錢在睡虎地秦簡中出現的場合多是賠償的情况，但"齎律"本身是不是一項專門的法律，目前並没有過硬的根據，因爲在秦漢律中還存在把針對某一類情况的相關律文稱爲"某某律"的現象，如把有關奴婢的法律稱爲"奴婢律"，把藏匿罪人的法律條文稱爲"匿罪人律"，等等，其實這些律文都散見於多項法律之中。⑦這種情况不得不考慮。

【4】租

[疏證]

　　租，租錢。這裏的租錢，不僅包括市租，可能還包括礦業租金，乃至田租中的貨幣

---

① 睡虎地秦墓竹簡整理小組編：《睡虎地秦墓竹簡》，釋文部分第59頁。
② 同上注，釋文部分第114頁。
③ 栗勁：《秦律通論》，山東人民出版社1985年版，第418—419頁。
④ 吴樹平：《秦漢文獻研究》，齊魯書社1988年版，第71—72頁。
⑤ 彭浩：《睡虎地秦簡"王室祠"與〈齎律〉考辨》，武漢大學簡帛研究中心主辦：《簡帛》第1輯，上海古籍出版社2006年版。
⑥ 王惠：《秦簡律目衡微》，2009年華東政法大學碩士學位論文，第39頁。
⑦ 朱紅林：《再論睡虎地秦簡中的"齎律"》，霍存福、吕麗主編：《中國法律傳統與法律精神》，山東人民出版社2010年版，第585—593頁。

部分。張家山漢簡《二年律令》簡240—241《田律》:"入頃芻稾,頃入芻三石;上郡地惡,頃入二石;稾皆二石。令各入其歲所有,毋入陳,不從令者罰黃金四兩。收入芻稾,縣各度一歲用芻稾,足其縣用,其餘令頃入五十五錢以當芻稾。芻一石當十五錢,稾一石當五錢。芻稾節貴於律,以入芻稾時平賈(價)入錢。"可以看出,芻稾稅可以用錢繳納。在一定情況下,作爲粟米的田租用錢繳納,也是可能的。張家山漢簡《二年律令》簡436—438《金布律》:"諸爲私鹵(鹵)鹽,煮濟、漢,及爲私鹽井煮者,稅之,縣官取一,主取五。采銀租之。縣官給橐(橐),□十三斗爲一石,□石縣官稅□三斤。其□也,牢橐,石三錢。租其出金,稅二錢。租賣穴者,十錢稅一。采鐵者五稅一;其鼓銷以爲成器,有(又)五稅一。采鉛者十稅一。采金者租之,人日十五分銖二。"這是礦產租金以錢繳納的例子。

【5】質

[整理小組注]

質:質錢,指官府爲大型交易提供質劑而收取的稅錢。[①]

[疏證]

質錢,嶽麓簡1300—1301(200—201):"黔首賣奴卑(婢)、馬牛及買者,各出廿二錢以質市亭。"這裏買賣雙方都要向市亭繳納的廿二錢就屬於質錢,作爲市亭爲該項交易提供公正手續,也就是所謂質劑的費用。里耶秦簡8-2226背+8-2227正:"□買鐵銅,租質入錢,賒賣隃(逾)歲,買請銅錫。"陳偉等曰:"質,張家山漢簡整理小組注釋説:'抵押。'今按:《周禮·地官·質人》云:'掌成市之貨賄、人民、牛馬、兵器、珍異。凡賣儥者質劑焉,大市以質,小市以劑。'又《廛人》云:'廛人掌斂市絘布、總布、質布、罰布、廛布,而入於泉府。'鄭玄注:'質布者,質人之所罰犯質劑者之泉也。'孫詒讓正義:'王與之云:"質布,質人所稅質劑者之布也。質人賣儥之質劑,如今田宅,官給券以收稅,謂之質布。"江永云:"罰則當入罰布,何爲別名質布,此即償質劑之布也。古未有紙,大券小券當以帛爲之,交易以給買者,而賣者亦藏其半。質劑蓋官作之,其上當有璽印,是以量取買賣之泉以償其費,猶後世契紙有錢也。"按王、江説是也。'簡文質錢與租錢並列,似應理解爲官府爲大型交易提供質劑而收取的稅金。"[②]

【6】它稍入錢

[整理小組注]

稍入錢,在出土秦漢簡帛文獻中,是秦漢時期的一種地方財政收入。[③]

[疏證]

稍入錢,于豪亮説:"一四一四簡:'……謹移稍入錢。'稍入,官吏禄稟之所入也。

---

① 陳松長主編:《嶽麓書院藏秦簡(肆)》,第164頁。
② 陳偉主編:《里耶秦簡牘校釋(第1卷)》,第447—448頁。
③ 陳松長主編:《嶽麓書院藏秦簡(肆)》,第164頁。

《周禮·內宰》云：'內宰，掌書版圖之法，以治主內之政令，均其稍食，分其人民以居之。'鄭注：'稍食，吏祿稟也。'賈疏：'謂宿衛王宮者以米稟為祿之月奉。'又同書《掌客》云：'賓客有喪，惟芻稍之受。'鄭注：'稍，人稟也。'賈疏：'云受芻稍之受者。君行師從，卿行旅從，須得資給，故受芻稍也。'又云：'云稍人稟也者，師從旅從須給稍，即月稟是也。'故簡文所說的稍入錢，即月稟所入之錢。"[1]陳偉曰："'稍入錢'或'稍入'，亦見於新舊居延漢簡。《居延漢簡》269·10A（甲1414A）記有'肩水候甲戌置左博敢言之謹移稍入□'。最後一字殘，陳直先生釋為'錢'，認為《周禮·內宰》'均其稍食'，鄭注'吏祿廩也'。又《大府》'以待稍秣'，鄭注'芻秣也'，本簡則指吏祿而言。于豪亮先生引述更多的《周禮》文字和注疏，認為簡文所說的稍入錢，即月廩所入之錢。《居延新簡》EPT54·22記有'□□出稍入錢市社具□'，EPT5·124B記有'□□稍入錢出入簿'。"[2]孫占宇說："按，'稍入'，亦可指官府所收田租。《史記·河渠書》：'數歲，河移徙，渠不利，則田者不能償種。久之，河東渠田廢，予越人，令少府以為稍入。'《集解》如淳曰：'時越人有徙者，以田與之，其租稅入少府。'《索隱》：'其田既薄，越人徙居者習水利，故與之，而稍少其稅，入之於少府。'《漢書·溝洫志》同條，顏師古注：'越人習於水田，又漸至，未有業，故與之也。稍，漸也。其入未多，故謂之稍也。'"[3]案：于豪亮、陳直等先生把居延簡中的稍入錢解釋為吏祿的觀點是值得商榷的。這兩位先生都引用了《周禮》及鄭玄注，但"稍食"一詞在《周禮》中指的是一項財政支出的內容，鄭玄解釋為吏祿，也是按照財政支出的範疇解釋的，而居延簡中的"稍入錢"則屬於財政收入項，兩者不是一回事。因此以《周禮》及鄭注來解釋居延簡"稍入錢"是不合適的。所以，孫占宇關於居延簡"稍入錢"的解釋在方向上是正確的。同理，嶽麓簡"稍入錢"亦當如是解。嶽麓簡整理小組的注釋也是正確的。

不過，嶽麓秦簡把"稍入錢"理解為"一種地方財政收入"只是一種籠統的說法，很明顯並沒有解決實際問題。孫占宇說"可指官府所收田租"，從上下文義來看，指的是一種特殊情況，那部分微薄的田租收入被歸入"稍入"的財務分項中，並不能反過來說"稍入錢"就一定是指田租。李力綜合各家說，認為"'稍入'一詞當為逐漸收入、定期（或按月）繳入之意。'稍入錢'即'漸入之錢'，是秦漢政府每月定期收入的款項"。[4]這一認識是很有道理的。但筆者認為還可以進一步修正，"稍"有"小"意，理解為"漸"，也是從"小"引申出的，"稍入"就是小的收入，作為一個財務項目講時，就是各種小額收入的歸總。由於財務收入中一些收入份額非常小，單獨立為一項就會使分類過於繁瑣，財政上就把那些瑣碎的收入項統歸為"稍入"，所得款項就稱為"稍入錢"。它與大額專項收入是相對的。

---

[1] 于豪亮：《于豪亮學術文存》，中華書局1985年版，第238—239頁。按文中引《周禮·內宰》文"以治主內之政令"，"主"乃"王"之誤。
[2] 陳偉：《關於秦與漢初"入錢缿中"律的幾個問題》，《考古》2012年第8期。
[3] 孫占宇：《居延新簡集釋（一）》，甘肅文化出版社2016年版，第334頁。
[4] 李力：《關於秦漢簡牘所見"稍入錢"一詞的討論》，《國學學刊》2015年第4期，第104頁。

【7】叟(須)

[整理小組注]

叟：通"須"，要求。《廣韻·虞部》："須，意所欲也。"①

[疏證]

"須"作要求之義的用法，在《嶽麓肆》中還有一處，即簡0640（357）："縣恒以十月鄰牒，書署當賣及就食狀，須卒史、屬糞兵，取省以令，令案視。"整理小組注："須，必須。"② 其實就是"要求"的意思。

【8】叄辨券之

[疏證]

"叄辨券之"，即以叄辨券書之，"券"後脱"書"字。張家山漢簡《二年律令》簡334—335《户律》："民欲先令相分田宅、奴婢、財物，鄉部嗇夫身聽其令，皆參辨券書之，輒上如户籍。"可參證。③ 當然，"券"字在此也可以作動詞使用，作"書於券"講，如嶽麓簡1393（249）"券繇"例。

簡文大意

《金布律》規定：官府對外出租勞動力、出售商品而受錢，以及接受賠償金、租金、質錢、其他收入資金，都裝進官府製作的錢鈾中，設置鈾孔，使銅錢可入而不可出，加蓋縣令或縣丞的封印而入庫，付給入錢者三辨券，與錢同時投入錢鈾，令入錢者親眼看到。每月上繳一次鈾錢（到少内），三辨券的中辨收藏在縣廷，一月未盡而鈾中錢滿者，也要及時送往少内，不按法律執行者，貲罰一甲。

簡1289＋1288＋1233（124—126）

●金布律曰：市衛術[1]者，没入其賣殹（也）于縣官，吏循行[2]弗得，貲一循〈盾〉。縣官有賣殹（也），不用 124 此律┗。有販殹（也），旬以上必於市[3]，不者令續〈贖〉黿（遷），没入其所販及賈錢于縣官。典、老、伍人見及或[4]告[5]

---

① 陳松長主編：《嶽麓書院藏秦簡（肆）》，第164頁。
② 同上注。
③ 李力：《秦漢簡〈關市律〉〈金布律〉解讀之若干問題辨析》，中國文化遺産研究院編：《出土文獻研究》第15輯，第150頁、第171頁㊱注。

之₁₂₅而弗告[6],貲二甲。有能捕告贖毚(遷)皋[7]一人,購金一兩∟。賣瓦土殼〈瑴〉糞[8]者,得販賣室中舍中[9],租如律令₁₂₆。

【1】市衛術

[整理小組注]

衛術,大道。《睡虎地秦簡·法律答問》:"有賊殺傷人衛術,偕旁人不援,百步中比野,當貲二甲。"①

[疏證]

"市衛術者,没入其賣殹(也)于縣官",這條律令是禁止私人違法占道經營的規定。戰國秦漢時期,官方控制下的市場都是封閉性市場,其中規劃有序,商品攤位按商品種類分區管理,違犯規定者將受到處罰,當然更不會容忍在大街上叫賣的事情了。《周禮·地官·司市》:"以次敘分地而經市,以陳肆辨物而平市。"② "以次敘分地"就是市場内分區管理,"陳肆辨物"則是按商品類别,分類陳列。司市的手下有一系列市場管理人員,對市場内的經營進行嚴格管理。其中胥的職責爲:"各掌其所治之政,執鞭度而巡其前。掌其坐作出入之禁令,襲其不正者。凡有罪者,撻戮而罰之。"③ 所謂"不正者"就屬於市場上没有固定攤位的流動商販,這類行爲是被禁止的。《周禮》的記載可以反映戰國時期的市場管理狀況。不過,嶽麓簡的這條律令似乎禁止的不是市場上的情況,而是在市場之外的大街上叫賣的現象,而且强調的是十字路口之類交通要衝。下文說凡是十日以上的買賣活動都要在市場中進行,因此臨時的零星買賣並不都是在市場中進行的。這是符合實際生活狀況的。

【2】循行

[整理小組注]

循行:巡視,巡察。《漢書·文帝紀》:"二千石遣都吏循行。"④

[疏證]

循行,即循察。睡虎地秦簡《秦律十八種》簡68《金布律》:"賈市居列者及官府之吏,毋敢擇行錢、布;擇行錢、布者,列伍長弗告,吏循之不謹,皆有罪。"睡虎地秦簡整理小組注:"循,循察。"⑤ 從睡虎地秦簡的這條材料與嶽麓簡相比,這裏的"吏循行"似乎也是指市場官吏對於市場秩序的循察,强調市場經營要按部就班,各就各位,不能隨地擺攤,占道販賣。《周禮》司市的屬下就有一系列負責市場循察的官吏,如司虣"掌憲市

---

① 陳松長主編:《嶽麓書院藏秦簡(肆)》,第164頁。
② 孫詒讓:《周禮正義》,第4分册,第1269—1271頁。
③ 同上注,第1315—1316頁。
④ 陳松長主編:《嶽麓書院藏秦簡(肆)》,釋文部分第164頁。
⑤ 睡虎地秦墓竹簡整理小組編:《睡虎地秦墓竹簡》,釋文部分第37頁。

之禁令,禁其鬭囂者與其虣亂者、出入相陵犯者、以屬游飲食於市者。若不可禁,則搏而戮之",① 司稽"掌巡市,而察其犯禁者與其不物者而搏之。掌執市之盜賊,以徇,且刑之",② 胥"各掌其所治之政,執鞭度而巡其前。掌其坐作出入之禁令,襲其不正者。凡有罪者,撻戮而罰之",③ 等等。《周禮》這部書的主體内容多可與戰國制度相印證,對於研究秦漢時期的典制也多有可資借鑒之處。

【3】旬以上必於市

　　[疏證]

　　這條材料説的是十日以上的販賣行爲,必須進入市場中進行。十日以上的販賣行爲,一般多屬於職業商販,應該向政府繳納商業税,只有在市場中才容易控制和管理。《周禮·地官·司市》:"大市日昃而市,百族爲主;朝市朝時而市,商賈爲主;夕市夕時而市,販夫販婦爲主。"④ 百族屬於百姓臨時出賣自己的產品,商賈和販夫販婦屬於職業的商人。《司市》的思想是所有的商業交易活動都應該在官府控制下的市場中進行,以便管理。這顯然是不容易也不可能完全做到的。嶽麓秦簡要求十日以上的買賣活動必須在市場中進行,可以説是《周禮》商業控制思想在現實社會中的進一步體現。

【4】或

　　[整理小組注]

　　或:有人。⑤

【5】告

　　[整理小組注]

　　告,報告。⑥

【6】弗告

　　[疏證]

　　弗告,指的是典、老、伍人不向上級報告。或告之而弗告,説的是有人向典、老、伍人舉報他人有違法經營的事實,但典、老、伍人沒有向官府報告。第一個"告"的主語是"或",即"有人";第二個告的主語是"之",即典、老、伍人。

---

① 孫詒讓:《周禮正義》,第4分册,第1313—1314頁。
② 同上注,第1314頁。
③ 同上注,第1315—1316頁。
④ 同上注,第1276頁。
⑤ 陳松長主編:《嶽麓書院藏秦簡(肆)》,第164頁。
⑥ 同上注。

【7】贖䙴（遷）皋

[疏證]

這裏的贖遷罪者，應該指的是前面所謂的因長期在市場之外販賣經營而應當被處以贖遷罪者，即"有販殹（也），旬以上必於市，不者令續〈贖〉䙴（遷）"者。

【8】瓦土𣪘〈墼〉糞

[整理小組注]

瓦土𣪘〈墼〉糞：瓦，已燒土器之總稱。墼，磚坯。糞，廢棄的粗劣之物。①

[疏證]

瓦，里耶秦簡8-135有"故荆積瓦"。《校釋》："積瓦，儲藏的陶器。"② 居延舊簡220·18"器疎（疏）"中有"緩瓦一"。506·1"守御器簿"中有"瓦箕、枓各二"。

墼，里耶秦簡8-145有"五人墼：婢、般、橐、南、儋"，《校釋一》："墼，未燒的磚坯。《說文》：'墼，瓴適也。一曰未燒也。'王筠釋例：案瓴適今謂之磚。"③ 居延舊簡187·6+187·25A："墼廣八寸，厚六寸，長尺八寸，一枚用土八斗。水二斗二升。"居延新簡EPT59·83A："丈五尺厚四尺度用墼三千三百六囗。"肖從禮集釋："墼，指未燒的土坯。《集成》九（頁245）認為，墼，用以築城的土坯。《急就篇》卷三：'墼壘唐殿庫東箱。'顏師古注：'墼者，抑泥土為之，令其堅激也。'《後漢書·酷吏傳·周紆》：'紆廉潔無資，常築墼以自給。'王國維曰：'顏師古注《急就篇》云：墼者，抑泥土為之，令其堅激。則未燒者也。塞上所作者，當謂未燒之墼。漢時築城多用之。'居延舊簡187·6、187·25有'墼廣八寸，厚六寸，長尺八寸，一枚用土八斗，水斗二升。'漢代邊塞'墼'的規格大率如此。"④

周海鋒認為，墼糞指用動物糞便壓制而成的磚狀物，晾乾之後作為柴火燃燒使用，並引《農桑輯要》及《歸田錄》為證，亦可備一說。⑤

【9】室中舍中

[疏證]

室中，指在私人家中，也有可能指私人作坊。亦見於嶽麓簡1415（198）："《金布律》曰：黔首賣馬牛勿獻（讞）廷，縣官其買殹（也），與和市若室，勿敢强。"和市若室，就是指在市場上買或居民家中買。參見《嶽麓肆》簡2011+1984（060—061）"入室""入舍""官舍"注。⑥ 舍中，當指旅舍之中，當時的旅舍亦有交易功能。

---

① 陳松長主編：《嶽麓書院藏秦簡（肆）》，第164頁。
② 陳偉主編：《里耶秦簡牘校釋》（第1卷），第73頁。
③ 同上注，第88頁。
④ 肖從禮：《居延新簡集釋（五）》，甘肅文化出版社2016年版，第268頁。
⑤ 周海鋒：《嶽麓書院藏秦簡〈金布律〉研究》，鄔文玲主編：《簡帛研究》二〇一七春夏卷，第184頁。
⑥ 陳松長主編：《嶽麓書院藏秦簡（肆）》，第78頁。

西周春秋時期的文獻記載中，官方管理的市場是禁止私下交易的。《逸周書·大匡解》："無粥熟，無室市。"黃懷信曰："潘振云：'室市，藏貨於室，如市之多，待賈而貴價也。'陳逢衡云：'無室市，謂不私相貿易而市於室。凡交易必以司市之官主之，防有欺詐也。'丁宗洛云：'室市，似是囤積居奇之類。'朱右曾云：'室市，市中禁粥之物市於室者。'"① 三者之中，陳逢衡、朱右曾的觀點較近史實，陳的觀點尤爲穩妥。

周海鋒把此處的"室中舍中"解釋爲與市肆相對的"里邑中專門用以交易的房舍"，筆者不贊同。市場就是官方認可的專門用以交易的場所，里中再設專門用以交易的房舍，這是不合理的，也難以找到文獻證據。另外，《逸周書》反對"室市"的記載，説明當時"室市"是一種民間的私下交易，"室"指的就是居民家中，秦簡中的"室"除了作爲户籍意義上的民户講之外，多指居民家。至於"舍"作居住建築講時，《嶽麓肆》中不論是"人舍"還是"官舍"都指的是旅店，戰國秦漢時期的旅店是具有一定交易功能的。嶽麓秦簡1696（《嶽麓伍》編號212）有"縣爲候館市旁"的規定。《周禮·地官·遺人》："凡國野之道，十里有廬，廬有飲食；三十里有宿，宿有路室，路室有委；五十里有市，市有候館，候館有積。"②"廬""路室""候館"就是周代官道上等次不同的官方驛站，也可稱之爲"官舍"，其中"候館"就與市場連在一起。③ 這也許是早期市場起源於交通要道的一個證明。

簡文大意

《金布律》規定：在大道上出售商品者，要没收其所售商品上繳縣官，官吏要仔細巡查，有情況而不能發現者，貲罰一盾。如果是縣官的買賣行爲，不受此法律約束。販賣行爲在十天以上者，必須到市場中進行，不遵從此令者處以贖遷的刑罰，同時没收其所販賣的商品及所獲資金，上繳縣官。里中的里典、里父老、同伍之人發現這種情況，或其他人把這種情況告知了里典、里父老或伍人，但他們却没有向官府舉報，要貲罰二甲。如果可以抓獲犯上述贖遷罪者一人，獎勵黄金一兩。出售磚瓦土坯者，可以在家室中或市舍中進行，按有關規定交納租金。

簡1229 + 1279 + 1410 + 1398 + 1365（127—131）

●金布律曰：禁毋敢以牡馬、牝馬高五尺五寸以上[1]，而齒未盈至四以

---

① 黃懷信、張懋鎔、田旭東：《逸周書彙校集注》（修訂本），上海古籍出版社2007年版，第158、159頁。
② 孫詒讓：《周禮正義》，第4分册，第1192頁。
③ 同上注。

下[2],服暈車[3]及貇(墾)[4]田、爲人127就(僦)載,及禁賈人毋得以牡馬、牝馬高五尺五寸以上者載以賈市及爲人就(僦)載[5],犯令者,皆128貲各二甲,没入馬縣官。有能捕告者,以馬予之。鄉亭嗇夫、吏[6]弗得,貲各一甲;丞、令、令史貲129各一盾。馬齒盈四以上當服暈車、貇(墾)田、就(僦)載者,令廏嗇夫丈齒[7]令、丞前,久(灸)右肩[8],章曰:當乘[9]130。不當乘,竊久(灸)及詐僞令人久(灸),皆䙴(遷)之,没入馬縣官131。

【1】牡馬、牝馬高五尺五寸以上

[疏證]

　　五尺五寸以上,似乎是當時官方用馬,特別是軍馬的身高標準。正因爲如此,法律才禁止在"服暈車及墾田、爲人僦載"等生產生活領域使用身高在五尺五寸以上的馬。根據睡虎地秦簡的記載,五尺八寸爲當時官府軍馬的通行標準,也證明了這一點。《秦律雜抄》簡9:"駕馬五尺八寸以上,不勝任,奔摯(縶)不如令,縣司馬貲二甲,令、丞各一甲。"睡虎地秦簡整理小組注:"駕馬,供騎乘的軍馬。"①兩漢時期似乎仍然執行這一標準,漢簡中所見驛馬或傳馬一般都在五尺八寸上下。居延舊簡140·14:"□一匹,驛,牡,左剽,齒七歲,高五尺八寸。三月辛未入。"②142·26A:"□□驛馬一匹。驛駮。牡。齒十四歲。高五尺八寸。上。調習。"③225·44:"候長蘇長。馬一匹。䮰。牝。齒柒歲。高五尺柒寸。"④231·20:"止害隧驛馬一匹,驛,駮,牡,左剽,齒十四歲,高五尺八寸。中。"⑤504·2:"左剽,齒五歲,高五尺九寸。"⑥居延新簡EPT51.12:"中營左騎士。利上里馬奉親。馬一匹。䮰。牡。左剽。齒四歲。高五尺八寸。袁中。"EPT65·45:"甲溝庶士候長蘇長。馬一匹。䮰。牝。齒七歲。高五尺八寸。"EPT65·267:"甲溝庶士候長王恭。馬一匹。……齒三(四)歲。高五尺柒寸。"EPC·1:"驛馬一匹。驛。牡。左剽。齒八歲。高五尺八寸。上。調習。"懸泉漢簡所載官府用馬,也皆在五尺八寸以上。《敦煌懸泉漢簡釋萃》二二:"傳馬一匹騮駮(駁),牡,左剽,齒九歲,高五尺九寸,名曰駱鴻。(Ⅱ0314②:301)"九七:"《傳馬名籍》:傳馬一匹,䮰,牡,左剽,決兩鼻兩耳數,齒十九歲,高五尺九寸……(V1610②:10)私財物馬一匹,䮰,牡,左剽,齒九歲,白被,高六尺一寸,小宵,補縣(懸)泉置傳馬缺。(11簡)傳馬一匹,䮰,乘,白鼻,左剽,齒八歲,高六尺,翟聖,名曰

---

① 睡虎地秦簡整理小組編:《睡虎地秦墓竹簡》,釋文部分第81頁。
② 簡牘整理小組編:《居延漢簡》(貳),中研院歷史語言研究所專刊之一〇九,中研院歷史語言研究所2015年版,第97頁。
③ 同上注,第103頁。
④ 簡牘整理小組編:《居延漢簡》(叁),中研院歷史語言研究所專刊之一〇九,中研院歷史語言研究所2016年版,第48頁。
⑤ 同上注,第67頁。
⑥ 簡牘整理小組編:《居延漢簡》(肆),中研院歷史語言研究所專刊之一〇九,中研院歷史語言研究所2017年版,第145頁。

全(?)厩。厶卩。(12簡)……尺六寸,駕,名曰葆橐。(13簡)傳馬一匹,騆,乘,左剽。決右鼻。齒八歲,高五尺九寸半寸,駿,名曰黄爵(雀)。(14簡)傳馬一匹,騩,乘,左剽,八歲,高五尺八寸,中,名曰倉(蒼)波,柱。(15簡)傳馬一匹,騮,乘,左剽,決兩鼻,白背,齒九歲,高五尺八寸,中,名曰佳□,柱,駕。(16簡)傳馬一匹,赤騮,牡,左剽,齒八歲,高五尺八寸,駕,名曰鐵柱。(17簡)傳馬一匹,駹駒,乘,左剽,齒九歲,高五尺八寸,駿,呂䡈,名曰完幸。厶卩。(18簡)私財物馬一匹,駹,牡,左剽,齒七歲,高五尺九寸,補縣(懸)泉置傳馬缺。(19簡)建始二年三月戊子朔庚寅,縣(懸)泉厩嗇夫欣敢言之:謹移傳馬名籍一編,敢言之。(20簡)(V1610②:11—20)"[1]

從漢簡中關於軍馬和傳馬身高的記載看,睡虎地秦簡軍馬身高五尺八寸的規定被繼承了下來,嶽麓簡中馬匹身高五尺五寸以上的規定,可能是官方用馬身高的最低限度。熊賢品也有類似的看法,可以參看。[2]

【2】齒未盈至四

[疏證]

齒未盈至四,指的是馬的上下兩對永久齒。口齒是鑒定馬的年齡的重要依據。明代俞本元、俞本亨著,中國農業科學院中獸醫研究所主編《元亨療馬集選釋·口齒論》(《中國農書叢刊畜牧獸醫之部》):"一歲駒齒二,二歲駒齒四,三歲駒齒六,四歲成齒二,五歲成齒四。"駒齒,即乳齒。成齒,即"乳齒脱换後新生的恒齒,又叫永久齒"。"原文齒歲法同現在齒歲法比較,在九歲以前原文的齒歲大一兩歲。"[3] 農業部主編的《養馬》(《農業生産技術基本知識》叢書)説:"2.5歲時,乳門齒由於永久門齒長出而被頂落,三歲時永久門齒長成,上下門齒開始接觸。3.5歲時乳中間齒脱落,永久中間齒出現,並於4歲時長成,開始磨滅。4.5歲時,乳隅齒脱落,永久隅齒出現,5歲時長成並開始磨損。至此,乳切齒被全部换齊,俗稱邊牙口、齊口,或新齊口。3歲、4歲每换生一對永久齒時,分别稱爲'倆牙''四個牙'。"[4] 這就是説,一般情

圖2 相馬圖(西漢)山東鄒城郭里石槨[5]

---

[1] 胡平生、張德芳編撰:《敦煌懸泉漢簡釋萃》,上海古籍出版社2001年版,第24、81—82頁。
[2] 熊賢品:《早期農業史中的馬耕材料考析》,《古今農業》2019年第1期,第30頁。
[3] (明)俞本元、俞本亨著,中國農業科學院中獸醫研究所編:《元亨療馬集選釋》,農業出版社1984年版,第1415頁。
[4] 中華人民共和國農業部主編:《養馬》(《農業生産技術基本知識》),農業出版社1963年版,第8頁。
[5] 邢義田、高震寰:《"當乘"與"丈齒"》,邢義田著:《今塵集》,下册,第350頁。此圖爲山東鄒城郭里石槨北槨板内側畫像的局部圖。全圖載於高文主編《中國畫像石棺全集》,第72—75頁。胡新立:《鄒城漢畫像石》,文物出版社2008年版,圖版第8頁,圖版説明第4頁。

況下馬的四個永久齒全部長成後,應在五歲的年齡。居延新簡EPS4T2·6:"候長、候史馬皆廩食,往者多羸瘦,送迎客不能竟界。大守君當以七月行塞,候、尉循行,課馬齒五歲至十二歲。"張德芳注:"課馬,評判馬之良駑。"① 這就是說,居延地區的漢代官馬,也是以齒五歲以上爲起點的。

【3】畾車

[整理小組注]

畾車:一種載物的車。《説文·車部》:"畾,直轅車䩬也。"《篇海類編》:"載物之車。"②

[疏證]

"《説文·車部》'畾,直轅車䩬也'"者,段玉裁注:"按,依車部,䩬當系曲轅車。且此處列字次第,不應論衡縛。《韻會》作'直轅車',無'䩬'字爲是,當從之。直轅車,大車也。"③段玉裁的意思,認爲畾車是直轅車。但現代學車認爲畾車爲曲轅車,似乎受了"䩬當系曲轅車"的影響。如:劉永華在研究甘肅武威雷臺漢墓出土的車輛時指出,畾車"車廂縱長,兩側是封閉的輢板,雙轅的前段如同軺車,側面向上翹起,平面向內微彎,轅身鑄成帶刺的樹枝狀,輿後也有軓。"畾車可用於載物,也可以乘坐。④

【4】豤(墾)

[整理小組注]

豤:通"墾",翻耕。《廣雅·釋地》:"墾,耕也。"⑤

圖3　畾車(東漢)甘肅武威雷臺漢墓出土⑥

---

① 張德芳:《居延新簡集釋(七)》,甘肅文化出版社2016年版,第679頁。
② 陳松長主編:《嶽麓書院藏秦簡(肆)》,第164頁。
③ 段玉裁:《説文解字注》,第1259–1260頁。
④ 劉永華:《中國古代車輿馬具》,清華大學出版社2013年版,第154頁。
⑤ 陳松長主編:《嶽麓書院藏秦簡(肆)》,第164頁。
⑥ 引自甘肅省博物館:《武威雷臺漢墓》,《考古學報》1974年第2期。

[疏證]

墾，耕種。睡虎地秦簡《秦律十八種》簡8—9《田律》："入頃芻稾，以其受田之數，無豤（墾）不豤（墾），頃入芻三石，稾二石。"無豤不豤，就是説國家一旦向百姓授田，受田者無論耕不耕種，都要向國家繳納規定的芻稾税。

【5】就（僦）載

[整理小組注]

就（僦）載：就，通"僦"，租賃。《漢書·酷吏傳》："初，大司農取民牛車三萬兩爲僦，載沙便橋下。"顔師古注："僦，謂賃之與雇直也。"僦載，指雇用車、馬、船運載。①

[疏證]

睡虎地秦簡《效律》簡49："上節（即）發委輸，百姓或之縣就（僦）及移輸者，以律論之。"整理小組注："僦（音就），《史記·平準書》索隱引服虔云：'雇載云僦。'《商君書·墾令》：'令送糧無取僦。'與本條相合。"②

【6】鄉亭嗇夫、吏

[疏證]

嶽麓簡整理小組原標點作"鄉亭嗇夫吏"，今改。鄉亭嗇夫即"鄉之亭嗇夫"，與作爲一鄉之長的"鄉嗇夫"當有所不同。鄉亭嗇夫負責市場管理。吏，即"吏主者"，負責此事的官吏。

睡虎地秦簡《封診式》簡21—22《盜馬》："爰書：市南街亭求盜才（在）某里曰甲縛詣男子丙，及馬一匹，馬牝右剽；緹覆（複）衣，帛裏莽緣領褒（袖），及履，告曰：'丙盜此馬、衣，今日見亭旁，而捕來詣。'"整理小組注："市南，市場之南。街亭，城市内所設的亭，如《續漢書·百官志》注引《漢儀》：'洛陽二十四街，街一亭。'"③ 嶽麓秦簡1315、J48（《嶽麓叁》編號065、066）有"亭佐駕"，負責分配市列，簡1337（《嶽麓叁》編號068）有"亭賀"。嶽麓秦簡整理小組注："亭，亭嗇夫，即亭之長官，名爲賀。《效律》簡52—53：'都倉、庫、田、亭嗇夫坐其離官屬於鄉者，如令、丞。'《奏讞書》簡100：'十二月癸亥，亭慶以書言雍廷曰：毛買（賣）牛一，質，疑盜，謁論。'"④ 案：《奏讞書》亭慶，即市亭嗇夫，因此對毛在市場上出賣的牛提出疑問，懷疑是偷來的，故向上級報告。《效律》之都亭嗇夫，高恒説："'都亭'即縣一級管理市場的官署。'亭'是指市場管理機構，而不會是一級行政機構。"⑤ 裘錫圭針對秦代陶文中的亭印説："我們認爲亭印的'亭'就是指鄉亭之亭，只不過在秦代亭嗇夫兼管'市'務，所以在漢代用市印的場合，秦人則用亭

---

① 陳松長主編：《嶽麓書院藏秦簡（肆）》，第164頁。
② 睡虎地秦墓竹簡整理小組編：《睡虎地秦墓竹簡》，第75頁。"雇載云僦"之"云"，《睡虎地秦墓竹簡》誤作"雲"，今改。
③ 睡虎地秦墓竹簡整理小組編：《睡虎地秦墓竹簡》，釋文部分第151頁。
④ 朱漢民、陳松長主編：《嶽麓書院藏秦簡（叁）》，上海辭書出版社2013年版，第139頁。
⑤ 高恒：《"嗇夫"辨正——讀雲夢秦簡札記》，《法學研究》1980年第3期。

印。""秦代的亭嗇夫也是既管商業又管手工業的。"①

【7】丈齒

[整理小組注]

丈齒：丈量檢測馬的年齒身高。②

[疏證]

邢義田、高震寰對"丈齒"的含義，有兩種認識。一種是"丈"爲動詞，測量長度，"齒"爲名詞，即牙齒。另一種是"丈""齒"俱爲動詞，"丈指丈身高和齒長，齒則指由長度估計年齡。"③筆者認爲，"丈"也有可能單指丈量身高，"齒"也可能包括用量器測量齒長或目測齒長，並據以估算年齡。

【8】久(灸)右肩

[疏證]

久，讀爲"記"。睡虎地秦簡《秦律十八種》簡86《金布律》"有久識者靡蚩之"，整理小組注："久，讀爲記，記識指官有器上的標志題識。"嶽麓簡此處用作動詞，即做標記。邢義田、高震寰曰："《嶽麓(肆)》讀作灸，誤；早先陳偉、劉釗，近日方勇在武漢大學簡帛網上都已指出。"④睡虎地秦簡中有"識佴"，與此處的"久(灸)右肩"之義相類似。《效律》簡43—44："器職(識)耳不當籍者，大者貲官嗇夫一盾，小者除。馬牛誤職(識)耳，及物之不能相易者，貲官嗇夫一盾。"整理小組注："耳，疑讀爲佴，《廣雅·釋詁三》：'次也。'識佴當即標記次第。古時牛馬常用烙印之類加以標記，如《居延漢簡甲編》二〇七一：'牛一，黑牡，左斬，齒三歲，久在右。'久也是加標記的意思。"⑤睡虎地秦簡《封診式》有"馬一匹騅牡右剽"，"右剽"相當於嶽麓簡此處"灸右肩"之義。據劉釗研究，漢代官馬標識一般都印在左肩，⑥與秦制有所不同。

【9】當乘

[疏證]

邢義田曰："章曰'當乘'的'乘'却非指傳世和出土文獻上常見的乘馬，而是供'服輂車、墾田、就(僦)載者'，也就是一種供拉車、拉犁或載運多用途的馬。或者說古人所說的乘不僅指拉車而有更多的意義，甚至包括拉犁。"⑦其實這一解釋還可進一步修正。

---

① 裘錫圭：《嗇夫初探》，中華書局編輯部編：《雲夢秦簡研究》，中華書局1981年版，第275、276頁。
② 陳松長主編：《嶽麓書院藏秦簡(肆)》，第164頁。
③ 邢義田：《今塵集》，下册，第352頁。
④ 同上注，第339頁。
⑤ 睡虎地秦墓竹簡整理小組編：《睡虎地秦墓竹簡》，釋文部分第74頁。
⑥ 劉釗：《説秦簡"右剽"一語並論歷史上的官馬標識制度》，《書馨集——出土文獻與古文字論叢》，上海古籍出版社2013年版，第192頁。
⑦ 邢義田：《今塵集》，下册，第340頁。

說白了,"當乘"在此是一個動詞,應該是"可以使用"的意思,至於具體用途,無法作明確規定。

簡文大意

《金布律》規定:禁止使用公馬、母馬身高五尺五寸以上,而永久齒不到四顆的馬,去駕輂車或耕田、爲人僱傭運輸,以及禁止商賈使用公馬、母馬身高五尺五寸以上者進行商業運輸或出租,違反法令者,皆各貲罰二甲,涉事馬匹没收入縣官。有能主動爲官府抓捕或向官府舉報者,把涉事馬匹獎勵給他。鄉亭嗇夫、主管官吏不能及時抓獲違令者,貲罰各一甲;縣令、縣丞及令史貲罰各一盾。馬永久齒滿四顆以上可用以駕輂車、耕田、用作出租商業運輸者,必須請廄嗇夫在縣令、縣丞的監督下丈量馬的身高和檢查馬的齒齡,檢查合格,在馬的右肩烙上印記,文字爲"當乘"。如果不符合駕車的標準,私自烙印或弄虛作假欺騙有關人員烙印,當事人處以遷刑,馬没收入縣官。

簡1404+1290+1292(132—134)

●尉卒律[1]曰:緣故徹[2]縣及郡縣黔齒〈首〉[3],縣屬[4]而有所之,必謁于尉,尉聽[5],可許者爲期日[6]。所之 132 它縣,不謁[7],自五日以上,緣故徹縣,貲一甲;典、老弗告,貲一盾。非緣故徹縣殹(也),貲一盾;典、老弗 133 告,治(笞)□□[8]。尉令不謹[9],黔首失令[10],尉、尉史、士吏主者貲各一甲,丞、令、令史各一盾 134。

【1】尉卒律

[整理小組注]

尉卒:或即"尉襍"的意思。或認爲"卒"即"卒史"之卒。①

[疏證]

嶽麓秦簡整理小組認爲"尉卒"或即"尉襍"的省稱,可能是從"襍"省作"卒"做出的推測。這其中有個問題,那就是"襍"字在嶽麓秦簡中作"襍",而非"襍",如簡1251(163)"稟禾美惡相襍"、簡1413(169)"内史襍律"、簡1261(242)"襍律"、簡0639(341)"相襍稍稟月食者"、簡0680(342)"相襍監"等等。因此"尉卒"是否能解釋爲"尉襍",恐怕還須進一步研究。

---

① 陳松長主編:《嶽麓書院藏秦簡(肆)》,第164頁。

周海鋒説:"'尉卒'作爲律名首見於嶽麓秦簡之中,其含義是值得深究的。《睡虎地秦墓竹簡》中有《尉雜律》二則,整理者認爲'尉'指廷尉,'尉雜'是關於廷尉職務的各種法律規定。其中完整的那則律文内容爲'歲讎辟律於御史',整理者正是根據此斷定《尉雜律》之性質。然從嶽麓書院藏《尉卒律》之内容來看,與廷尉關係不大,與縣尉倒是密切相關,這從1409號簡律文可極好地得以證明,'尉卒律曰:縣尉治事,毋敢令史獨治,必尉及士吏與,身臨之,不從令者,貲一甲'。其它四組律文也是與'縣尉'有關的,故統歸於《尉卒律》之下。"又説:"從律文可知,《尉卒律》與士卒關聯不大,疑《尉卒律》中的'卒'當讀爲'萃'。古書中的'卒'常通'萃',如馬王堆帛書《易·卒》:'亨,王假有廟',今傳本'卒'作'萃',初六、六三、九五例此。又《楚辭·天問》:'何卒官湯',朱熹《集注》曰'一作萃'。萃有聚、集的意思,《易·序卦》:'萃者,聚也';《詩·墓門》:'有鴞萃止',《毛傳》:'集也'。《禮記·王制》:'三十國以爲卒',鄭玄注'猶聚也'。據此,'尉卒律'之'卒',或可當聚、集解。'尉卒律'指與縣尉有關的律文的匯集。"①

按:嶽麓簡《尉卒律》之"卒",與睡虎地秦簡《尉雜律》之"雜",字形相近,因此,估計不少學者心裏第一印象都會認爲《尉卒律》就是《尉雜律》,然而就内容而言二者却没有明顯的相似之處,因此有一種欲言又止感覺。周海鋒在研究中將二者相提並論,恐怕也是這樣想的。而且,嶽麓簡中有《内史襍律》之"襍"字,也不像睡虎地秦簡《内史雜》中那樣作"雜",這就是説嶽麓簡"尉卒律"之"卒",省寫作"襍"的可能性不大。陳松長也認識到了這一點。②或許《尉雜律》《尉卒律》確是兩種不同的法律。不過,周海鋒把《尉卒律》的"卒"讀作"萃",解爲聚集之意,這倒與《尉雜律》的"雜"含義相同,睡虎地秦簡中"雜"本身也就是作"聚集"義解。

【2】故徼

[整理小組注]

故徼:指没有設塞的邊境地區。《里耶秦簡》:"邊塞曰故塞,毋塞者曰故徼。"《史記·西南夷列傳》:"及漢興,皆棄此國而開蜀故徼。"③

[疏證]

整理小組的解釋是不準確的。徼指没有設要塞的邊境地區,故徼指的是昔日的邊境地區。《校釋(壹)》注曰:"塞,多指邊界上可以據險固守的要塞。《左傳》文公十三年:'春,晋侯使詹嘉處瑕,以守桃林之塞。'隨着秦的統一,疆域的拓展,秦原來的邊塞不再是邊境,故而邊塞稱爲'故塞'。毋塞者,指雖是邊境但没設要塞可以據守。同樣由於邊境綫的變化,没設塞的邊境被改稱爲'故徼'。"④

---

① 周海鋒:《秦律令研究——以〈嶽麓書院藏秦簡〉(肆)爲重點》,第110、111頁。周海鋒:《嶽麓秦簡〈尉卒律〉研究》,中國文化遺產研究院編:《出土文獻研究》第14輯,第80頁。
② 陳松長:《嶽麓秦簡中的幾個令名小識》,《文物》2016年第12期,第64頁。
③ 陳松長主編:《嶽麓書院藏秦簡(肆)》,第164頁。
④ 陳偉主編:《里耶秦簡牘校釋》(第1卷),第158-159頁。

【3】齒

[整理小組注]

齒：當爲"首"字之誤。①

[疏證]

"黔齒（首）"之後，整理小組原標點爲頓號，今改爲逗號。

【4】縣屬

[整理小組注]

縣屬：縣的屬吏。②

[疏證]

整理小組的解釋值得商榷。趙斌認爲，"縣屬"之"屬"當通作"囑"。他論證說："後文中在說到'尉令不謹，黔首失令'時，並沒有提到'縣屬'是否'失令'，僅說到'黔首失令'這一情況。故此處'屬'應通'囑'，爲囑咐，托付之意。《史記·高祖本紀》：'乃以秦王屬吏，遂西入咸陽。'引張守節《正義》曰：'屬，之欲反。屬，付也。'所以'黔首'後的頓號當改爲逗號，'縣屬而有所之'意爲縣廷囑托黔首去別的縣辦事。"③這個解釋更通順。其實，這裏的"尉令"之"令"不一定僅僅是法令，主要是尉在向申請出行者頒布許可時，沒把具體注意事項說清楚，導致後者違反了制度。

【5】聽

[整理小組注]

聽：受理。《睡虎地秦簡·法律答問》："甲殺人，不覺，今甲病死已葬，人乃後告甲，甲殺人審，問甲當論及收不當？告不聽。"④

【6】可許者爲期日

[疏證]

可許者，可以被允許出行的人。秦漢時期，居民遠距離出行需要向官府申請，符合條件者方可出行。肩水金關漢簡73EJT23:897："元壽二年七月丁卯朔辛卯，廣昌鄉嗇夫假、佐宏敢言之：陽里男子任良自言，欲取傳，爲家私使之武威、張掖郡中。謹案：良年五十八，更賦皆給，毋官獄徵事，非亡人命者，當得取傳。謁移過所河津、關，毋苛留，如律令。七月辛卯雍令、丞鳳移過所，如律令。馬車一兩（輛），用馬一匹，齒十二歲。牛車一兩（輛），用牛二頭。／掾業、守令史普。"⑤"更賦皆給，毋官獄徵事，非亡人命者"

---

① 陳松長主編：《嶽麓書院藏秦簡（肆）》，第164頁。
② 同上注。
③ 趙斌：《秦簡"卒"相關律令研究》，湖南師範大學2019年碩士學位論文，第7頁。
④ 陳松長主編：《嶽麓書院藏秦簡（肆）》，第164頁。
⑤ 甘肅簡牘文物保護研究中心等編：《肩水金關漢簡》（貳），中冊，第236頁。

應該涵蓋了秦漢時期一般百姓外出時申請取傳的基本條件，符合這些條件，方允許申請取傳遠行。

期日，即期限。爲期日，爲之限定日期。《周禮·地官·山虞》："令萬民時斬材，有期日。"鄭玄注："有期日，入出有日數，爲久盡物。"孫詒讓曰："云'有期日，入出有日數，爲久盡物'者，謂依其所用木之多少，爲其出山入山之日數，恐其逾期多采，則財物罄盡，故爲期限以節之。"①《周禮·秋官·朝士》："凡士之治有期日：國中一旬，郊二旬，野三旬，都三月，邦國期。期内之治聽，期外不聽。凡有責者，有判書以治，則聽。"孫詒讓曰："此士治有期日，蓋有二義：一則民以事來訟，士官爲約期日以治之；二則獄在有司而斷決不當者，許其於期内申訴。"②

【7】謁

[疏證]

謁，報告，匯報。這裏指的是外出人口向所到之地相應主管部門報告。睡虎地秦簡《法律答問》簡184："'客未布吏而與賈，貲一甲。'可(何)謂'布吏'？詣符傳於吏是謂'布吏'。"③外地商人到本地經商，必須先持原所在地頒發的符傳到當地有關部門辦理相關手續，才可開展商業活動。嶽麓秦簡此處所說也是同樣的道理，"故徼縣及郡縣黔首"等前往它縣，在達到目的地後，須在五日之内持縣尉頒發的符傳到當地有關部門報到，也就是睡虎地秦簡所說的"詣符傳於吏"，否則即爲非法，將受到相應的貲罰處理。《周禮》中也記載了關於人口流動的管理與控制。《周禮·地官·比長》："各掌其比之治。五家相受相和親，有辠奇衺則相及。徙於國中及郊，則從而授之。若徙於他，則爲之旌節而行之。若無授無節，則唯圜土内之。"這說的是如果近距離的人口流動，則由比長親自陪同當事人到目的地；如果遠距離出行，則發給旌節作爲身份憑證；如果既没有證明人陪同，也没有身份憑證，那麽將被抓起來送進監獄。鄭注、賈疏皆以這種人口流動爲住所遷徙，④其解釋過於拘泥，其實一般的外出旅行辦事同樣適用於這種情況。《周禮》的這一記載正是戰國以來國家對人口流動的控制與管措施，可與嶽麓簡的記載相互印證。

【8】治(笞)□□

[疏證]

雷海龍："聯繫簡文前所記'典、老弗告，治(笞)'，'治(笞)'後面當是跟的數目詞語，指笞刑的實施數量。"⑤

---

① 孫詒讓：《周禮正義》，第4分冊，第1444–1445頁。
② 同上注，第8分冊，第3405頁。
③ 睡虎地秦墓竹簡整理小組編：《睡虎地秦墓竹簡》，第137頁。
④ 孫詒讓：《周禮正義》，第4分冊，第1070–1073頁。
⑤ 雷海龍：《〈嶽麓書院藏秦簡(肆)〉釋文商補八則》，華東政法大學法律古籍整理研究所等主編：《第七屆出土文獻與法律史研究學術研討會論文集》，2017年，第99頁。

【9】尉令不謹

[整理小組注]

令：指百姓向尉申請通行後，尉發給百姓的"通行令"。①

[疏證]

周海鋒："1292簡'尉令不謹'之'尉'後當脱一'布'字，'布令不謹'爲秦律習慣用語，又見於嶽麓秦簡1085號簡。與'布令不謹'相對應的是'謹布令'，見於嶽麓秦簡1154、1358、1087、0341和2099號簡。"②

按：嶽麓秦簡整理小組把"尉令"解釋爲尉發給百姓的通行令。周海鋒則把"尉令"解釋爲尉公布解釋法令。他説："縣尉在向百姓解説宣布國家律令時出現偏差，使得百姓因没有充分理解律令内容而犯法，縣尉、尉史和士吏之主事者都將受到貲一甲的處罰，縣丞、縣令和令史都將受到貲一盾的處罰。"③陶磊也有類似的看法，他説："所謂'尉令不謹'，不是指尉頒發的通行令不嚴密，而是尉在與黔首爲期日時，没有鄭重告誡黔首相關法令，而縣丞、令平時也没有很好宣講，這種情況下出現黔首失令，責任不在黔首，而在衆官吏。"④周海鋒所説更符合律文原意。其實，此處所謂的"令"，也可能就是交代一些相關注意事項，未必是法令。我們讀簡時不能過於拘泥字面含義，以至於望文生義，自陷麻煩。

【10】失令

[整理小組注]

失令：即違反前面所説的"尉令"。⑤

[疏證]

失令，没有正確地遵守或執行法令。黔首"失令"與縣尉"(布)令不謹"有關，因爲縣尉没有把法令公布解釋清楚，導致黔首没有正確地遵照執行，這與一般意義上的違反法令還是有區别的。秦律中有官吏"失刑"的記載，失刑就有没有正確地執行刑罰，與此"失令"相類。

簡文大意

《尉卒律》規定：沿邊故徼縣道以及郡縣道的黔首，受縣官委派需要外出辦事，必須到縣尉那裏提出申請，縣尉接受他們的申請，得到許可的人會被限定（外出）期限。前往

---

① 陳松長主編：《嶽麓書院藏秦簡（肆）》，第164頁。
② 周海鋒：《秦律令研究——以《嶽麓書院藏秦簡》（肆）爲重點》，第114頁。
③ 同上注，第115頁。
④ 陶磊：《讀嶽麓書院藏秦簡（肆）劄記》，武漢大學簡帛網2017年1月9日。
⑤ 陳松長主編：《嶽麓書院藏秦簡（肆）》，第164頁。

其他縣而不向當地縣尉請示，五日以上，如果是沿邊故徼縣的人，貲罰一甲；里典、里父老不舉報，貲罰一盾。非沿邊故徼縣的人，貲罰一盾。里典、里父老不舉報，笞打……縣尉發布命令不準確，黔首不能很好地遵守和執行相關要求，縣尉、尉史、直接負責的士吏貲罰各一甲，縣令、縣丞、令史貲罰各一盾。

簡1234+1259+1258+1270（135—138）

●尉卒律曰：黔首將陽及諸亡者，已有奔書[1]及亡毋（無）奔書盈三月者，輒筋〈削〉爵以爲士五（伍）[2]135；有爵寡，以爲毋（無）爵寡[3]；其小爵[4]及公士以上子年盈十八歲以上[5]，亦筋〈削〉小爵。爵而傅及公136士以上子皆籍以爲士五（伍）[6]。鄉官輒上奔書縣廷，廷轉臧（藏）獄[7]。獄史[8]月案計日[9]，盈三月即辟問[10]鄉137官，不出[11]者，輒以令[12]論，削其爵，皆校計[13]之138。

【1】奔書

[整理小組注]

奔書：秦代文書的一種，用以登記黔首逃亡情況。或應是涉及奔警的命令，即因突發事件需要徵召士徒的法律文書。①

[疏證]

整理小組注所提供的兩種說法，從上下文來看，很明顯第一種說法是正確的，第二種說法不成立。周海鋒說："從律文可知，奔書是一種用以登記黔首逃亡情況的文書，是定逃亡者之罪和削去其爵位的文書憑證。逃亡者出逃滿三個月者，名字將被錄於奔書之上，會被立案，成爲罪人。"②屬於第一種說法。楊振紅則認爲此處的"奔書"即"奔命書"，但並未舉出符合本段簡文上下文義的有力證據。③筆者同意周海鋒的說法。因爲如果把這裏的"奔書"理解爲奔命文書，那麽另一半"奔書"就不應該在鄉官手里，而是在奔命目的地的軍事長官手中，同時"削爵"云云的處罰更是無從談起。

另外，張春龍公布的一則里耶簡有關學佴的文書中提到了"奔牒"一詞。里耶簡14—18："正面：廿六年七月庚辰朔乙未，遷陵挾謂學佴：學童拾有鞠，與獄史畸徼執，

---

① 陳松長主編：《嶽麓書院藏秦簡（肆）》，第164頁。
② 周海鋒：《秦令研究——以〈嶽麓書院藏秦簡〉（肆）爲重點》，第117頁。周海鋒：《嶽麓秦簡〈尉卒律〉研究》，中國文化遺產研究院編：《出土文獻研究》第14輯。
③ 楊振紅：《從嶽麓秦簡看秦漢時期有關"奔命警備"的法律》，姚遠主編：《出土文獻與法律史研究》第7輯，第37頁。

其亡，不得。上奔牒而定名事里。它坐亡年日月，論云何，［何］皋，敦或覆問之，毋有。與獄史畸以律封守上牒。以書言，勿留。背面：七月乙未牢臣分錢以來。/亭手。畸手。"①從上下文來看，里耶簡所謂的"奔牒"就是獄麓簡所謂的"奔書"，而且從里耶簡這裏我們還進一步了解了"奔書"更多的内容，即"定名事里。它坐亡年日月，論云何，［何］皋，敦或覆問之，毋有"等等。獄麓簡1372（141）"黔［首］之闌亡者卒歲而不歸，結其計，籍書其初亡之年月于結，善臧（藏）以戒其得"，這種對於鄉里逃亡人口的統計造册，恐怕也屬於"奔書"的範疇。

陳松長於2017年撰文否定了"奔書"爲記録逃亡文書的意見，而肯定了整理小組注釋的後一種説法，他説："現在看來，可能這並不是一種特定的有關奔亡的文書，而應該是有關奔走携帶所有緊急文書的一個泛稱，也就是説，前面所説的'奔警''奔命''奔劾'中的'警''命''劾'等都應該是'奔書'的一種，而不應該將'奔書'中的'奔'另解爲'奔亡'的'奔'。也許可以旁證這一點的是，在簡1452中，前面所出現的'奔書'改爲了'奔牒'，大家知道，'牒'即是簡的代稱，也是書的同義詞，如果'奔書'是一種與奔亡記録有關的特殊文書的話，那是斷不可在簡文中隨便改寫爲'奔牒'的。"②陳文未解釋爲何"奔書"若作爲記録逃亡的專門文書斷不可改寫爲"奔牒"的原因，我們也未見到陳文提到的"簡1452"的具體内容。但從張春龍所列舉的有關"奔牒"的材料，筆者還是傾向於"奔書"作爲記録逃亡的文書的看法，並且認爲里耶簡那一處的"奔牒"指的就是"奔書"。

【2】士五

［整理小組注］

士五，即士伍。《漢官舊儀》："無爵爲士伍，年六十乃免。"《史記·淮南衡山列傳》："當皆免官削爵爲士伍，毋得宦爲吏。"③

［疏證］

"士五（伍）"之後，獄麓秦簡整理小組原標點爲逗號，今改爲分號。因爲"削爵以爲士五（伍）"與隨後的"有爵寡，以爲毋（無）爵寡""其小爵及公士以上子年盈十八歲以上，亦筋〈削〉小爵""爵而傅及公士以上子皆籍以爲士五（伍）"爲並列關係的四種削爵情况，這四種情况之間，獄麓秦簡整理小組原標點均爲逗號，今統一改爲分號。

士伍，指處於傅籍年齡範圍而無爵位的男子。低於傅籍年齡或高於傅籍年齡，都不屬於"士伍"的範圍了。因爲士伍之所以稱爲士伍，是因爲他能服兵役徭役，故可編入"五人爲伍"的士伍組織。

---

① 張春龍：《里耶秦簡中遷陵縣學官和相關記録》，中國文化遺産研究院編：《出土文獻》第1輯，中西書局2010年版。
② 陳松長：《獄麓秦簡〈奔警律〉及相關問題淺論》，《湖南大學學報（社會科學版）》2017年第5期，第7頁。
③ 陳松長主編：《獄麓書院藏秦簡（肆）》，第164頁。

【3】有爵寡,以爲毋爵寡

[整理小組注]

爵寡,繼承先夫爵位的婦人。《里耶秦簡》:"大夫寡三户。"《張家山漢簡·二年律令·置後律》:"寡爲户後,予田宅,比子爲後者爵。"①

[疏證]

有爵寡者如果逃亡,將會被削去爵位,成爲毋爵寡。"大夫寡"的材料,除了嶽麓簡整理小組提到的之外,睡虎地秦簡中還有一條,《法律答問》簡156:"大夫寡,當伍及人不當? 不當。"睡虎地秦簡整理小組注解釋"寡"爲"少",現在看來是不合適的。②

蘇俊林研究認爲,有爵寡是"有爵者之寡",秦漢簡牘中的"關内侯寡""大夫寡""上造寡"等等都屬於"有爵寡","記録亡夫爵位是因爲可憑此爵位享受相應的政治經濟權利"。③ 其説可從。孫玉榮一方面堅持"爵寡"是一類爵位,另一方面又認爲"'上造寡''大夫寡''關内侯寡'的自然身份是大夫、上造、關内侯等有爵者的遺孀,其社會身份則是在夫亡後'襲'或繼承其夫爵的有爵者"。④ 這點有自相矛盾的地方,如果是繼承爵位,那這些人本身就是大夫、士、或者關内侯了,没必要爵位後再加"寡"字。蘇俊林的文章對此已有論述,可參看。

【4】小爵

[整理小組注]

小爵,未傅籍而承繼爵位者。《張家山漢簡·二年律令·傅律》:"不更以下子年廿歲,大夫以上至五大夫子及小爵不更以下至上造年廿三歲,卿以上子及小爵大夫以上年廿四歲,皆傅之。"⑤

【5】公士以上子年盈十八歲以上

[疏證]

嶽麓秦簡整理小組原標點作"其小爵及公士以上,子年盈十八歲以上",今改作"其小爵及公士以上子年盈十八歲以上"。這裏的"公士以上子年盈十八歲以上",指的是年齡達到十八歲以上,然尚未傅籍而有爵位者,這種情況仍屬於"小爵"的範圍。"小爵及公士以上子年十八歲以上",這屬於小爵的兩種情況,一種是年齡未到傅籍年齡者的小爵,一種是年齡達到傅籍年齡然尚未實際傅籍者,在法律意義上也屬於小爵。"亦削小爵",也包括這兩種情況。

---

① 陳松長主編:《嶽麓書院藏秦簡(肆)》,第164頁。
② 彭浩、劉樂賢等:《秦簡牘合集·釋文注釋修訂本(壹)》,第241頁。
③ 蘇俊林:《簡牘所見秦及漢初"有爵寡"考論》,《中國史研究》2019年第2期,第49—58頁。
④ 孫玉榮:《秦及漢初簡牘中的"寡"——以爵位、户籍、經濟活動爲中心》,《中國經濟史研究》2020年第2期,第72頁。
⑤ 陳松長主編:《嶽麓書院藏秦簡(肆)》,第165頁。

【6】爵而傅及公士以上子皆籍以爲士五

　　[疏證]

　　"爵而傅及公士以上子"是與前面的"小爵及公士以上子年盈十八歲以上"相對的，"小爵及公士以上子年盈十八歲以上"説的是未傅籍但有爵位者的兩種情況，"爵而傅及公士以上子"説的則是已傅籍且有爵位的兩種情況。"爵而傅"指的是有國家賜爵且已經傅籍者。"公士以上子"指的也是已經傅籍者，這類人依仗其父蔭亦得國家賜爵。張家山漢簡《二年律令》簡359—360《傅律》的記載可爲旁證："不爲後而傅者，關內侯子二人爲不更，它子爲簪裹；卿子二人爲不更，它子爲上造；五大夫子二人爲簪裹，它子爲上造；公乘、公大夫子二人爲上造，它子爲公士；官大夫及大夫子爲公士；不更至上造子爲公卒。""籍以爲士伍"説的是"爵而傅及公士以上子"這兩類人如果逃亡，將被奪爵，在户籍上標注爲士伍。

【7】臧（藏）獄

　　[整理小組注]

　　臧，收藏。獄，即獄所。臧獄即藏於獄所。①

　　[疏證]

　　"廷轉藏獄"之後，嶽麓秦簡整理小組原標點爲逗號，今改爲句號。

　　廷轉藏獄，就是縣廷把鄉上報的奔書交由司法機關處理。這裏的"獄"多半就是縣廷諸曹中的獄曹。嶽麓簡0018（354）："上其校獄屬所執灋，執灋各以案臨計，乃相與校之，其計所同執灋者，各別上之其曹，曹主者☐"其中的"曹"就是獄曹。里耶秦簡有"獄南曹"（8-1760、8-1886）、"獄東曹"（5-22、8-996、8-1155）等。

【8】獄史

　　[整理小組注]

　　獄史：治獄官，協助縣令、縣丞共同辦案者。《漢書·項籍傳》："梁嘗有櫟陽逮，請蘄獄掾曹咎書抵櫟陽獄史司馬欣，以故事皆已。"②

【9】月案計日

　　[整理小組注]

　　案計：案，案驗。《張家山漢簡·二年律令·效律》："居官三歲，亦輒遣都吏案效之。"計，審核。《廣雅》："計，校也。"③

---

① 陳松長主編：《嶽麓書院藏秦簡（肆）》，第165頁。
② 同上注。
③ 同上注。

[疏證]

月案計日,按月查驗逃亡日期。"案"作爲案驗之義的用法,嶽麓簡中屢見。簡1285+1281(112—113)有"以中辨券案雠(讎)錢",簡0018(354)有"上其校獄屬所執瀘,執瀘各以案臨計",簡0640(357)有"令案視"。"案臨計""案視"皆與"案計"同義。"案計日",就是案驗逃亡者逃亡的日子。

【10】辟問

[整理小組注]

辟問:推辟驗問。《居延漢簡釋文合校》:"候長彭馳之南界辟問。"①

[疏證]

辟,審理。張家山漢簡《二年律令》簡93《具律》"辟故弗窮審",張家山二四七號漢墓竹簡整理小組注:"辟,審理,《左傳·文公六年》注:'猶理也。'"②

【11】不出

[整理小組注]

不出:即不自出。不自出者,猶言不自首者。《史記·平準書》:"赦自出者百餘萬人。"

【12】令

[疏證]

令,命也,發文通緝。嶽麓簡2009(047)"城旦舂亡而得,黥,復爲城旦舂;不得,命之",簡1976(050)"城旦舂司寇亡而得,黥爲城旦舂,不得,命之",皆可爲旁證。

【13】校計

[整理小組注]

校計:同義複詞,或言計較、核算也。《後漢書·郎顗傳》:"願陛下校計繕修之費。"《睡虎地秦簡·效律》:"計校相繆(謬)殹(也),自二百廿錢以下,誶官嗇夫。"

[疏證]

校計,秦漢時會計習語。居延新簡中多見,如EPT52:731:"官所校計☐。"EPT56:9:"☐候長常富校計。充即謂福曰:'福負卒王廣袍襲錢,便留☐十二月奉錢六百。'"EPT65.23:"新始建國地皇上戊三年五月丙辰朔乙巳,襌將軍輔平居成尉伋、丞,謂城倉、閒田、延水、甲溝、三十井、殄北,卒未得……付受,相與校計同月出入,毋令繆,如律令。"等等。但嶽麓簡此

---

① 陳松長主編:《嶽麓書院藏秦簡(肆)》,第165頁。
② 張家山二四七號漢墓竹簡整理小組編著:《張家山漢墓竹簡〔二四七號墓〕》(釋文修訂本),第22頁。

處"校計",爲審核案件之義,所謂"獄校律"之"校",大概也是這個意思。①

簡文大意

《尉卒律》規定:黔首將陽以及其他各種逃亡情況,縣官已在奔書上記録,及雖無記録而逃亡時間已滿三月者,則削去逃亡者的爵位爲士伍;如果逃亡者是繼承先夫爵位的寡婦,則削爵爲無爵的寡婦;如果是小爵者或者公士以上爵位者的兒子年齡在十八歲以上(而未傅籍)者,亦削去其小爵;如果是有爵位且已經傅籍以及公士以上爵位者的兒子且已經傅籍者,也要被削去爵位,在户籍上注爲士伍。鄉里的官員要隨時把奔書上報給縣廷,縣廷則交付獄曹管理。獄史每月根據奔書查驗逃亡者的逃亡日期,滿三個月時,即向鄉官查問逃亡者的情況,如果(没有抓獲,也)没有自首,則按律對逃亡者進行通緝,削去其爵位,仔細審查。

簡1409(139)

●尉卒律曰:縣尉治事,毋敢令史[1]獨治,必尉及士吏[2]與[3],身臨之[4]。不從令者,貲一甲 139。

【1】毋敢令史獨治

[整理小組注]

史:官府佐吏。此處指縣尉佐吏。②

[疏證]

毋敢令史獨治,不能讓尉史獨自處理事務。史,指尉史。嶽麓簡的記載表明,秦代地方政府機構似乎實行着一種三人以上的集體負責制。較爲明顯的是以縣令爲中心的縣令、縣丞和令史集體負責制,和以縣尉爲中心的縣尉、尉史和士吏集體負責制。正因爲如此,在追究連帶責任時,往往是"令、丞、令史"並稱,或者"尉、尉史、士吏"並稱。如:嶽麓簡1291+1293(144—145):"毋長者令它里年長者爲它里典、老,毋以公士及毋敢以丁者,丁者爲典、老,貲尉、尉史、士吏主者各一甲,丞、令、令史各一盾。"簡1292(134):"尉令不謹,黔首失令,尉、尉史、士吏主者貲各一甲,丞、令、令史各一盾。"簡1257(148):"尉、尉史、士吏、丞、令、令史見及或告而弗劾,與同辠。弗見莫告,貲各一甲。"簡

---

① 李力:《嶽麓秦簡(肆)〈金布律〉讀記(一)——關於1402簡釋文與注釋的討論》,中國文化遺産研究院編:《出土文獻研究》第17輯,第136頁。
② 陳松長主編:《嶽麓書院藏秦簡(肆)》,第165頁。

J46(187):"疾病有瘳、已葬、劾已而敢弗遣拾日,貲尉、尉史、士吏主者各二甲,丞、令、令史各一甲。"簡1248+1249(190—191):"歲上春城旦、居貲贖〈贖〉、隸臣妾繕治城塞數、用徒數與黔首所繕用徒數于屬所尉,與計偕,其力足以爲而弗爲及力不足而弗言者,貲縣丞、令、令史、尉、尉史、士吏各二甲。"令史、尉史都屬於秦代龐大的史官隊伍的一部分,對於以文書行政爲特點的秦帝國來說,史在基層行政機關的作用尤爲不可或缺。也正因爲如此,法律也對其活動多所限制,防止其舞文弄墨而濫用權力。嶽麓簡此處所記載縣尉機構限制尉史獨自治事,就是法律採取的措施之一。史不可獨自治事的規定,還見於睡虎地秦簡《法律答問》簡94:"贖罪不直,史不與嗇夫和,問史可(何)論?當貲一盾。"史不與嗇夫和,說的也是史未與嗇夫溝通,就擅自處理案件,這裏也是在強調縣鄉各級部門中不能讓史單獨治事。

【2】士吏

[疏證]

士吏,亦見於上文所引嶽麓簡1292(134)、1291+1293(144—145)、1257(148)、J46(187)、1248+1249(190—191)等,此外還見於簡0994(280):"田律曰:黔首居田舍者毋敢酤〈酤(酤)〉酒,不從令者罨(遷)之,田嗇夫、士吏、吏部弗得,貲二甲。·第乙"簡0525(381):"材官、趨發、發弩、善士敢有相責(債)入舍錢酉(酒)肉及予者,捕者盡如此令,士吏坐之,如鄉嗇夫。"

睡虎地秦簡中的"士吏"。《秦律雜抄》簡2:"除士吏、發弩嗇夫不如律,及發弩射不中,尉貲二甲。"簡12—14:"不當稟軍中而稟者,皆貲二甲,法(廢);非吏殹(也),戍二歲;徒食、敦(屯)長、僕射弗告,貲戍一歲;令、尉、士吏弗得,貲一甲。軍人買(賣)稟稟所及過縣,貲戍二歲;同車食、敦(屯)長、僕射弗告,戍一歲;縣司空、司空佐史、士吏將者弗得,貲一甲;邦司空一盾。"簡39:"戍律曰:同居毋并行,縣嗇夫、尉及士吏行戍不以律,貲二甲。"整理小組注:"士吏,一種軍官,見居延漢簡,其地位在尉之下、候長之上。《漢書·匈奴傳》注引漢律:"近塞郡皆置尉,百里一人,士史、尉史各二人,巡行徼塞也。"士史應即士吏。此外《管子·五行》也有士吏一詞,含義與此不同。"①《釋文注釋修訂本(壹)》:"邢義田(2003):由張家山漢簡《二年律令》'廷士吏亦得聽告'可知,士吏不僅僅是一武吏,也是文吏,兼掌理訟聽告。士吏一職的存在可因張家山簡追溯到漢初。又《秦律雜抄》簡39'同居毋并行,縣嗇夫、尉及士吏行戍不以律,貲二甲'。這裏的尉和士吏應都是縣嗇夫之下屬,知士吏一職更源於秦。今按:里耶秦簡5-1記'獄佐辨、平,士吏賀'公出,縣官食將盡,請求沿途續食。對照《倉律》簡46'有秩吏不止',可知'士吏賀'屬斗食。居延漢簡的'士吏'是邊境地區的軍隊編制,且時代較晚,與秦簡'士吏'不同。"②

---

① 睡虎地秦墓竹簡整理小組編:《睡虎地秦墓竹簡》,釋文部分第79頁。
② 彭浩、劉樂賢等:《秦簡牘合集·釋文注釋修訂本》(壹),第156頁。

【3】與

[整理小組注]

與：參與。《左傳·僖公三十三年》："蹇叔之子與師。"①

[疏證]

與，作爲"參與"之用法，嶽麓簡中還有幾例。簡1371（152）"冗宦及冗官者，勿與"，簡1236（158）"史子未傅先覺（學）覺（學）室，令與粟事"，簡1273（189）"毋敢令公士、公卒、士五（伍）爲它事，必與繕城塞"，"與"皆作"參與"解。

【4】身臨之

[整理小組注]

身：親自。《韓非子·五蠹》："禹之王天下也，身執耒臿以爲民先。"②

[疏證]

"身臨之"與"不從令者，貲一甲"之間，嶽麓秦簡整理小組原標點爲逗號，今改爲句號。因爲前者是從正面所作的規定，後者是從反面所作的規定，二者之間是正反兩方面的並列關係，故當分爲二事，以句號斷開，便於讀者理解。

"身"作爲親身之義，其用法亦見於嶽麓簡1241（244）："節（即）發繇（徭），鄉嗇夫必身與典以券行之。"張家山漢簡《二年律令》簡106《具律》"如身斷治論及存者之罪"，"身斷治論"即按照縣令丞親身斷案失誤論處。《二年律令》簡334《戶律》："民欲先令相分田宅、奴婢、財物，鄉部嗇夫身聽其令。""身"，亦親身之義。

簡文大意

《尉卒律》規定：縣尉處理事務，不能單獨委派令史處理，縣尉與士吏也要共同參與，縣尉必須親自參加。不遵守此法令者，貲罰一甲。

簡1397+1372（140—141）

尉卒律曰：爲計，鄉嗇夫及典、老月辟[1]其鄉里之入穀（穀）[2]、徙除[3]及死亡者，謁于尉，尉月朝部[4]之，到十月乃 140 比其牒[5]，里相就殹（也）以會計[6]。黔［首］之闌亡者卒歲而不歸[7]，結其計[8]，籍書[9]其初亡之年月

---

① 陳松長主編：《嶽麓書院藏秦簡（肆）》，第165頁。
② 同上注。

于結,善臧(藏)以戒[10]其得141。

【1】辟

[疏證]

辟,治理,處理。《左傳·文公六年》:"宣子於是乎始爲國政,制事典,正法罪,辟獄刑。"楊伯峻注曰:"杜注:'辟猶理也。'孔疏:'辟刑獄謂有獄未決斷當時之罪,若昭十四年韓宣子命斷舊獄之類是也。'則辟獄刑若後世清理舊獄積案。"① 秦律此處指的是鄉嗇夫及典、老每月對本月發生的黔首入穀、徙除及死亡情況進行系統整理,然後上報給縣尉。

嶽麓簡中有"辟問"一詞。簡1258+1270(137—138):"獄史月案計日,盈三月即辟問鄉官。"整理小組注:"辟問:推辟驗問。《居延漢簡釋文合校》:'候長彭馳之南界辟問。'"② 簡1385+1390(228—229):"具律曰:諸使有傳者,其有發徵、辟問具殹(也)及它縣官事,當以書而毋□欲(?)□□者,治所吏聽行者,皆耐爲司寇。"

【2】入穀

[整理小組注]

入穀(穀):入讀爲納,入穀即傳世文獻所見納(内)粟。《史記·秦始皇本紀》:"天下疫。百姓内粟。"《史記·六國年表》"納粟千石,拜爵一級"。③

[疏證]

"入"之前的這個字,嶽麓簡整理小組隸定爲"穀",釋爲"穀"。邢義田則直接隸定作"穀"。④ "入穀"即"納粟",繳納田租。

另一種觀點認爲,"穀"當作本義解,釋爲"幼兒",何有祖、陳偉皆持此説。⑤《廣雅·釋親》:"穀,子也。"王念孫疏證:"穀之言孺,字本作穀。""入穀",即將新出生人口納入統計之中。《商君書·去強篇》說"舉民衆口數,生者著,死者削","生者著"可與嶽麓簡此處"入穀"含義相當。"入穀、徙除及死亡",説的是人口增減的三種情況,即人口出生、遷徙與死亡。如把"入穀"解釋爲"入穀",那麽就是説上計的時候,統計了田租繳納的情況,人口的遷徙及死亡情況,却漏下了人口出生這一反映人口增長的重要指標,是難以理解的。因此,筆者贊同何有祖、陳偉的説法。

入,劉傑釋爲"人",讀作"鄉嗇夫及典、老月辟其鄉里之人:穀、徙、除及死、亡者","此條《尉卒律》有關'爲計'的規定,僅就定期核實和統計人口信息而論。

---

① 楊伯峻編著:《春秋左傳注》,第2分册,第596頁。
② 陳松長主編:《嶽麓書院藏秦簡(肆)》,第165頁。
③ 同上注。
④ 邢義田:《今塵集》,下册,第331—332頁。
⑤ 何有祖:《讀嶽麓秦簡肆札記(一)》,武漢大學簡帛網2016年3月24日。陳偉:《岳麓秦簡肆校商(壹)》,武漢大學簡帛網2016年3月27日。

'耗''徙''除''死''亡'爲有涉人口數量變化的五類人群"。① 這種斷句方式,亦可備一説。

【3】徙除

[整理小組注]

徙除:徙,遷徙;除,任用。徙除,即徙至其他官署獲得任用或服役。《睡虎地秦簡·秦律十八種》:"司寇勿以爲僕、養、守官府及除有爲殹(也)。有上令除之,必復請之。"整理者注:"除,任用。"②

[疏證]

徙,遷徙。包括兩種情況。一是人口居住地的遷徙。睡虎地秦簡《法律答問》簡147:"甲徙居,徙數謁吏,吏環,弗爲更籍。今甲有耐、貲罪,問吏可(何)論? 耐以上,當貲二甲。"徙數,户籍遷徙。嶽麓簡此處應主要是指這種情況。因爲這裏説的是鄉嗇夫、里典、里老要按月整理本月内發生在本鄉或本里中的遷徙情況,總結上報。另一種是官吏職務的調動。睡虎地秦簡《秦律十八種》簡159—160《置吏律》:"嗇夫之送見它官者,不得除其故官佐、吏以之新官。"整理小組注:"送,疑爲徙字之誤。徙,調任。"③《秦律十八種》簡162《效律》:"實官佐、史柀免、徙,官嗇夫必與去者效代者。"④

【4】牒部

[整理小組注]

部:分也。《玉篇·邑部》:"部,分判也。"⑤

[疏證]

部,有强調範圍之義,故《玉篇》以"分判"解之。牒部,即以牒分類統計。牒,名詞作狀語。肩水金關漢簡73EJT10:311:"牒書除爲司御三人,人一牒。元鳳四年四月甲寅朔甲寅,尉史真敢言之。牒書……謁署敢言之。"這就是一個以牒記録徙除的例子。⑥

【5】到十月乃比其牒

[整理小組注]

比:編次。⑦

---

① 劉傑:《〈嶽麓書院藏秦簡(肆)〉札記四則》,《中山大學學報(社會科學版)》2019年第1期,第115頁。
② 陳松長主編:《嶽麓書院藏秦簡(肆)》,第165頁。
③ 睡虎地秦墓竹簡整理小組編:《睡虎地秦墓竹簡》,釋文部分第56頁。
④ 同上注,釋文部分第186頁。
⑤ 陳松長主編:《嶽麓書院藏秦簡(肆)》,第165頁。
⑥ 甘肅簡牘保護研究中心等編:《肩水金關漢簡(壹)》(下册),中西書局2011年版,第150頁。
⑦ 陳松長主編:《嶽麓書院藏秦簡(肆)》,第165頁。

[疏證]

比，按次序進行整理。《周禮·天官·宰夫》曰："凡禮事，贊小宰比官府之具。"鄭玄注："比，校次之。"孫詒讓云："注云'比，校次之'者，《大司馬》注義同。《大胥》注：'比猶校也。'又《春官·世婦》注云：'比，次也。'是比兼校、次二義，謂考校序次之。"①邢義田亦認爲："'比其牒'之'比'應即'案比'之'比'。"②王萍也持同樣的看法。③"到十月乃比其牒"，屬於當時制度，亦見於簡0640(357)"縣恒以十月比牒"。"十月比牒"，可能與秦時的考課制度有關。睡虎地秦簡《秦律十八種》簡13《廄苑律》："以四月、七月、十月、正月膚田牛。"《秦律十八種》簡35—36《倉律》："稻後禾孰(熟)，計稻後年。已獲上數，別粲、穤(糯)秙(黏)稻。別粲、穤(糯)之裹(釀)，歲異積之，勿增積，以給客，到十月牒書數，上内【史】。"《秦律十八種》簡53《倉律》："小隸臣妾以八月傅爲大隸臣妾，以十月益食。"睡虎地秦簡的這三條材料中，後兩條材料對於解釋嶽麓簡此處的制度尤其直接。《倉律》簡53說的是一年起始開始實施的制度。簡35—36說的則是前一年結束時的總結。因此，嶽麓簡此處"到十月乃比其牒"就是對前一年各類事項的年度統計。

【6】里相就殹(也)以會計

[疏證]

相就，主動前來。以里爲單位，其負責人親自到縣尉那裏接受考核詢問。會計，審計考核。《周禮·天官·司會》："掌國之官府、郊野、縣都之百物財用凡在書契版圖者之貳，以逆群吏之治而聽其會計。"孫詒讓曰："云'以逆群吏之治，而聽其會計'者，謂據書契版圖等，以考吏治之舉廢。"④

王萍則把"里相就殹(也)以會計"一句理解爲，考核文書中的相關資料以里爲單位編排在一起。她説："'里相就也'，意思是按里歸類，將同一里放在一起。由於鄉里是每月向縣報告'入、穀、徙、除及死、亡者'情況，縣分類登記在牒上，因此，到十月進行'會計'即年終結算時，縣要以里爲單位，把每個里的'入、穀、徙、除及死、亡者'牒按月排列，這樣對一個里的情況可一目了然，並方便計算每個里的總數。"⑤此説亦通。

【7】闌亡者卒歲而不歸

[疏證]

吏民逃亡，十二月以上，屬於"闌亡"；不滿十二月，屬於"將陽"。嶽麓簡0185(091)："闌亡盈十二月而得，耐。不盈十二月爲將陽，毄(繫)城旦舂。"逃亡者逃亡十二月以上，也就是已經卒歲，屬於"闌亡"，因此要列入追捕的名單之中。

---

① 孫詒讓：《周禮正義》，第1分冊，第247頁。
② 邢義田：《今塵集》，下冊，第330頁。
③ 王萍：《嶽麓秦簡〈尉卒律〉中的"比其牒"與"案比"制度》，《中國史研究》2020年第2期，第185頁。
④ 孫詒讓：《周禮正義》，第2分冊，第578頁。
⑤ 王萍：《嶽麓秦簡〈尉卒律〉中的"比其牒"與"案比"制度》，《中國史研究》2020年第2期，第184頁。

【8】結其計

[整理小組注]

結，疑讀爲觚。結、觚都是見紐魚部字，古音相同。陸機《文賦》："操觚以率爾。"李善注："觚，木簡也。"當爲秦代一種簿籍竹木簡的專稱，此處作動詞登記用。①

[疏證]

邢義田認爲，作爲名詞，"凡爲某特定目的，自某些簿籍中抽取或挑選某些部分再編綴而成的簿籍叫做'結'，也就是'紬'"。嶽麓簡"結其計"，"結"爲動詞，"是要求從計簿中特别抽或挑出那些逃亡滿一年未歸者的名字，別集爲一份名籍或簿册，標明其初亡的年、月"。②其實，此處的"計"未必一定要用作名詞，指計簿之類的簿册；亦可作動詞解，指數據統計。

【9】籍書

[疏證]

籍書，在簿籍上記録。睡虎地秦簡《語書》簡13–14："志千里使有籍書之，以爲惡吏。"睡虎地秦墓竹簡整理小組注："籍，簿籍。"③《釋文注釋修訂本（壹）》："黄盛璋（1979）語譯簡文作：要有册籍書寫，作爲惡吏，使千里都知道。張金光（2003）解釋爲：發通報，載入工作檔案以爲惡吏。"④《秦律十八種》簡111–112《均工律》："能先期成學者謁上，上且有以賞之。盈期不成學者，籍書而上内史。"張家山漢簡《二年律令》簡493《津關令》："□、制詔御史，其令諸關，禁毋出私金器□，其以金器入者，關謹籍書，出復以閲。出之。籍器，飾及所服者不用此令。"張家山二四七號漢墓竹簡整理小組注："籍，登記。"⑤

【10】戒

[疏證]

戒，備也。《漢書·趙充國列傳》記載趙充國列舉屯田十二便的理由時説："大費既省，繇役豫息，以戒不虞，十二也。"⑥"以戒不虞"，就是以備不虞。嶽麓簡此處"善藏以戒其得"，意思是保存好逃亡之人的信息，即逃亡起始的年月時日等，以備日後抓獲逃亡者後，作爲處罰的依據。

簡文大意

《尉卒律》規定：計簿統計，鄉嗇夫及里典、里父老每月要詳細統計本鄉、里人口的

---

① 陳松長主編：《嶽麓書院藏秦簡（肆）》，第165頁。
② 邢義田：《今塵集》，下册，第333頁。
③ 睡虎地秦簡整理小組編：《睡虎地秦墓竹簡》，釋文部分第16頁。
④ 彭浩、劉樂賢等：《秦簡牘合集·釋文注釋修訂本（壹）》，第38頁。
⑤ 張家山二四七號漢墓竹簡整理小組編著：《張家山漢墓竹簡〔二四七號墓〕》（釋文修訂本），第84頁。
⑥ 班固：《漢書》，第2988頁。

出生、遷徙以及死亡情況,上報縣尉,縣尉按月分類整理,到十月的時候對各類統計數據進行審核,各里都要來接受審計。黔首逃亡滿一年而不回歸本鄉里者,要記録在案,在觚上記清楚其逃亡起始時間,好好保存,以備抓獲時作爲處罰依據。

簡1373+1405+1291+1293+1235(142—146)

●尉卒律曰:里自卅户以上[1],置典、老各一人;不盈卅户以下,便利[2],令與其旁里共典、老;其不便者,予之典142而勿予老。公大夫[3]以上擅啓門者[4],附其旁里[5],旁里典、老坐之└。置典、老,必里相誰(推)[6],以其里公卒、士五(伍)[7]年長而毋(無)害[8]143者爲典、老[9];毋(無)長者,令它里年長者爲它里典、老[10]。毋以公士及毋敢以丁者[11],丁者爲典、老,貲尉、尉史、士吏主144者各一甲,丞、令、令史各一盾└。毋(無)爵者[12]不足,以公士。縣毋[13]命爲典、老者,以不更[14]以下,先以下爵。其或復[15],未當事145戍,不復而不能自給[16]者,令不更以下無復不復,更爲典、老[17]146。

【1】里自卅户以上

[整理小組注]

里自卅户以上:關於里的户數,文獻記載多有不同,少者有二十五户的,如《禮記·郊特牲》"單出里",鄭玄注:"二十五家爲里。"多則有八十户的,如《公羊傳·宣公十五年》:"什一行而頌聲作矣",何休注:"一里,八十户。"還有一百户的,如《管子·度地》:"故百家爲里。"簡文中所記卅户以上之里置典、老各一人,不足卅户者,與旁里共典、老。是知秦代里的設置大致是以卅户爲標準,而上述文獻中所記載的里的户數,應該是不同時代的具體規定。①

[疏證]

"里自卅户以上置典、老各一人""不盈卅户以下,便利,令與其旁里共典、老""其不便者,予之典而勿予老"三者之間是並列關係,指里中典老設置的三種情況。三者之間,嶽麓秦簡整理小組原標點爲逗號,今改爲分號。另外,"里自卅户以上置典、老各一人",標點改爲"里自卅户以上,置典、老各一人",以便與"不盈卅户以下,便利,令與其旁里共典、老"句式相對應,便於讀者閱讀理解。

按:里耶秦簡的記載也證明了里典的設置,須經尉的批准,當時有的里二十七户即

---

① 陳松長主編:《嶽麓書院藏秦簡(肆)》,第165頁。

設置一個里典,可能就屬於《尉卒律》所説的後一種情況。里耶簡8-157:"卅二年正月戊寅朔甲午,啓陵鄉夫敢言之:成里典、啓陵郵人缺。除士五(伍)成里匃、成,成爲典,匃爲郵人,謁令尉以從事。敢言之。正月戊寅朔丁酉,遷陵丞昌却之啓陵:廿七户已有一典,今有(又)除成爲典,何律令應(應)?尉已除成、匃爲啓陵郵人。其以律令。氣手。正月戊戌日中,守府快行。正月丁酉旦食時,隸妾冉以來。欣發。壬手。"

【2】便利

[疏證]

便利,方便,有利。這裏是説,不到三十户的里,如果方便的話,可以與其旁里共用一套行政機構。居延新簡EPT53.77:"舍。至甲子乃至隧(燧)。宗私自便利。"集解:"私自便利,漢律罪名之一,私下作對自己有利的事情。《墨子·尚同中》:'萬民之所便利,而能强從事焉,則萬民之親可得也。'《漢書·張敞傳》:'天子薄其罪,欲令敞得自便利,即先下敞前坐楊惲不宜處位奏,免爲庶人。'"[1]

"便利,令與其旁里共典、老"與"其不便者,予之典而勿予老"相對,故二者之間當以分號點斷爲宜。整理小組"共典老"與"其不便者"之間原標點爲逗號,故今改爲分號。

【3】公大夫

[整理小組注]

公大夫:秦爵第七級。[2]

[疏證]

張家山漢簡《二年律令》簡305—306《户律》:"自五大夫以下,比地爲伍,以辨券爲信,居處相察,出入相司。有爲盜賊及亡者,輒謁吏。典、田典更挾里門籥(鑰),以時開;伏閉門,止行及作田者,其獻酒及乘置乘傳,以節使,救水火,追盜賊,皆得行。不從律,罰金二兩。"漢初五大夫以下比地爲伍,五大夫爲秦制第九級,那麼第七級公大夫也是比地爲伍了。

【4】擅啓門者

[整理小組注]

擅啓門:即擅自開啓里門。《張家山漢簡·二年律令·雜律》:"越邑、里、官、市院垣,若故壞決道出入,及盜啓門户,皆贖黥。""盜啓門户"即私自開啓門户,這是對里或院垣的破壞,故與越里院垣的行爲處一樣的刑罰。"擅啓門"與"盜啓門户"義同。[3]

[疏證]

嶽麓秦簡整理小組原來把"擅啓門者"與"附其旁里"連讀,今根據上下文意,用逗號隔開。里門的鑰匙輪流掌握在里典和田典手中,按時開啓里門,其他居民擅自開啓里

---

[1] 馬智全:《居延新簡集釋(四)》,甘肅文化出版社2016年版,第308頁。
[2] 陳松長主編:《嶽麓書院藏秦簡(肆)》,第166頁。
[3] 同上注。

門,當然是違反制度的,但説因此而導致"破壞了本里與旁里之間的分界院垣",就讓人難以理解。除非私自在圍墻上鑿開門户,但如果是這種行爲,恐怕不能僅僅以"擅啓門"定罪了,那性質要嚴重得多。

【5】附其旁里

[整理小組注]

附其旁里:指擅啓之門破壞了本里與旁里之間的分界院垣,其門直接附着於旁里内部。《玉篇·阜部》:"附,着也。"①

[疏證]

"擅啓門者,附其旁里",嶽麓簡整理小組對於這句話的理解是"擅啓門者"與"附其旁里"是因果關係,"擅啓門者"導致了"附其旁里"。他們對"附其旁里"的解釋是"指擅啓之門破壞了本里與旁里之間的分界院垣,其門直接附着於旁里内部"。擅自開啓里門,怎麽就會"破壞了本里與旁里之間的分界院垣,其門直接附着於旁里内部"呢?只有一種解釋,那就是公大夫在本里的墻上新開了一個門,打通了旁里!如果是這樣的話,公大夫擅自鑿里中的圍墻,本里中的里典和里父老首先是必須負連帶責任的。當然,旁里的典、老也有責任,因爲里墻是兩里之間共同的界限,後者也有監管不嚴之責。而法律條文並没有提及本里典、老的責任,因此公大夫在本里圍墻上鑿門的可能性不大。

另一種理解是説本里人少不足以設典、老,而依附於旁里,共用一套領導班子。②律文前兩句説的正是這種情况。這句話則應讀作:"公大夫以上擅啓門者,附其旁里,旁里典、老坐之。"意思是説,公大夫以上擅自開啓里門者,如果他所在的里是依附於旁里(與旁里共用一個里典、老),那麽旁里的里典和里父老要負連帶責任。從上下文的表述來看,這種理解更加順理成章。

【6】里相誰(推)

[整理小組注]

誰:通"推"。《莊子·天運》:"孰居無事推而行是。"陸德明《經典釋文》:"推,司馬本作誰。"推,推選。《禮記·儒行》:"適弗逢世,上弗援,下弗推。"鄭玄注:"推,猶進也,舉也。"里相誰(推),指里人互相推選典、老。③

[疏證]

里相誰(推),里中的里典和里父老由里中百姓推選產生。《公羊傳》宣公十五年何休注:"一里八十户,八家共一巷,中里爲校室,選其耆老有高德者名曰父老,其有辯護伉健者爲里正,皆受倍田,得乘馬,父老比三老孝弟官屬,里正比庶人在官之吏。"④里典

---

① 陳松長主編:《嶽麓書院藏秦簡(肆)》,第166頁。
② 陳松長等著:《秦代官制考論》,第219頁。
③ 陳松長主編:《嶽麓書院藏秦簡(肆)》,第166頁。
④ 徐彦:《春秋公羊傳注疏》(下),上海古籍出版社2014年版,第679頁。

（正）和里父老，要求具有"耆老有高德""辯護伉健"的品德和能力，其中里父老注重德高望重，里正則強調工作能力。何休把"里正"比作"庶人在官之吏"，也正説明了作爲里中的管理者，其本質是一種職役，而非正式的吏員。①

里典和里父老在管理和維持里中行政事務及道德教化工作中相互配合。《墨子·號令》："里正與父老皆守宿里門，吏行其部，至里門，正與開門内吏，與行父老之守及窮巷間無人之處。奸民之所謀爲外心，罪車裂，正與父老及吏主部者不得，皆斬；得之，除，又賞之黄金人二鎰。"吳毓江注："孫云：里正即上文里長，每里四人。"②《史記·滑稽列傳》："至其時，西門豹往會之河上。三老、官屬、豪長者、里父老皆會，以人民往觀之者三二千人。"《漢書·陳平列傳》："里中社，平爲宰，分肉甚均。里父老曰：'善，陳孺子之爲宰！'"《漢書·黃霸傳》："爲條教，置父老、師帥、伍長，班行之於民間。"

《管子》中設計了一個以鄉、州、里爲建制的三級地方行政體系，里的長官爲里尉，其職責與秦簡中的里典大致相當。不過，里尉雖然掌管里門鑰匙，但具體守門的却是閭有司。這或許是與秦制相區别的齊地的管理系統。《管子·立政》："分國以爲五鄉，鄉爲之師。分鄉以爲五州，州爲之長。分州以爲十里，里爲之尉。分里以爲十游，游爲之宗。十家爲什，五家爲伍，什伍皆有長焉。築障塞匿，一道路，博出入，審閭閈，慎筦鍵。筦藏于里尉，置閭有司，以時開閉。閭有司觀出入者，以復于里尉。凡出入不時，衣服不中，圈屬群徒不順于常者，閭有司見之，復無時。若在長家子弟、臣妾、屬役、賓客，則里尉以譙于游宗，游宗以譙于什伍，什伍以譙於長家。譙敬而勿復，一再則宥。三則不赦。凡孝悌、忠信、賢良、儁材，若在長家子弟、臣妾、屬役、賓客，則什伍以復于游宗，游宗以復于里尉，里尉以復于州長，州長以計于鄉師，鄉師以著于士師。凡過黨，其在家屬，及于長家；其在長家，及于什伍之長；其在什伍之長，及于游宗；其在游宗，及于里尉；其在里尉，及於州長；其在州長，及于鄉師；其在鄉師，及于士師。三月一復，六月一計，十二月一著。"

東漢初年的《侍廷里父老僤約束石券》記載了當時推選里父老的基本規則，里父老由里中人共同推選産生，被推選者本身要具有一定的聲望和財産基礎，推選出的里父老享有里中集資購買的土地上的經濟收益。里父老資産下降，達不到任職標準時，由符合條件者繼任，原有經濟待遇則隨之轉移。③這則考古資料可爲嶽麓簡所記載的里中典老制度提供參考。現摘録其文如下："建初二年正月十五日，侍廷里父老僤祭尊于季、主疏左巨等二十五人共爲約束石券里治中。乃以永平十五年六月中造起僤，斂錢共六萬一千五百，買田八十二畝。僤中其有訾次當給爲里父老者，共以容田借與，得收田上毛物穀自給。即訾下不中，還田，轉與當爲父老者。傳後子孫以爲常。其有物故，得傳後代户者　人。即僤中皆訾下不中父老，季、巨等共假賃田。它如約束。單侯、單子陽、尹伯通、錡中都、周平、周蘭、□□、周偉、于中山、于中程、于季、於孝卿、于

---

① 陳松長等著：《秦代官制考論》，第215頁。
② 吳毓江：《墨子校注》（下），中華書局1993年版，第932頁。
③ 俞偉超：《中國古代公社組織的考察——論先秦兩漢的"單—僤—彈"》，文物出版社1988年版，第124—126頁。

程、于伯先、于孝、左巨、單力、於稚、錡初卿、左□□、於思、錡季卿、尹太孫、于伯和、尹明功。"

【7】公卒、士五(伍)

[疏證]

公卒、士五(伍),賈麗英將其定位爲二十等爵之下的"準爵"。她説:"公卒和士伍在最初爲軍爵時應在作戰分工上有所區别,且公卒略高於士伍。後來隨着爵調整和規範的身份秩序超越軍層,成爲一種更廣泛的社會性身份品位時,二者的差别逐漸縮小,以致在爵所帶來的諸多權益的表述中多見公卒與士伍並列。"① 筆者認爲,賈麗英關於"公卒、士伍"在當時社會階層中的定位是準確的,相關史料很清楚地表明了這一點,但是否稱之爲"準爵",或者"最初爲軍爵",鑒於秦爵制的發展有一個逐漸規範完善的過程,值得進一步研究。不過,嶽麓秦簡《尉卒律》在此已經明確地將其排除在"有爵者"之外了。至於"公卒"與"士伍"的區分是否與"作戰分工"有關,目前恐怕推測的成分居多,很難找到證據。

【8】毋害

[整理小組注]

毋害,《漢書·蕭何傳》:"以文無害爲沛主吏掾。"顔師古注引蘇林曰:"毋害,若言無比也。一曰,害,勝也,無能勝害之者。"②

[疏證]

毋害,亦見於嶽麓簡0532-1(303):"故徼外蠻……請令縣以□,令吏毋(無)害者……"睡虎地秦簡《秦律十八種》簡161《置吏律》:"官嗇夫節(即)不存,令君子毋(無)害者若令史守官,毋令官佐、史守。"睡虎地秦墓竹簡整理小組注:"無害,秦漢文書習語,例如《墨子·號令》:'舉吏貞廉、忠信、無害、可任事者。'《史記·蕭相國世家》:'以文無害爲沛主吏掾。'意思是辦事没有疵病,參看楊樹達《漢書窺管》卷四。"③ 毋害,諸家多有解釋,④ 然綜合比較,當以"無瑕疵"説較爲公允。

【9】者爲典、老

[疏證]

"者爲典、老"之後,嶽麓秦簡整理小組原標點爲逗號,今改爲分號。因爲"以其里公卒、士五(伍)年長而毋(無)害者爲典、老"與"毋長者令它里年長者爲它里典老"是典老設置的兩種情況,它們之間是並列關係。

---

① 賈麗英:《秦及漢初二十等爵與"士下"准爵層的剖分》,《中國史研究》2018年第4期,第39—40頁。
② 陳松長主編:《嶽麓書院藏秦簡》(肆),第166頁。
③ 睡虎地秦墓竹簡整理小組編:《睡虎地秦墓竹簡》,釋文部分第56—57頁。
④ 蔣波:《秦漢簡"文毋害"一詞小考》,《史學月刊》2012年第5期。

【10】毋(無)長者,令它里年長者爲它里典、老

[疏證]

此句簡文,嶽麓秦簡整理小組原標點爲"毋(無)長者令它里年長者,爲它里典、老",今在陳偉説基礎上改。陳偉曰:"'者爲'之間,整理者用逗號斷開。今按:此處當連讀。文中前一個'它里'是指'毋長者'之里以外的里,後一個'它里'則是指'毋長者'之里。因爲從前一個'它里'選出的典、老是到並非自己原在的里任職,這個里對他而言也屬於'它里'。"① 案:其説可從。另外,整理小組原句讀把"毋(無)長者"與"令它里年長者"連讀,今改以逗號隔開,更易於理解上下文意。二者之間爲因果關係,因爲本里没有符合條件的年長者,所以才選調它里的年長者來本里任職典、老。

同時,"令它里年長者爲它里典老"與"毋以公士及毋敢以丁者"云云之間,嶽麓秦簡整理小組原標點爲逗號,今改爲句號。因爲"以其里公卒、士五(伍)年長而毋(無)害者爲典、老"與"毋長者令它里年長者爲它里典老",是從正面規定關於典老設置的兩種情況,而"毋以公士及毋敢以丁者"云云,則是從反面規定,違反此制度應該如何處罰。正反兩方面論述之間,用句號隔開,便於讀者理解文意。

【11】丁者

[整理小組注]

丁者:《張家山漢簡·二年律令·復律》:"丁女子各二人。"整理者注:"丁女子,成年女子。"是指傅籍之後的成丁。"毋敢以丁者",即毋敢以丁者爲典、老的省略,或許是因爲丁者經常需要離開鄉里服各類徭役,所以不能留在里中擔任典、老。②

[疏證]

整理小組的解釋是正確的。嶽麓秦簡中規定對里中典老的推選,一方面要求德才兼備、德高望重,另一方面要求年齡最好是超過服役年齡,達到免役狀態,而且無爵位,實在不行,才退而求其次。里典、里父老要求一般情況下都留在里中,這樣才能更好地對一里居民起到安全監督作用。

【12】毋(無)爵者

[整理小組注]

毋(無)爵者:這裏指代公卒和士伍。《張家山漢簡·二年律令·賜律》:"……上造、公士比佐史。毋爵者,飯一斗、肉五斤、酒大半斗、醬少半升。司寇、徒隸,飯一斗……"可見毋爵者的地位在一等爵公士之下,又在司寇和刑徒等之上。③

"毋(無)爵者不足,以公士"與"縣毋命爲典、老者"之間是兩層意思,整理小組原

---

① 陳偉:《秦簡牘校讀及所見制度考察》,第286頁。
② 陳松長主編:《嶽麓書院藏秦簡(肆)》,第166頁。
③ 同上注。

句讀在"以公士"之後標點爲逗號,今改爲句號,這樣更易於讀者理解上下文意。前者是說,如果無爵者不足,就選用第一級爵位者公士;後者進一步解釋說,縣里任命典老時,從第四級爵位以下選任,從低往高依次選取。

【13】毋

[整理小組注]

據前後文意,知"毋"爲衍文。①

[疏證]

鄒水傑認爲也有可能"毋"字無誤,而抄手把"下"誤寫作"上",即"縣毋命爲典、老者以不更以上"。② 我們不同意這種看法,因爲這與下文"先以下爵"語氣不連貫,不如整理小組注合理。周海鋒有專文作詳細説明。③

【14】不更

[整理小組注]

不更:秦爵第四級,不更以下常被視作爲一類。《商君書·境内》:"自二級以上至不更,命曰卒。"秦爵第五級大夫就與不更以下不同。④

[疏證]

嶽麓簡整理小組所説甚是。除這條材料之外,《嶽麓肆》中還有幾處簡文體現了這個特徵。簡1255+1371(151—152):"繇(徭)曰:補繕邑院、除田道橋、穿汲〈波(陂)〉池、漸(塹)奴苑,皆縣黔首利殹(也),自不更以下及都官及諸除有爲殹(也),及八更,其晥老而皆不直(值)更者,皆爲之,宂宦及宂官者,勿與。"簡1247(209):"害(憲)盗,除不更以下到士五(伍),許之。"簡1396(210):"置吏律曰:縣除小佐毋(無)秩者,各除其縣中,皆擇除不更以下到士五(伍)史者爲佐。"簡1305(253):"繇(徭)律曰:發繇(徭),自不更以下繇(徭)戍,自一日以上盡券書,及署于牒,將陽倍(背)事者亦署之。"

【15】復

[整理小組注]

復:免除徭役。《史記·秦始皇本紀》:"因徙三萬家麗邑,五萬家雲陽,皆復不事十歲。"⑤

---

① 陳松長主編:《嶽麓書院藏秦簡(肆)》,第166頁。
② 陳松長等著:《秦代官制考論》,第220頁。
③ 周海鋒:《嶽麓秦簡〈尉卒律〉研究》,中國文化遺産研究院編:《出土文獻研究》第15輯。
④ 陳松長主編:《嶽麓書院藏秦簡(肆)》,第166頁。
⑤ 同上注。

【16】自給

[整理小組注]

自給：自足。此指不能承當戍役之花費。①

[疏證]

不能自給，指沒有充足的人選來充當本里的典、老。從嶽麓秦簡的相關律文來看，典老的選舉標準最好是年齡超過傅籍的最高年齡，即達到免老以上的年齡，這樣就可以不服徭役，避免因服徭役而離開里中。同時，擔任典老的人，最好能無爵位。睡虎地秦簡《法律答問》156："大夫寡，當伍及人不當？不當。"整理小組注："伍，《漢書·外戚傳》注：'猶列也。'意即合編爲伍。推測當時大夫係高爵，所以不與一般百姓爲伍。"②或許是因爲典老作爲一里之中的管理者，需要與大多數居民融爲一體，才能更好地行使其管理職責，所以才要求最好是無爵者。但一里之中實在找不出能滿足這幾項條件的人選時，也只能退而求其次，從大夫以下的爵位中尋找合適的人選。因爲大夫作爲高爵，已經不與普通百姓爲伍了。

【17】無復不復，更爲典、老

[疏證]

鄒水傑認爲，這種任命典、老的規定，説明"擔任里典與里老屬於'事'的範疇，是一種職役，是一項義務"。③這種認識是有道理的。因爲大家都不願意主動擔任典、老，而又實在找不到符合條件者，在這種情況下，只能在"不更"爵位以下，强行任命，輪流擔任典老了。

簡文大意

《尉卒律》規定：里中百姓在三十户以上者，設置里典、里父老各一人；如果不足三十户，根據情況，可與相鄰的里共用里典、里父老；如果不方便，可單獨設置一位里典，但不設里父老。公大夫以上爵位者如擅自開啓里門，如果他所在的里是與旁里共用里典和里父老，那麽旁里的里典、里父老要承擔連坐的責任。設置里典、里父老，一定要由里中的百姓推舉產生，其身份最好是里中公卒、士伍中的年長而又公平公正者；如果本里中沒有年長者，可以由其他里中的年長者來擔任。擔任其他里的里典、里父老，身份一般情況下不能是公士，也不能是成丁，如果任命成丁擔任里典、里父老，貲罰縣尉、尉史、直接負責此事的士吏各一甲，貲罰縣令、縣丞、和相關的令史各一盾。但如果符合條件的無爵位者不足，可以由公士來擔任。縣廷任命里典、里父老的時候，爵位在不更以下，先選爵位低的人。這些人中有的人被免除徭役，無需去戍邊，如果沒有被免除徭戍，又沒有足夠的財力僱人代役，那麽自不更以下的人，大家輪流擔任里典、里父老。

---

① 陳松長主編：《嶽麓書院藏秦簡（肆）》，第166頁。
② 睡虎地秦墓竹簡整理小組編：《睡虎地秦墓竹簡》，釋文部分第129頁。
③ 陳松長等著：《秦代官制考論》，第220頁。

簡1232+1257+1269+1408（147—150）

䌛（繇）律曰：興䌛（繇）及車牛及興䌛（繇）而不當者[1]及擅傳（使）人屬弟子[2]、人復復子[3]、小敖童[4]、弩[5]，鄉嗇夫、吏主者[6]，貲147各二甲，尉、尉史、士吏、丞、令、令史見及或告而弗劾[7]，與同辠。弗見莫告[8]，貲各一甲。給邑中事[9]，傳送委輸，先148悉縣官車牛及徒給之，其急不可留[10]，乃興䌛（繇）如律；不先悉縣官車牛徒，而興黔首及其車牛以發149䌛（繇）[11]，力足以均而弗均，論之[12]150。

【1】興䌛（繇）及車牛及興䌛（繇）而不當者

[疏證]

第一個"及"是動詞，意爲"到"；第二個"及"是連詞，意爲"和"。興繇及車牛，這裏應該指的是擅自徵發黔首的車牛。據秦律規定，黔首家中的車牛一般情況下是不能隨便徵發的，只有在緊急情況下才可以徵發。下文説"給邑中事，傳送委輸，先悉縣官車牛及徒給之，其急不可留，乃興䌛（繇）如律；不先悉縣官車牛徒，而興黔首及其車牛以發䌛（繇），力足以均而弗均，論之"，就是强調這一繇役徵發的指導思想。漢初張家山漢簡《二年律令》簡415《繇律》亦有規定："若擅興車牛，及䌛（繇）不當䌛（繇）使者，罰金各四兩。"

【2】人屬弟子

[整理小組注]

人屬弟子：或簡稱"人弟子"，當指私人招收的弟子，與官府弟子相對應。《張家山漢簡·二年律令·傅律》："疇官各從其父疇，有學師者學之。"①

[疏證]

嶽麓簡所見"弟子"的材料，還見於簡1295+1294（156—157）："䌛（繇）律曰：發䌛（繇），興有爵以下到人弟子、復子，必先請屬所執灋，郡各請其守，皆言所爲及用積徒數，勿敢擅興。"簡1267+1273（188—189）："戍律曰：城塞陛部多阤（陀）壞不脩，徒隸少不足治，以閒時歲一興，大夫以下至弟子、復子無復不復，各旬以繕之。"

從目前秦簡的材料看，看不出有關史料中的"弟子"是私人招收的，還是官府招收的。學者們的一些判斷，猜測的成份居多。②但可以看出，官府對弟子設置了專門的簿籍進行管理，稱爲"弟子籍"，並且對弟子有免役方面的的優待，"師"對於弟子有一定的支配權，但不

---

① 陳松長主編：《嶽麓書院藏秦簡（肆）》，第166頁。
② 周海鋒：《秦律令研究——以〈嶽麓書院藏秦簡〉（肆）爲重點》，第93頁。

能過度使用。睡虎地秦簡《秦律雜抄》簡6:"當除弟子籍不得,置任不審,皆耐爲侯(候)。使其弟子嬴律,及治(笞)之,貲一甲;決革,二甲。"整理小組注:"除弟子律,關於任用弟子的法律。按秦以吏爲師,本條是關於吏的弟子的規定。"①《秦律雜抄》簡7—8還有一條與"弟子"有關的規定:"縣毋敢包卒爲弟子,尉貲二甲,免;令,二甲。"嶽麓簡整理小組注所舉張家山漢簡《二年律令》"疇官各從其父疇"的例子屬不屬於"弟子"的範疇也值得進一步考慮。

【3】人復復子

[整理小組注]

人復復子:或簡稱爲"人復子",指免除徭役者之子。②

[疏證]

復子,亦見於嶽麓簡1295(156):"䌛(徭)律曰:發䌛(徭),興有爵以下到人弟子、復子,必先請屬所執灋,郡各請其守。"簡1267+1273(188—189):"戍律曰:城塞陜郡多阹(決)壞不脩,徒隸少不足治,以閒時歲一興,大夫以下至弟子、復子無復不復,各旬以繕之。"簡1367(211):"人屬弟、人復子欲爲佐吏。"周海鋒認爲,復子指"那些被終身復除徭役者之子"。③不知有何根據。

張家山漢簡《二年律令》關於免徭的相關規定,可參考。簡278—280《復律》:"□□工事縣官者復其户而各其工。大數術(率)取上手什(十)三人以上爲復,丁女子各二人,它各一人,勿筭(算)䌛(徭)賦。家毋當䌛(徭)者,得復縣中它人。縣復而毋復者,得復官在所縣人。新學盈一歲,乃爲復,各如其手次。盈二歲而巧不成者勿爲復。"④

【4】小敖童

[整理小組注]

小敖童:或稱敖童,指未達到傅籍年齡的男子。⑤

[疏證]

敖童,亦見於嶽麓簡2072(078):"匿户弗事、匿敖童弗傅,匿者及所匿,皆贖耐。逋傅,貲一甲。"簡1295+1294+1236+1231(156—159):"·䌛(徭)律曰:發䌛(徭),興有爵以下到人弟子、復子,必先請屬所執灋,郡各請其守,皆言所爲及用積徒數,勿敢擅興,及毋敢擅傳(使)敖童、私屬、奴及不從車牛,凡免老及敖童未傅者,縣勿敢傳(使),節載粟乃發敖童年十五歲以上,史子未傅先覺(學)覺(學)室,令與粟事,敖童當行粟而寡子獨與老父老母居,老如免老,若獨與㾗(癃)病母居者,皆勿行。"

---

① 睡虎地秦墓竹簡整理小組編:《睡虎地秦墓竹簡》,釋文部分第81頁。
② 陳松長主編:《嶽麓書院藏秦簡(肆)》,第166頁。
③ 周海鋒:《秦律令研究——以〈嶽麓書院藏秦簡〉(肆)爲重點》,第93頁。
④ 張家山漢簡《二年律令》簡279—280,張家山二四七號漢墓竹簡整理小組將其歸入《復律》,彭浩、陳偉、工藤元男主編《二年律令與奏讞書——張家山二四七號漢墓出土法律文獻釋讀》將其歸入《徭律》。此處從張家山漢墓竹簡整理小組的意見。
⑤ 陳松長主編:《嶽麓書院藏秦簡(肆)》,第166頁。

睡虎地秦簡《傅律》簡32:"匿敖童,及占癃(癃)不審,典、老贖耐。"《法律答問》簡165:"可(何)謂'匿戶'及'敖童弗傅'？匿戶弗繇(徭)、使,弗令出戶賦之謂殴(也)。"整理小組注:"敖童,見《新書·春秋》:'敖童不謳歌。'古時男子十五歲以上未冠者,稱爲成童。據《編年紀》,秦當時十七歲傅籍,年齡還屬於成童的範圍,參看《法律答問》'何謂匿戶'條。"①《釋文注釋修訂本(壹)》:"敖童,整理者(1977,五94頁):敖,即勞,健壯。勞童,疑是傅籍前之男子,即唐戶令之中男,無丁則選以充軍者。一說敖義爲遨遊,敖童是漢武帝常徵發從軍之'惡少年'。整理者:見《新書·春秋》:'敖童不謳歌。'古時男子十五歲以上未冠者,稱爲成童。據《編年紀》,秦當時十七歲傅籍,年齡還屬於成童的範圍,參看《法律答問》'何謂匿戶'條。語譯逕作'隱匿成童'。黃盛璋(1977):'敖'有壯、大意,'敖男'(今按:應爲"童")義爲壯男。馬非百(1978):'敖'同傲、遨,有遊蕩之意;'童'指未成年之人,即指未達服徭役年齡者。高敏(1981A,61頁):供嬉樂的奴隸。高恒(1980B):身高已到傅籍年齡的兒童。張金光(1983A,22頁):'敖'應訓'豪',有大、壯之意。'敖童'是成童階段中的大、壯年齡段。栗勁(1985,211頁):達到服徭役的年齡必須向政府申報的'成童'。蔡鏡浩(1988A):'敖'於此訓爲長、大,秦代沿用先秦慣例,傅籍以身高爲標準。簡文'敖童'應爲秦代法律的專門術語,指身高已達到服役標準的青少年。黃今言(1988.260頁):'敖'同'傲'。'童'指未成年之人。熊鐵基(1990,11頁):童,即五尺以下的'小';敖者,游也。游童,也就是未成年者。匿敖童就是隱匿真實的年齡,假稱爲'童'或者'小'。魏德勝(1997):敖是'高'的意思。敖童則指高已達成年標準尚未傅籍的。黃留珠(1997A)把陝西戶縣出土秦封宗邑瓦書中'大田佐敖童曰未'與秦簡之'敖童'結合考察,認爲'童'字應解如《説文》所云:'男有罪曰奴,奴曰童。''敖'讀爲'豪'。'豪童'指'童'中豪強有力者。他們須載入名籍,爲國家出賦役;'匿敖童'即'匿戶';可充當'佐'一類的官府'少吏',但需要標明其'敖童'的特殊身份。"②

諸家關於"敖童"的研究,焦點是在"童"字上。一種觀點把"童"解釋爲未達到成人標準的年齡段,把"敖"解釋爲壯、大之義,認爲"敖童"就是身材雖然高大但年齡未達到成人傅籍標準的少年;另一種觀點把"童"解釋爲"童僕"之"童",也就是奴隸、奴僕,"敖童"就是豪奴。現在看來,後一種觀點明顯與已發現的簡牘材料不合,前一類觀點雖然比後者略強,但還存在不少難以解釋的地方,比如"敖童"與"小敖童"的問題,嶽麓簡整理小組似乎認爲一樣的,故認爲"小敖童或稱敖童",恐怕不確,就如爵位中的小爵一樣,"上造"與"小上造"的含義還是有區別的。另外,睡虎地秦簡和嶽麓簡都提到了"敖童弗傅"的問題,從簡文的表述方式來看,似乎傅不傅籍並非區分敖童的標準,也就是說,有可能傅籍之後身份還是"敖童"。如果未傅籍者屬於"敖童",那麼嶽麓簡所謂"敖童未傅者"就顯得語義重復了。

---

① 睡虎地秦墓竹簡整理小組編:《睡虎地秦墓竹簡》,釋文部分第87頁。
② 彭浩、劉樂賢等:《秦簡牘合集·釋文注釋修訂本(壹)》,第171—172頁。

【5】弩

[整理小組注]

弩：弩箭射手。弩箭射手可以試射抵徭役，《張家山漢簡·二年律令·徭律》："縣弩春秋射各旬五日，以當繇（徭）。"弩或可借爲"奴"，即私奴，因其人身依附之屬性，故無服徭役之義務。①

【6】鄉嗇夫、吏主者

[疏證]

嶽麓秦簡整理小組原來把"鄉嗇夫吏主者"連讀，當以頓號斷開，作"鄉嗇夫、吏主者"，今改。"吏主者"爲"嗇夫"的下屬，兩者是上下級的關係，不是一回事。秦漢簡牘中"某某嗇夫"與負責某事的"吏主者"聯用的記載多見。睡虎地秦簡《金布律》簡77—79："百姓叚（假）公器及有責（債）未賞（償），其日踐以收責之，而弗收責，其人死亡；及隸臣妾有亡公器、畜生者，以其日月減其衣食，毋過三分取一，其所亡衆，計之，終歲衣食不踐以稍賞（償），令居之，其弗令居之，其人【死】亡，令其官嗇夫及吏主者代賞（償）之。""官嗇夫及吏主者"很明顯是兩個人。《效律》簡51—52："官嗇夫貲二甲，令、丞貲一甲；官嗇夫貲一甲，令、丞貲一盾。其吏主者坐以貲、諄如官嗇夫。"這裏"官嗇夫"與"吏主者"也是兩個人。張家山漢簡《二年律令》簡4—5《賊律》："賊燔城、官府及縣官集宛（聚），棄市。燔寺舍、民室屋廬舍、集宛（聚），黥爲城旦舂。其失火延燔之，罰金四兩，責（債）燔，鄉部官嗇夫、吏主者弗得，罰金各二兩。"《二年律令》簡6《賊律》："船人渡人而流殺人，耐之，船嗇夫、吏主者贖耐。"《二年律令》簡247—248《田律》："鄉部主邑中道，田主田道。道有陷敗不可行者，罰其嗇夫、吏主者黃金各二兩。"《二年律令》簡260—261《□市律》："市販匿不自占租，坐所匿租臧（贓）爲盜，没入其所販賣及賈錢縣官，奪之列。列長、伍人弗告，罰金各一斤。嗇夫、吏主者弗得，罰金各二兩。"

【7】見及或告而弗劾

[疏證]

見及或告而弗劾，意思是説，尉、尉史、士吏、丞、令、令史這些官吏如果發現了或有人向他們舉報了有關興徭不當的問題，而他們不向上級匯報。類似的表述方式亦見於嶽麓簡1288+1233（125—126）："典、老、伍人見及或告之而弗告，貲二甲。"

【8】弗見莫告

[疏證]

弗見莫告，與前文"見及或告"相對，意思是説，尉、尉史、士吏、丞、令、令史這些官

---

① 陳松長主編：《嶽麓書院藏秦簡（肆）》，第166頁。

吏没有發現有關興繇不當的問題,也没有人向他們舉報類似情況。

【9】給邑中事

[疏證]

邑,這裏指縣。《肩水金關漢簡(貳)》73EJT24:321:"聞熹(喜)邑高里傅定。庸同縣魚廬里郅羗。""同縣"指的即是聞喜邑。又73EJT23:307有"河東絳邑西鄉"。"絳邑"即絳縣。邑中即縣中。邑中事,指的是服役範圍在本縣之中的勞役。張家山漢簡《二年律令》簡407《繇律》:"睆老各半其爵繇(繇),□入獨給邑中事。"睆老屬於高年的一部分,所以在勞役上從優照顧,在本縣之中服役,以免遠途勞累。"邑中之事"又稱爲"邑中之功"。睡虎地秦簡《秦律十八種》簡116《繇律》:"興徒以爲邑中之紅(功)者,令結(嬉)堵卒歲。"睡虎地秦簡整理小組把"功"解釋爲"工程",陶安已指出其非。[①]

【10】急不可留

[疏證]

急不可留,事情緊急不能耽誤。里耶秦簡9-2283:"廿七年二月丙子朔庚寅,洞庭守禮謂縣嗇夫、卒史嘉、叚(假)卒史穀、屬尉,令曰:傳送委輸,必先悉行城旦舂、隸臣妾、居貲、贖責(債),急事不可留,乃興繇(繇)。"[②]

【11】不先悉縣官車牛徒,而興黔首及其車牛以發繇(繇)

[疏證]

不先悉縣官車牛徒,而興黔首及其車牛以發繇(繇),意思是,如果不先盡量徵用官府自己所擁有的車牛、人徒,而徵發黔首及其車牛來服繇役。也就是説,官府需要人力、畜力進行勞作運輸時,首先要盡量從官府所掌握的徒隸及車牛中調撥,如果官府徒隸及車牛不足以應付,再徵發百姓及其車牛,否則有關官吏要受處罰。里耶秦簡中也有類似的記載。見"急不可留"疏證。漢初律令沿襲了這類指導思想。張家山漢簡《二年律令》簡411《繇律》:"發傳送,縣官車牛不足,令大夫以下有眥(貲)者,以貲共出車牛及益,令其毋眥(貲)者與共出牛食、約、載具。"簡415《繇律》:"若擅興車牛,及繇(繇)不當繇(繇)使者,罰金各四兩。"

【12】力足以均而弗均

[整理小組注]

均,調配。《睡虎地秦簡·爲吏之道》:"均繇(繇)賞罰。""均繇"或作"平繇",《漢

―――――――――

① 轉引自中國政法大學中國法制史基礎史料研讀會:《睡虎地秦簡法律文書集釋(四):〈秦律十八種〉(〈金布律〉―〈置吏律〉)》,中國政法大學法律古籍整理研究所編《中國古代法律文獻研究》第9輯,社會科學文獻出版社2015年版,第75頁。
② 陳偉主編:《里耶秦簡牘校釋》(第2卷),第447―448頁。

書·溝洫志》:"平繇行水",顏師古注曰:"平繇者,均齊渠堰之力役,謂俱得水利也。"①

[疏證]

《周禮》有"均人"及"土均"二職,職責爲平繇均賦。《周禮·地官·均人》:"掌均地政,均地守,均地職,均人民、牛馬、車輦之力政。凡均力政,以歲上下:豐年則公旬用三日焉,中年則公旬用二日焉,無年則公旬用一日焉。凶札則無力政,無財賦,不收地守、地職,不均地政。三年大比,則大均。"《均人》敘官注云:"均猶平也。主平土地之力政者。"②《周禮·地官·土均》:"平土地之政,以均地守,以均地事,以均地貢。以和邦國都鄙之政令、刑禁與其施舍。禮俗、喪紀、祭祀,皆以地媺惡爲輕重之法而行之,掌其禁令。"嶽麓簡此處的"均",當與《均人》、《土均》中的"均"同義,作"調配"解。睡虎地秦簡中有《均工律》,整理小組注:"均,《周禮·内宰》注:'猶調度也。'均工,關於調度手工業勞動者的法律規定。"③不論是《周禮》中的職官"均人""土均",還是睡虎地秦簡中的"均工"律,這種以"均"字號命名的職官或律名,其含義上存在着明顯的相同之處,其間的聯繫是值得關注的。

簡文大意

《繇律》規定:徵發繇役時,如果擅自徵發車牛,或徵發繇役不合理,擅自使用人屬弟子、人復復子、小敖童、發弩等人,鄉嗇夫及直接負責此事的官吏,貲罰各二甲,縣尉、尉史、士吏、縣令、縣丞、令史發現或有人向其舉報而他們不處理者,與之同罪。如果他們没有發現情況,也没有人事先向他們報告,貲罰各一甲。在本縣範圍内從事勞作,運送各種物資,首先應該使用官府的車牛及徒隸,如果是急事不能耽誤,人手又不夠,方可按照規定徵發黔首;如果不先盡行使用官府的車牛徒隸,而動輒徵發黔首及其車牛服繇役,勞動力本可以合理調配而不去做,按律論處。

簡1255+1371+1381(151—153)

●繇(繇)曰:補繕邑院[1]、除田道橋[2]、穿汲〈波(陂)〉池[3]、漸(塹)[4]奴[5]苑,皆縣黔首利殹(也)[6],自不更以下及都官[7]及諸除有爲[8]151殹(也),及八更[9],其睆老[10]而皆不直(值)更[11]者,皆爲之,冗宦[12]及冗官[13]者,勿與。除郵道、橋、駝〈馳〉道,行外[14]者,令從户152□□徒爲之,勿以爲

---
① 陳松長主編:《嶽麓書院藏秦簡(肆)》,第166頁。
② 孫詒讓:《周禮正義》,第2分冊,第794頁。
③ 睡虎地秦墓竹簡整理小組編:《睡虎地秦墓竹簡》,釋文部分第46頁。

繇(徭)153。

【1】院

　　[疏證]

　　院,圍牆。睡虎地秦簡《法律答問》簡186:"越里中之與它里界者,垣爲'完(院)'不爲? 巷相直爲'院';宇相直者不爲'院'。"整理小組注:"院,《説文》作寏,云:'周垣也。'即圍牆。估計律文對越院有處罪的規定,所以本條對越過兩里之間的牆垣算不算越院作了解釋。"①張家山漢簡《二年律令》簡182《襍律》:"越邑里、官市院垣,若故壞決道出入,及盜啟門戶,皆贖黥。其壞垣高不盈五尺者,除。"簡183《襍律》:"捕罪人及以縣官事徵召人,所徵召、捕越邑里、官市院垣,追捕、徵者得隨迹出入。"整理小組注:"官,官舍。市,《説文》:'市,買賣所之也。市有垣。'"②《二年律令與奏讞書》注:"三國時代出土文字資料研究班對'越邑里、官市院垣'改讀爲'越邑、里、官、市院垣',一八三號簡中的'捕越邑里、官市院垣'也讀爲'捕越邑、里、官、市院垣'。張家山漢簡研讀班同。"③

【2】除田道橋

　　[疏證]

　　除田道橋,當讀爲"除田道、橋"。張家山漢簡《二年律令》簡246–248《田律》:"田廣一步,袤二百卌步,爲畛,畮二畛,一佰(陌)道;百畮爲頃,十頃一千(阡)道,道廣二丈。恒以秋七月除千(阡)佰(陌)之大草;九月大除道□阪險;十月爲橋,修波(陂)堤,利津梁。雖非除道之時而有陷敗不可行,輒爲之。鄉部主邑中道,田主田道。道有陷敗不可行者,罰其嗇夫、吏主者黃金各二兩。□□□□□及□土,罰金二兩。"《田律》說得很清楚,"九月大除道□阪險;十月爲橋,修波(陂)堤,利津梁",又說"鄉部主邑中道,田主田道",可見除田道和修橋是兩件事,在不同的時間進行。青川郝家坪木牘《爲田律》的記載與此相類④。

【3】汲〈波(陂)〉池

　　[整理小組注]

　　汲池:當爲"波池"之訛,參見《張家山漢簡·二年律令·徭律》。"波"乃"陂"之借字,陂池即池塘湖泊。段玉裁《説文解字注》:"陂得訓池者,陂言其外之障,池言其中所蓄之水。"⑤

----

① 睡虎地秦墓竹簡整理小組編:《睡虎地秦墓竹簡》,釋文部分第137頁。
② 張家山二四七號漢墓竹簡整理小組編著:《張家山漢墓竹簡〔二四七號墓〕》(釋文修訂本),第33頁。
③ 彭浩、陳偉、〔日〕工藤元男主編:《二年律令與奏讞書——張家山二四七號漢墓出土法律文獻釋讀》,第162頁。
④ 李學勤:《青川郝家坪木牘研究》,《文物》1982年第10期。
⑤ 陳松長主編:《嶽麓書院藏秦簡(肆)》,第166–167頁。

[疏證]

穿陂池,屬於興修水利的工作範疇。張家山漢簡《二年律令》中除了《徭律》提到這項工作之外,《田律》也提到了這項工作。興修水利也見於其他秦簡牘的記載。除了上面提到的青川郝家坪木牘之外,睡虎地秦簡《田律》所記載的"春二月,毋敢伐材木山林及雍(壅)隄水","壅隄水"應當與"修陂池"有關,故睡虎地秦墓竹簡整理小組注:"壅隄水,阻斷水流。"①

【4】漸(塹)

[整理小組注]

漸(塹):挖掘溝池、道路等。《史記·秦始皇本紀》:"塹山堙谷。"②

[疏證]

睡虎地秦簡《秦律十八種》簡117—118《徭律》:"縣葆禁苑、公馬牛苑,興徒以斬(塹)垣離(籬)散及補繕之,輒以效苑吏,苑吏循之。未卒歲或壞陝(決),令縣復興徒爲之,而勿計爲繇(徭)。"整理小組注:"塹,動詞,挖掘起保衛作用的壕溝。散,疑讀爲藩。"③《釋文注釋修訂本(壹)》:"陳偉武(1998B):斬讀爲塹,不必理解爲動詞,'塹垣籬散'是個名詞性詞組,指苑囿的各種防衛設施。試比較同律前文:'興徒以爲邑中之紅(功)者,令絉(婕)堵卒歲。''塹垣籬散及補繕之'正是'邑中之功','塹垣籬散'前省略了動詞'爲','爲'即修建之意。'爲塹垣籬散'與'補繕之'均是述賓結構,故用連詞'及'表並列。"④

【5】奴

[整理小組注]

奴:水蓄積不流動。《水經注·滱水》載"水不流曰奴"。⑤

【6】皆縣黔首利殹(也)

[疏證]

秦律規定,部分利民的公共工程,由與之有利益關係的百姓無償參與完成,不算作徭役。嶽麓秦簡這條律令的意思是,補繕邑院、除田道橋、穿陂池、塹奴苑這類工程都是利黔首的公益工程,由爵位自不更以下的包括那些被規定免除徭役的人來完成,不能算作徭役。睡虎地秦簡《秦律十八種》簡120—121《徭律》亦有類似規定:"其近田恐獸及馬牛出食稼者,縣嗇夫材興有田其旁者,無貴賤,以田少多出人,以垣繕之,不得爲縣

---

① 睡虎地秦墓竹簡整理小組編:《睡虎地秦墓竹簡》,釋文部分第20頁。
② 陳松長主編:《嶽麓書院藏秦簡(肆)》,第167頁。
③ 睡虎地秦墓竹簡整理小組編:《睡虎地秦墓竹簡》,釋文部分第48頁。
④ 彭浩、劉樂賢等:《秦簡牘合集·釋文注釋修訂本(壹)》,第108頁。
⑤ 陳松長主編:《嶽麓書院藏秦簡(肆)》,第167頁。

（徭）。"睡虎地秦簡《徭律》的這條規定，與嶽麓秦簡《徭律》的規定，指導思想一致。秦簡中所披露的這部分不算徭役的"徭役"，在秦代徭役制度中占有多大的比例，對於研究秦代徭役制度是一個很有意義的問題。

【7】都官

[疏證]

周海鋒説："都官是官署機構名，却與不更以下者、睆老等指代人的語詞並列在一起，只有將都官理解爲在都官任職或服役的人之省稱才可以講得通。"① 其説可從。

【8】除

[整理小組注]

除：免。《漢書·循吏傳》："招下縣子弟以爲學官弟子，爲除更繇。"顔師古注曰："不令從役也。"②

[疏證]

嶽麓簡整理小組在此處把"除"解釋爲"免"，我們不同意這種看法。"除有爲"，亦見於睡虎地秦簡《秦律十八種》簡150《司空律》："司寇勿以爲僕、養、守官府及除有爲殹（也）。有上令除之，必復請之。"整理小組注："除，任用。司寇用以'備守'，故不得充當其他職役。"③ 意思是説，司寇的任務是擔任偵查敵情等守備任務，不能任命他們僕、養及其它雜役。"除有爲"，就是任命從事各種雜役的意思。因此，周海鋒説："'諸除有爲殹'指那些在官府機構從事雜役的黔首，如走、養、僕、守府以及各類工匠等。這些人按日計酬，由官府提供廩食，可能不需要服徭役，但因爲其爲編户，受有田宅，故需參加與己利益攸關的補繕邑院之類的雜役。"④ 其説可從。

【9】八更

[整理小組注]

八更：踐更八次，疑指可免除踐更八次者。《張家山漢簡·二年律令·史律》："佐爲吏盈廿歲，年五十六，皆爲八更。"⑤

[疏證]

"八更"解釋爲"疑指可免除踐更八次者"，難以成立。免除更役，秦律中稱爲"除×更"，但還没見到過把"除×更"簡稱爲"×更"的表述方式。如，嶽麓簡1299（184）："戍者月更。君子守官四旬以上爲除戍一更。"睡虎地秦簡《秦律十八種》簡13—14《廄苑律》：

---

① 周海鋒：《秦律令研究——以〈嶽麓書院藏秦簡〉(肆)爲重點》，第89頁。
② 陳松長主編：《嶽麓書院藏秦簡（肆）》，第167頁。
③ 睡虎地秦墓竹簡整理小組編：《睡虎地秦墓竹簡》，釋文部分第54頁。
④ 周海鋒：《秦律令研究——以〈嶽麓書院藏秦簡〉(肆)爲重點》，第91頁。
⑤ 陳松長主編：《嶽麓書院藏秦簡（肆）》，第167頁。

"以四月、七月、十月、正月膚田牛。卒歲,以正月大課之,最,賜田嗇夫壺酉(酒)束脯,爲旱(皂)者除一更,賜牛長日三旬;殿者,譴田嗇夫,罰冗皂者二月。""君子守官四旬以上爲除戍一更""爲旱(皂)者除一更",都是對工作成績突出者的獎勵,與嶽麓簡此處的"八更"的表述方式有所不同,後者指的是具有某種資歷,憑藉這種資歷而享有減免徭賦的待遇。

　　類似的情況在張家山漢簡《二年律令·史律》中也出現過。《史律》中先後出現了"其能誦三萬以上者,以爲卜,上計六更"(簡477—478)、"以祝十四章試祝學童,能誦七千言以上者,乃得爲祝,五更"(簡479)"史、卜年五十六,佐爲吏盈廿歲,年五十六,皆爲八更;六十,爲十二【更】。五百石以下至有秩爲吏盈十歲,年當睆老者,爲十二更,踐更□□。疇尸、茜御、杜主樂皆五更,屬大祝。祝年盈六十者,十二更,踐更大祝"(簡484—486)。《史律》中的這些"六更""八更""十二更"也都是作爲一種對工作成績的肯定而出現的,因此我們認爲它屬於秦漢時期勞績的一種表現形式。①

【10】睆老

[整理小組注]

　　睆老:達到一定年齡可免除一般徭役者。《張家山漢簡·二年律令·徭律》:"睆老各半其爵繇(徭)。"《張家山漢簡·二年律令·傅律》:"不更年五十八,簪裊五十九,上造六十,公士六十一,公卒、士五(伍)六十二,皆爲睆老。"②

【11】直(值)更

[整理小組注]

　　直(值)更:當服更役。《漢書·遊俠傳》:"每至直更。"顏師古曰:"直,當也,次當爲更也。"③

[疏證]

　　直更,即踐更。

【12】冗宦

[整理小組注]

　　冗宦:冗:散;宦,宦皇帝。④

【13】冗官

[整理小組注]

　　冗官:散吏。⑤

---

① 朱紅林:《張家山漢簡中所見的勞績制度考析》,《考古與文物》2004年增刊。
② 陳松長主編:《嶽麓書院藏秦簡(肆)》,第167頁。
③ 同上注。
④ 同上注。
⑤ 同上注。

【14】行外

[整理小組注]

行外：去外地服徭役。①

[疏證]

如果那些"除郵道、橋、駞〈馳〉道"者正在外地服役，不能參加這些本地的公益勞作，就讓他們的鄰居代替。

簡文大意

《徭律》規定：修補邑里的圍墻、清理田間的道路橋梁、治理湖泊、挖溝塹，都是有利於縣中黔首的事，自不更爵位以下，及具有八更勞績者，以及在都官服役者、在官府本有職司而無需服役者，以及已經睆老而無需服役的人，等等，都要參加。那些宦皇帝者及散吏，不必參加。清理郵傳道路、橋梁、馳道，在本縣之外勞作者，令鄰戶……，不得算作徭役。

簡1374+1406-1（154—155）

●繇（徭）律曰：毋敢傳（使）叚（假）[1]典居旬于官府；毋令士五（伍）爲吏養、養馬；毋令典、老行書[2]；令居貲責（債）、司寇、隸臣妾 154 行書 155。

【1】叚（假）

[整理小組注]

叚（假）：代理。《睡虎地秦簡·除吏律》："有興，除守嗇夫、叚（假）佐居守者……"②

【2】毋令典、老行書

[疏證]

據《尉卒律》有關推選典老的規則可知，擔任典、老者，一般情況下平日都必須留在里中，不得隨便離開外出，見簡1373+1405+1291+1293+1235（142—146）。因此不得委派典、老傳遞文書。

---

① 陳松長主編：《嶽麓書院藏秦簡（肆）》，第167頁。
② 同上注。

簡文大意

《徭律》規定：不能讓代理里典在官府停留的時間超過十天；不能令士伍爲官吏做飯、養馬；不能令里典、里父老傳遞文書；讓居貲贖債者、司寇、隸臣妾傳遞文書。

缺簡10

簡1295+1294+1236+1231（156—159）

●絲（徭）律曰：發絲（徭），興有爵以下到人弟子、復子，必先請屬所執灋[1]，郡各請其守，皆言所爲及用積₁₅₆徒數[2]，勿敢擅興，及毋敢擅傳（使）敖童、私屬[3]、奴及不從車牛[4]。凡免老[5]及敖童未傅者，縣勿敢傳（使）[6]。節₁₅₇載粟[7]，乃發敖童年十五歲以上，[8]史子未傅先覺（學）覺（學）室[9]，令與粟事[10]。敖童當行粟而寡子獨與老₁₅₈父老母居，老如免老，若獨與癃（癃）病母居者，皆勿行₁₅₉。

【1】屬所執灋

［疏證］

屬所執灋，即所屬執灋。徭役徵發必須得到"屬所執灋"的認可。"必先請屬所執灋，郡各請其守"，這句話可以有兩種理解方式：一種是前半句"必先請屬所執灋"是指縣級政府而言，"郡各請其守"則知郡級政府而言，那麼這裏的執灋就是縣令長；另一種理解是前半句"必先請屬所執灋"是總括，後半句"郡各請其守"是分説，也就是説，對於郡來説，郡守也可能被稱爲"執灋"。另外，嶽麓簡0561（346）："縣官上計執灋，執灋上計寂（最）皇帝所，皆用筭橐□，告薦（檮）已，復環（還）筭橐，令報記縣官。"此處的"執灋"介於縣官和皇帝之間，顯然屬於郡級或中央部門官吏。

綜上所述，我們推測，嶽麓簡所謂的"執灋"，或許就是某一部門的長官的通稱，比如説縣令、郡守之類，而不是一個特定的職官名稱。

【2】言所爲及用積徒數

［疏證］

皆言所爲及用積徒數，即都要説明所要做的事以及所需勞役人數。積，累積。"積徒數"，每日投入勞動力人數乘以工程時間所得之積。"用積徒數"，亦見於嶽麓簡1273

(189):"盡旬不足以索(索)繕之,言不足用積徒數屬所尉。"睡虎地秦簡的記載表明,秦朝政府要求各級部門在徵發徭役從事工程建設時,事先必須對所需人員數量有精確的估算,如《秦律十八種》簡122—123《徭律》:"縣爲恒事及獻有爲殿(也),吏程攻(功),贏員及減員自二日以上,爲不察。上之所興,其程攻(功)而不當者,如縣然。度攻(功)必令司空與匠度之,毋獨令匠。其不審,以律論度者,而以其實爲繇(徭)徒計。"其中"贏員及減員自二日以上"即針對"用積徒數"而言的。

里耶秦簡作徒簿中屢見"積某某人"的記載。如里耶秦簡8-1143+8-1631:"卅年八月貳春鄉作徒薄(簿):城旦、鬼薪積九十人。仗城旦積卅人。舂、白粲積六十人。隸妾積百一十二人。凡積二百九十二人。☐卅人甄。☐六人佐甄。☐廿二人負土。☐二人☐瓦。"①

【3】私屬

[整理小組注]

私屬:被主人免除奴婢身份的男奴。《張家山漢簡·二年律令·亡律》:"奴婢爲善而主欲免者,許之,奴命爲私屬,婢爲庶人,皆復使及筭(算),事之如奴婢。"②

[疏證]

"敖童、私屬、奴"三者並列,奴指男奴,男奴被免除奴的身份稱爲私屬,這至少可以表明敖童的身份不是奴。

【4】不從車牛

[整理小組注]

從:隨。不從車牛,指不跟隨車牛一起服役者。秦代服役或可以車牛代替,主人則不必前往。③

[疏證]

"不從車牛"之後,嶽麓秦簡整理小組原標點爲逗號,今改爲句號。

嶽麓秦簡整理小組的注釋還有商榷的地方。"不從車牛"或許可以理解爲"不從之車牛",也就是說不應該被徵發前往服役的車牛。因爲這裏說的是不應該被徵調的種種情況。私家之車牛是可以代替主人前往服役,但如果主人已經被徵調,車牛就不應該再被徵調了。嶽麓秦簡1232(147)"興繇(徭)及車牛及興繇(徭)而不當者"云云,說的就是對於徵調不應該被徵調的車牛等情況的處罰。

【5】免老

[整理小組注]

免老:免服徭役的老人。《張家山漢簡·二年律令·傅律》:"大夫以上年五十八,不

---

① 陳偉主編:《里耶秦簡牘校釋》(第1卷),第283頁。
② 陳松長主編:《嶽麓書院藏秦簡(肆)》,第167頁。
③ 同上注。

更六十二,簪裹六十三,上造六十四,公士六十五,公卒以下六十六,皆爲免老。"①

【6】縣勿敢俾(使)

[疏證]

"縣勿敢俾(使)"後,嶽麓秦簡整理小組原標點爲逗號,今改爲句號。

【7】節載粟

[疏證]

"節載粟"之後,原釋文與下連讀,今以逗號斷開,作爲下文敘事之主體而加以強調。嶽麓簡《徭律》"節載粟"云云,在張家山漢簡《二年律令·徭律》中被繼承下來。《二年律令》簡408《徭律》:"諸當行粟,獨與若父母居,老如睆老,若其父母罷癃(癃)者,皆勿行。"可以看出,嶽麓簡《徭律》"節載粟乃發敖童年十五歲以上,史子未傅先覺(學)覺(學)室,令與粟事",在《二年律令·徭律》被總結爲"諸當行粟";嶽麓簡《徭律》"寡子",《二年律令·徭律》爲"獨";嶽麓簡《徭律》"老如免老",《二年律令·徭律》爲"老如睆老",略有不同;嶽麓簡《徭律》"若獨與癃(癃)病母居者",《二年律令·徭律》爲"其父母罷癃(癃)者"。相比之下,嶽麓簡《徭律》"若獨與癃(癃)病母居者","母"前或漏抄"父",因爲前文已經說與"老父老母居"了,《二年律令·徭律》的記載也可以證明嶽麓簡的抄手漏抄了"父"字。何有祖亦對嶽麓簡此處簡文與《二年律令》相關簡文有比較研究,可參考。②

【8】敖童年十五歲以上

[疏證]

"敖童年十五歲以上"之後原釋文作逗號,今從何有祖說改爲頓號。③

【9】覺(學)室

[整理小組注]

覺(學)室:學校。《睡虎地秦簡·內史雜律》:"非史子殹(也),毋敢學學室,犯令者有罪。"④

【10】令與粟事

[疏證]

"令與粟事"後,嶽麓秦簡整理小組原標點爲逗號,今改爲句號。與,參與。粟事,運輸粟米之事。

---

① 陳松長主編:《嶽麓書院藏秦簡(肆)》,第167頁。
② 何有祖:《讀〈嶽麓書院藏秦簡(肆)〉札記(三則)》,姚遠主編:《出土文獻與法律史研究》第7輯,第77—78頁。
③ 同上注,第76頁。
④ 陳松長主編:《嶽麓書院藏秦簡(肆)》,第167頁。

簡文大意

《傜律》規定：徵發傜役，調用有爵位者以下到人弟子、人復子，一定要先向他們所屬的執灋請示，各郡要向泰守請示，都要說明幹什麼及共用多少人力等，不能擅自徵發，也不能擅自使用敖童、私屬、奴及不應徵調的車馬。凡是免老者以及敖童未傅籍者，縣廷都毋敢擅自調用，如果運輸糧食，徵發年齡在十五歲以上者，史子尚未傅籍而先在學室學習者，令他們參與運糧的事情。敖童本當參加運糧的役事，如果他是獨子，且與年老的父母如免老者生活在一起，或與殘疾父母生活在一起，都不必去參加。

簡 1256 + 1268 + 1275（160—162）

●傅律曰：隸臣以庶人爲妻[1]，若羣司寇[2]、隸臣妻懷子，其夫免若冗以免[3]，已拜免[4]，子乃產，皆如其已 160 免吏（事）[5]之子𠄌。女子懷夫子而有辠，耐隸妾[6]以上，獄已斷而產子，子爲隸臣妾[7]；其獄未斷而產子，子各 161 如其夫吏（事）子[8]。收人[9]懷夫子以收，已贖爲庶人，後產子，子爲庶人 162。

【1】以庶人爲妻

[疏證]

以庶人爲妻，即娶庶人爲妻子。這裏的"庶人"，與普通黔首身份的女性有所區別，當是指免除奴婢身份的女性。秦漢簡中，一般把普通黔首身份的女性稱爲"女子"，而把免除官府徒隸或私家奴婢身份的女性稱爲"庶人"。張家山漢簡《二年律令》簡162《亡律》："奴婢爲善而主欲免者，許之，奴命曰私屬，婢爲庶人，皆復使及筭（算），事之如奴婢。"

【2】羣司寇

[整理小組注]

羣司寇：各個官府的司寇。《睡虎地秦簡·置吏律》："縣、都官、十二郡免除吏及佐、羣官屬，以十二月朔日免除，盡三月而止之。"①

【3】其夫免若冗以免

[整理小組注]

冗以免：冗邊以免除徒隸身份。《睡虎地秦簡·司空律》："百姓有母及同牲（生）爲

---

① 陳松長主編：《嶽麓書院藏秦簡（肆）》，第167頁。

隸妾,非適(謫)罪殴(也)而欲爲冗邊五歲,毋賞(償)興日,以免一人爲庶人,許之。"①

[疏證]

"冗以免"之後,嶽麓秦簡整理小組原標點爲頓號,今從陳偉説改爲逗號。陳偉把"其夫免若冗以免"理解爲免除徒隸身份的兩種途徑,下文的"已拜免"理解爲這兩種"免"已經實現。②説"已拜免"是對"其夫免若冗以免"的實現,大致没有問題。不過,把"其夫免"與"冗以免"理解爲兩種"免"的途徑,則需要進一步研究,"其夫免"指的是什麽,與"冗以免"有何不同,實在難以解釋。如果把"冗以免"理解爲對"其夫免"的舉例説明,也就是説把"若"理解爲"如","其夫免若冗以免"解釋爲"其夫免,例如冗以免",亦可備一説。

【4】拜免

[整理小組注]

拜免:以所拜之爵抵當刑罰,免其刑徒身份。《睡虎地秦簡·軍爵律》:"欲歸爵二級以免親父母爲隸臣妾者一人,及隸臣斬首爲公士,謁歸公士而免故妻隸妾一人者,許之,免以爲庶人。"③

[疏證]

陳偉曰:"簡文説'已拜免,子乃産',與同條下文'獄已斷而生子''已贖爲庶人後産子'一樣,是强調産子的時間點。因而這裏的'拜免'恐怕非如整理者注釋所云是'以所拜之爵抵當刑罰',而是指上文'其夫免若冗以免'這兩種情形的實現。"④其説可從。

【5】免吏(事)

[整理小組注]

吏(事):對待,驅使。⑤

[疏證]

王彦輝曰:"其中的'免吏(事)',指的就是隸臣妾、羣司寇免除了所當'事'於國的各種勞役,'皆如其已免吏(事)之子',即隸臣、司寇之子各隨其父獲免後的身份傅籍。徒隸'免吏(事)'之後,按相關制度規定,是可以立户並由國家授予田宅或合法占有田宅的,其事於國的方式與編户民相同。但徒隸有特殊技能者還要'復屬其官',繼續作於官府,從職業上説,也許不限於我們已知的工、史、卜、祝等。"⑥從所見秦漢簡牘的記載來看,筆者認爲,不論是官府的徒隸,還是私家的臣妾或奴婢,在被免除徒隸或臣妾、

---

① 陳松長主編:《嶽麓書院藏秦簡(肆)》,第167頁。
② 陳偉:《嶽麓秦簡肆校商(貳)》,武漢大學簡帛網,2016年3月27日。
③ 陳松長主編:《嶽麓書院藏秦簡(肆)》,第167頁。
④ 陳偉:《嶽麓秦簡肆校商(貳)》,武漢大學簡帛網,2016年3月27日。
⑤ 陳松長主編:《嶽麓書院藏秦簡(肆)》,第167頁。
⑥ 王彦輝:《論秦及漢初身份秩序中的"庶人"》,《歷史研究》2018年第4期,第31頁。

奴婢身份後，一般都仍然依附於原來的官府機構或私家主人，而不僅僅是有特殊技能者，這些人一旦脫離所依附的機構或主人，將被視爲逃亡，抓獲之後，就會被恢復曾經的徒隸或臣妾、奴婢身份。

【6】耐隸妾

［疏證］

耐隸妾，耐爲隸妾，這裏指的是女子犯罪應受的處罰。

【7】子爲隸臣妾

［疏證］

"子爲隸臣妾"之後，嶽麓秦簡整理小組原標點爲逗號，今改爲分號。因爲"獄已斷而產子，子爲隸臣妾"與"其獄未斷而產子，子各如其夫吏（事）子"，是兩件並列關係的事。

【8】如其夫吏（事）子

［疏證］

如其夫吏（事）子，孕婦獄未斷而產子，所生之子的身份從其父親。

【9】收人

［整理小組注］

收人：被拘捕的人。《睡虎地秦簡·屬邦律》："道官相輸隸臣妾、收人。"①

［疏證］

收人，嶽麓秦簡整理小組解釋爲"被拘捕的人"，不準確。據秦漢簡牘的記載，收人一般指因受連坐而被官府拘捕的人。

簡文大意

《傅律》規定：隸臣娶庶人爲妻，或者官府各級部門中的司寇、隸臣的妻子懷孕，她們的丈夫通過冗邊免除徒隸身份，如果免除徒隸身份之後，孩子才出生，都按照已免除徒隸身份者的子女對待。女子懷上丈夫的孩子後而犯罪，耐爲隸臣妾以上，案子宣判之後孩子才出生，孩子爲隸臣妾；如果案子未宣判而孩子已出生，孩子則隨其父親的身份。收人懷上丈夫的孩子之後被連坐收捕，如果她被贖爲庶人，此後生下的孩子身份也爲庶人。

---

① 陳松長主編：《嶽麓書院藏秦簡（肆）》，第168頁。

簡1251+1254(163—164)

●倉律[1]曰：縣官縣料[2]出入[3]必平[4]，稟禾美惡相襍[5]┗。大輸[6]，令丞視[7]，令史、官嗇夫視平[8]┗；稍稟[9]，令令史視平[10]。不 163 從令，貲一甲 164。

【1】倉律

［疏證］

《倉律》，有關倉庫管理的法律。睡虎地秦簡亦有《倉律》，整理小組注："倉律，關於糧草倉的法律。"① 睡虎地秦簡《倉律》共收錄43支簡，簡文的内容主要包括關於倉庫庫存容量規定及出入庫制度、倉庫的封存及題署制度、倉庫覆查制度、糧食加工制度、廪食發放制度等。嶽麓簡《倉律》共收錄4支簡，從編聯起來的内容看，分爲兩條，具體内容均爲睡虎地秦簡《倉律》所未見。簡1251+1254(163—164)是關於糧食出入庫規定的，規定糧食出庫時要"美惡相襍"，並且根據數量的大小要有不同級別的官吏參與"視平"。這一環節的視平制度不見於睡虎地秦簡，却多見於里耶秦簡。簡1370+1382(165—166)規定，盡量要避免使用隸妾擔任官府的僕養。養是做炊事工作的，何以不用隸妾，值得探究。

【2】縣料

［整理小組注］

縣料：稱量。縣，稱也，《漢書·刑法志》："日縣石之一。"顔師古注引服虔曰"稱也"。料，《説文》："量也。"②

［疏證］

縣料，稱量，秦簡習語。亦見於嶽麓簡1296(171)："内史襍律曰：諸官縣料各有衡石贏(纍)、斗甬(桶)，期足，計其官，毋叚(假)黔首。"睡虎地秦簡中屢見。《秦律十八種》簡194《内史雜》："有實官縣料者，各有衡石贏(纍)、斗甬(桶)，期踐。計其官，毋叚(假)百姓。不用者，正之如用者。"睡虎地秦簡整理小組注："料，《説文》：'量也。'縣料，稱量。"③《效律》簡11："縣料而不備者，欽書其縣料殿(也)之數。"簡12："縣料而不備其見(現)數五分一以上，直(值)其賈(價)，其貲、譴如數者然。"

---

① 睡虎地秦簡整理小組編：《睡虎地秦墓竹簡》，釋文部分第25頁。
② 陳松長主編：《嶽麓書院藏秦簡(肆)》，第168頁。
③ 睡虎地秦簡整理小組編：《睡虎地秦墓竹簡》，釋文部分第63頁。

【3】出入

[整理小組注]

出入，輸出輸入。《睡虎地秦簡·倉律》："其出入禾，增積如律令。"①

[疏證]

出入，戰國秦漢時期會計術語，表示倉庫物資的出入，也用來表述會計賬簿的出入賬。傳世文獻《周禮》中關於此類用法的記載很多。如：《小宰》："聽出入以要會。"《宰夫》："掌治法以考百官府、羣都縣鄙之治，乘其財用之出入。"《泉府》："歲終，則會其出入而納其餘。"《舍人》："掌平宫中之政，分其財守，以法掌其出入。（中略）掌米粟之出入，辨其物。歲終，則會計其政。"等等。郭道揚説："在《周禮》一書中，凡貢賦的徵收統稱爲'入'，凡九式開支則統稱爲'出'。'入'與'出'二動詞成爲當時人們處理經濟收支事項，談論王朝經濟的口頭俗語。（中略）總的講，'入'與'出'的運用已經圍繞着會計部門對王朝經濟收支事項的處理，圍繞着日常的會計核算。同時，凡議論'入、出'與會計籍書的記録大都有關。這些都表明當時用行爲動詞反映經濟事項的性質與記録方向已比較固定地取用'出''入'二字了。"②

"出入"作爲會計術語在秦漢簡牘中也屢見。除整理小組注所列舉的睡虎地秦簡《秦律十八種》簡26《倉律》之外，睡虎地秦簡中還有多處記載。如簡28《倉律》："入禾稼、芻稾，輒爲廥籍，上内史。芻稾各萬石一積，咸陽二萬一積，其出入、增積及效如禾。"簡67《金布律》："錢十一當一布。其出入錢以當金、布，以律。"里耶秦簡中也有類似記載。如：簡8-776："卅年四月盡九月，倉曹當計禾稼出入券。已計及縣相付受廷。弟甲。"簡8-1200："卅五年當計券出入筭具此中。"簡8-1201："倉曹廿九年當計出入券甲筭。"居延漢簡中更是多見，簡4·10："吞遠部建平元年正月官茭出入簿。"11·27："謹移穀出入簿一。"28·4："陽朔元年十一月甲辰朔戊午，第廿三候長赦之敢言之，謹移茭出入簿一編。敢言之。"28·11："甲渠候官陽朔二年正月盡三月錢出入簿。"82·6："甲渠候官甘露五年二月穀出入簿。"101·1："第廿六、廿五倉五鳳五年正月穀出入簿。"等等。

【4】必平

[整理小組注]

平，標準，律文中指按照同一標準。《淮南子·主術》："衡之於左右，無私輕重，故可以爲平。"③

[疏證]

平，均平，齊平。整理小組注釋爲"按照統一標準"亦可。《孔子家語·三恕》："至

---

① 陳松長主編：《嶽麓書院藏秦簡（肆）》，第168頁。
② 郭道揚：《中國會計史稿》（上），中國財政經濟出版社1982年版，第82—83頁。
③ 陳松長主編：《嶽麓書院藏秦簡（肆）》，第168頁。

量必平之,此似法。"《荀子·宥坐》:"主量必平,似法。"《說苑》卷第十七:"至量必平,似正。"《漢書·食貨志》:"銅畢歸於上。上挾銅積以御輕重。錢輕則以術斂之,重則以術散之,貨物必平。"

【5】美惡相襍

[疏證]

"美惡相襍"之後,嶽麓秦簡整理小組原標點爲逗號,今改爲句號。

美惡相襍,好的壞的混在一起。這裏説的是縣官倉庫在支出庫存糧食時,同一批糧食不能在其中擇優汰劣,只挑撿其中好的,而抛棄其中不好的,接受者必須一體接受,不能挑挑撿撿。"美惡相襍"一語,亦見於睡虎地秦簡《秦律十八種》簡64—65《金布律》:"官府受錢者,千錢一畚,以丞、令印印。不盈千錢者,亦封印之。錢善不善,雜實之。出錢,獻封丞、令,乃發用之。百姓市用錢,美惡雜之,毋敢異。""錢善不善""美惡襍之"與"美惡相襍"同義。

倉庫的糧食儲存美惡相襍,只是指的同一批糧食而言,而實際上對於不同批次、不同種類的糧食,倉庫管理還是非常注意分類保存的。睡虎地秦簡《秦律十八種》簡34《倉律》:"計禾,別黄、白、青。稑(秋)勿以稟人。"簡35—36《倉律》:"稻後禾孰(熟),計稻後年。已獲上數,別粲、穤(糯)秙(黏)稻。別粲、穤(糯)之襄(釀),歲異積之,勿增積,以給客,到十月牒書數,上内【史】。"

【6】大輸

[整理小組注]

大輸:輸出輸入的錢財物品價值很大。[1]

[疏證]

"大輸"原與"令丞視"連讀,今以逗號隔開。

睡虎地秦簡《法律答問》簡209:"可(何)如爲'大誤'?人户、馬牛及者(諸)貨材(財)直(值)過六百六十錢爲'大誤',其它爲小。"嶽麓簡此處"大輸"的價值,或許也是指過六百六十錢者。

【7】令丞視

[疏證]

"令丞視"之"令",有兩種理解,一種是"命令",即"命令縣丞視";另一種是"縣令",即"縣令、縣丞視"。我們傾向於第一種解讀。因爲"大輸,令丞視"之"令"與"稍稟,令令史視平"中的第一個"令"字,用法含義當相同。

---

[1] 陳松長主編:《嶽麓書院藏秦簡(肆)》,第168頁。

【8】視平

[整理小組注]

視平：監督以保證公平。《里耶秦簡》："令史朝視平。"①

[疏證]

"視平"之後，嶽麓秦簡整理小組原標點爲逗號，今改爲分號。

視平，秦代財務制度中的一個監督保證程序。睡虎地秦簡的記載中已出現"視平"這一程序。《封診式》簡39"令少內某、佐某以市正賈（價）賈丙丞某前"，其中的"丞某"承擔的或許就是視平的角色。里耶秦簡中"視平"這一程序主要出現在倉庫廩食簿中。如：簡8-45："稻四。卅一年五月壬子朔壬戌，倉是、史感、稟人☐☒ 令史尚視平。"☒ 8-211："稻五斗。卅一年九月庚申，倉是、史感、【稟人】堂出稟隸臣☒ 令史尚視平。" 8-217："稻四斗八升少半半升 卅一年八月壬寅，倉是、史感、稟人堂出稟隸臣嬰兒槐庫。 令史悍平。六月食。感手。" 8-1336："稻七石五斗。卅一年七月辛卯朔壬子，倉是、史☒ 令史尚視平" 8-1345+8-2245："稻一石一斗八升。卅一年五月乙卯，倉是、史感、稟人援出稟遷陵丞昌。四月、五月食。令史尚視平。感手。"《校釋一》注："視平，或省作'視'（8-880），或省作'平'（8-217），同樣場合有時也用'監'字，疑'視'或'視平'與'監'含義相似，指督看，以保證公平。"② 這就是說，"大輸令丞視"的"視"也是"視平"的意思，因爲價值數額大，所以特加重視，在令史視平之上又加了"丞視"這一層監督。睡虎地秦簡在《法律答問》中提出"大誤"的經濟數額爲"過六百六十錢"，《效律》中又説"馬牛、人户一爲大誤"，那就是説馬牛、人户一也屬於經濟價值"大"的範圍，嶽麓簡《金布律》也證明了這一點，這反過來又可以證明睡虎地秦簡《封診式》購買奴隸時由"丞"來視平是有根據的。

【9】稍稟

[整理小組注]

稍稟：與"大輸"相對而言，指輸出輸入錢財物品價值小。③

[疏證]

《周禮》有"稍食"，"稍食"之"稍"與嶽麓簡"稍稟"之"稍"含義相同，爲"微小"之義。《周禮·天官·宮正》："均其稍食。"鄭玄注："稍食，禄稟。"孫詒讓《正義》："云'稍食，禄稟'者，《内宰》《廩人》《掌固》注義並同。《説文·禾部》云：'稍，出物有漸也。'《㐭部》云：'稟，賜穀也。'賈疏云：'稍則稍稍與之，則月俸是也。則下士食九人，中士倍下士，上士倍中士之類。其禄與之米稟，故云禄稟也。'易袚云：'當是一命以上謂之禄，庶人在官者，稍食而已。'金榜云：《校人》"等馭夫之禄，宮中之稍食"，明稍食與禄

---

① 陳松長主編：《嶽麓書院藏秦簡（肆）》，第168頁。
② 陳偉主編：《里耶秦簡牘校釋》（第1卷），第40頁。
③ 陳松長主編：《嶽麓書院藏秦簡（肆）》，第168頁。

殊也.'沈彤云:'稍食,食之小者.《校人》"等馭夫之禄,宫中之稍食".馭夫爲中士、下士,宫中則師圉府史以下.觀《宫正》食官府之衆寡,《内宰》食王内之人民,並稱稍食,則易説誠然.而疏以稍食爲命士以上之禄之通稱,誤矣.'案:易、金、沈三説是也.《校人》先鄭注云'稍食謂禀',此訓最析."① 閻步克先生在考證《周禮》"稍食"時説:"'稍食'之'稍',首先是説它根據功次考核、勤務積累而發放,其次是説它以'月'爲周期而發放."② 這是從"稍食"的發放依據及方式而言的,不是"稍"之本義.

【10】令令史視平

[疏證]

"令令史視平"之後,嶽麓秦簡整理小組原標點爲逗號,今改爲句號."令令史視平",即命令令史視平.

簡文大意

《倉律》規定:縣官稱量糧食出入庫一定要公平準碻,發放糧食的時候要好壞混雜在一起.數額大的糧食出入庫,需要縣丞親臨,令史、官嗇夫監督公平;數額小的糧食出入庫,需要令史監督保證公平.不遵守制度的,貲罰一甲.

簡1370+1382(165—166)

●倉律曰:毋以隸妾爲吏僕、養、官【守】府[1]┗.隸臣少,不足以給僕、養,以居貲責(債)給之[2];及且[3]令以隸妾爲吏僕165、養、官守府,有隸臣,輒伐〈代〉之┗,倉廏守府[4]如故166.

【1】官【守】府

[整理小組注]

官守府:看守官府的僕役.《里耶秦簡》:"令曰:吏僕、養、走、工、組織、守府門、匠及它急事不可令田."③

[疏證]

"官守府"即"守官府",亦見於《嶽麓肆》殘5+1434(271):"司寇勿以爲僕、養、守

---

① 孫詒讓:《周禮正義》,第1分册,第269、270頁.
② 閻步克:《品位與職官:秦漢魏晋南北朝官階制度研究》,中華書局2009年版,第137—138頁.
③ 陳松長主編:《嶽麓書院藏秦簡(肆)》,第168頁.

官府及除有爲殿(也)。有上令除之,必復請之。"睡虎地秦簡《秦律十八種》簡150《司空律》有相同的内容。睡虎地秦簡《法律答問》簡133亦提到"守官府":"罷癃(癃)守官府,亡而得,得比公癃(癃)不得? 得比焉。""官守府"一職,又簡稱"守府"。里耶秦簡中提到了多位擔任"守府"職務者的名字,從中可以看出,守府者除了承擔本職工作外,還可以承擔文書傳遞的任務。如:簡8-141+8-668:"卅年十一月庚申朔丙子,發弩守涓敢言之:廷下御史書曰縣□治獄及覆獄者,或一人獨訊囚,嗇夫長、丞、正、監非能與□□殿,不參不便。書到尉言。今已到,敢言之。十一月丙子旦食,守府定以來。/聯手。萃手。"簡8-158:"卅二年四月丙午朔甲寅,遷陵守丞色敢告西陽丞主:令史下絡帬(裙)直書已到,敢告主。四月丙辰旦,守府快行旁。欣手。"此外,還有守府士卒士伍狗(8-247)、守府即(8-768)、守府賢(8-806)、守府交(8-1477)等。

"官【守】府"之後,嶽麓秦簡整理小組原標點爲逗號,今改爲句號。

【2】以居赀責(債)給之

[疏證]

以居赀責(債)給之,以居赀債者充當僕養。嶽麓簡1260+1264(262—263):"諸有赀贖責(債)者,訾之,能入者令入,貧弗能入,令居之。徒隸不足以給僕、養,以居赀責(債)者給之,令出□,受錢毋過日八錢,過日八錢者,赀二甲,免。能入而弗令入,亦赀二甲,免。除居赀贖責(債)以爲僕、養,令出僕入。"這就是説,居赀債者從事僕養工作期間,按照每天不過八錢的收入抵償其債務。不過,居赀債者爲人僕養只是在缺乏人手的時候才可以,一般情況下是不允許的。據嶽麓簡殘5+1434+1430+1421(271—273)記載:"徒隸毄(繫)城旦舂、居赀贖責(債)而敢爲人僕、養、守官府及視臣史事若居隱除者,坐日六錢爲盜。吏令者,耐。"這應該是對官吏擅自使用居赀債者充當吏僕養的處罰。

【3】且

[整理小組注]

且:姑且,暫且。《史記·伍子胥列傳》:"民勞,未可,且待之。"[1]

【4】倉廚守府

[疏證]

倉廚守府,或與"官守府"詞例相似,即"守倉廚府"。"廚",爲倉之屬下部門。居延新簡EPF25.25:"黄龍元年十二月甲申,蜀郡倉嗇夫後移□廚書□到□□□□前益恩後莫夫子亡取多□此益恩故爲之。書到,□令史移益□□□謁若廚移南□□□男□"[2]EPT3.11有"後廚掾"。居延漢簡34·9+34·8A:"山䱖得二人送囚昭武。☒□四

---

[1] 陳松長主編:《嶽麓書院藏秦簡(肆)》,第168頁。
[2] 張德芳:《居延新簡集釋(七)》,甘肅文化出版社2016年版,第614頁。

月旦見徒復作三百七十九人。卅八人署廚、傳舍、獄、城郭、官府☐六十人付肩水部。部遣吏迎受。"① 這表明，西漢居延地區廚這一機構中有"徒復作"在工作。簡127·30有"前廚"。②

肩水金關漢簡中記載有"廚嗇夫""廚佐""廚人"，爲我們進一步了解"廚"這個機構提供了更多的信息。73EJT6:23:"陽朔五年正月乙酉朔庚戌，犂陽丞臨移過所，遣廚佐閒昌爲郡送遣戍卒張掖、居延，當舍傳舍，從者如律令。"73EJT7:8:"居延廚佐中宿里徐讓。"73EJT7:9:"魏郡武始野氏亭長廚人里大夫朱武，年卅，長七尺三寸。出。皆五月☐☐"73EJT9:19B:"☐露二年六月己未朔辛☐謹案毋官徵事，當☐六月壬戌。廚嗇夫☐" 73EJT10:213:"六月乙未，廚嗇夫武行右尉事。"③ 73EJT30:65:"居延廚嗇夫公乘張宗，年五十。"④

簡文大意

《倉律》規定：不要以隸妾擔任官吏的僕從、炊事員、看守官府者。如果隸臣少，不足用以擔任僕從、炊事員，就用居貲贖債者來補充；或暫時用隸妾充當官吏僕從、炊事員或看守官府者，一旦有新增隸臣，隨時替換，倉廚守府的人員使用也是如此。

簡1375＋1412（167－168）

●司空律曰：城旦舂衣赤衣[1]，冒赤氈[2]，枸櫝杕之┗。諸當衣赤衣者，其衣物毋（無）小大及表裏盡赤之，其衣167裏者，赤其裏而反衣之[3]。仗城旦勿將司[4]。舂城旦[5]出繇（徭）者，毋敢之市及留舍閭[6]外，當行市中者，回，【勿行】[7]168。

【1】城旦舂衣赤衣

［疏證］

這條律令亦見於睡虎地秦簡《秦律十八種》簡147－148《司空律》："城旦舂衣赤衣，冒赤幪（氈），拘櫝欙杕之。仗城旦勿將司；其名將司者，將司之。舂城旦出繇（徭）者，毋敢之市及留舍閭外；當行市中者，回，勿行。"相比之下，睡虎地秦簡中間缺"諸當衣赤

---

① 簡牘整理小組：《居延漢簡》（壹），中研院歷史語言研究所專刊之一〇九，第104頁。
② 簡牘整理小組：《居延漢簡》（貳），中研院歷史語言研究所專刊之一〇九，第62頁。
③ 甘肅簡牘保護研究中心等：《肩水金關漢簡（壹）》（下册），第64、78、102、142頁。
④ 甘肅簡牘保護研究中心等：《肩水金關漢簡（叁）》（下册），中西書局2013年版，第110頁。

衣者,其衣物毋(無)小大及表裏盡赤之,其衣裘者,赤其裏而反衣之"一句,不能排除,睡虎地秦簡的抄手有意或無意漏了這一句。而嶽麓簡與睡虎地秦簡相比,則缺了"其名將司者,將司之"一句,同樣也有可能是嶽麓簡的抄手所遺漏,也有可能是睡虎地秦簡的抄手有意加上去的。總之,我們感覺相比較而言,同類內容的表述,睡虎地秦簡要比嶽麓簡更明白易懂。這或許是睡虎地秦簡的出現確實是作爲吏學教本,所以它盡可能地簡明扼要,且通俗易懂,而且這種教材在傳播過程中還不斷被或多或少地修改着。而嶽麓簡則更多地保留了官府原始檔案的特點,因此表述更顯得嚴密而規範。當然,也不能避免抄手在抄寫過程中或多或少的變更。這就是説,目前我們所見的簡牘律令,未必與實際律令原文完全相同,其中抄手在抄録過程中增減律令文字的因素無疑是存在的。當然,另一種導致二者對同類律令表述產生差異的可能也是完全存在的,這就是由於秦朝政府確實對法律進行了修訂、補充或者精簡。對於嶽麓簡與睡虎地秦簡的異同與互補現象,周海鋒有着類似的看法,他一方面認爲,有些地方的差異"顯然不能用書手不小心抄漏了來解釋,而是二者所依據的法律文本有差異",另一方面又感覺到"當然有些差異是由於書手用字習慣不同而產生的","以上文字互見的共同特點是均帶有補充説明的味道,或可假設,抄録者根據自己理解,將某些認爲没有必要摘録的文字加以省略"。① 嶽麓簡與睡虎地秦簡同類内容簡文出現的一些具體表述上的差異,究竟是抄手的原因,還是政府不斷修訂的結果,這是我們進行比較研究時最想知道的,也是最不容易把握的。

【2】冒赤氈,枸櫝杖之

[整理小組注]

氈:毯子。冒赤氈:戴紅色毯子。②

[疏證]

氈,《中國衣冠服飾大辭典》:"氈,亦作'旃''旃''氊''毡'。一種毛(案:原書誤作"无",今改)紡織物。以羊毛、駱駝毛、牦牛毛等爲原料,入沸水中搓洗浸泡,使之相粘,然後用木板固定成塊,踩軋擠壓成片狀。質地緊密而厚實,具有良好的回彈、保暖等性能,常用作暖帽、冬衣、靴履。周代已有專操其事者,歸天官執掌。《周禮·天官·掌皮》:'掌秋斂皮,冬斂革,春獻之,遂以式灋頒皮革於百工,共其毳毛爲氈,以待邦事。'《説文·毛部》:"氊,撚毛也。"段注:"撚毛者,蹂毛成氊也。"漢馬融《樗蒲賦》:"素氊紫罽,出於西鄰;緣以績綉,鈇以綺文。"這種花氊實物,在蒙古諾因烏拉東漢匈奴墓中曾有出土,其物質地密實,表面平整光滑,如用重物碾過,上用彩色絲綫綉以鳥獸花木圖紋,四周緣以絹帛。③

周海鋒認爲:"秦律某些條文主體穩固的同時,局部會有所修訂。以上引《司空律》

---

① 周海鋒:《秦律令研究——以〈嶽麓書院藏秦簡〉(肆)爲重點》,第141頁。
② 陳松長主編:《嶽麓書院藏秦簡(肆)》,第168頁。
③ 周汛、高春明編著:《中國衣冠服飾大辭典》,上海辭書出版社1996年版,第534頁。

爲例,睡虎地簡中多次出現的'枸櫝欙杕'詞組在嶽麓秦簡中兩次出現時均作'枸櫝杕',這顯然不能用書手不小心抄漏了來解釋,而是二者所依據的法律文本有差異。當然有些差異是由於書手用字習慣不同而產生,如'氊'與'氈',不應該視作法律條文修訂的結果。"①

【3】赤其裏而反衣之

[疏證]

嶽麓簡整理小組釋文及標點原作"赤其裏,□仗,衣之",今從陳偉說,他認爲:"先秦衣裘以毛面朝外爲常,則應無疑義。《司空律》之所以規定城旦舂衣裘者'赤其裏而反衣之',當是因爲毛面(表)不便染色的緣故。"②

【4】仗城旦勿將司

[疏證]

"仗城旦勿將司"後,嶽麓秦簡整理小組原標點作逗號,今改爲句號。

【5】舂城旦

[疏證]

舂城旦,亦見於嶽麓簡1248(190)。睡虎地秦簡《秦律十八種》簡57《倉律》,《釋文注釋修訂本(壹)》注曰:"舂城旦,整理者讀作'舂、城旦'。李力(2007,356頁):'舂城旦',還見於簡92—93,簡147,可能是'城旦舂'之筆誤。"③"舂城旦"爲"城旦舂"之筆誤,此說只能是可備一說,還不能作爲最後定論。因爲在睡虎地秦簡中它不止出現了一次,至少出現了3次,在《嶽麓肆》中至少出現了2次,這恐怕未必都是偶然。

另外睡虎地秦簡《秦律十八種》簡56《倉律》中還有"舂司寇",其詞例構成方式與"舂城旦"相同。《釋文注釋修訂本(壹)》注曰:"整理者:簡文有城旦司寇、舂司寇,均不見於古籍。據下文《司空律》,城旦可減刑爲城旦司寇,此處舂司寇可能也是由舂減刑的一種刑徒。劉海年(1981):秦的'舂司寇'就是與'城旦司寇'相應的女刑徒,類似漢代的'作如司寇'。曹旅寧(2002,275—276頁):'舂司寇'是女司寇參加舂米勞役。監領服刑役的司寇稱'城旦司寇'。"④睡虎地秦簡中的"城旦司寇""舂司寇",在嶽麓秦簡中有"城旦舂司寇"相對應,分別見於簡1976、0635(050、358)。

既然"舂司寇"並非誤寫,那麼"舂城旦"是否是誤寫,完全值得進一步探討。

---

① 周海鋒:《秦律令研究——以〈嶽麓書院藏秦簡〉(肆)爲重點》,第141頁。
② 陳偉:《秦簡牘校讀及所見制度考察》,第184頁。
③ 彭浩、劉樂賢等:《秦簡牘合集·釋文注釋修訂本(壹)》,第81頁。
④ 同上注,第80頁。

【6】闠

[整理小組注]

闠：市區的門，通常借指市區。《說文》："闠，市外門也。"①

【7】勿行

[整理小組注]

"勿行"二字因竹簡殘泐而模糊難辨，據《睡虎地秦簡·司空律》148號簡補充。②

簡文大意

《司空律》規定：城旦舂穿紅色的衣服，戴着紅色氈帽，手足都戴刑具。那些應當穿紅色囚服的人，他們所穿的衣服無論大小表裏都要是紅色的，如果是穿皮裘，要反穿，皮面染成紅色。賜杖年齡的城旦，不用監管。春城旦外出從事勞役者，不得到市場中去或在市場門外逗留，需要從市場中穿過時，要避開市場，改道繞過去。

簡1413＋1297（169—170）

●內史襍律[1]曰：舀稟詹[2]、倉、庫，實官[3]積[4]垣高毋下丈四尺[5]，瓦[6]蘠（牆），財（裁）爲候[7]，晦[8]令人宿候，二人備[9]火，財（裁）爲□₁₆₉□水。宮中不可爲池者[10]，財（裁）爲池宮旁₁₇₀。

【1】內史襍律

[疏證]

內史襍律，就是內史所適用的法律。

睡虎地秦簡中"襍"多作"雜"，有《內史雜》和《尉雜》兩種律。《內史雜》，睡虎地秦簡整理小組注："內史雜，關於掌治京師的內史職務的各種法律規定。"③《釋文注釋修訂本（壹）》："徐富昌（1993，90—92頁）：除與掌管財務有關的律文外，還有與用人和一般規定有關。栗勁（1985，350頁）：是《內史律》以外的與內史職務有關的行政法規。"④

---

① 陳松長主編：《嶽麓書院藏秦簡（肆）》，第168頁。
② 同上注。
③ 睡虎地秦墓竹簡整理小組編：《睡虎地秦墓竹簡》，釋文部分第61頁。
④ 彭浩、劉樂賢等：《秦簡牘合集·釋文注釋修訂本（壹）》，第135頁。

《尉雜》,睡虎地秦簡整理小組注:"尉,這裏指廷尉,《漢書·百官表》:'廷尉,秦官,掌刑辟。'是司法的官。尉雜,關於廷尉職務的各種法律規定。"①《釋文注釋修訂本(壹)》:"劉海年(1982):《尉雜》是《尉雜律》的簡稱。漢有《尉律》,見於《漢書·昭帝紀》注和《説文解字序》。栗勁(1985,349頁):《尉雜》律是《尉律》以外的有關廷尉的行政法規。于振波(2005A):張家山漢簡《二年律令》簡215有'受(授)爵及除人關於尉'。簡文的'尉'指縣尉。縣、道屬吏的任用,尉是有決定權的,里耶秦簡J1⑧157就是一例。王惠(2009,46頁、47頁):簡文'尉'包括廷尉、郡尉和縣尉。還可能包括見於秦封泥的邦尉、大尉、中尉等武職官員。"②

栗勁之所以把睡虎地秦簡所收録的《尉雜》和《内史雜》理解爲《尉律》《内史律》以外的與尉和内史相關的法律集合,他的考慮是這樣的:"當年李悝編定《法經》時,從盜賊開始,寫成《盜法》《賊法》兩篇。'盜賊須劾捕',又寫成《捕法》《囚法》兩篇。此外,把不能包括在上述四篇之中又認爲需要懲罰的行爲,一併寫在一起,定名爲《雜法》。由此推論,秦律中一定有《尉律》,應是規定廷尉這個機構進行職務活動的法規。没有規定在其中的與廷尉有關的被認爲需要在法律上作出規定的東西,就被寫在《尉雜》律之中。如果可以這樣理解《尉雜》律的話,它當是《尉律》以外的有關廷尉的行政法規。"③這種推測從邏輯上講也算是可行的。但我們還是不能排除《尉雜》《内史雜》就是《尉律》《内史律》的可能性。

同時,我們認爲,不論是睡虎地秦簡的《尉雜》《内史雜》,還是嶽麓秦簡的《尉䘴律》《内史䘴律》,乃至《説文》中提到的漢代的《尉律》,它們作爲對職官或者説部門有關職能的法律規定,與《周禮》一書中各個職官職能的記述非常相似,也就是説《周禮》一書中關於職官職能的記載,很可能就是戰國時期國家職官職能記載的一個版本。

【2】廥

[整理小組注]

廥:堆放芻稾之所。《説文》:"廥,芻稾之藏。"④

[疏證]

廥,《説文》段注:"《天官書》:'其南衆星曰廥積。'如淳《漢書》注曰:'芻稾積爲廥也。'《史記正義》曰:'芻稾六星在天苑西,主積稾草者。'"⑤可見,廥含義之一,專指儲存芻稾的倉庫而言。故嶽麓簡此處"芻稾廥"當作爲一個詞連讀。不過"芻稾廥"有時也簡稱爲"廥"。嶽麓簡1266(175)"廥、倉、庫實官"並列,其中"廥"當是指"芻稾廥",與儲藏糧食的"倉"相區別。嶽麓簡0060(270)還有"都廥",不知是否也是專指

---

① 睡虎地秦墓竹簡整理小組編:《睡虎地秦墓竹簡》,釋文部分第64頁。
② 彭浩、劉樂賢等:《秦簡牘合集·釋文注釋修訂本(壹)》,第140頁。
③ 栗勁:《秦律通論》,第349頁。
④ 陳松長主編:《嶽麓書院藏秦簡(肆)》,第168頁。
⑤ 段玉裁:《説文解字注》,第776頁。

"芻稾廥"而言。

　　睡虎地秦簡也有區分"廥"與"倉"者，如《秦律十八種》簡195《内史雜》："有實官高其垣牆。它垣屬焉者，獨高其置芻廥及倉茅蓋者。"其中"芻廥"當即"芻稾廥"的簡稱，"廥"與"倉"的區别還是很明顯的。不過，睡虎地秦簡中大部分記載中並不過於區分"芻稾廥"與"糧食倉"，二者都可稱爲"廥"，也可稱爲"倉"。睡虎地秦簡《秦律十八種》簡25《倉律》"書入禾增積者之名事邑里於廥籍"，廥即指糧倉。《秦律十八種》簡28《倉律》"入禾稼、芻稾，輒爲廥籍，上内史"，廥則包括了禾稼與芻稾倉。故睡虎地秦簡整理小組注："廥（音儈），《廣雅·釋宫》：'倉也。'"① 王偉雄對廥與倉的區别曾得出過類似結論。② 謝坤在王偉雄研究的基礎上，結合漢畫像資料，指出穀物的堆積，也就是倉的堆積，爲圓形設施，"且相互毗鄰設置"，"芻稾則使用屋脊形的設施，且采用'一積爲一廥'的方式"。③ 其説值得關注。當然，此處漢畫像資料是否具有普遍意義，尚需進一步研究。

【3】實官

　　[整理小組注]
　　實官：貯藏穀物的官府。《睡虎地秦簡·内史雜律》："有實官高其垣牆。"④
　　[疏證]
　　整理小組原標點爲"芻稾廥、倉、庫、實官、積，垣高毋下丈四尺"，今改爲"芻稾廥、倉、庫，實官積垣高毋下丈四尺"。"實官積"指的就是"芻稾廥、倉、庫"，而非另爲一物。陳偉亦認爲"廥、倉、庫均屬實官"，他把"實官積"與前面"廥、倉、庫"之"庫"連讀，作"芻稾廥、倉、庫實官積"，與下文"垣高毋下丈四尺"以逗號斷開，亦可。⑤
　　實官，亦見於嶽麓簡1266+1274（175—176）："内史襐律曰：黔首室、侍（寺）舍有與廥、倉、庫實官補屬者，絶之，毋下六丈。它垣屬焉者，獨高其侍〈置〉，不從律者，貲二甲。"
　　睡虎地秦簡中"實官"一詞凡四見。《秦律十八種》簡162《效律》："實官佐、史柀免、徙，官嗇夫必與去者效代者。"《秦律十八種》簡194《内史雜》："有實官縣料者，各有衡石羸（纍）、斗甬（桶），期踐。"《秦律十八種》簡195《内史雜》："有實官高其垣墻。它垣屬焉者，獨高其置芻廥及倉茅蓋者。"《法律答問》簡149："實官户關不致，容指若抉，廷行事貲一甲。"睡虎地秦簡整理小組注："實，《國語·晋語》注：'穀也。'""實官，貯藏糧食的官府。"⑥《釋文注釋修訂本（壹）》："徐富昌（1993，412頁）：據《法律答問》簡419、《内史雜》簡194—195等，秦律中有時也稱'倉'爲'實官'，'實官佐'即倉佐。蔡

---

① 睡虎地秦墓竹簡整理小組編：《睡虎地秦墓竹簡》，釋文部分第26頁。
② 王偉雄：《秦倉制研究》，臺灣花木蘭出版社2013年版，第21頁。
③ 謝坤：《出土簡牘所見秦代倉、廥的設置與管理》，《中國農史》2019年第3期，第50頁。
④ 陳松長主編：《嶽麓書院藏秦簡（肆）》，第168頁。
⑤ 陳偉：《秦簡牘校讀及所見制度考察》，第142頁。
⑥ 睡虎地秦墓竹簡整理小組編：《睡虎地秦墓竹簡》，釋文部分第57頁、128頁。

萬進（1996，51頁）：實官是設於各縣的糧食管理機構，接受縣廷的管理監督。在鄉往往還設有'離官屬於鄉者'，參與管理糧食。陳偉（2013B）：《左傳·文公十八年》'聚斂積實'杜預注：'實，財也。'《淮南子·精神》'名實不入'高誘注：'實，幣帛貨財之實。'《國語·晉語八》：'吾有卿之名，而無其實。'韋昭注：'實，財也。'這意味著，'實'包括'穀'而不僅僅等於'穀'。"[①]從秦簡的記載來看，廥、倉多作爲貯藏糧食的機構而出現，庫則作爲貯藏金錢、手工業製品的機構而存在，都屬於倉庫類的儲藏機構，因此《爲吏之道》中有"倉庫禾粟，兵甲工用"之語。這也就是說倉、廥、庫都屬於實官。所以睡虎地秦簡的抄手在抄到"廥、倉、庫實官"時，只抄寫了"實官"一詞作爲倉庫的通稱。睡虎地秦簡《秦律十八種》簡195《内史雜》"有實官高其垣墻。它垣屬焉者，獨高其置芻廥及倉茅蓋者"，就表明了這一點。

【4】積

[整理小組注]

積：堆。《睡虎地秦簡·倉律》："入禾倉，萬石一積而比黎之爲户。"[②]

[疏證]

積，睡虎地秦簡整理小組注："積，堆，在此爲貯藏穀物的單位。"[③]"積"在此既然只是一個儲藏物資多少的數量單位，它在簡文中斷句就不應該與作爲存儲設施或機關的"廥""倉""庫""實官"等並列，而應斷作"芻稾廥、倉、庫，實官積垣高毋下丈四尺"云云。

【5】垣高毋下丈四尺

[疏證]

垣高毋下丈四尺，是倉儲機構所在圍墻高度的規定，也是對嶽麓簡1266（175）"它垣屬焉者，獨高其侍（置）"的說明。簡1266提到民房及其他官府寺舍的墻垣在與倉儲機構的墻垣相連接時，要單獨加高倉儲機構的墻垣，具體的高度應該就是這裏所說的"高毋下丈四尺"。嶽麓簡《内史襍律》關於倉儲機構墻垣建築及安全防護制度的規定，除了簡1413+1297（169—170）之外，還有簡1266+1274（175—176）："内史雜律曰：黔首室、侍（寺）舍有與廥、倉、庫實官補屬者，絶之，毋下六丈。它垣屬焉者，獨高其侍（置），不從律者，貲二甲。"

我們認爲睡虎地秦簡《秦律十八種》簡195—196《内史雜》的記載是對嶽麓簡上述四支簡內容的概括，其文曰："有實官高其垣墻。它垣屬焉者，獨高其置芻廥及倉茅蓋者。令人勿紤（近）舍。非其官人殹（也），毋敢舍焉。善宿衛，閉門輒靡其旁火，慎守唯敬（儆）。有不從令而亡、有敗、失火，官吏有重罪，大嗇夫、丞任之。"與嶽麓簡

---

① 彭浩、劉樂賢等：《秦簡牘合集·釋文注釋修訂本（壹）》，第127—128頁。
② 陳松長主編：《嶽麓書院藏秦簡（肆）》，第168頁。
③ 睡虎地秦墓竹簡整理小組編：《睡虎地秦墓竹簡》，釋文部分第26頁。

1413+1297（169—170）比較如下：

睡虎地秦簡"有實官高其垣墻。它垣屬焉者，獨高其置芻廥及倉茅蓋者"相當於嶽麓簡"芻稾廥、倉、庫實官積垣高毋下丈四尺"及簡1266+1274（175—176）"内史雜律曰：黔首室、侍（寺）舍有與廥、倉、庫、實官補屬者，絶之，毋下六丈。它垣屬焉者，獨高其侍〈置〉，不從律者，貲二甲。"睡虎地秦簡的"高其垣墻"，嶽麓簡中説明了"垣高毋下丈四尺"；睡虎地秦簡的"它垣"相當於嶽麓簡的"黔首室、侍（寺）舍"之垣。嶽麓簡同時還補充了一點，那就是"它垣"與"實官垣"連接時，如果可能，要采取措施把它們之間斷開，斷開的距離"毋下六丈"。

睡虎地秦簡"令人勿斦（近）舍。非其官人殹（也），毋敢舍焉。善宿衛，閉門輒靡其旁火，慎守唯敬（儆）。有不從令而亡、有敗、失火，官吏有重罪，大嗇夫、丞任之"與嶽麓簡"瓦藺（牆），財（裁）爲候，晦令人宿候，二人備火，財（裁）爲□□水。宫中不可爲池者財（裁）爲池宫旁"是同一類的内容。嶽麓簡的"晦令人宿候"，屬於睡虎地秦簡"善宿衛"的内容，嶽麓簡所謂"二人備火，財（裁）爲□□水。宫中不可爲池者財（裁）爲池宫旁"屬於防火措施，睡虎地秦簡中亦有"閉門輒靡其旁火"的防火内容，同時睡虎地秦簡還强調了針對因玩忽職守造成庫存物資丟失、損壞及發生火災而采取的處罰措施："有不從令而亡、有敗、失火，官吏有重罪，大嗇夫、丞任之。"

通過比較我們感覺到，嶽麓秦簡的律文相對於睡虎地秦簡而言，更加規範和全面，而睡虎地秦簡的表述則明顯要簡明扼要，通俗易懂。兩者之間的這種區别，也許是因爲嶽麓簡更多地保留了秦律的原貌，而睡虎地秦簡則很可能是作爲吏學教材而出現的。當然，這目前還只是一種感覺和推測，還需要更多的比較和研究。

【6】瓦

[整理小組注]

瓦：蓋瓦。《急就篇》卷三顔師古注："瓦屋，以瓦覆屋也。"①

【7】候

[整理小組注]

候：崗哨。《銀雀山漢墓竹簡·孫臏兵法》："去守五里置候。"②

【8】晦

[整理小組注]

晦：夜晚。《越絶書》："晝書不倦，晦誦竟旦。"③

---

① 陳松長主編：《嶽麓書院藏秦簡（肆）》，第168頁。
② 同上注。
③ 同上注。

【9】備

[整理小組注]

備:防備,防禦。《史記·項羽本紀》:"備他盜出入與非常也。"①

【10】宫中不可爲池者

[疏證]

"宫中不可爲池者"之後,嶽麓秦簡整理小組原與"財(裁)爲池宫旁"連讀,今以逗號隔開。

簡文大意

《内史襍律》規定:芻稾廥、倉、庫等實官機構,其圍牆高度不能低於一丈四尺,以瓦覆牆,設置警衛崗哨,晚上令人值班,有二人防火,……設置水池。宫中不能設置水池的,在旁邊設置。

簡1296+1237(171—172)

●内史襍律曰:諸官縣料[1]各有衡石贏(纍)、斗甬(桶)[2],期足[3],計其官[4],毋叚(假)黔首。不用者,平[5]之如用者。以鐵午(杵)[6] 171 問(扃)[7]甬(桶)口,皆壹用方樻(概)[8],[方]樻(概)毋得,用槃及圜樻(概)[9] 172。

【1】諸官縣料

[疏證]

"諸官縣料"至"平之如用者"這段律文亦見於睡虎地秦簡《秦律十八種》簡194《内史雜》:"有實官縣料者,各有衡石贏(纍)、斗甬(桶),期踐。計其官,毋叚(假)百姓。不用者,正之如用者。内史雜。"兩者可以說基本一致,嶽麓簡顯然抄録的内容要比睡虎地秦簡多出一部分。睡虎地秦簡在律文的末尾加了律名,這表明抄手是有意在此停止的。嶽麓簡多抄的這一部分,從文意上看,是解釋說明如何校正度量衡器具的,即解釋怎樣"平之如用者"的。也就是說,睡虎地秦簡的抄手很可能是有意省略了這一部分,因爲前面的文句已經把律令的主旨說明白了,相關的解釋部分他認爲可有可無,因此就

---

① 陳松長主編:《嶽麓書院藏秦簡(肆)》,第168頁。

省略了。

　　這部分内容相同的律文中,文字有四處不同值得注意。第一處是律文的開頭,嶽麓簡的文字表述以"諸"字開頭,"諸官縣料",概括性强,顯得嚴謹規範,更符合法律條文的表述特點,《唐律疏議》中律文的表述皆以"諸"字開頭,即是如此。睡虎地秦簡的文字表述以"有"字開頭,"有實官縣料者",顯得比較隨意,似乎是抄手根據自己對律文的理解而形成的文字。第二處是强調實官機構所擁有的各種度量衡器具要足夠用,嶽麓簡的表述是"期足",睡虎地秦簡則説的是"期踐"。睡虎地秦簡中除《内史雜》之外,《秦律十八種》簡128—129《司空律》亦曰:"官有金錢者自爲買脂、膠,毋(無)金錢者乃月爲言脂、膠,期踐。"睡虎地秦簡整理小組注:"期踐,即期足。"① 綜合睡虎地秦簡與嶽麓簡,"期足"見於睡虎地秦簡《倉律》與嶽麓簡《田律》《内史雜》《奔警律》,"期踐"只見於睡虎地秦簡《内史雜》和《司空律》,這是否抄手據文義而變化之詞,值得考慮。第三處是"黔首"與"百姓"的使用區別。嶽麓簡使用"黔首"稱呼,而睡虎地秦簡使用"百姓"的稱呼。秦始皇統一之後,"更民名曰黔首"。這表明嶽麓簡的時代在睡虎地秦簡之後。第四處是"平"與正使用的區別。嶽麓簡曰"平之如用者",睡虎地秦簡曰"正之如用者",嶽麓簡的用法顯然是避秦始皇嬴政之諱,"政""正"同音,睡虎地秦簡在此還没有嚴格遵從避諱制度。

【2】衡石贏(纍)、斗甬(桶)

[疏證]

　　熊長云説:"秦桶量作爲早期量器已鮮爲人知,而漢代的斛量却與之有着密切聯繫。《史記·商君列傳》所載:'平斗、桶',裴駰《集解》引鄭玄注曰:'音勇,今之斛也。'可知鄭玄認爲桶、斛是銅器之古今名。然而,漢斛發現較多,可確知其形制,秦桶却遲遲没有發現,故長期缺乏比較樣本。因此,首次復原出的秦桶形制,爲檢驗鄭注提供了進一步的證據。"② 睡虎地秦簡《秦律十八種》簡100《工律》:"縣及工室聽官爲正衡石贏(纍)、斗用(桶)、升,毋過歲壺〈壹〉。有工者勿爲正。叚(假)試即正。"睡虎地秦簡整理小組注:"衡石,見《史記·秦始皇本紀》,指以石爲單位的衡器。纍,衡器的權,漢銅權銘文常自名爲纍。斗桶,見《吕氏春秋·仲春紀》及《史記·商君列傳》,秦漢時以十斗爲桶,一説六斗爲桶,詳見段玉裁《説文解字注》。"③

　　案:從出土秦陶量來看,有半斗量器,有一斗量器,還有一斛六斗的量器,均作圓桶狀。睡虎地秦簡《效律》簡5有"斗不正,半升以上"、簡6有"半斗不正,少半升以上"等關於度量衡校正的規定,可見秦律中確有半斗量器和一斗量器,至於一斛六斗的量器,應該屬於"桶"的範圍了。出土東漢銅斛,其形制亦可作爲秦桶制參考(見圖4—7)。④

---

① 睡虎地秦墓竹簡整理小組編:《睡虎地秦墓竹簡》,釋文部分第50頁。
② 熊長云:《新見秦漢度量衡器集存》,中華書局2018年版,第197頁。
③ 睡虎地秦墓竹簡整理小組編:《睡虎地秦墓竹簡》,文物出版社1990年版,釋文部分第44頁。
④ 圖4—7均選自國家計量總局等主編《中國古代度量衡圖集》,文物出版社1984年版,第68、69、96、97等頁。

圖4　始皇詔陶量　秦　　　　圖5　始皇詔陶量　秦

圖6　夷道銅官斛　東漢　　　圖7　光和大司農銅斛　東漢

不過，秦漢時期的方口量器似乎亦可稱爲"桶"。《説文·木部》："桶，木方受六升。"段玉裁注：

> 疑當作"方斛受六斗"。《廣雅》曰："方斛謂之桶。"《月令》："角斗甬。"注曰："甬，今斛也。"甬即桶。今斛者，今時之斛。凡鄭言今者，皆謂漢時。秦漢時有此六斗斛，與古十斗斛異。《史記》：商君"平斗桶"，吕不韋《仲春紀》"角斗桶"，故知起於秦也。"①

"木方"當指方形的木製量器。考古發現及現存遺物中，秦漢乃至明清時期的方口量器也不少，如圖8—11：②

圖8　商鞅銅方升　秦　　　　圖9　始皇詔銅方升　秦

---

① 段玉裁：《説文解字注》，第465頁。
② 圖8—11均選自國家計量總局等主編《中國古代度量衡圖集》，第45—58、59、85頁。

圖10　始皇詔銅方升　秦　　　　　　　圖11　新莽銅方斗　新莽

【3】期足

[疏證]

期足,睡虎地秦簡《秦律十八種》簡63《倉律》"畜犬期足",整理小組注:"期足,以足够爲度。馬王堆漢墓帛書《五十二病方》:'煮秫米期足。'"①

【4】計其官

[疏證]

計其官,睡虎地秦簡《秦律十八種》譯文爲:"這些器具應在官府中量用。"② 也就是說,把"計其官"理解成"計於其官","計"作"測量、量度"解。戴世君把"計"解釋爲"校","計其官"解釋爲"將其交給有關官府加以檢測、校正",③ 亦可備一説。

【5】平

[整理小組注]

平:校正。《睡虎地秦簡·内史雜律》作"正",此避嬴政名諱而改。④

【6】鐵午(杵)

[整理小組注]

鐵午(杵):形狀如杵的鐵器。⑤

【7】閈(肩)甬(桶)口

[整理小組注]

閈(肩):本指門閂、門環。此用作動詞,與箍意思相近。⑥

---

① 睡虎地秦墓竹簡整理小組編:《睡虎地秦墓竹簡》,釋文部分第35頁。
② 同上注,釋文部分第64頁。
③ 戴世君:《雲夢秦律注釋商兑(續)》,武漢大學簡帛網2008年4月22日。
④ 陳松長主編:《嶽麓書院藏秦簡(肆)》,第168頁。
⑤ 同上注。
⑥ 同上注。

[疏證]

《禮記·月令》仲春之月，"角斗甬，正權概"。孫希旦引鄭氏曰："同、角、正，皆謂平之也。""甬，今斛也。"① 東漢光和大司農銅斛銘文作"捅斗甬，正權概"。② 扁桶口，即箍桶口，用鐵杵箍桶口，是爲了盡量使斛口保持正圓形。

【8】方槎（概）

[整理小組注]

櫑：同"概"，稱量穀物時用來刮平斗斛的器具。《禮記·月令》："正權概。"③

[疏證]

方概，長方形或正方形的刮板，斗斛等稱量容器盛滿糧食時，用刮板刮平口沿，以確保糧食不多於或少於標準容量。孫希旦《禮記集解》引鄭氏曰："概，平斗斛者。"④ 朱彬《禮記訓纂》："《說文》：'概，杚斗斛也。'《倉頡篇》：'平斗斛木曰概。'"⑤ 段玉裁《說文解字注》："槩本器名，用之平斗斛，亦曰槩。許、鄭、高皆云其器也。凡平物曰杚，所以杚斗斛曰槩。"⑥ 《考工記·槀氏》："槩而不稅。"孫詒讓曰："'槩而不稅'者，《荀子·宥坐篇》云'盈不求概'，楊注云：'平斗斛之木也。《考工記》曰："概而不稅。"案：楊倞釋槩與鄭異，而義實長。陳祥道亦云：'《律厤志》以子穀秬黍中者千有二百實其龠，以井水準其槩。《月令》："仲春，正權概。"《荀子·君道》曰："勝斛敦槩者，所以爲嘖也。"《管子·樞言》曰："釜鼓滿則人槩之。"槩，平也，以竹木爲之，五量資之以爲平也。'戴震亦謂平鬴區者曰槩。稅脫古字通。案：陳、戴並本楊義，是也。林喬蔭說同。《說文·木部》云：'槩，杚斗斛。'杚，平也。《韓非子·外儲說左》云：'槩者，平量者也。'《玉燭寶典》引《月令章句》云：'槩，直木也，所以平斗斛也。'《月令》鄭注，《呂氏春秋·仲春紀》《淮南子·時則訓》高注，義並同。稅當讀爲挩。《說文·手部》云：'挩，解挩也。'謂以槩平斗斛，所實米粟，適平其脣，無復有隨槩而解落者也。"⑦

潘偉曰："農具概，平準量器，是量米粟時平斗斛用之刮板，其狀如尺。概，形聲字。'从木，既聲。'《說文解字》中'概'字的篆書寫作'槩'。其本義是指量米粟時刮平斗斛的小條板。如《韓非子·外儲說》：'概者，平量者也。'《辭源》解釋說：'平斗斛之木也，後世俗稱"斗趟子"。'古書上說'概量'，是指概和斗斛等量穀物的器具。現代漢語'一概'，表示'一律'之意，即由此而來。又引申爲刮平，不使過量。如《荀子·宥坐》：'盈不求概，似正。'《禮記·月令》《呂氏春秋·仲春紀》以及東漢'光和大司農銅斛'銘文均有記載，在製造和校正斗斛標準量器時，以概爲平準工具；且在檢定度量衡器時，也

---

① 孫希旦：《禮記集解》，第427頁。
② 國家計量總局等主編：《中國古代度量衡圖集》，第9頁。
③ 陳松長主編：《嶽麓書院藏秦簡（肆）》，第168頁。
④ 孫希旦：《禮記集解》，第427頁。
⑤ 朱彬：《禮記訓纂》，中華書局1996年版，第230頁。
⑥ 段玉裁：《說文解字注》，第457頁。
⑦ 孫詒讓：《周禮正義》，第10分冊，第3959頁。

要校正槩的平直度。可見槩作爲平準量器的重要性，不只是小刮板而已。所謂'以井水準其槩'，利用水的浮力和水平原理，校準槩的平面度，其法科學。"①（見圖17）

　　艾學璞等人在整理天津市計量監督檢測科學研究院保存的民國時期標準量器時，"在銅斗包裝箱内發現一塊長273.4毫米，寬227.2毫米、厚16.2毫米的硬質木板。其一側邊長（寬13.5毫米）和高呈約60°角的斜面，酷似當今直線度計量器具'刀口尺'。木板背面，沿兩長邊分别粘貼寬89毫米和42毫米，厚爲4毫米的兩條長方形薄板，使木板底面朝上放置時呈現出凹槽狀"。此木板無編號和其它文字標記，整理者從它在包裝箱中的固定位置推測，它是與標準銅斗配套使用的計量檢具或計量器具附件，並推測這件器具可能就是"正權槩"的"槩"。隨後整理者使用這塊槩板做了兩項試驗。一項是《韓非子·外儲説》所謂"槩者，平量者也"的試驗。整理者將民國時期的標準銅斗、鋁斗、木斗分别裝入糧食（大米、麵粉）。用槩板刮平超出斗口平面的糧食。第一種方法，將槩板斜面長邊與斗平面呈45°夾角，沿斗口自右向左滑動（圖12）。第二種方法，將槩板平置在斗平面右側，向左側緩慢水平移動，使超出斗平面的一些糧食向槩板長斜面上移動（圖13）。這兩種操作方法使斗口平面和糧食面形成同一平面，以消除由於糧食面不與斗口平面重合而帶來的容量誤差。另一項試驗是《周禮·考工記》所謂"槩而不税"的試驗。這句話的意思是要求各個量器的口沿圓周呈一個平面，不能有高低不平的形位，這是一條嚴格的質量標準。整理者按此思路將槩板平置於斗口之上（圖14）。

圖12　　　　　　圖13　　　　　　圖14

因爲槩板寬度（227毫米）略小於斗的直徑（銅斗250毫米，鋁斗245毫米），所以平視可以發現槩板背面與四段斗口沿緊密相接。通過凹槽空隙觀察斗口上沿邊與槩板之間的結合情況——按貼切法"用光隙估讀"，基本没有透光。然後，轉動"槩板"觀察與斗口上沿邊密合，同樣未見透光。即可證明被測量器上口沿是一個圓平面。通過以上兩種使用方法的試驗可以説明，槩板作爲平準工具是利用板的直綫度和平面度，檢驗量器口沿的平面度。②

---

① 潘偉：《中國傳統農器古今圖譜》，廣西師範大學出版社2015年版，第388頁。
② 艾學璞、陳興、田勇、王立新、畢建華：《對"槩"的研究與探討》，《中國計量》2006年第9期，第45頁。

秦簡說校正桶口首選用方概，沒有方概，也可選用圓概或用圓盤。用方概的好處是既可以平貼於桶口觀察結合處是否有縫隙，從而確定桶口是否處於水平狀態，也可以豎置或斜置，以側面貼桶口水平移動，檢測桶口是否處於水平狀態。而圜概則只能在平置狀態下檢測，即只能平貼於桶口進行觀察，圓面的弧度，使它無法豎置或斜置檢測。尤其是斗斛裝滿糧食，概作為刮板使用時，方概相比圓概，其中的優缺點尤其明顯。

圖15為帶有十字橫梁的銅斗，整理者認為，這個"十字橫梁結構"可以起到"概"的作用。① 作為明器，"十字梁"鑄於銅升口面，確有齊平桶口的作用，但毫無疑問，同時還有防止桶口變形的作用。與之作用相類似的還有明代成化兵子銅斗（見圖16）。② 考慮到防止桶口變形的作用，我們不得不重新審視簡文中"鐵午（杵）"的形狀和使用方法。"以鐵午（杵）閒（扃）甬（桶）口"，扃的本義原為門閂，即使作為動詞使用，也應該具有門閂的特點，而且這句簡文的意思正是檢測桶口是否變形，進而加以修正。圖12的十字梁與圖13中的一字梁，不正是具有這樣的作用嗎？若真如此的話，我們就不得不重新考慮此處簡文中"鐵杵"的真正含義了。

睡虎地秦簡有關糧倉管理的記載中，經常有"贏"與"不備"的記載。"贏"即實際儲存大於賬簿記錄的數量，"不備"則是實際庫存少於賬簿記錄的數量。如《倉律》："出禾，非入者是出之，令度之，度之當堤（題），令出之。其不備，出者負之；其贏者，入之。雜出禾者勿更。入禾未盈萬石而欲增積焉，其前入者是增積，可殹（也）；其它人是增積，積者必先度故積，當堤（題），乃入焉。後節（即）不備，後入者獨負之；而書入禾增積者之名事邑里於廥籍。""禾、芻稾積索（索）出日，上贏不備縣廷。出之未（索）而已備者，言縣廷，廷令長吏雜封其廥，與出之，輒上數廷；其少，欲一縣之，可殹（也）。"這種情況的出現，可能有各種原因，但度量衡使用不精確，無疑是其中之一。正因為如此，政府才一再強調度量衡的嚴格管理。

圖15　西漢陽陵銅斗③　　圖16　明成化兵子銅斗與④　　圖17　概與斗⑤

---
① 陝西省考古研究所漢陵考古隊：《漢景帝陽陵南區從葬坑發掘第一號簡報》，《文物》1992年第4期，第10頁。
② 丘光明：《中國歷代度量衡考》，科學出版社1992年版，第261頁。
③ 引自焦南峰主編：《漢陽陵》，重慶出版社2001年版，第117頁。
④ 引自熊長云：《新見秦漢度量衡器集存》，第148頁。
⑤ 引自潘偉：《中國傳統農器古今圖譜》，第389頁。

【9】圜楑（概）

［疏證］

圓概，即圜形的概板。斗斛盛滿糧食時，如使用圓概來齊平容器口沿，只能采用貼面平推的方式進行。如果連圓概都沒有，而采用圓盤來齊平容器口沿時，當是持盤底部圓面貼容器口平推的方式進行，則尤爲不便。

簡文大意

《内史襦律》規定：各級官府各有衡石羸、斗桶，保證足夠數量，届時提交有關部門校正，不借給黔首。（每年）即使不曾使用，也要像使用過一樣按時校正。（校正時）用鐵杵箍斗桶的桶口（使保持正圓），（校正桶口水平）要統一使用方概，沒有方概的情况下，使用盤或者圓概。

簡1224＋J45（173—174）

●田律曰：毋令租者[1]自收入租，入租貣者不給[2]，令它官吏助之。不如令，官嗇夫、吏貲各二甲，丞、令、令史弗得173及入租貣不給，不令它官吏助之，貲各一甲174。

【1】租者

［疏證］

租者，出租田者。這裏很可能指的是官方出租田者，這與國家授田的行爲當有所不同。據嶽麓秦簡記載，當時官府有出租徒隸等勞動力作傭工以賺錢的行爲，出租國有農田以收取田租的行爲同樣也可能存在。這條律文有很多難解之處，尤其是"毋令租者自收入租"一句，我們的解釋純屬望文生義，更确切的含義尚需進一步考證。

【2】不給

［疏證］

給，供給，或充足。不給，不供給，或不足。

簡文大意

《田律》規定：不能讓出租土地者親自收租，交租及還債者不能交租或還不了債，要讓其他部門的官吏相助（收租債）。不按照法令辦的，官嗇夫及有關官吏受貲罰各二甲，縣丞、縣令或令史不能發現這個問題，及入租貸者不能交租或還債，而縣官不令其它官吏相助，縣丞、縣令及令史要各罰一甲。

簡1266＋1274（175—176）

●內史襡律曰：黔首室、侍（寺）舍[1]有與廥[2]、倉、庫實官補[3]屬[4]者，絕[5]之，毋下六丈。它垣屬焉者，獨高其侍（置）[6]。不175從律者，貲二甲176。

【1】侍（寺）舍

［整理小組注］

侍（寺）舍：官舍。《張家山漢簡·二年律令·徭律》："縣道官敢擅壞更官府寺舍者，罰金四兩，以其費負之。"①

【2】廥

［疏證］

嶽麓簡此處"廥、倉"並言，似有所區別。廥，《說文·广部》："廥，芻藁之藏。"段玉裁注："《天官書》：'其南眾星曰廥積。'如淳《漢書》注曰：'芻藁積爲廥也。'《史記正義》曰：'芻藁六星在天苑西，主積藁草者。'"②可見，廥含義之一，專指儲存芻藁的倉庫而言。

【3】補

［整理小組注］

補：相連。③

【4】實官補屬者

［整理小組注］

屬：連接。《睡虎地秦簡·內史雜律》："它垣屬焉者，獨高其置芻廥及倉茅蓋者。"④

［疏證］

原標點作"廥、倉、庫、實官補屬者"，今改爲"廥、倉、庫實官補屬者"。

---

① 陳松長主編：《嶽麓書院藏秦簡（肆）》，第169頁。
② 段玉裁：《說文解字注》，第776頁。
③ 陳松長主編：《嶽麓書院藏秦簡（肆）》，第169頁。
④ 同上注。

嶽麓簡《内史襍律》有關倉庫圍墻建設的律令與睡虎地秦簡《内史雜》的相關内容，有相同之處，也有不同之處。睡虎地秦簡《秦律十八種》簡195—196《内史雜》："有實官高其垣墻。它垣屬焉者，獨高其置芻廥及倉茅蓋者。令人勿紤（近）舍。其非官人殹（也），毋敢舍焉。善宿衛，閉門輒靡其旁火，慎守爲敬（儆）。有不從令而亡、有敗、失火，官吏有重罪，大嗇夫、丞任之。"

睡虎地秦簡 "有實官" 云云，以 "有" 字作發語詞，或許是睡虎地秦簡抄手的一個習慣。睡虎地秦簡的 "實官" 是對嶽麓簡 "廥、倉、庫" 的概括。參看簡1413＋1297（169—170）"【3】實官" 條。

睡虎地秦簡 "有實官高其垣墻。它垣屬焉者，獨高其置芻廥及倉茅蓋者"，強調了一點，那就是要加高實官的圍墻。嶽麓簡則強調了兩點，一是廥、倉、庫等實官駐地要與黔首室、官府寺舍盡量隔開。二是説如果有其他建築的圍墻與廥、倉、庫等實官圍墻相連時，要單獨加高後者的圍墻。這也就是説，睡虎地秦簡抄手在抄寫律令時，可能理解有偏差，落下了一部分内容。

【5】絶

[整理小組注]

絶：隔開，隔斷。《廣雅・釋詁》："絶，斷也。"①

【6】侍

[整理小組注]

侍：疑爲 "置" 之借字。《睡虎地秦簡・内史雜律》："有實官高其垣墙。它垣屬焉者，獨高其置芻廥及倉茅蓋者。"②

[疏證]

"獨高其侍（置）" 之後，嶽麓秦簡整理小組原標點爲逗號，今改爲句號，因爲後面 "不從律者赀二甲" 是針對前面所有情況而言的，故當單獨成句。

簡文大意

《内史襍律》規定：黔首居室、官府寺舍有與廥、倉、庫這類實官建築相連者，（采取措施）隔開它們，相隔距離不少於六丈。其它類房舍與實官類建築相連時，要單獨加高實官類建築的圍墻。不按照律令規定辦的，赀罰二甲。

---

① 陳松長主編：《嶽麓書院藏秦簡（肆）》，第169頁。
② 同上注。

簡1252+1253+1369+1383+缺簡11+1376（177—181）

●奔敬（警）律[1]曰：先鄰[2]黔首當奔敬（警）者，爲五寸符[3]，人一，右在[4]【縣官】[5]，左在黔首，黔首佩之節（即）奔敬（警）└。諸挾符者皆奔敬（警）故177徼外盜[6]徼所[7]，合符焉，以譔（選）伍之[8]。黔首老弱及癃（癃）病，不可令奔敬（警）者，牒書[9]署其故，勿予符。其故徼縣道178各令，令[10]守城邑害所[11]，豫先分善署[12]之，財（裁）[13]爲置將吏而皆令先智（知）所主[14]；節（即）奔敬（警），各亟走，所主將吏[15]善辨治[16]179之。老弱癃（癃）病不足以守└，豫遺重[17]卒期足[18]以益守，令先智（知）所主180。（缺簡11）有興而用之，毋更置。其有死亡者，時補之，從興有缺，縣補之。有卒[19]者毋置。有不勝任者[20]，貲尉史、士[21]181

【1】奔敬（警）律

[整理小組注]

奔敬（警）律：奔警，聞警奔走。這一組奔警律涉及聽聞軍事警報以後吏將黔首編爲軍隊，並指揮其奔走至相關地域展開軍事行動的規定。①

[疏證]

陳偉說："古文獻有'奔命'一詞。《漢書·昭帝紀》記云：'益州廉頭、姑繒、牂柯談指、同并二十四邑皆反。遣水衡都尉呂破胡募吏民及發犍爲、蜀郡奔命擊益州，大破之。'顔師古注引應劭曰：'舊時郡國皆有材官騎士以赴急難，今夷反，常兵不足以討之，故權選取精勇。聞命奔走，故謂之奔命。'又引李斐曰：'平居發者二十以上至五十爲甲卒，今者五十以上六十以下爲奔命。奔命，言急也。'看李斐對'奔命'的解釋，'奔警'應與之相當。"②曹旅寧說："奔敬當爲'奔命警備事'的省稱，'聞命奔走'與'聞警奔走'意義相近，指有緊急軍情發生，地方遴選黔首，緊急馳援的情景。"③

【2】鄰

[疏證]

鄰，選擇。睡虎地秦簡《秦律雜抄》簡9—10："先賦騖馬，馬備，乃鄰從軍者，到軍課

---

① 陳松長主編：《嶽麓書院藏秦簡（肆）》，第169頁。
② 陳偉：《嶽麓書院秦簡考校》，《文物》2009年第10期，第85頁。
③ 曹旅寧：《嶽麓書院新藏秦簡叢考》，《華東政法大學學報》2009年第6期，第96頁。

之。"整理小組注:"郯,應讀爲遴,選擇。此句意思是在從軍者中選取騎士。"① 陳偉說:"簡文'郯'字,簡選義。朱駿聲《説文通訓定聲》'遴'字條指出:'又爲"揀"。《漢書》"遴柬布章"。遴柬謂難行封也,引申爲遴選,選人必重難也。'上揭《漢書》應劭注說到'選取精勇',可佐證這一推測。"②

【3】五寸符

[疏證]

楊振紅認爲,"嶽麓秦簡《奔警律》中的五寸符應當是秦始皇二十六年統一天下前頒布的法令",秦統一之後,當如《秦始皇本紀》所言"數以六爲紀,符、法冠皆六寸"。③ 曹旅寧說:"但從'奔敬律'律文來看,'爲五寸符'當指黔首所佩表明身份、用作通行憑證的可分合的符節,奔命黔首人各一,一半在將。"④《散見簡牘合輯》簡206載漢簡中"警候符":"平望青堆隧驚(警)候符,左券,齒百。"李均明說:"警候符爲烽隧值班吏卒持用的通勤憑證。據發掘者敦煌文化館之報告稱:'簡係木質,長14.5釐米,寬1.2釐米,簡上端右側有一刻齒,刻齒中有半個墨書"百"字。細察刻齒的刻痕與"百"字墨迹,似係先刻齒並書寫"百"字,然後再一剖爲二的。簡下端有一穿,過穿有一黃絹繩,顯係佩帶用的。'則知此件爲實用符正件,非抄件之類。"⑤ 可爲參考。

【4】右在

[整理小組注]

右在:在,《説文》"存也"。⑥

[疏證]

右,指奔警符的右券。秦律中重視"右券"。睡虎地秦簡《法律答問》簡179:"可(何)謂'亡券而害'? 亡校券右爲害。"睡虎地秦簡整理小組注:"古時契券中剖爲左右兩半,參上'亡久書'條注〔一〕。右券起核驗憑證的作用,如《商君書·定分》:'即以左券予吏之問法令者,主法令之吏謹藏其右券木柙,以室藏之,封以法令之長印。即後有物故,以券書從事。'《史記·平原君列傳》:'操右券以責。'校券右,即作爲憑證的右券。"⑦

---

① 睡虎地秦墓竹簡整理小組編:《睡虎地秦墓竹簡》,釋文部分第82頁。
② 陳偉:《嶽麓書院秦簡考校》,《文物》2009年第10期,第85頁。
③ 楊振紅:《秦漢時期"符"的尺寸及其變更——兼論嶽麓秦簡肆〈奔警律〉的年代》,鄔文玲、戴衛紅主編:《簡帛研究》二〇一八秋冬卷,廣西師範大學出版社2019年版,第181、179頁。
④ 曹旅寧:《嶽麓書院新藏秦簡叢考》,《華東政法大學學報》2009年第6期,第96頁。
⑤ 李均明:《秦漢簡牘文書分類輯解》,文物出版社2009年版,第435頁。
⑥ 陳松長主編:《嶽麓書院藏秦簡(肆)》,第169頁。
⑦ 睡虎地秦墓竹簡整理小組編:《睡虎地秦墓竹簡》,釋文部分第135頁。

【5】【縣官】

[整理小組注]

此處抄漏了一字或兩字,據上下文義應補"縣官"二字較妥。①

[疏證]

曹旅寧認爲此處當補"將"字。②

【6】故徼外盜

[整理小組注]

故徼外盜:指故六國地的反盜,秦廷特重此。見《行書律》相關規定。③

【7】徼所

[整理小組注]

徼所:徼,治。徼所,即治所,此處指主治反盜的官署。④

【8】譔(選)伍之

[整理小組注]

譔(選)伍之:選,《説文》"選擇也"。伍之,將黔首編爲五人之伍,見《張家山漢簡·二年律令·捕律》:"吏將徒,追求盜賊,必伍之。"⑤

【9】牒書

[疏證]

牒書,用牒書寫。牒,薄小的簡牘。睡虎地秦簡《秦律十八種》簡35—36《倉律》:"別粲、穤(糯)之襄(釀),歲異積之,勿增積,以給客,到十月牒書數,上内史。"《封診式》簡91—92《毒言》:"即疏書甲等名事關諜(牒)北(背)。"里耶秦簡8-645:"廿九年九月壬辰朔辛亥,貳春鄉守根敢言之:牒書水火敗亡課一牒上。敢言之。九月辛亥旦,史邞以來。/感半。邞手。" 8-768:"卅三年六月庚子朔丁未,遷陵守丞有敢言之:守府下四時獻者上吏缺式曰:放(仿)式上。今牒書癃(應)書者一牒上。敢言之。六月己巳旦,守府即行。履手。" 8-1514:"廿九年四月甲子朔辛巳,庫守悍敢言之:御史令曰:各第(第)官徒丁【鄰】☐劇者爲甲,次爲乙,次爲丙,各以其事勮(劇)易次之。令曰各以☐☐上。今牒書當令者三牒,署第(第)上。敢言之。☐四月壬午水下二刻,佐圂以來。/槐半。"

---

① 陳松長主編:《嶽麓書院藏秦簡(肆)》,第169頁。
② 曹旅寧:《嶽麓書院新藏秦簡叢考》,《華東政法大學學報》2009年第6期,第96頁。
③ 陳松長主編:《嶽麓書院藏秦簡(肆)》,第169頁。
④ 同上注。
⑤ 同上注。

【10】各令令

　　[整理小組注]

　　"各"字稍殘。"令"字下有删字符,或爲重文符號。①

　　[疏證]

　　嶽麓簡整理小組提出兩説,"令"字下或爲删字符,或爲重文符號。《嶽麓肆》此處釋文是按照"令"字下有重文符號來標點的。我們認爲,當以"令"下爲删字符,簡文更容易理解,即"其故徼縣道各守城邑害所"。

【11】害所

　　[整理小組注]

　　害所:要害之地。《史記·秦始皇本紀》:"良將勁駑守要害之處。"②

【12】署

　　[整理小組注]

　　署:《説文》:"署,部署。"③

【13】財

　　[整理小組注]

　　財:通"裁",裁度。④

　　[疏證]

　　"財(裁)"字類似用法亦見於嶽麓簡1413+1297(169-170):"内史襦律曰:芻槀廥、倉、庫實官積,垣高毋下丈四尺,瓦蘠(牆),財(裁)爲候,晦令人宿候,二人備火,財(裁)爲□□水。宫中不可爲池者財(裁)爲池宫旁。"

　　"財"通作"裁",作"裁度"解,亦見於《易》《荀子》等傳世文獻。《易·泰》曰:"《象》曰:天地交,泰。后以財成天地之道。"李道平曰:"財,《釋文》云'荀作裁',《釋言疏》云'財裁音義同',《史記·封禪書》'民里社,各自財以祠',《漢書·郊祀志》作'自裁'是也。《繫上》曰'坤化成物',故曰'財成',道有偏陰偏陽,則財而成之,如《周官》所云'爕理陰陽'是也。"⑤《荀子·非十二子篇》"一天下,財萬物",楊倞注曰:"財與裁同。"王先謙集解:"王念孫曰:財,如《泰·象傳》'財成天地之道'之'財',財,亦成也。(説見《經義述聞》。)'財萬物'與'長養人民,兼利天下'連文,是'財萬物'即

---

① 陳松長主編:《嶽麓書院藏秦簡(肆)》,第169頁。
② 同上注。
③ 同上注。
④ 同上注。
⑤ 李道平:《周易集解纂疏》,中華書局1994年版,第166頁。

'成萬物'，《繫辭傳》曰'曲成萬物而不遺'是也。《儒效篇》曰'通乎財萬物、養百姓之經紀'，《王制篇》曰'等賦政事，財萬物，所以養萬民也'，（楊云'裁制萬物'，失之。）又曰'序四時，裁萬物，（裁與財同。）兼利天下'，《富國篇》曰'財萬物，養萬民'，義並與此同。"①

【14】先知所主

[疏證]

先知所主，奔命者要預先知道他所要奔赴隊伍的主管將吏。

【15】所主將吏

[整理小組注]

所主將吏：前後文簡稱爲"所主"，指黔首之主管吏。②

[疏證]

所主，所主管。"財（裁）爲置將吏而皆令先智（知）所主"，設置將吏，並使他們清楚自己所負責的事務。睡虎地秦簡《效律》簡17："同官而各有其主殹（也），各坐其所主。"③ 即是説，同一部門中的官吏各有自己負責的事務，各對其所管理的事務負責。

【16】辨治

[疏證]

辨治，辨別情況進行處理。多指處理事務有條理。又作"治辨"。《漢書·酷吏傳》："賞四子皆至郡守，長子立爲京兆尹，皆尚威嚴，有治辨名。"

辨，又作辦。《荀子·議兵》："城郭不辨。"楊倞注："辨，治也。或音辦。"王先謙《集解》引郝懿行曰："古無辦字，荀書多以辨爲辦。此注音義兩得之。"④ "辨治"又作"辦治""辯治"。《居延新簡》EPT68:191："☐案：尊以縣官事賊傷辦治。"EPT50:1A："倉頡作書，以教後嗣。幼子承昭，謹慎敬戒。勉力風誦，晝夜毋置。苟務成史，計會辨治。超等軼群，出尤別異。"敦煌懸泉置漢簡Ⅱ0215①:76："諸吏宦官及比者同秩而敢置之殿、宮廷中，至其上秩；若以縣官事毆詈五大夫以上或一歲吏比者，有將辨治。"《淮南子·泰族訓》："蒼頡之初作書，以辯治百官，領理萬事，愚者得以不忘，智者得以志遠。"⑤《韓詩外傳》卷五："善辯治人者，故人安之。""天子三公，諸侯一相，大夫擅官，士保職，莫不治理，是所以辯治之也。"⑥

---

① 王先謙：《荀子集解》，中華書局1988年版，第97頁。
② 陳松長主編：《嶽麓書院藏秦簡（肆）》，第169頁。
③ 睡虎地秦墓竹簡整理小組編：《睡虎地秦墓竹簡》，釋文部分第72頁。
④ 王先謙：《荀子集解》，第283頁。
⑤ 劉文典：《淮南鴻烈集解》，中華書局1989年版，第673頁。
⑥ 許維遹：《韓詩外傳集釋》，中華書局1980年版，第198頁。

【17】重

[整理小組注]

重：多。《左傳·成公二年》："重器備。"杜預注："重，猶多也。"①

【18】期足

[整理小組注]

期足：數量足。參見《田律》簡1277注。②

【19】卒

[整理小組注]

卒：通"倅"。《周禮·夏官·戎僕》："戎僕掌馭戎車，掌王倅車之政。"鄭玄注："倅，副也。"③

【20】不勝任

[疏證]

不勝任，能力不足以完成本職工作。"不勝任"，秦漢簡牘中常見，爲考課習語。目前所見用於三種情況：一、人員能力不夠。睡虎地秦簡《語書》簡5—7："今法律令已布，聞吏民犯法爲閒私者不止，私好、鄉俗之心不變，自從令、丞以下智（知）而弗舉論，是即明避主之明法殹（也），而養匿邪避（僻）之民。如此，則爲人臣亦不忠矣。若弗智（知），是即不勝任、不智殹（也）；智（知）而弗敢論，是即不廉殹（也）。"張家山漢簡《二年律令》簡125《捕律》："一歲中盜賊發而令、丞、尉所（？）不覺智（知），三發以上，皆爲不勝任，免之。"《二年律令》簡210《置吏律》："有任人以爲吏，其所任不廉、不勝任以免，亦免任者。"二、産品質量不過硬。睡虎地秦簡《秦律十八種·司空律》簡125："縣、都官用貞（楨）、栽爲偶（棚）榆，及載縣（懸）鐘虞〈虡〉用輒（膈），皆不勝任而折；及大車輮不勝任，折軶上，皆爲用而出之。"三、馬牛體力不足。睡虎地秦簡《秦律雜抄》簡9："駑馬五尺八寸以上，不勝任，奔摯（縶）不如令，縣司馬貲二甲，令、丞各一甲。"

【21】貲尉史、士

[整理小組注]

此簡不是律令起首簡，其内容涉及置軍吏，似與《奔敬（警）律》相關，也與《置吏律》的置軍吏規定存在聯繫。簡末"士"字之下應接"吏"字。④

---

① 陳松長主編：《嶽麓書院藏秦簡（肆）》，第169頁。
② 同上注。
③ 同上注。
④ 同上注。

簡文大意

《奔警律》規定：先遴選應當前往奔警的人員，製作五寸符，每人一符（左右兩半），右半符由官府保存，左半符發給奔警的黔首，黔首佩戴著它即刻出發執行任務。所有持奔警符的人都要前往故徼外盜賊發生地所在治所集中，合符以驗證身份，然後被按照什伍組織起來。黔首老弱及有癃病而不能擔任奔警任務者，要詳細記錄在案，不再發給他們奔警符。故徼縣道按照命令嚴守要害之地，預先部署，爲奔警者設置將吏，讓他們預先知道各自的長官，一旦奔警任務下達，奔警者迅速集中到主管將吏的麾下，主管將吏要管理好他們。老弱罷癃者無法守城，官府要預先設置重兵以保證有足夠的守衛力量前往增援，同時也要讓他們預先知道主管將吏是誰。一旦開展軍事行動，不要臨時更換將吏。將吏有死亡者，要及時補充任命；軍事徵發開始時將吏有缺，縣裏補充任命。有副職的，由副職接任，無須另行選調。將吏有不勝任者，要貲罰尉史、士吏……

缺簡12

簡1414-1＋1298（182—183）

●戍律曰：下爵欲代[1]上爵、上爵代下爵及毋（無）爵[2]欲代有爵者成，皆許之。以弱代者及不同縣而相代，勿許[3]₁₈₂。【不當相代】[4]而擅相代，貲二甲；雖當相代而不謁書于吏[5]，其庸[6]代人者及取代者[7]，貲各一甲₁₈₃。

【1】代

　　[整理小組注]

　　代，代戍。①

【2】毋（無）爵

　　[整理小組注]

　　毋（無）爵：指公卒和士五等無爵位者。②

---

① 陳松長主編：《嶽麓書院藏秦簡（肆）》，第169頁。
② 同上注。

【3】以弱代者及不同縣而相代,勿許

[疏證]

以弱代者,是説雇人服役,不能雇傭比應服役者本人身體素質弱的人。睡虎地秦簡《司空律》在提到居貲贖債者欲找人替代時,强調必須耆弱相當,也是這個意思。《秦律十八種》簡136《司空律》:"居貲贖責(債)欲代者,耆弱相當,許之。"

戍卒欲找人替代時,不允許找本縣以外的人。這項制度爲漢代所繼承。肩水金關漢簡中所記錄的大量雇傭他人代替戍守者,都明確記載是本縣的人。《肩水金關漢簡(壹)》73EJT5:39:"戍卒梁國杼秋東平里士伍丁延。年卅四。庸同縣敬上里大夫朱定。"73EJT7:42:"戍卒趙國邯鄲東趙里士伍道忠。年卅。庸同縣臨川里士五郝□。年卅。"73EJT1:81:"戍卒梁國睢陽秩里不更丁姓。年廿四。庸同縣駝詔里不更廖亡生。年廿四。"戍卒雇傭他人代役,必須上報官府得到批准。肩水金關漢簡中所記錄的雇傭本縣人代戍的記錄,正是這一制度的體現。

肩水金關漢簡的庸代服役記錄,也體現了"耆弱相當"的原則。戍卒雇傭的代役者一般與本人年齡相同或比本人年齡小,極個別也有比本人年齡大的,但雙方都屬於壯年的範圍,官府或許也就容忍了這一情况。如肩水金關漢簡73EJT29:100:"田卒貝丘莊里大夫成常幸。年廿七。庸同縣厝期里大夫張收。年卅。長七尺。"73EJT30:12:"戍卒淮陽郡陳安衆里不更舒畢。年廿四。庸同里不更夏歸來。年廿六。"73EJT21:105:"……成里上造薛廣。年廿四。庸同縣武成里陳外。年卅八。"肩水金關漢簡的記錄似乎表明,當時被雇傭者的年齡應該在五十歲以下。如73EJT23:749:"□五十以下欲爲戍庸。"

【4】【不當相代】

[整理小組注]

"不當相代"四字據1297號(170)簡背面反印文補。①

【5】謁書於吏

[疏證]

謁書於吏,以文書的形式向有關官吏請示。睡虎地秦簡《秦律十八種》簡188《内史雜》:"有事請殹(也),必以書,毋口請,毋羈(羈)請。"

【6】庸代人

[整理小組注]

庸:見《漢書·欒布傳》:"窮困賣庸於齊。"顔師古注:"謂庸作受顧也。"②

---

① 陳松長主編:《嶽麓書院藏秦簡(肆)》,第169頁。
② 同上注。

[疏證]

庸代人,被僱庸代替別人服役的人。

【7】取代者

[疏證]

取代者,指僱主。

簡文大意

《戍律》規定:下級爵位者欲代替上級爵位者、上級爵位者欲代替下級爵位者以及無爵位者欲代替有爵位者去戍守,都是允許的。身體弱者代替身體強壯者以及户籍不同縣者相互替代戍守,不允許。不應當相代戍守而擅自相代者,貲罰各二甲;雖然可以相代戍守但事先没有以書面文件向官吏報告者,受僱傭代人者及僱主,貲罰各一甲。

簡1299+1238+缺簡13+1225+J46(184—187)

●戍律曰:戍者月更[1]。君子[2]守官[3]四旬以上爲除戍一更[4]└。遣戍,同居毋並行。不從律,貲二甲[5]。戍在署[6],父母、妻死 184,遣歸葬。告縣,縣令拾日[7]└。謡(徭)發,親父母、泰父母、妻、子死,遣歸葬。已葬,輒聶(攝)以平其謡(徭)185[8]。(缺簡13)而舍之,缺其更[9],以書謝于將吏[10],其疾病有瘳、已葬、刼已[11]而遣往拾日[12]于署,爲書以告將吏[13],所【將】[14]186疾病有瘳、已葬、刼已而敢弗遣拾日,貲尉、尉史、士吏主者各二甲,丞、令、令史各一甲 187。

【1】戍者月更

[疏證]

戍者月更,戍者每月輪换一次。孫聞博認爲,這"基本可以證實秦代成年男子原則上每年大體服一個月的戍役"。①

---

① 孫聞博:《律令簡新獲與秦史研究——讀〈嶽麓書院藏秦簡(肆)〉》,鄔文玲主編:《簡帛研究》二〇一七春夏卷,第333頁。

【2】君子

[疏證]

"君子"一詞的使用，在秦簡中有兩種情況。

一種情況，學者們認爲是指一定爵位以上的人。睡虎地秦簡《秦律十八種》簡161《置吏律》："官嗇夫節(即)不存，令君子毋(無)害者若令史守官，毋令官佐、史守。"整理小組注："君子，《左傳》襄公十三年注：'在位者。'這裏疑指有爵位的人。參看《秦律雜抄·除吏律》'有興'條。"①(按，"有興"條中的"君子"，睡虎地秦簡整理小組解釋爲工作負責人，並未強調爵位。)嶽麓簡此處"君子守官"情況與此相似。"君子"的記載在《嶽麓肆》中還見於簡1396+1367(210—211)："置吏律曰：縣除小佐毋(無)秩者，各除其縣中，皆擇除不更以下到士五(伍)史者爲佐，不足，益除君子子、大夫子、小爵及公卒、士五(伍)子年十八歲以上備員，其新黔首勿强，年過六十者勿以爲佐。"簡1378+1418(213—214)："君子、虜、收人、人奴、羣耐子、免者、贖子，其前卅年五月除者勿免，免者勿復用。"周海鋒考證認爲，這類情況的"君子"指的是大夫爵位以上者。②

另一種情況，指某一項工作或某一職位的負責人。睡虎地秦簡《秦律十八種》簡116《徭律》："未卒堵壞，司空將紅(功)及君子主堵者有罪。"整理小組注："本條司空、君子系縣司空、署君子省稱，參看秦簡《秦律雜抄》'戍者城及補城'條。當時守城，分段防守，稱爲署，據簡文署的負責人稱署君子。"③《秦律雜抄》簡34："徒卒不上宿，署君子、敦(屯)長、僕射不告，貲各一盾。"整理小組注："署君子，防守崗位的負責人"④《秦律雜抄》簡40—41："戍者城及補城，令姑(嫭)堵一歲，所城有壞者，縣司空署君子將者，貲各一甲；縣司空佐主將者，貲一盾。"《釋文注釋修訂本(壹)》："魏德勝(2005)：'君子'指官員。'君子主堵者'就是負責城牆建設的官員，'署君子'是某個崗位的官員，'君子毋害者'是没有過失的官員。建築城牆、宿衛守城、留守，《睡虎地秦簡》中負責這些工作的有時没有固定的官職，按照需要臨時指派，秦律明確他們的職責時，用較籠統的詞'君子'來指稱。"⑤

【3】守官

[疏證]

守官，代理職務。睡虎地秦簡《秦律十八種》簡161《置吏律》："官嗇夫節(即)不存，令君子毋(無)害者若令史守官，毋令官佐、史守。"這裏的"守官"指代理職

---

① 睡虎地秦墓竹簡整理小組編：《睡虎地秦墓竹簡》，釋文部分第56頁。
② 陳松長等著：《嶽麓秦簡官制考論》，第235頁。
③ 睡虎地秦墓竹簡整理小組編：《睡虎地秦墓竹簡》，釋文部分第48頁。
④ 同上注，釋文部分第88頁。
⑤ 彭浩、劉樂賢等：《秦簡牘合集·釋文注釋修訂本(壹)》，第107—108頁。

務,與徒隸"守官府"有所不同,後者指的是看守門户。如睡虎地秦簡《秦律十八種》簡150《司空律》:"司寇勿以爲僕、養、守官府及除有爲殹(也)。有上令除之,必復請之。"又如《法律答問》簡133:"罷癃(癃)守官府,亡而得,得比公癃(癃)不得? 得比焉。"

睡虎地秦簡《秦律雜抄》簡1—2:"有興,除守嗇夫、假佐居守者,上造以上不從令,貲二甲。"整理小組注:"守、假,意均爲代理。在漢代,假佐成爲一種低級官吏名稱,見《漢書·王尊傳》《續漢書·百官志》及《急就篇》,也見於居延漢簡。居守,留守。秦制,有戰事時,地方官吏須服軍役。"①

【4】爲除戍一更

[疏證]

爲除戍一更,爲君子守官四旬以上者免除一次戍邊的更役。免除更役,是秦代官府獎勵吏民的一種方式。睡虎地秦簡《秦律十八種》簡13《廄苑律》:"以四月、七月、十月、正月膚田牛。卒歲,以正月大課之,最,賜田嗇夫壺酉(酒)束脯,爲旱〈皂〉者除一更,賜牛長日三旬。"整理小組注:"更,古時成年男子有爲封建政權服役的義務,一月一換,稱爲更。一更,指服一次更役。《漢書·昭帝紀》注引如淳云:'更有三品,有卒更,有踐更,有過更。……《食貨志》曰:"月爲更卒,已復爲正一歲,屯戍一歲,力役三十倍於古。"此漢初因秦法而行之也。'"②

另外,睡虎地秦簡整理小組把"爲皂者"三字連讀,理解爲一個詞,説:"爲皂者,飼牛的人員。"現在看來,這種理解還是有問題的。嶽麓秦簡"爲除戍一更","爲"是介詞,後面省略了賓語"之",也就是"君子守官四旬以上者",爲之免除戍役一更。與之相比較,睡虎地秦簡"爲皂者除一更","皂者"就是"爲"的賓語,不過"除"後省略了役的種類名稱,意思是爲成績突出的飼養員免除一次更役。

【5】遣戍,同居毋並行。不從律,貲二甲。

[疏證]

睡虎地秦簡《秦律雜抄》簡39:"戍律曰:同居毋並行,縣嗇夫、尉及士吏行戍不以律,貲二甲。"相比之下,嶽麓簡"同居毋並行"與"不從律"之間,少"縣嗇夫、尉及士吏行戍"一句,也就是説嶽麓簡少了"不從律"的主語,同時,嶽麓簡"同居毋並行"之前的"遣戍",在睡虎地秦簡中被挪到句中,並改稱"行戍"。可以看出,嶽麓簡和睡虎地秦簡的兩個抄手中,至少有一方是根據自己的理解對法律條文進行了輕微的變化。就文義的表達而言,嶽麓簡的記録更規範明確一些。

---

① 睡虎地秦墓竹簡整理小組編:《睡虎地秦墓竹簡》,釋文部分第79頁。
② 睡虎地秦墓竹簡整理小組編:《睡虎地秦墓竹簡》,釋文部分第23頁。

【6】署

[整理小組注]

署：服役之處所。《張家山漢簡·二年律令·興律》："若戍盜去署及亡盈一日到七日，贖耐。"①

[疏證]

"署"作"崗位、處所"解，屢見於睡虎地秦簡。《秦律十八種》簡55《倉律》："城旦之垣及它事而勞與垣等者，旦半夕參；其守署及爲它事者，參食之。"整理小組注："署，崗位。《史記·秦始皇本紀》集解引如淳云：'律説，論決爲髡鉗，輸邊築長城，晝日伺寇虜，夜暮築長城；城旦，四歲刑。'本條垣即築城，守署即伺寇虜。"②《秦律雜抄》簡34："徒卒不上宿，署君子、敦(屯)長、僕射不告，貲各一盾。宿者已上守除，擅下，人貲二甲。"整理小組注："署君子，防守崗位的負責人。"③《秦律雜抄》簡40－42："戍者城及補城，令姑(嫴)堵一歲，所城有壞者，縣司空署君子將者，貲各一甲；縣司空佐主將者，貲一盾。令戍者勉補繕城，署勿令爲它事；已補，乃令增塞埤塞。縣尉時循視其攻(功)及所爲，敢令爲它事，使者貲二甲。"《法律答問》簡196："可(何)謂'署人''更人'？耤(藉)牢有六署，囚道一署旐，所道旐者命曰'署人'，其它皆爲'更人'；或曰守囚即'更人'殹(也)，原者'署人'殹(也)。"整理小組注："署，看守崗位，參看《秦律十八種》中的《徭律》注〔七〕。署人，站崗防衛的人。"④

【7】縣令拾日

[疏證]

拾，嶽麓秦簡整理小組無説。宮宅潔認爲當理解爲"給"，並且説："戍卒的工作是一個月輪换一次，而在這麽短的任期中，如果近親去世就允許回鄉，這種規定如不設想其住處與戍地之間的距離最多衹有幾天行程的話是難以理解的。這顯然是在秦國領土擴大以前的以比較狹隘的領土爲前提的兵制。"⑤我們認爲，這種假期規定只是法律上作出的統一規定，實際在具體地區當另有變通，不可能一概而論。

【8】已葬，輒聶(躡)以平其繇(徭)

[疏證]

聶，陳松長曾主張通"攝"，他説："張家山漢簡《徭律》中寫作聶，讀爲攝，解釋爲

---

① 陳松長主編：《嶽麓書院藏秦簡(肆)》，第170頁。
② 睡虎地秦墓竹簡整理小組編：《睡虎地秦墓竹簡》，釋文部分第33—34頁。
③ 同上注，釋文部分第88頁。
④ 睡虎地秦墓竹簡整理小組編：《睡虎地秦墓竹簡》，釋文部分第140頁。
⑤ ［日］宮宅潔：《出稟與出貸——里耶秦簡所見戍卒的糧食發放制度》，武漢大學簡帛研究中心、香港中文大學歷史系中國歷史研究中心、韓國國立慶北大學歷史系主編：《新出土戰國秦漢簡牘研究論文集——中國簡帛學國際論壇二零一七》，中國武漢2017年，第137頁。

'拘捕'。據張家山漢簡和文義判斷,這裏也許是漏掉了一個'勿'字。'平',寬恕,免除。《荀子·富國》:'請田野之税,平關市之徵,省商賈之數',楊倞注:'平猶除也'。這句話的意思大致是,歸葬以後,就不要再拘捕,並以歸葬的原因而免其徭役。"[1] 筆者對此曾有相應的討論:"嶽麓簡此處的'聶(攝)'字可理解爲徵召,而不一定非要理解爲拘捕,'聶(攝)'字之前不存在漏字的可能,'平'字也不應該解釋爲免除,《左傳》中'平'有'成'的含義,理解爲補償更恰當。因爲服役者在服役期間家中有喪事,國家法律允許歸家辦理喪事,並給予一定的假期,當然不可能事後去抓捕回家辦理喪事的人了。既然如此,再在法律上説一句不抓捕他們,顯然重複多餘,這對於嚴謹的法律條文來説是不應出現的。另外,張家山漢簡《徭律》中的'攝'解釋爲拘捕,也未必恰當。因爲律文的主要意思是針對應服徭役者生病達一年或因他事已被司法部門拘繫者,這類人在本年確實無法應徵服役,因此免除本年的徭役。律文之所以強調'病盈卒歲',一是表明服役者病情嚴重,二是在本年内確實没有時間去補償徭役了。而且如果應服役者已被官府拘繫,下文也没有必要再説'勿攝'了。因此,筆者認爲張家山漢簡《徭律》中的'攝'也是徵召服役的意思。服役者辦完喪事,國家就會把他們召回去補償原來耽誤了的服役時間。"[2] 現在竹簡整理本《徭律》1363(246)簡的注釋中,一説認爲"聶"通"躡",有"追"義,是講得通的。[3] 因爲"追"有"補償"義,"輒聶(躡)以平其繇(徭)"就是説隨即補上應服的徭役,以完成當年應服徭役的總額。

【9】缺其更

[疏證]

缺其更,空缺本次更役。《戍律》這部分講的是服役者有事請假的事,因此,這裏的"缺其更",應該是當事人有事請假,不能完成本次更役,故稱"缺其更"。

【10】以書謝于將吏

[疏證]

這裏的"書",指的是請假報告之類的文書。"而舍之,缺其更"前缺簡,從上下文推測,其意大概是因爲生病或家中有喪事等特殊原因,服役者需要寫請假報告呈報上級,"謝"有致歉之義,這裏是向上級説明情況。因病而請假的文書,稱爲"病書。"居延漢簡中多見此類文書。如《居延新簡》EPF22·80+81+82:"建武三年三月丁亥朔己丑,城北隧長黨敢言之。迺二月壬午,病加兩脾雍腫,匈脅支滿,不耐食飲,未能視事,敢言之。

---

[1] 陳松長:《嶽麓書院藏秦簡中的徭律例説》,中國文化遺產研究院編:《出土文獻研究》第11輯,中西書局2012年版,第165頁。
[2] 朱紅林:《嶽麓書院藏秦簡〈徭律〉補説》,王沛主編:《出土文獻與法律史研究》第3輯,上海人民出版社2014年版,第53-54頁。
[3] 陳松長主編:《嶽麓書院藏秦簡(肆)》,第174頁。

三月丁亥朔辛卯,城北守候長匡敢言之。謹寫移隧長黨病書如牒,敢言之。今言府,請令就醫。"《居延漢簡釋文合校》44·23:"日病傷汗未視事。"46·24:"未能視事敢言之。"403·9:"☐未能視事敢☐。"等都屬於請病假的病書。①

【11】劾已

[整理小組注]

劾已,核驗完畢。②

[疏證]

嶽麓簡整理小組這個注釋值得商榷。劾,在此當指訴訟。秦漢律中"有劾"常指有官司在身。睡虎地秦簡《效律》簡54:"尉計及尉官吏節(即)有劾,其令、丞坐之,如它官然。"整理小組:"有劾,犯了罪。"③劾已,官司了結。這裏說的當是服役人員中有人有官司在身,被司法機關調走處理,案件處理完畢之後出獄,還要照常補償耽誤的賦役。《嶽麓肆》簡1238(185)與簡1225(186)之間有缺簡,缺的這部分恐怕就是服役者中出現"有劾"等情況的記載。"劾已"又作"已劾"。嶽麓簡2087(015):"有罪去亡,弗會,已獄及已劾未論而自出者,爲會,鞠,罪不得減。"

【12】拾日

[整理小組注]

拾日,或作"給日","拾"義見《亡律》簡2080注。④

[疏證]

案:《亡律》簡2080(092)注:"拾,通給。《說文·糸部》:'給,相足也。'《玉篇》:'供也,備也。'拾通事:指罪人完成其逋逃的勞役。《張家山漢簡·二年律令·亡律》第157簡:'吏民亡,盈卒歲,耐;不盈卒歲,繫城旦舂;公士、公士妻以上作官府,皆償亡日。其自出殹(也),笞五十。給逋事,皆籍亡日,軵數盈卒歲而得,亦耐之。'"據此,"拾日"即補足因逃亡而落下的服役日數。宮宅潔持同樣的觀點。⑤齊繼偉也說:"所謂'拾日',即彌補缺勤日數。"⑥

【13】爲書以告將吏

[疏證]

爲書以告將吏,指因病或家有喪事的戍卒在病癒或喪事料理完畢,經有關部門同

---

① 朱紅林:《里耶秦簡視事簡研究》,王沛主編:《出土文獻與法律史研究》第4輯,上海人民出版社2015年版,第24頁。
② 陳松長主編:《嶽麓書院藏秦簡(肆)》,第170頁。
③ 睡虎地秦墓竹簡整理小組編:《睡虎地秦墓竹簡》,釋文部分第75頁。
④ 陳松長主編:《嶽麓書院藏秦簡(肆)》,第170頁。
⑤ [日]宮宅潔:《出稟與出貸——里耶秦簡所見戍卒的糧食發放制度》,武漢大學簡帛研究中心、香港中文大學歷史系中國歷史研究中心、韓國國立慶北大學歷史系主編:《新出土戰國秦漢簡牘研究論文集——中國簡帛學國際論壇二零一七》,第137頁頁下注。
⑥ 齊繼偉:《秦漢賦役制度叢考》,第67頁。

意之後,即前往戍守崗位繼續完成戍守任務,並把情況以文書的形式向戍守負責人匯報。這裏的"爲書",指的是寫銷假報告。①《居延漢簡釋文合校》6·8:"五鳳二年八月辛巳朔乙酉,甲渠萬歲隧長成敢言之:'乃七月戊寅夜,隨塢陛傷要,有瘳,即日視事,敢言之。'" 56·35A:"☐九月甲寅朔戊寅,第☐☐敢言之。病有瘳,即☐。" 59·37:"壬寅到官,霸校計十日,癸丑病頭應。戊午有瘳。謹遣霸詣府☐。" 143·24:"☐病瘳,視事。" 185·22:"甲渠言,士吏孫猛病,有瘳,視事,言府。●一事集封。" 190·3:"病有瘳,月十三日視事,當☐。" 253·11A:"☐十日丁酉病廿七日甲寅視事☐☐☐☐巳病廿七日甲寅視事樂☐。"《居延新簡》EPT53·26:"五鳳三年四月丁未朔甲戌,候史通敢言之官。病有瘳,即日視事,敢言之。" EPT58·82:"正月庚寅,甲渠候破胡以☐強疾有瘳書一編,敢言☐。"這是幾份官吏身體傷癒後開始視事的文書。可以看出,居延漢簡中所見的銷假制度,在秦代就有類似的法律規定了。

【14】【將】

[整理小組注]

此處簡尾有殘,據簡長來判斷,應該已沒有一個字的位置,但據簡文內容來分析,應該是抄漏了一個"將"字。②

簡文大意

《戍律》規定:戍者每月輪換。君子代理官職四旬以上者,可以免除一次更役。派遣戍守人員的時候,同居兩人以上者,不能同時徵發。如有官吏不遵守這項法律規定,貲罰二甲。在崗位上防守時,如家中父母、妻死亡,(邊塞官吏)允許他們回家辦理喪事。(喪事處理完畢後)向所在縣報告,縣官安排他們補足未完服役的日數。徵發徭役時,家中親父母、祖父母、妻、子死亡,官府安排他們歸家處理喪事。喪事辦理完畢,要及時補充完畢原來空缺的服役日數。(缺簡)而舍棄他們,缺其應服的更役,以文書向有關將吏說明情況。服役人員中身體有病康復者、有喪事已處理完畢者、有獄訟於身已結案者,官府派遣他們前往工作崗位,繼續完成自己服役日期,到工作崗位後要先向負責將吏用文書說明情況。那些身體康復者、辦完喪事者、獄訟完畢者,官府不把他們派遣回去補足服役日數,貲罰縣尉、尉史及負責士吏各二甲,縣丞、縣令、令史各一甲。

---

① 朱紅林:《里耶秦簡視事簡研究》,王沛主編:《出土文獻與法律史研究》第4輯,第24—25頁。
② 陳松長主編:《嶽麓書院藏秦簡(肆)》,第170頁。

簡1267+1273（188—189）

●戍律曰：城塞陛鄣[1]多阹（決）壞[2]不脩，徒隸少不足治，以閒時歲一興大夫以下至弟子、復子，無[3]復[4]不復，各旬188以繕之。盡旬不足以索（索）[5]繕之，言不足用積徒數屬所尉，毋敢令公士、公卒、士五（伍）爲它事[6]，必與繕城塞189。

【1】陛鄣

[整理小組注]

陛鄣：陛，《説文》："陛，升高階也。""鄣"同"障"，《張家山漢簡·二年律令·賊律》："以城邑亭障反，降諸侯，及守乘城亭障。"①

[疏證]

鄣，漢代邊塞上的小城。陳公柔、徐蘋芳説："鄣是塞上的小城，裏面有鄣尉（亦稱塞尉）來主持着，有時都尉和候官也住在這裏；也有在鄣外再修一圍塢牆的。肩水候官所在的'地灣'，裏面是一個鄣，外邊便有一道塢。牆壁都用坯築，稱之爲墼，由戍卒製作，簡中常有'治墼若干'的記載。"②

【2】阹（決）壞

[整理小組注]

阹（決）壞：毀損，見《睡虎地秦簡·繇律》："卒歲而或阹（決）壞。"③

【3】無

[整理小組注]

無：無論。見《詩經·魯頌·泮水》："無小無大，從公于邁。"④

[疏證]

嶽麓秦簡整理小組原把"復子"與"無復不復"連讀，今改爲以逗號隔開。

【4】復

[整理小組注]

復：免除賦役。《漢書·高帝紀上》："蜀漢民給軍事勞苦，復勿租税二歲。"顏師古

---

① 陳松長主編：《嶽麓書院藏秦簡（肆）》，第170頁。
② 陳公柔、徐蘋芳：《關於居延漢簡的發現和研究》，《考古》1960年第1期，第48頁。
③ 陳松長主編：《嶽麓書院藏秦簡（肆）》，第170頁。
④ 同上注。

注："復者,除其賦役也。"①

【5】索(索)繕之

[整理小組注]

索(索):盡、空。《睡虎地秦簡·倉律》:"皆輒出,餘之索而更爲發户。"

[疏證]

索繕之,全部修繕完畢。

【6】毋敢令公士、公卒、士五(伍)爲它事

[疏證]

毋敢令公士、公卒、士五(伍)爲它事,指縣尉所屬的士卒,包括公士、公卒、士伍等,這些人在築城或修繕城墻的時候,必須專注於所從事工作,不能用於干其他事務。睡虎地秦簡《秦律雜抄》簡40—42:"戍者城及補城,令姑(嬯)堵一歲,所城有壞者,縣司空署君子將者,貲各一甲;縣司空佐主將者,貲一盾。令戍者勉補繕城,署勿令爲它事;已補,乃令增塞埤塞。縣尉時循視其攻(功)及所爲,敢令爲它事,使者貲二甲。"

簡文大意

《戍律》規定:城塞亭鄣多處損壞缺乏修繕,徒隸人數少不夠使用,縣官可以在每年農閑時間徵發一次大夫以下勞動力包括弟子、復子,這些人無論是不是已經擁有免除服役的特權,每人都要參與修繕十天。如果十天還不足以完成修繕工程,就把缺少的勞役人數上報所屬的城尉。不能讓公士、公卒、士五(伍)干其他的事務,必須讓他們全部參與修繕城塞。

簡1248+1249(190—191)

歲上[1]春城旦、居貲續〈贖〉[2]、隸臣妾繕治城塞數、用徒數[3]及黔首所繕、用徒數[4]于屬所尉,與計偕[5]。其力足190以爲而弗爲及力不足而弗言者[6],貲縣丞、令、令史、尉、尉史、士吏各二甲。離城鄉嗇夫坐城不治,如城尉[7]191。

---

① 陳松長主編:《嶽麓書院藏秦簡(肆)》,第170頁。

【1】歲上

［疏證］

歲上，每年上報。睡虎地秦簡《秦律十八種》簡187《内史雜》："都官歲上出器求補者數，上會九月内史。"

【2】居貲續〈贖〉

［整理小組注］

居貲續〈贖〉："居貲贖債"之省。①

【3】春城旦、居貲續（贖）、隸臣妾繕治城塞數、用徒數

［疏證］

春城旦、居貲續（贖）、隸臣妾繕治城塞數，指的是本年度城旦春、隸臣妾、居貲贖債者繕治城塞的數量，也就是本年度已完成的工程量。用徒數指的是實際使用徒隸的數量。張家山漢簡《二年律令》簡416《徭律》："都吏及令、丞時案不如律者論之，而歲上繇（徭）員及行繇（徭）數二千石官。"徭員，指應服徭役人員的人數。行徭數，即指已徵發服役的人數。這也是在強調每年要上報服徭役的人數及完成的工作量。

【4】黔首所繕、用徒數

［疏證］

嶽麓秦簡整理小組原標點作"黔首所繕用徒數"，今改爲"黔首所繕、用徒數"。因爲前文説"春城旦、居貲續〈贖〉、隸臣妾繕治城塞數、用徒數"，因此後文"黔首所繕（治城塞數）、用徒數"與之正相對。

春秋戰國以來，國家對於徭役徵發制度逐漸完善。大規模的工程建設，有關部門首先要進行詳細的規劃論證，計算所需的人力物力及勞作日期。《左傳》宣公十一年載楚國孫叔敖築城："令尹蒍艾獵城沂，使封人慮事，以授司徒。量功命日，分財用，平板幹，稱畚築，程土物，議遠邇，略基趾，具餱糧，度有司。事三旬而成，不愆於素。"孫叔敖的設計非常準確周密，實際工程完工所需人力物力及時間與原計劃完全吻合。《左傳》昭公三十二年載晋國的士彌牟主持營成周："己丑，士彌牟營成周，計丈數，揣高卑，度厚薄，仞溝洫，物土方，議遠邇，量事期，計徒庸，慮材用，書餱糧，以令役於諸侯。屬役賦丈，書以授帥，而效諸劉子。韓簡子臨之，以爲成命。"士彌牟所設計的成周城修繕方案大概也很成功，《左傳》記載説"城三旬而畢，乃歸諸侯之戍"，時間與孫叔敖築城時間相同。

---

① 陳松長主編：《嶽麓書院藏秦簡（肆）》，第170頁。

工程的論證規劃，不僅要有行政部門的負責人參與，也要有專門的技術人員參與其中。睡虎地秦簡《秦律十八種》簡122—124《繇律》："縣爲恒事及潄有爲殹（也），吏程攻（功），贏員及減員自二日以上，爲不察。上之所興，其程攻（功）而不當者，如縣然。度攻（功）必令司空與匠度之，毋獨令匠。其不審，以律論度者，而以其實爲繇（徭）徒計。"司空是主管工程建築的行政負責人，匠則是專門的技術人員。"贏員及減員自二日以上"，説的是實際工程進展過程中，所需勞動力超出工程預算或勞動力有剩餘以及工程建設時間與預期時間出現誤差的種種情況。出現此類誤差，情節嚴重者，有關設計人員是要受到處罰的。

工程完畢之後，有關部門要根據工程預算與實際完成情況的比較，進行考核。《周禮·地官·鄉師》："大役，則帥民徒而至，治其政令；既役，則受州里之役要，以考司空之辟，以逆其役事。"鄭玄注云："役要，所遣民徒之數。"賈公彦疏："所役之民，出於州里，今欲鉤考所作功程，須得所遣民徒本數，故云既役則受州里之役要。役要則役人簿要。"[1] 嶽麓秦簡此處説縣道每年要上報本年度所徵發徒隸及黔首的人數，正相當於《周禮》所謂的"役要"，這一方面是爲了通過審核本年度工程量與繇役徵發實際人數之間的關係，得知工作效率，也是爲下一年度繇役徵發提供依據。

城池的修繕由具有軍事職能的縣尉負責，亦見於睡虎地秦簡《秦律雜抄》簡40—42："戍者城及補城，令姑（嬉）堵一歲，所城有壞者，縣司空署君子將者，貲各一甲；縣司空佐主將者，貲一盾。令戍者勉補繕城，署勿令爲它事；已補，乃令增塞埤塞。縣尉時循視其攻（功）及所爲，敢令爲它事，使者貲二甲。"

【5】與計偕

[疏證]

與計偕，與上報的計簿一起上交。睡虎地秦簡《秦律十八種》簡37《倉律》："縣上食者籍及它費大（太）倉，與計偕。都官以計時讎食者籍。"整理小組注："與計偕，《漢書·武帝紀》注：'計者，上計簿使也，郡國每歲遣詣京師之上。偕者，俱也。'即與地方每年上呈計簿同時上報。"[2]《釋文注釋修訂本（壹）》："陳直（1979，29頁）：計偕有兩類性質，一爲上計簿時所偕之物，如地方產品，地圖之類是也。二爲上計簿時所偕之人，如儒林傳序，'二千石謹察可者，常與計偕'。高恒（1994，36頁）：秦簡中的法律條文，多頒行於普遍設郡以前，因此在上計問題上，未反映出郡縣的隸屬關係。康大鵬（1994，34—35頁）：與'嗇籍'由內史審核不同，'食者籍'由太倉審核。兩個機構沒有隸屬關係。工藤元男（1995）：倉律中的與計偕應是一個行政用語，指縣使計吏攜帶領取口糧的人員名籍及與其他費用（相關的計簿），上交太倉。"[3]

"與計偕"之後，整理小組原句讀爲逗號，今改爲句號。"與計偕"之前，説的是勞役

---

[1] 孫詒讓：《周禮正義》，第3分冊，第990頁。
[2] 睡虎地秦墓竹簡整理小組編：《睡虎地秦墓竹簡》，釋文部分第28頁。
[3] 彭浩、劉樂賢等：《秦簡牘合集·釋文注釋修訂本（壹）》，第64頁。

徵發情況要定時統計向上級匯報，"與計偕"之後說的是有關官吏如不能合理配置勞動力要受到處罰，前後是兩個層次的意思。以句號點斷，更便於理解上下文義。

【6】其力足以爲而弗爲及力不足而弗言者

[疏證]

其力足以爲而弗爲，"爲"在這裏是指人力合理分配、調配的意思，又作"力足以均而弗均"。嶽麓簡1257＋1269＋1408（148—150）："給邑中事，傳送委輸，先悉縣官車牛及徒給之，其急不可留，乃興繇（徭）如律；不先悉縣官車牛徒，而興黔首及其車牛以發繇（徭），力足以均而弗均，論之。"這裏說的是本縣中傳送委輸首先應該使用的是官府徒隸及馬牛，官府徒隸馬牛數量不足時，方可徵調黔首及其馬牛，"力足以均而弗均"說的是官府的徒隸馬牛如能合理分配完成任務却未合理分配，從而導致需要徵發黔首服役，這種情況下，有關官吏要受到處罰。

簡1355＋1313（254—255）："繇（徭）多員少員，積（勣）計後年繇（徭）戍數。發吏力足以均繇（徭）日，盡歲弗均，鄉嗇夫、吏及令史、尉史主者貲各二甲，左罷（遷）。""發吏力足以均繇（徭）日，盡歲弗均"說的是負責徭役徵發的官吏，本來可以通過合理分配服徭役的日期完成本年度的工作，但他到一年到底也未對服徭日數做出合理的分配，結果導致不得不超額徵發徭役以完成年度工作，因此直接負責的官吏要受到降職處理。

里耶秦簡中就記載了這樣一個例子。里耶秦簡8-755＋756＋757＋758＋759：

卅四年六月甲午朔乙卯，洞庭守禮謂遷陵丞：丞言徒隸不田，奏曰：司空厭等當坐，皆有它罪，耐爲司寇。有書，書壬手。令曰：吏僕、養、走、工、組織、守府門、劾匠及它急事不可令田，六人予田徒四人。徒少及毋徒，薄（簿）移治虜御史，御史以均予。今遷陵廿五年爲縣，廿九年田廿六年盡廿八年當田，司空厭等失弗令田。弗令田即有徒而弗令田且徒少不傳于奏。及蒼梧爲郡九歲乃往歲田。厭失，當坐論，即如前書律令。／七月甲子朔癸丑，洞庭叚（假）守繹追遷陵。／歇手。·以沅陽印行事。歇手。

這條材料就是說，司空厭因爲沒有組織徒隸耕種官田，徒隸不足也沒有及時上報，因此受到遷陵縣丞的舉報，並被追究責任。這種情況正屬於嶽麓秦律所說的"其力足以爲而弗爲及力不足而弗言者"的範圍。

【7】離城鄉嗇夫坐城不治，如城尉。

[整理小組注]

離城鄉嗇夫：離城，指別離於郡治或縣治的城塞，相對後文"城"而言。離城不置尉，由其所在鄉之嗇夫掌治城之事，稱"離城鄉嗇夫"。城尉，掌治城塞的尉，似爲文獻所見縣都亭之尉。見《史記·李將軍列傳》："還至霸陵亭，霸陵尉醉，呵止廣。……止廣宿亭下。"①

[疏證]

　　城尉，此處或許是縣尉。簡文説"離城鄉嗇夫坐城不治，如城尉"，那麽與"離城"相對的當然是縣治所在的城，因此我們推測這個城尉可能是縣尉。睡虎地秦簡《秦律雜抄》簡40-42："戍者城及補城，令姑（嬃）堵一歲，所城有壞者，縣司空署君子將者，貲各一甲；縣司空佐主將者，貲一盾。令戍者勉補繕城，署勿令爲它事；已補，乃令增塞埤塞。縣尉時循視其攻（功）及所爲，敢令爲它事，使者貲二甲。"睡虎地秦簡的記載證明，縣尉有督責修繕城池的職能。

　　"城尉"一職，亦見於居延漢簡。居延漢簡10·29："閏月丁巳。張掖肩水城尉誼以近次兼行都尉事，下候、城尉，承書從事，下當用者，如詔書。／守卒史義。"19·3："馳詣肩水候官、城尉。"居延新簡74EJF3:155："始建國三年五月庚寅朔壬辰，肩水守城尉萌移肩水金關吏所葆名，如牒。書到，出入〔如〕律令。"薛英群等曰："城尉，官名。據簡文，候官所在地稱鄣，都尉府所在地稱城。城尉，即主管城官事務之官職。爲都尉屬官，位在候下，但可兼行都尉事。"②

簡文大意

　　每年向城尉上報城旦舂、居貲贖債、隸臣妾已維修的城塞的數量、所使用徒隸的數量以及黔首所修繕城塞數量、所用人數，與上計的材料一同上報，城尉有足夠的力量修繕而不行動以及力量不足而不向上匯報，縣令、縣丞、令史、縣尉、尉史、士吏各貲罰二甲。離城鄉嗇夫如果因爲城塞不好好修繕而獲罪，按照城尉治罪。

簡1250+1368（192-193）

　　●行書律曰[1]：傳[2]行書，署急輒行，不輒行，貲二甲。不急者，日觱（畢）。留三日，貲一盾；四日【以】上[3]，貲一甲。二千石官書192不急者，毋以郵行[4]193。

【1】行書律曰

[疏證]

　　睡虎地秦簡《秦律十八種》簡183《行書律》："行命書及書署急者，輒行之；不急者，

---

① 陳松長主編：《嶽麓書院藏秦簡（肆）》，第170頁。
② 薛英群、何雙全、李永良：《居延新簡釋粹》，蘭州大學出版社1988年版，第71頁。

日膚(畢),毋敢留。留者以律論之。"① 睡虎地秦簡與嶽麓簡此條律令的内容基本相同,其差異處恐怕還是抄手在傳抄過程中造成的。陳松長說:"從行文的語氣來分析,兩者也略有不同,前者針對'命書'和'書署急者'兩種文書而言,而後者則是就一般的'傳行書'而言,所強調的只是'署急輒行'罷了。"② 我們認爲,嶽麓簡說"傳行書",首先是對文書傳遞情況一個總的概括,作爲法律條文來說,是很規範的表述,然後才對其中的重點對象進行強調,說"署急輒行",並記錄了違反此項規定的處罰措施"不輒行,貲二甲";而睡虎地秦簡則徑直說"行命書及書署急者,輒行之",之前没有總括性説明,顯得很隨意和直接,並且在"書署急者"之前強調了"命書"。一般來說,命書作爲皇帝所下文書,即使不加説明,在實踐中也是優先傳達之列的。

睡虎地秦簡與嶽麓簡之間的不同,我們推測有兩種可能:一種是睡虎地秦簡的時代,國家頒布的法律原文本爲"傳行書,署急輒行",但抄録者是作爲吏學教材來使用的,爲了使聽者能夠更明白,有意對"署急"進行了闡釋,把簡文録作"命書及書署急者";另一種可能則正相反,是嶽麓簡的時代律文確實進行了修訂,把"命書"和"書署急者"概括爲"書署急者",反正這兩種文書都是要加急送的。不過,我們更傾向於前者。因爲在張家山漢簡《二年律令·行書律》中,還是把"制書"和"急書"分開說的。《二年律令》簡265—266《行書律》:"令郵人行制書、急書。"③ "制書"就是曾經的"命書",秦始皇統一之後,改"命"爲"制"。因此,睡虎地秦簡的表述似乎是抄手有意爲之。

嶽麓簡詳細記録了行書過程中違反規定的處罰措施,書署急者"不輒行,貲二甲",不急者"留三日,貲一盾;四日【以】上,貲一甲"。陳松長認爲:"'嶽麓秦簡'所摘録的行書律條文要細密很多,這也許間接的説明秦始皇統一六國之後,在秦代法律的制定方面經歷了一個細密修訂的過程。"④ 我們認爲,睡虎地秦簡雖然僅一句"留者以律論之"概括,但它仍然表明法律對於不按規定傳遞文書行爲的處罰,是有章可循的,未必表明睡虎地秦簡時代的法律的簡略,完全有可能是抄手對類似規定進行了概括。

【2】傳

[疏證]

傳,可能是衍文,"行書律"之"行書",可以包括文書的發出與接收兩種情況,但"行傳書"與"受書"並列表述時,"行傳書"應當只能指發出文書。如果説"傳行書",這一表述則顯得較爲怪異,故疑有誤。更有可能是抄手抄録時把"行傳書"誤抄成"傳行書"。睡虎地秦簡《秦律十八種》簡184《行書律》即作"行傳書":"行傳書、受書,必

---

① 睡虎地秦墓竹簡整理小組編:《睡虎地秦墓竹簡》,釋文部分第61頁。
② 陳松長:《嶽麓書院藏秦簡中的行書律令初論》,《中國史研究》2009年第3期。
③ 張家山二四七號漢墓竹簡整理小組編著:《張家山漢墓竹簡〔二四七號〕》(釋文修訂本),第45頁。
④ 陳松長:《嶽麓書院藏秦簡中的行書律令初論》,《中國史研究》2009年第3期。

書其起及到日月夙莫（暮），以輒相報殹（也）。"另外，嶽麓簡1271（223）有"傳書受及行之"，即"受傳書"和"行傳書"。因此，此處嶽麓簡的"傳行書"很有可能就是"行傳書"的誤寫。

【3】四日【以】上

[整理小組注]

四日上：應是漏抄了"以"字，即"四日以上"。①

【4】二千石官書不急者，毋以郵行

[疏證]

嶽麓簡"二千石官書不急者，毋以郵行"這句話似乎不説也可以，因爲前文已經説了"署急輒行，不急日畢"，二千石官書既然没有標明急件，也就不用急着用郵傳發出。當然，也有一種可能，前面説的都是"以郵行"前提下的文書傳遞速度，如果是急件，那麼立即發出，如果不是急件，最晚也要當日之内發出。如果不是"以郵行"，文書的發出可能會更晚。因此才特意提出不急者不"以郵行"。

需要注意的是，這條内容是整理小組根據兩支簡編聯而得出的，"二千石官書"屬於簡1250（192），"不急者，毋以郵行"屬於簡1368（193）。也就是説，律令原文的上下文是否如此，還是可以繼續探討的。陳松長先生在2009年曾討論過嶽麓簡《行書律》的内容，當時嶽麓簡尚未正式整理出版。② 文中針對此處的"二千石官書"曾提到另一種編聯情況："二千石官書留弗行，盈五日，貲一盾，五日到十日，貲一甲，過十日到廿日，貲二甲，後有盈十日，輒駕（加）一甲。"這一編聯不知出於何種原因最終未被《嶽麓肆》采納。睡虎地秦簡在"留者以律論之"後，徑書律名"行書"二字，説明抄手不是漏抄，或者下半句内容在其他簡上，而是有意省略了"二千石官書"的相關内容。

使用郵傳系統傳遞的文書，一般都是急件。張家山漢簡《二年律令》簡272《行書律》："書不急，擅以郵行，罰金二兩。"使用郵傳系統行書有嚴格的規定，並不是所有的文書都可以使用郵傳系統，這已經是很明確的。即使是急件，恐怕也不是都用郵傳。很可能還要考慮到道路的遠近及文書内容的重要性等等。比如説，睡虎地秦簡《秦律十八種》簡1—3《田律》："雨爲澍〈澍〉，及誘（秀）粟，輒以書言澍〈澍〉稼、誘（秀）粟及狠（墾）田賜毋（無）稼者頃數。稼已生後而雨，亦輒言雨少多，所利頃數。早〈旱〉及暴風雨、水潦、螽（螽）蚰、羣它物傷稼者，亦輒言其頃數。近縣令輕足行其書，遠縣令郵行之，盡八月□□之。"③

---

① 陳松長主編：《嶽麓書院藏秦簡（肆）》，第170頁。
② 陳松長：《嶽麓書院藏秦簡中的行書律令初論》，《中國史研究》2009年第3期。
③ 睡虎地秦墓竹簡整理小組編：《睡虎地秦墓竹簡》，釋文部分第19頁。

簡文大意

《行書律》規定：傳遞文書，文書上面署"急"字的，要立即傳遞出去，不立即傳遞者，貲罰二甲。文書上沒有署"急"字的，當天傳遞出去即可。文書滯留三天者，貲罰一盾；四天以上者，貲罰一甲。二千石官的文書，如果沒有署明加急的，不能以郵傳遞。

簡1384+1388（194—195）

●行書律曰：有[1]令女子、小童[2]行制書[3]者，貲二甲。能捕犯令者，爲除半歲繇（徭），其不當繇（徭）者，得以除它₁₉₄人繇（徭）₁₉₅。

【1】有

[疏證]

此處的"有"，屬於前綴助詞，楊伯峻、何樂士說："這類助詞的共同特點是附着於另一個詞，作爲那個詞的附加成分；它們一般不改變詞的原有詞性和意義，而是對這種意義起強化作用或某種標志作用。"① "有"字開頭的律令亦見於睡虎地秦簡《秦律十八種》簡194《内史雜》："有實官縣料者，各有衡石贏（纍）、斗甬（桶），期跂。計其官，毋叚（假）百姓。不用者，正之如用者。" 簡195《内史雜》："有實官高其垣墙。它垣屬焉者，獨高其置芻廥及倉茅蓋者。令人勿紤（近）舍。非其官人殹（也），毋敢舍焉。"

【2】小童

[疏證]

小童，即小孩。《莊子·徐無鬼》黃帝曰："異哉小童！" 陳松長認爲簡1377（196）所謂的"年未盈十四歲者"。②

【3】制書

[疏證]

制書，皇帝所下命令之文書，秦統一前稱爲"命書"。睡虎地秦簡《秦律十八種》簡183《行書律》："行命書及書署急者，輒行之；不急者，日觱（畢），毋敢留。留者以律論

---

① 楊伯峻、何樂士：《古漢語語法及其發展》（修訂本）上册，語文出版社2001年版，第493頁。
② 陳松長：《嶽麓書院藏秦簡中的行書律令初論》，《中國史研究》2009年第3期，第33頁。

之。"整理小組注:"命書,即制書,秦始皇統一後改'命爲制',見《史記·秦始皇本紀》,集解引蔡邕云:'制書,帝者制度之命也。'"①張家山漢簡《二年律令》簡265—266《行書律》:"令郵人行制書、急書。"②李均明曰:"制書是皇室處理涉及制度法規等向三公公布的指令,包括赦令、贖令,又解決刺史、太守、王侯、相訴訟案及任免九卿時使用的文書形式,《獨斷》云:'制書者,制度之命也。其文曰"制詔三公",赦令、贖令之屬是也。刺史、太守相劾奏,申下士、遷文書,亦如之。其徵爲九卿、若遷京師近臣,則言官,具言姓名,其免若得罪,無姓。凡制書有印使符,下遠近皆璽封;尚書令印重封;惟赦令、贖令,召三公詣朝堂受制書,司徒印封,露布下州郡。'"③

簡文大意

《行書律》規定:命令女子、小孩傳遞制書者,貲罰二甲。能捕獲違反這項法令的人,免除半年應服的徭役;如果本人本來就無需服役的,作爲替代,可以免除他人的徭役。

簡1377(196)

●行書律曰:毋敢令年未盈十四歲者[1]行縣官恒書[2],不從令者,貲一甲 196。

【1】十四歲者

[疏證]

十四歲,即可以半作的勞動力。參見簡1996(025)注。

【2】縣官恒書

[疏證]

縣官恒書,縣廷的日常文書。睡虎地秦簡《封診式》簡48—49《覂(遷)子》:"今鋈丙足,令吏徒將傳及恒書一封詣令史,可受代吏徒,以縣次傳詣成都,成都上恒書太守處,以律食。"整理小組注:"恒書,疑指解送文書。"④高敏先生説:"恒書則是講述犯人情

---

① 睡虎地秦墓竹簡整理小組編:《睡虎地秦墓竹簡》,釋文部分第61頁。
② 張家山二四七號墓漢墓竹簡整理小組編:《張家山漢墓竹簡〔二四七號墓〕》(釋文修訂本),第45頁。
③ 李均明:《秦漢簡牘文書分類輯解》,第24—25頁。
④ 睡虎地秦墓竹簡整理小組編:《睡虎地秦墓竹簡》,釋文部分第156頁。

況及處理辦法的。"① 陳治國説:"其中恒書的性質不明,但由於事情與解送罪犯有關,因此恒書應該是介紹案件及判決情況的文書。"② 陳松長先生進一步認爲:"'恒書'就類似一種案例的處理意見書,是某種重要的官府文書。"③ 高敏、陳治國、陳松長諸位學者的解釋都屬於針對《封診式》此處介紹的情況就事論事。廣義上講,"恒書"只是官府常用文書的一種通稱,恒即常也,並無專指。睡虎地秦簡中有"恒籍""恒事",里耶秦簡中有"恒程",張家山漢簡中有"恒馬",均當如此解。張家山漢簡《奏讞書》簡127《南郡卒史蓋盧、摯田、朔、叚(假)卒史瞗覆攸庫等獄簿》:"乘恒馬及船行五千一百卌六里。"恒馬,整理小組注:"恒,疑讀作'騰',《説文》:'傳也。'指傳馬。"④ 彭浩等認爲:"恒馬,也許是指常馬。"⑤ 筆者認爲,後一説更爲合理。

簡文大意

《行書律》規定:不能讓不滿十四歲的人傳遞縣官文書,不遵守這項規定者,貲罰一甲。

簡1417(197)

●行書律曰:縣請制[1],唯故徼外盜,以郵行之[2],其它毋敢擅令郵行書 197。

【1】請制

[疏證]

請制,即請命,向皇帝請示。

【2】唯故徼外盜,以郵行之

[整理小組注]

唯故徼外盜,以郵行之:通過此限制,可知秦對鎮壓故徼外盜的重視。⑥

[疏證]

除了這條律令之外,嶽麓簡1252+1253(177—178)《奔警律》提到黔首奔警赴故徼

---

① 高敏:《從〈睡虎地秦簡〉看秦代若干制度》,《雲夢秦簡初探》(增訂本),河南人民出版社1981年版,第235頁。
② 陳治國:《從里耶秦簡看秦的公文制度》,《中國歷史文物》2007年第1期。
③ 陳松長:《嶽麓書院藏秦簡中的行書律令初論》,《中國史研究》2009年第3期。
④ 張家山二四七號漢墓竹簡整理小組編著:《張家山漢墓竹簡〔二四七號墓〕》(釋文修訂本),第105頁。
⑤ 彭浩、陳偉、〔日〕工藤元男主編:《二年律令與奏讞書——張家山二四七號漢墓出土法律文獻釋讀》,第366頁。
⑥ 陳松長主編:《嶽麓書院藏秦簡(肆)》,第170頁。

外盜徼所集結,簡1426(215)提到如敢任命不援助鎮壓故徼外盜者爲吏,要進行處罰等等,都表明了當時故徼外盜對秦朝統治的威脅以及秦朝政府的高壓政策。

簡文大意

《行書律》規定:縣廷向皇帝請求指示的時候,只有發生故徼外盜,才可以通過郵來傳遞文書,其他情況不能使用郵來傳遞。

簡1415＋1428＋1300＋1301＋1351＋0990＋缺簡14＋1226＋J42＋1263（198—206）

●金布律曰:黔首賣馬牛勿獻(讞)廷[1],縣官其買殹(也),與和[2]市若室,勿敢強⌐。買及賣馬牛、奴婢[3]它鄉、它縣,吏198爲(？)取傳書及致[4]以歸及(？)免(？),弗爲書,官嗇夫、吏主者[5],貲各二甲,丞、令、令史弗得,貲各一甲。其有事關外,以私馬199牛羊行而欲行賣之及取傳賣它縣,縣皆爲傳[6],而[7]欲徙賣它縣者,發其傳爲質[8]。黔首賣奴卑(婢)200、馬牛及買者,各出廿二錢以質市亭[9]。皇帝其買奴卑(婢)、馬,以縣官馬牛羊貿黔首馬牛羊及買,以爲義[10]201者,以平賈(價)買之,輒予其主錢。而令虛質[11]、毋出錢、過旬不質,貲吏主者一甲,而以不質律論⌐。黔首自202告吏弗爲質[12],除。黔首其爲大隃取義[13],亦先以平賈(價)直之⌐。質奴婢、馬、牛者,各質其鄉[14],鄉遠都市[15],欲徙[16]203(缺簡14)老爲占者[17]皆罷(遷)之。舍室[18]爲里人[19]盜賣馬、牛、人[20]、典、老見其盜及雖弗見或告盜,爲占質[21],黥爲204城旦,弗見及莫告盜,贖耐,其伍、同居及一典[22],弗坐⌐。賣奴卑(婢)、馬、牛者,皆以帛書質[23],不從令者205,貲一甲⌐。賣半馬半牛[24]者,毋質[25]諸鄉206。

【1】獻(讞)廷

[疏證]

獻(讞)廷,向縣廷請示批准。嶽麓秦簡整理小組把"獻"讀爲"讞",就是從請示的角度理解的。"黔首賣馬牛毋讞廷",說的是黔首出售自己家的馬牛,不用向官府請示批准。王勇把此處的"獻"解釋爲"進獻、奉獻",說是"百姓的馬牛用於出賣而不是進獻給官府",① 很明顯是錯誤的。重要商品的出售需要請示官府,可能是中國古代,尤其是先秦時期的傳統。《左傳》記載春秋時期晉國執政卿韓起到鄭國,想買鄭國商人的玉環,鄭國商人就先請示鄭國政府。② 這不是一時之舉,應該是傳統或制度的規定。嶽麓秦簡此處説黔首出售馬牛不用請示官府,這從另一方面反證了這種請示制度的存在或曾經存在過。

【2】和

[整理小組注]

和:交易。《管子·問》:"而萬人之所和而利也。"尹知章注:"和,謂交易也。"此外,"和"有雙方願意的意思,與"强"形成對比。和市若室,是在市場或室内進行雙方願意的交易。③

[疏證]

和,作"交易"解的用法亦見於《九店楚簡》16下:"凡坪日,秎(利)㠯(以)祭祀,和人民,詑事。"和人民,即買賣人口。④

【3】馬牛、奴婢

[疏證]

馬牛和奴婢,是戰國秦漢時期家庭財産中兩項重要内容,也是一般商品交易中兩類價格很高的商品,因此不論在傳世文獻中,還是在出土的簡牘資料中,都經常作爲主要商品的代表而出現。《周禮·地官·質人》:"掌成市之貨賄、人民、牛馬、兵器、珍異。凡賣儥者質劑焉,大市以質,小市以劑。"⑤ 睡虎地秦簡和嶽麓秦簡記載,會計簿籍統計中馬牛及人口的統計,都被列爲重點。睡虎地秦簡《日書》簡108正貳:"毋以午出入臣妾、馬【牛】,是胃(謂)并亡。"簡110正貳—111正貳:"毋以申出入臣妾、馬牛、貨材(財),是胃(謂)□□□。"⑥ 這裏的"人民""臣妾"指的就是作爲商品而買賣的人口,即奴婢之類。

【4】取傳書及致

[疏證]

到它鄉、縣買賣馬牛及奴婢的,有關部門要爲當事人提供相關的證明文書,即所謂的"傳書及致"。

傳分爲公務用傳和私事用傳兩種,嶽麓簡此處提到的傳,屬於私事用傳。李均明

---

① 王勇:《嶽麓秦簡〈金布律〉關於奴婢、馬牛買賣的法律規定》,《中國社會經濟史研究》2016年第3期,第5頁。
② 楊伯峻:《春秋左傳注》,中華書局2016年版,第4分冊,第1531頁。
③ 陳松長主編:《嶽麓書院藏秦簡(肆)》,上海辭書出版社2015年版,第170頁。
④ 湖北省文物考古研究所、北京大學中文系編:《九店楚簡》,中華書局2000年版,第47頁。
⑤ 孫詒讓:《周禮正義》,第4分冊,第1295—1296頁。
⑥ 睡虎地秦墓竹簡整理小組編:《睡虎地秦墓竹簡》,釋文部分第197頁。

説："私事用傳是因私事出行持用的通行憑證，有一定的申請報批程序：出行者首先必須向所在鄉提出申請，經鄉政府審核通過，然後報請所在縣批准發放。私傳須蓋有縣令、丞或相當等級的官印才有效。"而且，申請私傳是有條件的，"申請者必須是非服勞役、兵役或刑役人員，同時已完成勞役定額，已交納賦稅者"。① 如《居延漢簡釋文合校》15·19："永始五年閏月己巳朔丙子，北鄉嗇夫忠敢言之。義成里崔自當自言爲家私市居延。謹案：自當毋官獄徵事，當得取傳，謁移肩水金關、居延縣索關，敢言之。閏月丙子，觻得丞彭移肩水金關、居延縣索關，書到，如律令。掾晏、令史建。"②

致有多種，據裘錫圭的研究，有致物於人的致，有領用東西的致，也有作爲出入關使用的致。③ 嶽麓簡此處"致"與"傳書"並提及，"傳書"已是出入關的憑證，如果"致"在此處亦作爲出入關之憑證，有重複之嫌，難以理解。我們認爲，此處的"致"當通"質"，即質劑。孫詒讓《周禮正義》曰："《曲禮》云：'獻田宅者操書致。'王引之謂'致'即'質'，古字通。"④

【5】官嗇夫、吏主者

[疏證]

嶽麓秦簡整理小組原標點作"官嗇夫吏主者"，今改爲"官嗇夫、吏主者"。

【6】縣皆爲傳

[疏證]

縣皆爲傳，縣廷皆爲之發放憑傳。張榮强據龍崗秦簡"取傳書鄉部稗官"一語，結合嶽麓秦簡《金布律》的相關規定，認爲"民衆並非親自赴縣而是到鄉裏取回縣廷發放的傳書。在民衆外出取傳這件事上，完全是鄉一手操作，民衆並不與縣廷打交道。"⑤ 可備一説。

【7】而

[整理小組注]

而：假若。見《孟子·萬章上》："而主癰疽與侍人瘠環。"⑥

【8】發其傳爲質

[疏證]

發其傳爲質，查驗官府所發給的傳，作爲交易商品真實性的證明。根據秦律規定，

---

① 李均明：《秦漢簡牘文書分類輯解》，第68—69頁。
② 李均明：《居延漢簡釋文合校》，第24—25頁。
③ 裘錫圭：《裘錫圭學術文集》第二卷《簡牘帛書卷》，復旦大學出版社2012年版，第79—81頁。
④ 孫詒讓：《周禮正義》，第4分册，第1297頁。
⑤ 張榮强：《簡紙更替與中國古代基層統治重心的上移》，《中國社會科學》2019年第9期，第190頁。
⑥ 陳松長主編：《嶽麓書院藏秦簡（肆）》，第170頁。

馬牛、奴婢等商品交易,成交之前,官府都要針對商品的所有權及相關情況到賣主所在地進行調查,確認無誤後,方對交易予以認可。此處説到,要到其他縣出售馬牛,市場管理部門要進行調查,由於路途較遠就會很不方便,也妨礙交易盡快完成。在這種情況下,爲方便交易盡快達成,法律允許賣主所持有的由原所在縣發給的傳作爲商品没有問題的證明來使用。因爲賣主在携帶馬牛或奴婢遠行時,所在縣會對他及所携帶重要物品進行審查,並在所發給的過關用傳中寫明。因此,他携帶的傳可以證明他所出售的馬牛奴婢没有問題。新出益陽兔子山漢簡所見異地買賣奴婢文書中明確提到了有關傳書可以被作爲有效質證的官方規定,① 可作爲嶽麓簡"發其傳爲質"的旁證,也是漢承秦制的又一表現。

【9】質市亭

[疏證]

質,成,定。《爾雅·釋詁下》:"質,成也。"② 《廣雅·釋詁四》:"質,定也。"③ 質市廷,取質於市亭。就是説,買賣雙方各出二十二錢給官府的市亭,由市亭正式認定交易手續的成立。質,即官府製作的交易憑證,《周禮》中稱之爲"質劑"。具體來説,大額交易中使用的憑證稱爲"質",小額交易中使用的憑證稱爲"劑"。交易雙方在向市亭取質時,有關官吏會對交易商品進行審查,包括商品的品質、所有權等。張家山漢簡《奏讞書》簡99—100:"元年十二月癸亥,亭慶以書言雍廷,曰:毛買(賣)牛一,質,疑盜,謁論。"④ 這個"質"即嶽麓簡"質市亭"之"質"。也就是説,毛把盜竊來的牛帶到市場上出售,達成交易時,須到市亭那裏去取質,在接受市亭長官慶的詢問時露出破綻,被抓了起來。

張家山漢簡《二年律令》簡429《金布律》"官爲作務、市及受租、質錢"、里耶秦簡8-2226"☐買鐵銅,租質入錢"都提到買賣雙方取質於市亭時所繳納的費用,與嶽麓簡此處"各出廿二錢以質市亭",是同一種費用,也就是《周禮·地官·廛人》所謂的"質布"。⑤

【10】以爲義

[整理小組注]

以爲義:即以義爲,其義如前文所説的"取義"而爲。⑥

[疏證]

整理小組注"其義如前文所説"之"前文",當爲"下文"之誤。

---

① 曹旅寧:《漢唐時期律令法系中奴婢馬牛等大宗動産買賣過程研究——以新出益陽兔子山漢簡所見異地買賣私奴婢傳爲文書爲綫索》,《社會科學》2020年第1期,第164—170頁。
② 郝懿行:《爾雅義疏》,中華書局2017年版,第176頁。
③ 王念孫:《廣雅疏證》,上海古籍出版社2016年版,第574頁。
④ 張家山二四七號墓漢墓竹簡整理小組編著:《張家山漢墓竹簡〔二四七號墓〕》(釋文修訂本),第100頁。
⑤ 陳偉主編:《里耶秦簡牘校釋》(第1卷),第447—448頁。
⑥ 陳松長主編:《嶽麓書院藏秦簡(肆)》,第170頁。

【11】虛質

[整理小組注]

虛質：質不實。①

[疏證]

嶽麓秦簡整理小組説"虛質：質不實"，指的是一種弄虛作假的取質行爲，它與後面的"毋出錢""過旬不質"並爲商業交易中的三種違法行爲，所以後面接著説"貨吏主者一甲，而以不質律論"，就是對這三種違法行爲的處罰措施。而王勇却把"虛質、毋出錢"理解爲一種行爲，即"虛質"指的就是不交錢而取質，並把這種行爲理解成是對官方購買活動的一種特權。②這是不準確的。交易雙方繳納質錢，是對取質行爲的一種報酬，真正的取質是對交易商品合法性的調查取證活動，即證明交易的合法性。所以不出錢最多只能算是"虛質"的一種情况，而不是主要内容。而且，商品來源的合法性才是最重要的，官府購買商品更會强調這一點，怎麽可能不問來源，"虛質"以取之呢？當然，也存在取質而不繳納"質錢"的"虛質"，但絶不是針對官府的特權，它與"過旬不質"一樣，也是應當受到處罰的行爲。官府采購也要公平買賣，不允許强買强賣，這從上下文意看得很明白。

【12】黔首自告吏弗爲質

[疏證]

"黔首自告"與"吏弗爲質"之間，嶽麓秦簡整理小組原來是以逗號隔開，今連讀。因爲"吏弗爲質"是"黔首自告"的内容，意思是黔首向官府舉報，説自己提出辦理質劑，但有關官吏却不予受理。

【13】大隃取義

[整理小組注]

隃：通"踰"，越也。大隃（踰），即大大超越。義，平也。《孔子家語·執轡》："以之禮則國安，以之義則國義。"王肅注："義，平也。"取義，即取平、取其平價。大隃（踰）取義，即指其所爲大大超過了平價的標準。③

【14】各質其鄉

[疏證]

各質其鄉，到奴婢、馬、牛所在的鄉去調查這些交易商品的所有權及相關信息的真實性。交易雙方初步達成交易後，到市亭取質，市亭則派人對交易額特别大的商品賣

---

① 陳松長主編：《嶽麓書院藏秦簡（肆）》，第170頁。
② 王勇：《嶽麓秦簡〈金布律〉關於奴婢、馬牛買賣的法律規定》，《中國社會經濟史研究》2016年第3期，第6頁。
③ 陳松長主編：《嶽麓書院藏秦簡（肆）》，第170頁。

主所在的鄉進行調查,確認所有權無誤後,方才發給雙方質劑,交易最終完成。睡虎地秦簡《封診式·告臣》記載了私家把奴隸賣給官府的程式,其中就有對所賣奴隸身份進行核實的過程。《封診式》簡37—41:"爰書:某里士五(伍)甲縛詣男子丙,告曰:'丙,甲臣,橋(驕)悍,不田作,不聽甲令。謁買(賣)公,斬以爲城旦,受賈(價)錢。'訊丙,辭曰:'甲臣,誠悍,不聽甲。甲未賞(嘗)身免丙。丙毋(無)病殹(也),毋(無)它坐罪。'令令史某診丙,不病。令少内某、佐某以市正賈(價)賈丙丞某前,丙中人,賈(價)若干錢。丞某告某鄉主;男子丙有鞫,辭曰:'某里士五(伍)甲臣。'其定名事里,所坐論云可(何),可(何)罪赦,或覆問毋(無)有,甲賞(嘗)身免丙復臣之不殹(也)?以律封守之,到以書言。"① 《告臣》中的"丞某告某鄉主"云云,就是官府派人到甲臣所在的鄉進行調查,看看甲臣有没有犯罪歷史,其身份是否仍屬於主人。因爲在現實社會中,有的奴婢已經被免除了奴婢身份,又出現被原來的主人强行賣給他人,從而引起糾紛的案例。之所以到所在鄉去調查情况,是因爲奴婢、馬牛這類財產都登記在户籍上,而户籍統計一般都是由鄉直接負責組織調查編制,户籍的正本都保存在鄉里。《嶽麓叁》所收録"識劫婉案",法官在對"婉"的身份進行調查時,鄉嗇夫唐和鄉佐更辯解説,大夫沛在免除婉"妾"的身份時向他們匯報了,所以他們在户籍檔案上做了登記,後來正式把婉立爲妻子的時候,没有向他們匯報,所以他們没有在户籍上登記(《嶽麓叁》編號126)。張家山漢簡《二年律令》簡328—330載:"恒以八月令鄉部嗇夫、吏、令史相雜案户籍,副臧(藏)其廷。有移徙者,輒移户及年籍爵細徙所,並封。留弗移,移不並封,及實不徙數盈十日,皆罰金四兩;數在所正、典弗告,與同罪。鄉部嗇夫、吏主及案户者弗得,罰金各一兩。"② 漢初的這項律令可爲我們的研究提供旁證。

【15】都市

[整理小組注]

都市,縣都鄉的市場。"都市"見於秦漢陶文、印文。③

[疏證]

都市,縣都鄉之市,即縣治所在鄉之市場。也就是説,奴婢、馬牛這類高價值商品的交易,要由縣級市場管理機構出具交易證明。

【16】欲徙

[整理小組注]

欲徙:前文有"欲徙賣它縣",此處義爲鄉離本縣都市較遠,想徙至它縣都市交易。④

---

① 睡虎地秦墓竹簡整理小組編:《睡虎地秦墓竹簡》,釋文部分第154頁。
② 張家山二四七號墓漢墓竹簡整理小組編著:《張家山漢墓竹簡〔二四七號墓〕》(釋文修訂本),第54頁。
③ 陳松長主編:《嶽麓書院藏秦簡(肆)》,第170頁。
④ 同上注。

【17】占

[整理小組注]

占：後文"占質"之省。①

[疏證]

占，即"占質"，爲商品是否合法有效提供證詞。王勇説"律文中的占質指爲買賣契券提供合法性證詞"，可以説大致不錯。②如果提供虚假證詞，把非法的説成合法的，就屬於"虚質"了，提供證詞者將會受到處罰。

【18】舍室

[整理小組注]

舍室：在舍室内，在這裏做地點狀語。③

[疏證]

嶽麓秦簡整理小組的解釋不準確。舍室，本指"舍中"和"室中"，如嶽麓簡1233（126）："賣瓦土毄（墼）糞者，得販賣室中舍中，租如律令。"④但在此處作主語，指的是舍室及其經營者，而非嶽麓秦簡整理小組所謂的"地點狀語"。

【19】里人

[整理小組注]

里人：同里之人。⑤

【20】人

[疏證]

人，這裏指作爲商品買賣的人口，包括上文所説奴婢買賣，也包括掠奪來的人口，張家山漢簡《二年律令》簡66—67《盜律》謂之"略賣人"。

【21】占質

[整理小組注]

占質：查驗交易物，並登記相關情況於質書。⑥

[疏證]

占質，提供書面擔保和證明。奴婢、馬、牛這類大額交易，成交之前，市場有關機構

---

① 陳松長主編：《嶽麓書院藏秦簡（肆）》，第170頁。
② 王勇：《嶽麓秦簡〈金布律〉關於奴婢、馬牛買賣的法律規定》，《中國社會經濟史研究》2016年第3期，第6頁。
③ 陳松長主編：《嶽麓書院藏秦簡（肆）》，第171頁。
④ 同上注，第109頁。
⑤ 同上注，第171頁。
⑥ 同上注。

要對其來源及所有權進行調查和確認,這項程式一般要到賣主所在鄉里進行調查,一般都要深入到所在的里一級單位,向里中的典、老查詢。典、老所提供的信息被記錄在相關文書之中,稱爲"占質"。睡虎地秦簡《封診式》簡37—41《告臣》和簡42—45《黥妾》中的"丞某告某鄉主"云云,就是對奴婢信息調查的內容。嶽麓簡這裏說的是,典、老爲明知是盜竊來的或來源不明的人口馬牛買賣提供虛假證明,要受到法律的處罰。

【22】一典

[整理小組注]

一典:或是一典所管轄之人的省稱,《尉卒律》規定三十户置一典。①

[疏證]

整理小組的解釋在此顯得有點怪異。秦漢簡牘的記載中,很少見到一典所轄之人都受到連坐的案例,何況此處僅是一普通的經濟犯罪。"一典"之說除非另有新解,不排除簡文抄錄錯誤的可能。

【23】以帛書質

[整理小組注]

書,書寫。②

[疏證]

以帛書質,把質的內容書寫在帛上。《周禮·地官·廛人》"質布",孫詒讓引江永曰:"古未有紙,大券小券當以帛爲之,交易以給買者,而賣者亦藏其半。質劑蓋官作之,其上當有璽印,是以量取買賣者之泉以償其費,猶後世契紙有錢也。"③秦簡資料證明,江永的推測是對的。

【24】半馬半牛

[整理小組注]

半馬半牛:指半馬半牛的價格。《九章算術·方程》:"今有二馬、一牛價過一萬,如半馬之價。一馬、二牛價不滿一萬,如半牛之價。問牛、馬價各幾何?"④

【25】質

[整理小組注]

質:用質書驗對。⑤

---

① 陳松長主編:《嶽麓書院藏秦簡(肆)》,第171頁。
② 同上注。
③ 孫詒讓:《周禮正義》,第4分册,第1303頁。
④ 陳松長主編:《嶽麓書院藏秦簡(肆)》,第171頁。
⑤ 同上注。

簡文大意

　　《金布律》規定：黔首出賣自己家的馬牛，無需向縣廷請示批准。縣官如果購買私人馬牛，要與黔首在市中或室中公平交易，不得強買。如需到它鄉它縣買賣馬牛奴婢，官吏要爲買賣者發放傳書和致書以便往返。如果不爲買賣者辦理這類文書，官嗇夫、吏主者要各貲罰二甲，縣令、縣丞、令史没有發現這類違法情況者，貲罰各一甲。有事要去關外，携帶私家馬牛羊去賣及取傳到它縣去賣，所在縣廷都要爲他們辦理傳。那些到它縣出售馬牛羊的人，他所携帶的傳即可作爲馬牛羊的質書使用。黔首買賣奴婢及馬牛者，買賣雙方各出二十二錢交給市亭，作爲領取質書的費用。如果皇帝要購買奴婢、馬，以及縣官用官府馬牛羊與黔首馬牛羊交換或者購買，都要平價購買，及時付給主人錢。如果縣官與黔首的交易有虛質、不出錢或超過十天不出質者，貲罰吏主者一甲，並按不質律論處。如果黔首自告官吏不爲其辦理質書，免除對黔首的處罰。黔首買賣超過平價，要按照平價論值。奴婢及馬牛交易取質，要到所屬鄉驗問，如果鄉距離都市太遠，想改到……老爲提供虛假占辭，都要處以遷刑。舍室爲里人私下盗賣馬牛人口，典、老發現其盗賣或者有人告發，却還爲其提供虛假質辭，要黥爲城旦；如果典老没有發現也没有人事先告發，典、老贖耐，伍人、同居及典中其他人，都不受連坐。買賣奴婢及馬牛者，都要把質書寫在帛上，不遵從法令者，貲罰一甲。如果買賣半馬半牛價值的商品，就無需到鄉里取質了。

簡1272＋1245＋1247（207—209）

　　置吏律曰：縣除有秩吏[1]，各除其縣中。其欲除它縣人及有謫置人爲縣令、都官長、丞、尉有秩吏[2]，能任[3] 207者，許之└。縣及都官嗇夫其免、徙[4]，而欲解[5]其所任者，許之。新嗇夫弗能任，免之[6]。縣以攻（功）令[7]任除有秩吏└208。任者免、徙[8]，令其新嗇夫任，弗任，免。害（憲）盗[9]，除不更以下到士五（伍），許之209。

【1】有秩吏

　　[疏證]

　　有秩吏，百石左右的低級官吏。睡虎地秦簡《秦律十八種》簡31 "有秩之吏"，整理小組注："秩，俸禄。有秩，見《史記·范雎列傳》'自有秩以上至諸大吏'，指秩禄在百石以上的低級官吏。王國維《流沙墜簡》考釋：'漢制計秩自百石始，百石以下謂之斗食，至百石則稱有秩矣。'"①

【2】縣令、都官長、丞、尉有秩吏

[疏證]

"尉"與"有秩吏"之間,嶽麓秦簡整理小組原標點爲頓號,如此則"其欲除"云云意爲"任命縣令、都官長、丞、尉和有秩吏"。細品上下文,這則律令主要是講關於有秩吏任命的,"其欲除"的主語應是"縣令、都官長、丞、尉"之"有秩吏",故"有秩吏"與"尉"之間當連讀,"縣令、都官長、丞、尉"是"有秩吏"的定語。

【3】任

[疏證]

任,保也,這裏指的是保舉。《後漢書·楊秉傳》"任人及子弟爲官",李賢注:"任,謂保任。"② 嚴耕望說:"秦漢郡府僚佐可因其性質大別爲佐官與屬吏兩種。佐官,秩二百石以上,由中央任命之,丞、長史、尉是也。屬吏,秩百石以下,由守相自辟任之,功曹、主簿、督郵等掾史屬佐等是也。"③

【4】免、徙

[疏證]

"免徙"爲二事,即"免職、調離"。嶽麓秦簡整理小組原連讀,並與"而欲解其所任者"連讀,今從朱錦程說,在"免徙"之間以頓號隔開,④同時在"徙"字之後以逗號與"而欲解其所任者"隔開。

【5】解

[疏證]

解,解除,終止。解其所任,解除與其此前所擔保者的擔保關係。

【6】免之

[疏證]

"免之"之後,嶽麓秦簡整理小組原標點爲逗號,今改爲句號。

【7】攻(功)令

[整理小組注]

攻令:即功令。一種用以考課、選拔官吏的令文。《漢書·儒林傳》:"請著功令。"顏

---

① 睡虎地秦墓竹簡整理小組編:《睡虎地秦墓竹簡》,釋文部分第27頁。
② 范曄:《後漢書》,中華書局1965年版,第1772頁。
③ 嚴耕望:《中國地方行政制度史——秦漢地方行政制度》,上海古籍出版社2007年版,第102頁。
④ 朱錦程:《秦制新探》,湖南大學2017年博士學位論文,第28頁。

師古注:"功令,篇名,若今《選舉令》。"①

[疏證]

高恒的研究認爲:"《功令》爲多次頒發的有關選拔、考課官吏的詔令集,内容很多,絕非《索隱》所言'學令'一種,也不是僅由太常制定。"② "功令",從字面意義而言,它首先是記録、確認官吏工作成績或者説勞績的法令,③由於工作成績與官吏的選拔及升遷有着密切的關係,④籠統地稱之爲"用以考課、選拔官吏的令文"亦無不可。不同的政府部門,工作内容不同,確定勞績的具體方式也就有所不同,相應的"功令"内容也必各有特點,這種規定未必一定由最高部門制定,其制定的權限很可能會相應下放。因此稱"多次頒發的詔令集"未必準確,稱爲"多部門頒發的法令集",也許更合適。

【8】任者免徙

[疏證]

"任者免、徙,令其新嗇夫任,弗任,免"與前一句"縣及都官嗇夫其免、徙而欲解其所任者,許之。新嗇夫弗能任,免之",含義基本相同,不過詳略不同而已。因此簡1247(209)是否編聯在1245(208)之後,還值得進一步研究。

【9】害(憲)盜

[整理小組注]

害盜:即憲盜,憲從害得聲,故二字可通。憲盜是一種負責抓捕盜賊的小吏,《睡虎地秦簡·内史雜律》:"侯(候)、司寇及羣下吏毋敢爲官府佐、史及禁苑憲盜。"⑤

簡文大意

《置吏律》規定:縣任命有秩吏,各自任命本縣中的人。如果想任命它縣的人或者有人推薦任命縣令、都官長、丞、尉屬下的有秩吏等,如果能爲其提供擔保,是可以的。縣及都官嗇夫免職或者調走,因而想與其原來爲之提供擔保的人解除擔保關係,是可以的。新任嗇夫不能爲原來的下屬官吏提供擔保,原僚屬就要被免職。縣官根據功令任命有秩吏。原來提供擔保的人被免職或調走,其僚屬由新任長官提供擔保,如果新任長官不願提供擔保,這些僚屬就要被免職。害盜由不更以下到士伍中的人選任,是可以的。

---

① 陳松長主編:《嶽麓書院藏秦簡(肆)》,第171頁。
② 高恒:《秦漢簡牘中法制文書輯考》,社會科學文獻出版社2008年版,第138—139頁。
③ 徐世虹:《肩水金關漢簡〈功令〉令文疏證》,中國文化遺產研究院編:《出土文獻研究》第18輯,第237頁。
④ 曹旅寧:《嶽麓秦簡(肆)所見秦功令考》,華東政法大學法律古籍整理研究所等編:《第七屆出土文獻與法律史研究學術研討會論文集》,2017年,第468—470頁。
⑤ 陳松長主編:《嶽麓書院藏秦簡(肆)》,第171頁。

簡1396+1367(210—211)

　　置吏律曰：縣除小佐毋(無)秩者，各擇除其縣中，皆擇除不更以下到士五(伍)史者[1]爲佐，不足，益除君子子、大夫子、小爵₂₁₀及公卒、士五(伍)子[2]年十八歲以上備員，其新黔首勿强[3]，年過六十者[4]勿以爲佐╚。人屬弟、人復子[5]欲爲佐吏[6]₂₁₁

【1】史者

[整理小組注]

　　史者：縣官通過考核確認的具"史"技能者。①

[疏證]

　　所謂"史"之技能，無疑是指文字識讀與書寫能力。

【2】子

[整理小組注]

　　子：兒子。此處"君子""大夫"分別爲高級爵位與中級爵位的擁有者，"公卒士五(伍)"無爵。②

[疏證]

　　周海鋒認爲，"1396號簡文中小爵是不更子、簪嫋子、上造子和公士子的合稱"，"'大夫子''君子子'分別指繼承大夫和君子爵位的未傅籍者"。③可備一説。

【3】新黔首勿强

[疏證]

　　新黔首勿强，就是不勉强新黔首爲小吏。周海鋒認爲："從嶽麓簡可知，秦代'避爲吏'的現象十分普遍，之所以不願意擔任基層小吏，這與其境遇有極大關係。爲吏不但不能帶來好處，反而常有無妄之災，故黔首都不願爲吏。"④由此看來，此處不勉强新黔首爲吏，倒是對新黔首的一種優撫措施。

【4】年過六十者

[疏證]

　　年過六十者勿以爲佐，可能與當時的養老制度有關。張家山漢簡《二年律令》簡

---

① 陳松長主編：《嶽麓書院藏秦簡(肆)》，第171頁。
② 同上注。
③ 陳松長等著：《秦代官制考論》，第236頁。
④ 同上注，第238頁。

355—356:"大夫以上年五十八,不更六十二,簪褭六十三,上造六十四,公士六十五,公卒以下六十六,皆爲免老。不更年五十八,簪褭五十九,上造六十,公士六十一,公卒、士五(伍)六十二,皆爲睆老。""免老"相當於全退休,"睆老"相當於半退休。漢初年齡中關於"免老""睆老"的規定,可爲秦制研究之旁證。

【5】人屬弟、人復子

[整理小組注]

分別是"人屬弟子""人復復子"的省稱。參見《徭律》簡1232注。①

【6】欲爲佐吏

[整理小組注]

此律文未完。②

簡文大意

《置吏律》規定:縣廷任命無秩的小佐,各從本縣中任命,選擇爵位在不更以下至士伍,且具有史之技能者。如果人數不夠,就從君子子、大夫子、小爵及公卒、士伍子年十八歲以上者中選拔以備人數。新黔首不要勉强。年過六十者不能任命爲佐。人屬弟子、人復復子如果想當佐吏……

缺簡15

簡1389+1378+1418(212—214)

置吏律曰:有辠以覂(遷)者及贖耐以上居官[1]有辠以廢者,虜、收人、人奴[2]、羣耐[3]子免者[4],贖子[5],輒傅其212計籍[6]。其有除以爲冗佐、佐吏、縣匠、牢監、牡馬、簪褭[7]者,勿許[8],及不得爲租君子[9]。虜、收人、人奴、羣(群)耐子免者213,贖子,其前卅年五月除者勿免,免者勿復用214。

---

① 陳松長主編:《嶽麓書院藏秦簡(肆)》,第171頁。
② 同上注。

【1】居官

[疏證]

居官,即爲官,擔任官職。睡虎地秦簡《爲吏之道》簡21貳"居官善取",[①] 張家山漢簡《二年律令》簡347《效律》"居官盈三歲",[②] 其中"居官"均爲"做官""擔任官職"之意。"居官"與"居官府""居於官府"二者含義不同,前者更多指擔任官職,後者則多指在官府居作。《秦律十八種》簡133-134《司空律》"居官府公食者,男子參,女子駟",[③] 簡135《司空律》"葆子以上居贖刑以上到贖死,居於官府,皆勿將司",[④] "居官府""居於官府"二者皆指在官府居作。

【2】人奴

[整理小組注]

與後"子"字合爲"人奴子",指家奴的子女,身份爲奴婢。見《史記·秦始皇本紀》:"秦令少府章邯免驪山徒、人奴產子。"《史記集解》服虔曰:"家人之產奴也。"[⑤]

【3】羣耐

[整理小組注]

各類受耐刑者,其子女稱"羣耐子"。[⑥]

【4】免者

[整理小組注]

免者:被免刑徒身份者,以三"者"字劃分爲三類。[⑦]

[疏證]

整理小組在注釋中說被免刑徒身份者以三"者"字劃分爲三類,故原簡文標點"羣耐子"與"免者"之間爲頓號,不準確,當連讀,也就是說,"虜、收人、人奴、羣耐子"都是修飾"免者"的。"有皋以羼(遷)者""贖耐以上居官有皋以廢者""虜、收人、人奴、羣耐子免者",再加上"贖子",這裏共提到了四類人。因此,"免者"與"贖者"之間的頓號,亦當改爲逗號。不過整理小組在"贖子"注中又說"免者"修飾"贖子",有些牽強,難以理解。

---

① 睡虎地秦墓竹簡整理小組編:《睡虎地秦墓竹簡》,釋文部分第169頁。
② 張家山二四七號墓漢墓竹簡整理小組編著:《張家山漢墓竹簡〔二四七號墓〕》(釋文修訂本),第56頁。
③ 睡虎地秦墓竹簡整理小組編:《睡虎地秦墓竹簡》,釋文部分第51頁。
④ 同上注。
⑤ 陳松長主編:《嶽麓書院藏秦簡(肆)》,第171頁。
⑥ 同上注。
⑦ 同上注。

【5】贖子

[整理小組注]

贖子：已贖罪者的子女，似前文"免者"修飾"贖子"，即被免除刑徒身份者的被贖罪的子女。①

[疏證]

上文"免者"疏證已經説過，整理小組關於"免者"修飾"贖子"的解説過於牽强，存疑。

【6】傅其計籍

[疏證]

傅其計籍，記録在計籍中。傅，附也，這裏指的是録入。計籍，統計簿籍，具體當指户籍制度中的相應名籍。

【7】牡馬、簪褭

[整理小組注]

簪褭：此處不是爵名，似爲與馬政有關的職事。"冗佐"到"簪褭"，是底層吏的數類職事，此律規定不得以免贖罪者爲之。②

[疏證]

周海鋒認爲，此處的"牡馬"當作"牧馬"，"指官府中負責飼養馬匹的雜役"，"簪褭"亦當作某種職官或職役來理解。③ 從上下文義來看，這種推測是有道理的。

【8】勿許

[疏證]

勿，嶽麓秦簡整理小組原釋作"毋"，今從何有祖説改。④

【9】爲租君子

[整理小組注]

爲租：收取租。⑤

[疏證]

嶽麓秦簡整理小組的釋文，原把"爲租"屬上讀，"君子"屬下讀，中間用逗號隔開。

---

① 陳松長主編：《嶽麓書院藏秦簡（肆）》，第171頁。
② 同上注。
③ 陳松長等著：《秦代官制考論》，第236頁。
④ 何有祖：《讀嶽麓秦簡肆札記（二）》，武漢大學簡帛網2016年3月26日。
⑤ 陳松長主編：《嶽麓書院藏秦簡（肆）》，第171頁。

這是不合適的。"爲租君子"當連讀,①指作爲勞動力出租給君子。《商君書·墾令》說:"無得取庸,則大夫家長不建繕。"所謂"君子"指的就是"大夫家長"這類人。陶磊也認爲"爲租君子"當連讀,但他認爲"不得爲租君子",意思是即使把這些人給君子使用,也不能向君子收取租金。②這一解釋有點迂曲,故不從。

秦簡的記載表明,當時的官府經常有出租徒隸以獲取經濟收入的現象。如嶽麓秦簡1992+1946(068—069):"隸臣妾及諸當作縣道官者,僕庸爲它作務,其錢財當入縣道官而逋未入去亡者,有(又)坐逋錢財臧,與盜同灋。"說的是官府控制下的隸臣妾及其他勞務人員,如果以僕庸的方式從事勞作時,所得收入必須上繳所屬縣道,否則將與盜竊罪同等論處。簡1411(121)所載《金布律》規定"官府爲作務"而"受錢"的記錄,也只有解釋爲官府出租勞動力才能說得通。里耶秦簡8-1743+8-2015:"廿六年八月丙子,遷陵拔、守丞敦狐詰訊般駕等,辟(辭)各如前。鞫之:成吏、閒、起贅、平私令般駕、嘉出庸(傭),賈(價)三百,受米一石,臧(贓)直(值)百卌,得。成吏亡,嘉死,審。"③記載的也是官吏私下出租徒隸以收取傭金牟利的事。北大秦簡中所收錄的秦代傭作文書,目前雖未確定一定是官文書,但很有可能是官吏私下出租刑徒以牟利的事,因此陳侃理把它與里耶簡的這條記載相比較。④與官吏私下出租勞動力的非法行爲相對應的則是官方公開出租勞動力,這似乎也屬於一種官營商業行爲。現在看來,睡虎地秦簡《秦律十八種》簡48《倉律》規定的"妾未使而衣食公,百姓有欲叚(假)者,叚(假)之,令就衣食焉,吏輒被事之",恐怕不僅僅是解決了未使妾的衣食問題,而是秦官府出租勞務的一種情況。

簡文大意

《置吏律》規定:有罪被處以遷刑者及犯贖耐以上罪在官府任職又因罪被廢者(或譯爲:在官府任職犯贖耐罪以上被廢者),虜、收人、人奴、羣耐子等被免除徒隸身份者及贖罪者子女,他們的信息要及時錄入統計文書中。如果想任命他們擔任冗佐、佐吏、縣匠、牢監、簪裹,這是不允許的,同時也不能把他們租給君子。虜、收人、人奴、羣耐子等免者及贖罪者子女,如果卅年五月前被任命擔任上述職務的不必免職,卅年五月前免職的也不要再任用。

簡1426+1303+1302+1352+0911(215—219)

置吏律曰:敢任除戰北[1]、奊[2]、故徼外盜不援[3]及廢官者[4]以爲吏及

---

① 陳偉:《秦簡牘校讀及所見制度考察》,第15頁。
② 陶磊:《讀嶽麓書院藏秦簡(肆)劄記》,武漢大學簡帛網2017年1月9日。
③ 陳偉主編:《里耶秦簡牘校釋》(第1卷),第385頁。
④ 陳侃理:《北京大學藏秦代傭作文書初釋》,中國文化遺產研究院編:《出土文獻研究》第14輯,第13頁。

軍吏、御右[5]、把鉞鼓志[6]及它論官者215□□□□謁置□□丞、尉□□卒史、有秩吏及縣令除有秩吏它縣者,令任之,其216任有辠刑辠[7]以上,任者[8]貲二甲而廢;耐辠、贖辠,任者貲一甲;貲辠,任者弗坐。任人爲吏及宦皇217帝,其謁者[9]有辠,盡去所任,勿令爲吏及宦└。爲吏而置吏于縣及都官,其身有辠耐以上及使218故徼外不來復令而臣遰(？)[10]者,其所置者皆免之,非計時殹(也),須[11]已計而言免之[12]219。

【1】戰北

[整理小組注]

戰北:罪名,在戰場上逃跑。見張家山漢簡《奏讞書》案例一八。①

【2】奰

[整理小組注]

奰:罪名"畏奰"之省,臨陣怯懦退縮。"畏奰"見《爲獄等狀四種》案例一五。②

【3】故徼外盜不援

[整理小組注]

故徼外盜不援:罪名,吏不援助鎮壓"故徼外盜"③。

【4】廢官者

[疏證]

廢官者,即被撤職永不敘用的人。睡虎地秦簡《秦律雜抄》簡1所載《除吏律》:"任法(廢)官者爲吏,貲二甲。"

【5】御右

[整理小組注]

御右:駕車者"司御"與"車右"的合稱。④

【6】把鉞鼓志

[整理小組注]

把鉞鼓志:把,持。《史記·殷本紀》:"湯自把鉞。"志,通"幟"。《史記·張丞相列

---

① 陳松長主編:《嶽麓書院藏秦簡(肆)》,第171頁。
② 同上注。
③ 同上注,第172頁。
④ 同上注。

傳》：“沛公以周昌爲職志。”把鉦鼓志，指掌"鉦鼓志"等軍事指揮器材的軍吏。①

【7】刑辠

[疏證]

刑辠，應當處以肉刑的罪。秦律中的肉刑包括黥刑、劓刑、斬刑、宮刑等。任有辠刑辠以上，指保舉有罪且罪行在刑罪以上者爲官。

【8】任者

[疏證]

任者，保舉者，爲之提供擔保的人。

【9】謁者

[疏證]

謁者，這裏指的是進言保舉他人的人，相當於前文"任者"。嶽麓簡1272+1245（207-208）："縣除有秩吏，各除其縣中。其欲除它縣人及有謁置人爲縣令、都官長、丞、尉有秩吏，能任者，許之。""謁置人"云云，即保舉他人任職。

【10】臣逋

[整理小組注]

臣逋：逃亡。"逋"義詳見《亡律》簡2080注。②

【11】須

[整理小組注]

須：等待。③

【12】已計而言免之

[疏證]

已計而言免之，上計之後，正式宣布將其免職。上文已經説過，官吏居官期間犯罪，要載入其計籍，就是要及時記録入上計的簿籍之中，請上級定奪，或報告上級知曉。

簡文大意

《置吏律》規定：敢保舉戰場逃跑者、畏懦不前者、不援助鎮壓故徼外盜者以及

---

① 陳松長主編：《嶽麓書院藏秦簡（肆）》，第172頁。
② 同上注。
③ 同上注。

廢官者等爲吏,及軍吏、御右、把鉦鼓志及它論者……請求設置……丞、尉……卒史、有秩吏以及縣令任命它縣人爲有秩吏,要進行擔保,其被保舉者(任職期間)犯有刑罪以上者,保舉者要被貲罰二甲並撤職永不敘用;犯有耐罪、贖罪者,保舉者要被貲罰一甲;犯有貲罪者,保舉者不受連坐。保舉他人爲吏及宦皇帝者,如果保舉者有罪,他所保舉的人都要撤職,不能再爲吏或宦皇帝。身爲官吏而任命官吏於縣或都官,如果其本人犯有耐罪以上,及出使故徼外不回歸復命而逃亡,他所任命的官吏都要被免職,如果不是上計的時候,要等到上計之後再正式宣布免職的命令。

缺簡 16

簡 1227＋J43＋1262（220—222）

●置吏律曰：縣、都官、郡免除吏[1]及佐、𡘫官屬[2],以十二月朔日免除,盡三月而止之。其有死亡及故有缺者 220,爲補之,毋須時。郡免除書[3]到中尉[4],雖後時,尉聽之┗。補軍吏、令、佐史,必取壹[5]從軍以上者,節(即)有軍殹(也)221,遣卒能令自占,自占不審及不自占而除及遣者[6],皆貲二甲,廢 222。

【1】郡免除吏

[疏證]

嶽麓簡《置吏律》此條從"縣、都官"至"毋須時"與睡虎地秦簡《置吏律》相關律文幾乎完全相同,唯有"郡",睡虎地秦簡《置吏律》作"十二郡"。嶽麓簡《置吏律》的律名在律文的開頭,而睡虎地秦簡則置於律文結尾。睡虎地秦簡《秦律十八種》簡157—158《置吏律》："縣、都官、十二郡免除吏及佐、𡘫官屬,以十二月朔日免除,盡三月而止之。其有死亡及故有夬(缺)者,爲補之,毋須時。置吏律。"① 把"置吏律"的律名置於律文之末,表明睡虎地秦簡《置吏律》本條的内容明確到此爲止。而嶽麓簡"毋須時"之後的"郡免除書到中尉"云云,或許睡虎地秦簡時代就已存在,而抄手未抄,或許當時這段律文還沒有出現,而正如陳松長所云,是後來秦統治者在對法律不斷修改補充的過程中加上去的。

十二郡,睡虎地秦簡整理小組注："秦所設郡數逐步增加,據《史記》,秦只有十二個

---

① 睡虎地秦墓竹簡整理小組編：《睡虎地秦墓竹簡》,釋文部分第56頁。

郡的時期，至少應在秦始皇五年以前。"① 嶽麓簡此處只記作"郡"，或許是統一天下，郡數遠超十二郡，因此在律文上作了修正，不再記郡數。據陳松長先生對嶽麓秦簡所見郡名的整理，已見22個郡名。②

【2】羣官屬

[整理小組注]

羣官屬：屬專指一類中低層的官吏，羣官屬即各官署的屬。③

[疏證]

睡虎地秦簡《秦律十八種》簡157《置吏律》亦提到"羣官屬"，睡虎地秦簡整理小組注："羣官屬，指各官府的屬員。"④ 不論是睡虎地秦簡整理小組還是嶽麓秦簡整理小組，關於"群官屬"的解釋都十分模糊，並未觸及問題的本質。筆者認爲，"吏""佐"與"群官屬"並列，説明"群官屬"與前兩者是有區別的，這種區別很可能與他們之間的任命有關。"群官屬"作爲與"吏""佐"相比地位更低的一個階層，很可能是官府所自辟除的吏員，不經過國家的任命，屬於服役性質的"庶人在官者"。

【3】免除書

[疏證]

免除書，即免書和除書。免書指的是官吏免職文書。里耶秦簡8-896："守丞巸，上造，居競陵陽處，免歸。"⑤ 這就是一份免書。當然，它很可能不是原件，而是一份轉述守丞巸被免職歸家的文書記錄。除書，是官吏任命的文書。居延新簡中除書的資料，可爲參考：

> 牒書吏遷、斥免給事補者四人，人一牒。
> 建武五年八月甲辰朔丙午，居延令、丞審告尉謂鄉移甲渠候官。聽書從事，如律令。(《新簡》EPF22·56A)
> 甲渠·此書已發傳致官，亭閒相付前。掾黨，令史循。(《新簡》EPF22·56B)
> 甲渠候官尉史鄭駿遷缺。(《新簡》EPF22·57)
> 故吏陽里上造梁普，年五十，今除補甲渠候官尉史代鄭駿。(《新簡》EPF22·58)
> 甲渠候官斗食令史孫良，遷缺。(《新簡》EPF22·59)
> 宜穀亭長孤山里大夫孫況，年五十七，董事，今除補甲渠候官斗(食)令吏(史)

---

① 睡虎地秦墓竹簡整理小組編：《睡虎地秦墓竹簡》，釋文部分第56頁。
② 陳松長等著：《嶽麓書院藏秦簡的整理與研究》，中西書局2014年版，第257頁
③ 陳松長主編：《嶽麓書院藏秦簡(肆)》，第172頁。
④ 睡虎地秦墓竹簡整理小組編：《睡虎地秦墓竹簡》，釋文部分第56頁。
⑤ 陳偉主編：《里耶秦簡牘校釋》(第1卷)，第244頁。

代孫良。(《新簡》EPF22·59)

　　此例所見首簡爲除書正件,其餘四簡爲"除遷名籍",乃除書之附件。"此書已發傳致官,亭間相付前"爲後書文字,說明文件已送達候官並已啓封,並在諸亭間傳遞。① 又如:

　　建武五年四月丙午朔癸酉,甲渠守候謂第十守(《新簡》EPF22·254A)
　　掾譚(《新簡》EPF22·254B)
　　士吏孝。書到,聽書從事,如律令。(《新簡》EPF22·255)
　　第十守士吏李孝今調守萬歲候長,有代罷。(《新簡》EPF22·256)
　　萬歲候長何憲,守卅井塞尉。(《新簡》EPF22·257)

　　此例所見,亦爲首二簡屬正文,後二簡爲調守名籍附於正文後。②

【4】中尉

[疏證]

　　中尉,《漢書·百官公卿表》:"秦官,掌徼循京師,有兩丞、候、司馬、千人。武帝太初元年更名執金吾,屬官有中壘、寺互、武庫、都船四令丞。"③ 周海鋒認爲,秦漢時期作爲中央官的"中尉"執掌有所變化,秦"中尉"一職或沿襲了三晋特點,有選拔、任免官吏之職責。④

【5】壹

[疏證]

　　壹,專一,統一。《王力古漢語字典》曰:"一,壹。一是數詞,壹是形容詞。意義不同。《荀子·解蔽》:'不以夫一害此一,謂之壹。'一句之中,'一、壹'並用,可見'一'與'壹'是有區別的。'壹'的意義是專一。專一的意義可以寫作'一',但數目不能寫作'壹'。後人在單據上爲了防人塗改,才用'壹'代'一'。《詩·召南·騶虞》:'壹發五豝。'本是'一發五豝'。數目壹貳叁肆等字,皆唐武后時所改。"⑤ "壹從軍以上",統一從有從軍經歷者中選拔。或亦可理解爲從至少有一次從軍經歷者中選拔。

【6】除及遣

[疏證]

　　除及遣,任命並派遣。"除""遣"是人事任命的兩個先後程序,先"除"而後"遣"。

---

① 李均明:《秦漢簡牘文書分類輯解》,第54頁。
② 同上注,第54—55頁。
③ 班固:《漢書》,第732頁。
④ 陳松長等著:《秦代官制考論》,第243頁。
⑤ 王力:《王力古漢語字典》,中華書局2000年版,第1頁。

睡虎地秦簡《秦律十八種》簡159—160《置吏律》："除吏、尉已除之，乃令視事及遣之；所不當除而敢先見事，及相聽以遣之，以律論之。嗇夫之送見它官者，不得除其故官佐、吏以之新官。"

簡文大意

《置吏律》規定：縣、都官、郡任免吏及佐、屬員，以十二月朔日任免，到三月底爲止。平時如果有死亡及其它原因導致官吏産生空缺者，要及時補上，不必等待。郡的免除書送到中尉那裏，即使晚於規定時間，中尉也要同意執行。補充任命軍吏、縣令、佐史，必須在有從軍一次以上經歷的人員中選拔，即使他們現仍在軍事行動中，也要派遣士卒前往軍中令其本人申報相關信息，申報不實及不申報就予以任命及派出者，都要貲罰二甲，撤職永不敘用。

簡1271+1243（223—224）

□律[1]曰：傳書受及行之[2]，必書其起及到日月夙莫（暮）[3]，以相報，報宜到不來者[4]，追之。書有亡者，亟告其縣223官。不從令者，丞、令、令史主者貲各一甲224。

【1】□律

[整理小組注]

此律文内容涉及行書，但律名僅一字，似是《興律》。①

[疏證]

整理小組的注釋是有道理的。嶽麓簡0798+0794（281—282）所録《興律》就是與文書傳遞有關的規定："興律曰：諸書求報者，皆告，令署某曹發，弗告曹，報者署報書中某手，告而弗署，署而環（還）及弗告，及不署手，貲各一甲。"②因此，整理者認爲簡1271（223）首字或爲"興"字，並非憑空猜測。

不過，與嶽麓簡這條規定相似的内容在睡虎地秦簡中屬於《行書律》。睡虎地秦簡《秦律十八種》簡184—185《行書律》："行傳書、受書，必書其起及到日月夙莫（暮），以輒相報殹（也）。書有亡者，亟告官。隸臣妾老弱及不可誠仁者勿令。書廷辟有曰報，宜到

---

① 陳松長主編：《嶽麓書院藏秦簡（肆）》，第172頁。
② 同上注，第161頁。

不來者,追之。行書。"① 所以,我們認爲,嶽麓簡此處的律文名稱也不能完全排除是《行書律》的可能。至於整理小組所謂的"律名僅一字"的判斷,還不足以完全説明問題,只能説可能性很大。因爲簡文起始部分模糊,究竟是寫了一個字還是兩個字,確定不了。還有,抄手抄寫是否出現了失誤,也不好確定。

【2】傳書受及行之

[疏證]

從内容上看,嶽麓簡此處的内容與睡虎地秦簡基本相同,但仔細比較,行文方式及個别語句又有出入。嶽麓簡曰"傳書受及行之","傳書"在這裏是主語,"受及行之"則是謂語,"受"指接收文書,"行"指傳遞文書,解釋説明主語"傳書"的兩種情況。睡虎地秦簡的表達方式則是無主語,"行傳書"指把傳書送出去,"受書"指把傳書接收下來。也就是説,嶽麓簡"傳書受及行之"和睡虎地秦簡"行傳書受書"只是表達方式不同,所要表達的信息則是相同的。

陳松長先生對嶽麓簡和睡虎地秦簡的這兩材料做過比較,他的研究成果如下:

"睡虎地秦簡·秦律十八種"第184、185簡的内容與"嶽麓秦簡"的1272號簡文(按:《嶽麓肆》中編號爲1271)基本相同,但從律文的行文來看,後者似乎更加簡潔了,因爲律文中的"傳書受及行之,必書其起及到日月夙莫(暮),以相報"本身就是行書"日報"的内容,所以後者省去了"書適辟有日報"一句,而將"宜到不來者,追之"置於"書有亡者,亟告其縣"之前,顯得更有層次和條理。此外,"睡虎地秦簡"中的"隸臣妾老弱及不可誠仁者勿令"一句放在簡文中顯得比較突兀,因前面是説"書有亡者,亟告官",突然來一句"隸臣妾老弱及不可誠仁者勿令",而後面又接着是"宜到不來者,追之",語義上顯得很不連貫。從簡文内容來解讀,"隸臣妾老弱及不可誠仁者勿令"乃是規定不能令這三類人傳送官府文書,與簡文中的"日報"和"書有亡者"和"宜到不來者"的處置辦法顯然不是同一碼事。②

陳松長先生的分析是很有道理的。我們認爲,睡虎地秦簡表述的隨意性,很可能説明了抄手的隨意性,這位抄手很多地方並没有嚴格按照原文一字一句地抄,而是按照自己的理解對律文做了改動。關於睡虎地秦簡文本的性質,張金光認爲是吏學教材,是以吏爲師的産物,③籾山明認爲"不是爲了向第三者傳達作者意圖而編撰的具有普讀性質的書籍,而是墓主執行公務(縣治獄)時自供便覽的工作手册"。④兩位學者的觀點看似

---

① 睡虎地秦墓竹簡整理小組編:《睡虎地秦墓竹簡》,釋文部分第61頁。
② 陳松長:《嶽麓書院藏秦簡中的行書律令初論》,《中國史研究》2009年第3期。
③ 張金光:《秦制研究》,上海古籍出版社2004年版,第719、728、734頁。
④ [日]冨谷至著,柴生芳、朱恒曄譯:《秦漢刑罰制度研究》,"序言"第2頁轉引籾山明觀點。

相左,但有一共同點,那就是這兩種情況都需要抄錄的內容容易理解,通俗易懂。所以抄手按照自己的理解抄寫,調整語句的順序,甚至簡化文字內容,都是很有可能的。所以我們現在不能一看到竹簡上的律文,就認爲這一定是秦律的原文,再拿其他的秦簡或者漢簡簡文比較,有不同之處,就馬上認爲這是立法者對律文做了修正或改進。這種推測有時候是很危險的。

【3】夙莫(暮)

[疏證]

夙莫(暮),即早晚,這裏指文書發出或到達當日的具體時刻。睡虎地秦簡《秦律十八種》簡184《行書律》"行傳書、受書,必書其起及到日月夙莫(暮)",整理小組注:"夙暮,朝夕。"據學界研究,秦代實行十六時制,[①] 或二十二時制。[②] 里耶秦簡的文書傳遞登記記錄表明,文書的到達時間,記載尤其詳細,精准到具體時刻,如"四月癸丑水十一刻刻下五"(8-156)、"囗月癸丑水十一刻刻下九"(16-5)、"三月癸丑水下盡"(16-5)、"甲辰水十一刻刻下者十刻"(16-9)、"八月壬辰水下八刻"(9-984)等等,因此所謂記錄文書發出或到達的"夙莫(暮)"就是指的當日的具體時刻。

【4】報宜到不來者

[疏證]

報,收到對方來書後回復確認的文書。睡虎地秦簡《秦律十八種》簡185載《行書律》:"書廷辟有曰報。"整理小組注:"廷辟,疑指郡縣衙署關於徵召的文書。報,此處疑讀爲赴,速至。"[③] 睡虎地秦簡整理小組的解釋值得商榷,故孫曉春、陳維禮指出:"報,意爲復,爲回文的意思。"[④]

如果把嶽麓簡《行書律》"報宜到不來者,追之"與睡虎地秦簡《行書律》的"書廷辟有曰報,宜到不來者追之"相比較,很顯然後者是對前者的一種補充。不論是孫曉春、陳維禮認爲"書廷"之"廷"當釋爲"迋",還是睡虎地秦墓竹簡整理小組把"廷辟"作爲一詞來解讀,都不妨礙把"報"作爲回文的意思來理解。孫、陳之說已如前述,睡虎地秦墓竹簡整理小組把"廷辟"作爲一種文書,那麼"書廷辟曰報",即在"廷辟"上注明要求回復。至於睡虎地秦簡整理小組把"報"讀作"赴",解釋爲"速至",從而把這句話理解爲"徵召文書上寫明須急到的",顯然不符合上下文義,而且也不符合類似文例。睡虎地秦律中標明急件者有專門的表述,《行書律》稱爲"書署急者"。睡虎地秦簡還有一個地方提到關於回文的要求,亦可作爲例證。《封診式》簡39—41《告臣》:"丞某告某鄉主:男子丙有鞫,辭曰:'某里士五(伍)甲臣。'其定名事里,所坐論云可

---

① 任傑:《秦漢時制探析》,《自然科學史研究》2009年第4期。
② 胡平生、李天虹:《長江流域出土簡牘與研究》,湖北教育出版社2004年版,第309—310頁。
③ 睡虎地秦墓竹簡整理小組編:《睡虎地秦墓竹簡》,釋文部分第61頁。
④ 孫曉春、陳維禮:《〈睡虎地秦墓竹簡〉譯注商兌》,《史學集刊》1985年第2期,第71頁。

(何),可(何)罪赦,或覆問毋(無)有,甲賞(嘗)身免丙復臣之不殹(也)？以律封守之,到以書言。"① 所謂"到以書言",就是説文書發到目的地,對方收到以後要有書面回復,也就是要求有"報"。

簡文大意

《□律》規定：傳遞文書時,接收和送出,都要記録下文書出發和到達的月日及當日早晚時刻,以便回復,回文應當返回而没有返回的,要追查。文書在傳遞過程中丢失的,要及時向事發地官府報告。不執行相關法令的,縣令、縣丞和負責該項事務的令史貲罰各一盾。

簡1244+1246+1395+1364（225—227）

●賊律[1]曰：爲券書,少多其實[2],人户、馬、牛[3]以上,羊、犬、彘二以上及諸誤而可直(值)者過六百六十錢,皆爲 225 大誤[4]；誤羊、犬、彘及直(值)不盈六百六十以下及爲書而誤、脱字爲小誤[5]。小誤,貲一盾；大誤,貲一甲。誤,毋(無)所害[6] 226 □□□□殹(也),減臯一等 227。

【1】賊律

[疏證]

不論是李悝《法經》,還是商鞅"改法爲律",以及如今出土的漢初《二年律令》中,"賊法"或"賊律"在戰國秦漢時期的律典中均名列第一,可見這部分内容在法律體系中的重要地位。

【2】爲券書,少多其實

[整理小組注]

實,實際的數目。②

[疏證]

少多,即多少,秦簡習語。此處"少多"爲動詞,即增減之意。張家山漢簡《二年律令》簡17《賊律》："□□□而誤多少其實,及誤脱字,罰金一兩。誤,其事可行者,勿

---

① 睡虎地秦墓竹簡整理小組編：《睡虎地秦墓竹簡》,釋文部分第154頁。
② 陳松長主編：《嶽麓書院藏秦簡（肆）》,第172頁。

論。"① 此處"多少"與嶽麓簡的"少多"含義相同,即相對於實際數量有所增減。《二年律令》中亦有直接作"增減"者,如簡14《賊律》"☒諸詐(詐)增減券書",②"增減"即"少多"或"多少"。秦簡、漢簡都把"增減券書"列入《賊律》之中,證明了秦漢律中確實存在文書犯罪的條款。

【3】人户馬牛

[整理小組注]

此處或抄漏了"一"字。③

[疏證]

"人户馬牛一"與下文的"羊、犬、彘二"之間似乎隱約存在着一種價值上的比例折算關係。這種情况在張家山漢簡《二年律令》簡253《田律》中也出現過:"馬、牛、羊、豬、彘、彘食人稼穡,罰主金馬,牛各一兩,四豬彘若十羊,彘當一牛,而令橋(?)稼償主。"④《二年律令》的這條内容屬於《具律》。不過,這裏豬羊與馬牛的價值比例要比秦律中低一些。

【4】大誤

[疏證]

文書統計中,人户、馬、牛一以上爲"大誤",這點睡虎地秦簡和嶽麓簡的記載是相同的。睡虎地秦簡《效律》簡60:"人户、馬牛一以上爲大誤。"《法律答問》簡209:"可(何)如爲'大誤'？ 人户、馬牛及者(諸)貨材(財)直(值)過六百六十錢爲'大誤',其它爲小。"⑤

【5】小誤

[疏證]

"誤羊、犬、彘"後當漏掉或省去了"一",與前面"羊、犬、彘二以上"爲大誤相對。誤字,即寫錯字。脱字,即漏字。誤、脱字爲小誤,應當是指已經因此造成損害,但後果並不嚴重的情况。張家山漢簡《二年律令》簡12《賊律》:"諸上書及有言也而謾,完爲城旦舂。其誤不審,罰金四兩。"簡17《賊律》:"□□□□而誤多少其實,及誤脱字,罰金一兩。誤,其事可行者,勿論。"《二年律令》簡12的"誤不審"及簡17的"誤脱字"都屬於造成輕微損害的"小誤",與没有造成損害的"誤"是有區別的。

---

① 張家山二四七號漢墓竹簡整理小組編著:《張家山漢墓竹簡〔二四七號墓〕》(釋文修訂本),第10頁。
② 同上注。
③ 陳松長主編:《嶽麓書院藏秦簡(肆)》,第172頁。
④ 張家山二四七號漢墓竹簡整理小組編著:《張家山漢墓竹簡〔二四七號墓〕》(釋文修訂本),第43頁。
⑤ 睡虎地秦墓竹簡整理小組編:《睡虎地秦墓竹簡》,釋文部分第76、144頁。

【6】害

[整理小組注]

害：造成危害後果。見《張家山漢簡·二年律令·賊律》："撟制，害者，棄市；不害，罰金四兩。"①

簡文大意

《賊律》規定：書寫券書，減少或增加實際數額，人户、馬、牛（一）以上，羊、犬、彘二以上及諸種錯誤價值過六百六十錢者，都屬於大誤；誤差羊、犬、彘（一）及價值不滿六百六十錢以下及書寫錯誤、脱字等爲小誤。小誤，貲罰一盾；大誤，貲罰一甲。券書記録有錯誤，但没有造成損失和危害，……減罪一等。

簡1385+1390（228—229）

●具律曰：諸使[1]有傳[2]者，其有發徵[3]、辟問[4]具殹（也）及它縣官事，當以書而毋□欲（？）□□者，治所[5]吏₂₂₈聽行者，皆耐爲司寇₂₂₉。

【1】使

[整理小組注]
使，徭使。②

[疏證]
張家山漢簡《二年律令》簡216《置吏律》有一條以"諸使而傳"起始的律文，可作參照："諸使而傳不名取卒、甲兵、禾稼志者，勿敢擅予。"③這兩條律令的内容其實還是有一定共同特點的，它們都屬於處理持傳過關方面的事務。嶽麓簡説的是持傳過關者如果有逃避徭賦的行爲或身負案件，守關者如不察或擅自放行，要予以嚴厲處罰；張家山漢簡説的則是持傳過關者所持之傳如果不具有向沿途官府索取"卒、甲兵、禾稼"的權力而沿途官府擅自給予其這類人員或物資者，有關責任人要予以嚴厲處分。

---

① 陳松長主編：《嶽麓書院藏秦簡（肆）》，第172頁。
② 同上注。
③ 張家山二四七號漢墓竹簡整理小組編著：《張家山漢墓竹簡〔二四七號墓〕》（釋文修訂本），第37—38頁。

【2】傳

[整理小組注]

傳,通行往返的文書。《周禮·司關》注:"如今移過所文書。"賈疏:"執節者別有過所文書,若下文節傳,當載人年幾及物多少,至關至門皆別寫一通,入關家門家,乃案勘而過。其自內出者,義亦然。"①

【3】發徵

[整理小組注]

發徵:徵召。《睡虎地秦簡·徭律》:"御中發徵,乏弗行,貲二甲。"②

[疏證]

發徵,此處具體指賦役的徵發。《史記·貨殖列傳》:"故待農而食之,虞而出之,工而成之,商而通之。此寧有政教發徵期會哉?"③政教發徵,即徭賦徵發。肩水金關漢簡73EJT10:228:"□更繇皆給,當得取傳,謁言廷敢……"④73EJT23:897:"艮年五十八,更賦皆給,毋官獄徵事,非亡人命者,當得取傳。"⑤"更繇""更賦",指各種徭役和賦稅,相當於嶽麓簡中所謂"發徵"。

【4】辟問

[整理小組注]

辟問,審理、詢問。《左傳·文公六年》:"宣子於是乎爲國政,制事典,正法罪,辟獄刑。"杜預注:"辟,理也。"⑥

[疏證]

辟問,即所謂身有官司獄訟之事。如《居延漢簡》81·10:"建平三年二月壬子朔丙辰,都鄉嗇夫長敢言之……同坽户籍臧鄉,名籍如牒,毋官獄徵事。當得以令取致。"⑦121·12:"地節三年九月甲寅朔丙寅,都鄉佐建德敢言之,毋官獄徵事,當得以令取傳,謁移過所縣。"⑧不過居延漢簡中過關用傳言明"毋官獄徵事"的一般多爲私人用傳,公務用傳中少有提及。嶽麓簡的這條律令似乎表明,爲官府徭使用傳,也要"毋官獄徵事"才行。

---

① 陳松長主編:《嶽麓書院藏秦簡(肆)》,第172頁。
② 同上注。
③ 司馬遷:《史記》,第10分册,第3922頁。
④ 甘肅簡牘保護研究中心等編:《肩水金關漢簡(壹)》(下),第144頁。
⑤ 甘肅簡牘保護研究中心等編:《肩水金關漢簡(貳)》(中),第236頁。
⑥ 陳松長主編:《嶽麓書院藏秦簡(肆)》,第172頁。
⑦ 簡牘整理小組:《居延漢簡》(壹),中研院歷史語言研究所專刊之一〇九,第244頁。
⑧ 簡牘整理小組:《居延漢簡》(貳),中研院歷史語言研究所專刊之一〇九,第44頁。

【5】治所

[疏證]

治所，辦公場所。這裏指的是持傳者所通過關卡的管理機構。

簡文大意

《具律》規定：那些出使並持有傳的人，如果他涉及了賦役徵發、獄訟詢問事務及其它公務問題，應當以文書却沒有……者，治所官吏允許通過者，要被耐爲司寇。

簡1392＋1427（230—231）

【●】具律曰：有獄論[1]，徵書[2]到其人存所縣[3]，官吏已告而弗會[4]，及吏留[5]弗告、告弗遣，二日到五日，貲各一₂₃₀盾；過五日到十日，貲一甲；過十日到廿日，貲二甲；後有盈十日，輒駕（加）貲一甲₂₃₁。

【1】有獄論

[疏證]

有獄論，指涉案人員，有案件在身。獄論，指刑獄案件。居延新簡EPS4T2:101："移人在所縣道官，縣道官獄訊以報之，勿徵逮。徵逮者，以擅移獄論。"集解："論，定罪。《管子·君臣上》：'教在百姓，論在不撓。' 尹知章注：'謂百姓有不從教，論其罪罰。' 陳乃華《從漢簡看漢朝對地方基層官吏的管理》，追究刑事責任。《集成》六（頁一四一），斷獄，判案。"①

【2】徵書

[整理小組注]

徵書，一種用以徵召的官文書。《漢書·酷吏傳》："丞相、御史府徵書同日到。"②

[疏證]

此處的徵書當是由司法機關向有案件在身者發出的傳喚文書。居延漢簡中屢見"官獄徵事"的記錄，"徵書"就是有關"官獄徵事"的文書。張家山漢簡《二年律令》中又稱爲"辟書"。《二年律令》簡276《行書律》："諸獄辟書五百里以上，及郡縣官相付受

---

① 張德芳：《居延新簡集釋（七）》，甘肅文化出版社2016年版，第705—706頁。
② 陳松長主編：《嶽麓書院藏秦簡（肆）》，第172頁。

财物當校計者書,皆以郵行。"張家山二四七號漢墓竹簡整理小組注:"辟書,《文選詣蔣公奏記》注:'辟,猶召也。'"①

【3】存所縣

[疏證]

存所縣,即有獄論者當時所在縣。原簡文標點中"官"字前屬,作"存所縣官",我們以爲不妥,"縣官"強調的是官府機構,是政權組織,"縣"則強調的是地域範圍,這裏說的是有獄論者所處地域位置,故此當爲"存所縣"。另外,嶽麓簡中"官吏"一詞也多次出現,如簡1284(111)"有縣官吏乘乘馬"、簡1224(173)"令它官吏助之"、簡2148(350)"恆令令史官吏各一人上攻勞吏員"等,因此,此簡"官吏"作爲一個詞出現是很正常的。

【4】會

[疏證]

會,即簡1425(233)所謂的"會獄治"。官吏已告而弗會,意思是,當事人有獄論在身,司法部門向他發出了傳喚文書,他却沒有按時前往接受問詢。

【5】留

[疏證]

留,留書,扣住文書,不讓被徵辟者知曉。

簡文大意

《具律》規定:有案件在身,傳喚文書到達當事人所在縣,官吏告知當事人而當事人沒有應召前往,及官吏扣下文書不告知當事人,或者雖告知當事人却不派他前往應召,耽誤二日至五日,貲罰有關官吏及當事人各一盾;過五日到十日,貲罰各一甲;過十日到二十日,貲罰各二甲;此後每過十日,就加貲罰一甲。

簡1419+1425+缺簡17+1304+1353+1312(232—236)

【●】獄校[1]律曰:略妻[2]及奴騷悍[3],斬[4]爲城旦,當輸者,謹將[5]

---

① 張家山二四七號漢墓竹簡整理小組編著:《張家山漢墓竹簡〔二四七號墓〕》,第171頁。2006年出版的《釋文修訂本》對本注做了修改,釋爲"理治獄訟文書"。結合現在的嶽麓簡記載來看,還是2001年版的《張家山漢墓竹簡〔二四七號墓〕》注釋更恰當。

之，勿庸（用）傅〈傳〉，筲（踊）[6]，到輸所乃傳之[7]┗。罨（遷）者、罨（遷）者包[8]及諸辠232當輸┗□及會獄治[9]它縣官而當傳者，縣官皆言獄斷及行[10]年日月及會獄治者行年日月，其罨（遷）、輸233（缺簡17）□會獄治，詣所縣官屬所執灋，即亟遣，爲質日[11]，署行日，日行六十里，留弗亟遣過五日及留弗傳過234二日到十日，貲縣令以下主者各二甲┗；其後弗遣復過五日，弗傳過二日到十日，輒駕（加）貲二甲；留過二月，奪235爵一級，毋（無）爵者，以辠戍[12]江東、江南四歲236。

【1】校

[整理小組注]

校：以刑具拘繫。《說文》："校，木囚也。"或以爲校核。①

[疏證]

獄校律，從目前所見律文來看，當爲監獄管理方面的法律。校，整理小組給出兩種解釋：

一種解釋爲"以刑具拘繫"，引《說文》爲據。這一解釋可能是參考了睡虎地秦簡整理小組對於"捕校"的解釋。睡虎地秦簡《封診式》簡95《奸》："爰書：某里士五（伍）甲詣男子乙、女子丙，告曰：'乙、丙相與奸，自晝見某所，捕校上來詣之。'"整理小組注："校，木械，《說文》：'木囚也。'《繫傳》：'校者，連木也，《易》曰，荷校滅耳，此桎也，屢校滅趾，梏也。'"②段玉裁《說文解字注》曰："木囚者，以木羈之也。《易》曰：'屢校滅趾，何校滅耳。'屢校，若今軍流犯人新到箸木韡。何校，若今犯人帶枷也。"③

另一種解釋爲"校核"之義。陳公柔對睡虎地秦簡"捕校"之"校"的解釋，即持這種意見。他說："校爲校審即經過考查，提出真實憑據。""如'校'爲刑具，例應由官府掌握，非民間所得私有，亦非咄嗟所能立辦。"④

結合嶽麓秦簡中有關《獄校律》的內容來看，我們認爲，陳公柔的觀點更恰當，睡虎地秦簡"捕校"以及嶽麓秦簡中的"獄校"之"校"，都當以"校審"義爲長。

【2】略妻

[整理小組注]

略妻：劫掠他人爲妻。《張家山漢簡·二年律令·捕律》："亡人、【略】妻、略賣人、

---

① 陳松長主編：《嶽麓書院藏秦簡（肆）》，第172頁。
② 睡虎地秦墓竹簡整理小組編：《睡虎地秦墓竹簡》，釋文部分第163頁。
③ 段玉裁：《說文解字注》，第470頁。
④ 陳公柔：《先秦兩漢考古學論叢》，文物出版社2005年版，第212頁。

强奸、偽寫印者,棄市罪一人,購金十兩。刑城旦舂罪,購金四兩。"①

[疏證]

略妻罪應被判處斬爲城旦的刑罰,漢初仍是如此。張家山漢簡《二年律令》簡194《雜律》:"強略人以爲妻及助者,斬左止(趾)以爲城旦。"

【3】騷悍

[整理小組注]

騷悍:《封診式·告臣》有"橋悍",整理小組讀爲"驕悍"。此"騷"疑爲驕之訛字。②

[疏證]

驕悍,即驕横,不聽從主人或上級命令。睡虎地秦簡《封診式》簡37—38《告臣》:"爰書:某里士五(伍)甲縛詣男子丙,告曰:'丙,甲臣,橋(驕)悍,不田作,不聽甲令。謁賣(賣)公,斬以爲城旦,受賈(價)錢。'"整理小組注:"驕悍,驕横強悍,這是對進行反抗的奴隸的侮蔑。"③

【4】斬

[整理小組注]

斬:斬趾。④

【5】將

[整理小組注]

將:看管、押送。《張家山漢簡·二年律令·盜律》:"將人而強盜之。"⑤

[疏證]

將,作"看管、押送"義講,其用法睡虎地秦簡屢見。如《秦律十八種》簡16《廄苑律》"將牧公馬牛"、《秦律十八種》簡134—135《司空律》"鬼薪白粲,羣下吏毋耐者,人奴妾居贖貲責(債)於城旦,皆赤其衣,枸櫝欙杕,將之;其或亡之,有罪。葆子以上居贖刑以上到贖死,居於官府,皆勿將司"、《秦律十八種》簡145《司空律》"毋令居貲贖責(債)將城旦舂。城旦司寇不足以將,令隸臣妾將"等。

【6】傅〈傳〉,筩(踊)

[疏證]

傅〈傳〉,筩,整理小組釋文原作"傅□"。傅,雷海龍認爲"從字形看,當釋傅,在本

---

① 陳松長主編:《嶽麓書院藏秦簡(肆)》,第172頁。
② 同上注。
③ 睡虎地秦墓竹簡整理小組編:《睡虎地秦墓竹簡》,釋文部分第154頁。
④ 陳松長主編:《嶽麓書院藏秦簡(肆)》,第172頁。
⑤ 同上注。

簡中爲'傳'之誤寫",今從之改。笰,整理小組原未釋出,作□,雷海龍釋作"笰",讀作"踊",並引王輝說,讀作"勿庸(用)傅〈傳〉,笰(踊),到輸所乃傳之"。① 這裏"踊"爲動詞,即安裝假足或假肢。意思是斬趾的刑徒輸送途中本身無需持傳,同時還要爲他們安裝假肢,到達目的地後再使用傳,由押送人員把證明刑徒身份的傳統一移交當地管理部門。

方勇、陳偉等同意釋"傅"的意見,但不認爲"傅"爲"傳"之誤,認爲"傅"當讀如本字,意爲附着,引申爲安裝;他們同意雷海龍釋"笰"讀作"踊"的意見,但把"踊"理解爲名詞假足或假肢,把"傅踊"連讀,解釋爲安裝假足或假肢,從而把這句話斷爲"勿庸(用)傅笰(踊),到輸所乃傳之",意思是刑徒輸送途中不安裝假肢,到了輸所再爲他們安裝假肢。這種理解與雷海龍的理解含義完全相反。之所以輸送途中不爲刑徒安裝假肢,陳偉推測爲是預防他們途中逃跑,至於這些被斬趾的刑徒是如何到達輸送地,陳偉認爲是乘車前進。②

還有一種是林少平的觀點,他把"傅"理解爲傅籍,"笰"字後屬,所指不詳,讀作"笰到輸所乃傳之"。林少平的理解是說被斬趾的刑徒在輸送的時候還不用爲他們著錄名籍,到達目的地後再爲之傅籍,理由是受斬刑者在沿途跋涉中可能死亡。③

比較以上三種意見,我們認爲雷海龍的釋讀與簡文理解較爲恰當。因爲假如編聯沒有問題的話,簡1419(232)之下的簡1425(233)所述"遷者""遷者包"等前往遷地的時候提到用傳的事,這與前簡所述應該是一個問題的兩種情況,一種是用傳的事,一種是不用傳的事。因此,"傅"爲"傳"之誤寫的釋讀是正確的。

【7】傳之

[疏證]

傳之,把所押送刑徒的傳上交給輸所。這裏的"傳"指證明所押送刑徒身份的傳,且作動詞使用,作"把傳上交"解。因爲前文已經說過,被斬趾刑徒本身不能隨身攜帶傳,因此相關的傳就由押送者保管,既然到達目的地,則由押送者統一上交管理部門,這也算是刑徒移交手續的一部分。睡虎地秦簡《封診式》簡46—49:"黥(遷)子　爰書:某里士五(伍)甲告曰:'謁鋈親子同里士五(伍)丙足,黥(遷)蜀邊縣,令終身毋得去黥(遷)所,敢告。'告法(廢)丘主:士五(伍)咸陽才(在)某里曰丙,坐父甲謁鋈其足,黥(遷)蜀邊縣,令終身毋得去黥(遷)所論之,黥(遷)丙如甲告,以律包。今鋈丙足,令吏徒將傳及恒書一封詣令史,可受代吏徒,以縣次傳詣成都,成都上恒書太守處,以律食。法(廢)丘已傳,爲報,敢告主。""令吏徒將傳"就是令押送士伍丙的吏徒收藏着士伍丙的傳,這也正說明了受了鋈足之刑的士伍丙不能隨身攜帶證明自己身份的傳,而由押送

---

① 吳淏:《〈嶽麓書院藏秦簡(肆)〉集釋及相關問題研究》,第163—164頁。
② 方勇:《讀〈嶽麓書院藏秦簡(肆)〉札記一則》,武漢大學簡帛網2016年3月31日。陳偉:《秦簡牘校讀及所見制度考察》,第187—188頁。
③ 武漢大學簡帛網・簡帛論壇2016年4月1日。

者保管,到達目的地後,"上恒書太守處",同樣"傳"也一並上交。這一記載正與嶽麓簡所載制度相同。

【8】包

[整理小組注]

包:隨同遷移。《睡虎地秦簡・法律答問》:"嗇夫不以官爲事,以奸爲事,論何也? 當麿(遷)。麿(遷)者妻當包不當? 不當包。"①

【9】會獄治

[疏證]

會獄治,按照官府要求,在指定的時間,到指定地點接受司法機關的處置。嶽麓簡有很多會獄治或不會獄治的例子。如:嶽麓簡2087(015):"有罪去亡,弗會,已獄及已劾未論而自出者,爲會,鞫,罪不得減。"簡1932(023):"貲贖未入,去亡及不會貲贖而得,如居貲贖去亡之灋。"簡2044(040):"不會毄(繫)城旦舂者,以亡律諭〈論〉之。"簡2048(041):"不會收及隸臣妾之耐,皆以亡律論之。"簡2101(042):"不會司寇之耐者,以其【獄鞫已】論,其審當此【耐而不會,耐爲鬼薪。】"簡1989(043):"不會笞及除,未盈卒歲而得,以將陽辟(癖),卒歲而得,以闌辟,有(又)行其笞。"

【10】行

[整理小組注]

行:此處指罪犯遷、輸的行程。②

【11】質日

[整理小組注]

質日:記録日期行程。③

【12】卒戍

[整理小組注]

卒戍:以士卒之身份戍守。《張家山漢簡・二年律令・捕律》:"盜賊發,士吏、求盜部者,及令、丞、尉覺智(知),士吏、求盜皆以卒戍邊二歲。"④

---

① 陳松長主編:《嶽麓書院藏秦簡(肆)》,第172頁。
② 同上注,第173頁。
③ 同上注。
④ 同上注。

簡文大意

《獄校律》規定：劫掠他人爲妻及奴驕悍，斬爲城旦，需要輸送的，要謹慎押送，不讓受刑者自己携帶傳（由押送者保管），爲他們安裝假肢，到達輸送目的地後，由押送者統一把傳上交給當地管理部門。被處以遷刑的人及受到連坐者和其他犯罪當被輸送……及到其他縣接受獄訟而應用傳者，縣官都要説明斷獄的年月日及前往獄訟地的年月日，其遷移、輸送……會獄治，到所在縣的執灋那裏，要立即派遣出去，爲之規定期限，記録出行日期，每日行程六十里，（如果）滯留不立即派遣超過五日及滯留不發給傳超過二日至十日，貲罰縣令以下負責人各二甲；其後不派遣超過五日，不發給傳超過二日到十日，則加貲罰二甲；滯留超過兩個月，奪去有關責任人爵位一級，無爵位者，以士卒身份罰戍江東、江南四歲。

簡0912（237）

●獄校律曰：黥舂[1]、完城旦舂、鬼薪、白粲以下到耐罪皆校[2]237。

【1】黥舂

［疏證］

黥舂，或爲"黥城旦舂"，脱"城旦"二字。

【2】校

［疏證］

校，審核，校計。獄麓簡1234+1259+1258+1270（135—138）："尉卒律曰：黔首將陽及諸亡者，已有奔書及亡毋（無）奔書盈三月者，輒筋〈削〉爵以爲士五（伍），有爵寡，以爲毋（無）爵寡，其小爵及公士以上子年盈十八歲以上，亦筋〈削〉小爵。爵而傅及公士以上子皆籍以爲士五（伍）。鄉官輒上奔書縣廷，廷轉臧（藏）獄，獄史月案計日，盈三月即辟問鄉官，不出者，輒以令論，削其爵，皆校計之。"《尉卒律》所説"校計"就是針對案件審核而言的，此處"校"與"計"同義，校即計也。又如，簡0018（354）："上其校獄屬所執灋，執灋各以案臨計，乃相與校之，其計所同執灋者，各別上之其曹，曹主者☐。"簡0099-1（355）："治？獄☐校者各上其校屬所執灋，其治（？）獄者☐☐。"其中"校"字皆作"審核、校計"之義講。

簡文大意

《獄校律》規定：黥爲城旦舂、完爲城旦舂、鬼薪、白粲到耐罪等案件都要仔細審核。

簡0992+0792（238—239）

●興律曰：發徵及有傳送[1]殹（也），及諸有期會[2]而失期[3]，事乏[4]者，貲二甲，廢[5]。其非乏事【殹（也），及書已具[6]】☒238留弗行，盈五日，貲一盾；五日[7]到十日，貲一甲；過十日到廿日，貲二甲；後有盈十日，輒駕（加）一甲239。

【1】發徵及有傳送

[疏證]

嶽麓簡《興律》這條内容的相似内容又見於張家山漢簡《二年律令》簡269—270《行書律》："發徵及有傳送，若諸有期會而失期，乏事，罰金二兩。非乏事也，及書已具，留弗行，行書而留過旬，皆盈一日罰金二兩。"《二年律令》"發徵"之"徵"，整理本、釋文注釋修訂本皆作"致"，①陳偉、陳松長等釋作"徵"。②現在嶽麓簡的資料證明，釋"徵"是正確的。可以看出，嶽麓簡《興律》從"發徵"到"乏事"，内容與文字表述基本與張家山漢簡《行書律》一致，只有個別文字的出入，"發徵及有傳送"後，嶽麓簡有"殹"，張家山漢簡沒有；嶽麓簡"事乏者"，張家山漢簡作"乏事"。這兩處不同，可能是官方的行爲，也可能是抄手的抄寫習慣不同導致。具體處罰形式則顯然是由於時代及制度的變化，官方所做的改動，嶽麓簡還是貲甲盾的處罰，張家山漢簡則是罰金；嶽麓簡處罰分得比較細而複雜，按日計算，"留弗行，盈五日，貲一盾；五日到十日，貲一甲；過十日到廿日，貲二甲；後有盈十日，輒駕（加）一甲"，張家山漢簡則很簡明，"留弗行，行書而留過旬，皆盈一日罰金二兩"。

至於極爲相似的一條律令，爲什麽一在《興律》，一在《行書律》，是值得思索的。一種可能是抄手抄錯了律名，把本屬於《興律》的内容放在了《行書律》之中，或者把《行書律》的内容錯冠以《興律》的名字。從内容上看，這條律令歸入規範文書傳遞的

---

① 張家山二四七號漢墓竹簡整理小組編著：《張家山漢墓竹簡〔二四七號墓〕》，第170頁。張家山二四七號漢墓竹簡整理小組編著：《張家山漢墓竹簡〔二四七號墓〕》（釋文注釋修訂本），第46頁。
② 彭浩、陳偉、〔日〕工藤元男主編：《二年律令與奏讞書——張家山二四七號墓出土法律文獻釋讀》，第202頁。陳松長説見本條律令注【6】。

《行書律》也許更合適。第二種可能是，抄手沒有抄錯，這條內容同時存在於《行書律》和《興律》之中。也就是說，在嶽麓秦簡那個時期秦國的《行書律》中也同時存在這項規定，只不過我們現在沒有發現而已，而《二年律令》卻把它保存了下來。反過來，《二年律令》的《興律》中也有這條材料，我們也還沒有發現。第三種可能是嶽麓秦簡之後的某個時期，秦或漢政府在修改律令時做了調整，把原屬於《興律》的內容劃歸了《行書律》。

【2】期會

[整理小組注]

期會：在規定的日期內會合。①

[疏證]

期會，約期聚集。居延新簡EPT57:1："期會，皆坐辦其官事不辦，論罰金各四兩，直二千五百。"馬志全《集釋》："期會，約期聚集。《史記·項羽本紀》：'漢王乃追項王至陽夏南，止軍，與淮陰侯韓信、建成侯彭越期會而擊楚軍。'《後漢書·趙岐傳》：'紹等各引兵去，皆與岐期會洛陽，奉迎車駕。'"②

【3】失期

[整理小組注]

失期：未在規定的日期內會合。③

【4】事乏

[整理小組注]

乏：廢。《莊子·天地》："子往矣，毋乏我事。"陸德明釋文："乏，廢也。"④

[疏證]

事乏，即乏事，耽誤事務。睡虎地秦簡《秦律十八種》簡115《徭律》："御中發徵，乏弗行，貲二甲。"整理小組注："乏，廢。《急就篇》顏注：'律有乏興之法，謂官有所興發而輒稽留，乏其事也。'"⑤ 睡虎地秦簡《法律答問》簡164："可（何）謂'逋事'及'乏繇（徭）'？律所謂者，當繇（徭），吏、典已令之，即亡弗會，爲'逋事'；已閱及敦（屯）車食若行到繇（徭）所乃亡，皆爲'乏繇（徭）'。"整理小組注："逋事，逃避官府役使。《漢書·義縱傳》：'縣無逋事。'乏繇，沒有服足繇役時間。"⑥

---

① 陳松長主編：《嶽麓書院藏秦簡（肆）》，第173頁。
② 馬志全：《居延新簡集釋（四）》，甘肅文化出版社2016年版，第481頁。
③ 陳松長主編：《嶽麓書院藏秦簡（肆）》，第173頁。
④ 同上注。
⑤ 睡虎地秦墓竹簡整理小組編：《睡虎地秦墓竹簡》，釋文部分第47頁。
⑥ 同上注，釋文部分第132頁。

【5】廢

[整理小組注]

廢：廢官。《睡虎地秦簡·秦律雜抄》："任廢官者爲吏，貲二甲。"①

[疏證]

廢，廢官，與免官有所不同。免官之後，還有可能再被重新啓用；廢官是撤職永不敘用。

【6】殹（也），及書已具

[整理小組注]

補釋文字據《張家山漢簡·二年律令·行書律》："發徵及有傳送，若諸有期會而失期，乏事，罰金二兩。非乏事也，及書已具，留弗行，行書而留過旬，皆盈一日而罰金二兩。"②

【7】五日到十日

[疏證]

"五日"前當脱一"過"字，即"過五日到十日"。因爲前文已説"盈五日，貲一盾"，那麽進一步的處罰，應該是針對五日以上者，正如下文"過十日到廿日"一樣。

簡文大意

《興律》規定：徵發及有傳送事務，及有各種期會而不能如期到達，耽誤事務者，貲罰二甲，撤職永不敘用。如果没有耽誤事務，【文書已經準備好，】滯留而不出發，滿五日，貲罰一盾；五日以上至十日，貲罰一甲；十日以上到二十日，貲罰二甲；此後每滿十日，則加貲罰一甲。

簡 1228（240）

●興律曰：當爲求盜[1]，典已戒[2]而逋[3]不會閲[4]，及已閲而逋若盜[5]去亭一宿以上，貲二甲240。

---

① 陳松長主編：《嶽麓書院藏秦簡（肆）》，第173頁。
② 同上注。

【1】求盜

[整理小組注]

求盜：追捕盜賊的亭卒。《史記·高祖本紀》："高祖爲亭長,乃以竹皮爲冠,令求盜之薛治之。"應劭曰："求盜者,舊時亭有兩卒,其一爲亭父,掌開閉埽除,一爲求盜,掌逐捕盜賊。"①

[疏證]

當爲求盜,應當服求盜之役,即擔任求盜。

【2】戒

[疏證]

戒,預先告知。《周禮·天官·大宰》："祀五帝,則掌百官之誓戒與其具修。前期十日,帥執事而卜日,遂戒。"鄭玄注："誓戒,要之以刑,重失禮也。"② 孫詒讓云："云'誓戒要之以刑,重失禮也'者,《說文·言部》云：'誓,約束也。'《収部》云：'戒,敬也。'《釋名·釋言語》云：'誓,制也,以拘制之也。'戒者告以其事,警敕其共職,誓則警其廢職失禮之事。大祭祀恐其失禮,故豫以失禮之刑,約誓警戒之。《大司寇》云'若禋祀五帝,則戒之日,涖誓百官,戒於百族。'即大祭祀誓戒之事。"③《周禮》"誓戒"連用,"戒"指告知有關人員嚴格按照預定規程行事,"誓"指告知違反規定後的懲罰措施。

【3】逋

[整理小組注]

逋：參見《睡虎地秦簡·法律答問》："何謂'逋事'及'乏徭'？律所謂者,當徭,吏、典已令之,即亡弗會,爲'逋事'；已閱及屯車食若行到徭所乃亡,皆爲'乏徭'。"④

【4】閱

[整理小組注]

閱：檢閱。⑤

[疏證]

會閱,參加檢閱。"會",期會。

---

① 陳松長主編：《嶽麓書院藏秦簡(肆)》,第173頁。
② 孫詒讓：《周禮正義》,第1分册,第164頁。
③ 同上注,第171頁。
④ 陳松長主編：《嶽麓書院藏秦簡(肆)》,第173頁。
⑤ 同上注。

【5】盗

[整理小組注]

盗:未經允許,私自。①

[疏證]

睡虎地秦簡《秦律十八種》簡119《徭律》:"未盈卒歲而或盗抉(决)道出入,令苑輒自補繕之。"整理小組注:"或盗决道出入,有人私加破壞而由之出入。"②《法律答問》簡64:"'盗徙封,贖耐。'可(何)如爲'封'?'封'即田千陌。頃半(畔)'封'殹(也),且非是?而盗徙之,贖耐,可(何)重也?是,不重。""盗徙封",即私自或擅自移動邊界。

睡虎地秦簡中把擅離工作崗位的行爲又稱爲"賓署"。《法律答問》簡197:"可(何)謂'賓署'?'賓署'即去殹(也),且非是?是,其論可(何)殹(也)?即去署殹(也)。"整理小組注:"去署,擅離崗位,常見於漢簡,如《居延漢簡甲編》四七六有'第十二燧長張寅迺十月庚戌擅去署',一八六二有'迫有行塞者,未敢去署'。即去署也,包括按去署治罪的意思。"③

簡文大意

《興律》説:本應去當求盗者,里典已經通知他,他却逃跑不參加檢閲,或者接受檢閲後逃跑,或私自離開亭的崗位一夜以上,貲罰二甲。

簡J54(241)

　　□□律曰:諸當叚(假)官器者,必有令、丞致[1]乃叚(假),毋(無)致官擅[2]叚(假),貲叚(假)及假者各二甲 241。

【1】致

[整理小組注]

致,券書,憑證。《睡虎地秦簡·田律》:"以其致到日稟之。"④

---

① 陳松長主編:《嶽麓書院藏秦簡(肆)》,第173頁。
② 睡虎地秦墓竹簡整理小組編:《睡虎地秦墓竹簡》,釋文部分第48頁。
③ 同上注,第140頁。
④ 陳松長主編:《嶽麓書院藏秦簡(肆)》,第173頁。

[疏證]

裘錫圭根據秦漢簡牘的記載,把"致"分爲三類,第一類是致物於人所用的文書。如地灣5·12號簡說:"入狗一枚　元康四年二月己未朔己巳,佐建受右前部禁姦卒充輸,子元受,致書在子元所。　居甲38。"這裏所說的"致書"應該是輸狗一方給受狗一方的文書。第二類是領東西所用的文書。即嶽麓秦簡整理小組注所舉睡虎地秦簡《田律》的例子。第三類是出入門關用的一種文書。① 李均明說:"可見,'致'是一種將己方的意圖告知他方,他方可作爲辦事依據的文書形式,其性質猶今之'通知書'一類。"②

【2】擅

[整理小組注]

擅:擅自,任意。《墨子·號令》:"諸吏卒民,非其部界而擅入他部界,輒收。"③

[疏證]

睡虎地秦簡《秦律十八種》簡106《工律》:"毋擅叚(假)公器,者(諸)擅叚(假)公器者有罪。"可與嶽麓簡此項規定相印證。

簡文大意

《……律》規定:那些應當借用官器者,必須有縣令、縣丞所頒發的致,才能借出;如没有致,而官吏擅自借給官器者,貲罰借出方負責人及借用者各二甲。

簡1261(242)

●襦律曰:嗇夫擅桎杽〈梏〉[1]吏,若奪衣寇〈冠〉、劍、履以辱之[2],皆貲二甲 242。

【1】桎杽〈梏〉

[整理小組注]

桎杽〈梏〉:給手脚戴上刑具。《漢書·刑法志》:"凡囚,上罪梏拲而桎,中罪桎梏,下罪梏;王之同族拲,有爵者桎,以待弊。"顏師古曰:"械在手曰梏,兩手同械曰拲,在

---

① 裘錫圭:《漢簡零拾》,《文史》第12輯,中華書局1981年版,第23—24頁。
② 李均明:《秦漢簡牘文書分類輯解》,第61頁。
③ 陳松長主編:《嶽麓書院藏秦簡(肆)》,第173頁。

足曰桎。"①

【2】辱之

[疏證]

這是預防和限制長官擅自侮辱欺凌下屬的規定。張家山漢簡《二年律令》簡46《賊律》亦有懲處"長吏以縣官事毆少吏"的類似規定，只是簡後半部殘斷。

簡文大意

《襐律》規定：嗇夫擅自給屬吏手足戴刑具，或奪其衣冠、劍、履以侮辱他們，都要貲罰二甲。

簡1265（243）

●關市律曰：縣官有賣買殹（也），必令令史監[1]，不從令者，貲一甲 243。

【1】監

[整理小組注]

監：監視，督查。《方言》卷十二："監，察也。"②

[疏證]

監，監督。亦見於嶽麓簡0639+0680+1520（341—343）："囂園宣深有斗食嗇夫、史各一人，毋與相襐稍廩月食者賣□息子。所以為耗□物及它當賣買者，令相監，毋（無）律令。議：令囂園宣深嗇夫若史相襐監，坐，如監令史，它有等比。內史二千石官共令□。"整理小組注："監令史，官名，負責監管的令史。文獻中元代以後為太府所屬的官吏名。"③當然，此處的"監令史"是否一個專門稱謂還值得進一步考慮，或許就是對具有監督職責的令史的一個臨時稱謂。秦簡所記載的令史監督職責都屬於後一種情況。

里耶秦簡中也有關於"監"這一程序的記錄。簡8-760："粟米一石二斗半斗。卅一年三月丙寅，倉武、佐敬、稟人援出稟大隸妾□。令史尚監。"簡8-811+8-1572："錢三百五十。卅五年八月丁巳朔癸亥，少內沈出以購吏養城父士五（伍）得。得告

---

① 陳松長主編：《嶽麓書院藏秦簡（肆）》，第173頁。
② 同上注。
③ 同上注，第228頁。

戍卒贖耐罪惡。令史華監。　瘆手。"簡8-907+8-923+8-1422:"卅五年六月戊午朔己巳,庫建、佐般出賣祠窨餘徹酒二斗八升于□□,率之,斗二錢。令史歂監。"里耶秦簡中還有所謂的"視平""視",皆與此"監"同義。簡8-45:"稻四。卅一年五月壬子朔壬戌,倉是、史感、稟人□□令史尚視平。"《校釋一》注:"視平,或省作'視'(8-880),或省作'平'(8-217),同樣場合有時也用'監'字(8-760),疑'視'或'視平'與'監'含義類似,指督看,以保證公平。"[1]嶽麓秦簡中也有關於"視平"的記錄。簡1251+1254(163-164):"倉律曰:縣官縣料出入必平,稟禾美惡相襍,大輸令丞視,令史、官嗇夫視平,稍稟,令令史視平,不從令,貲一甲。"這些擔負監督職責的令史,或許就是"監令史"。

　　睡虎地秦簡有一例私人賣奴隸給官府的例子,其中就有"視平"這一環節。《封診式》簡37-41《告臣》曰:"爰書:某里士五(伍)甲縛詣男子丙,告曰:'丙,甲臣,橋(驕)悍,不田作,不聽甲令。謁買(賣)公,斬以爲城旦,受賈(價)錢。'訊丙,辭曰:'甲臣,誠悍,不聽甲。甲未賞(嘗)身免丙。丙毋(無)病殹(也),毋(無)它罪。'令令史某診丙,不病。令少内某、佐某以市正賈(價)賈丙丞某前,丙中人,賈(價)若干錢。丞某告某鄉主;男子丙有鞫,辭曰:'某里士五(伍)甲臣。'其定名事里,所坐論云可(何),可(何)罪赦,或覆問毋(無)有,甲賞(嘗)身免丙復臣之不殹(也)?以律封守之,到以書言。"這份告臣爰書,同時也是一份買賣爰書。不過其中雖有令史的參與,但他只是負責檢查要買的奴隸是否身體健康,而不是作爲公正監督人的角色出現的,在這裏承擔監督買賣公平交易的是"丞",所謂"以市正賈(價)賈丙丞某前",就是這個意思。這與嶽麓簡"大輸令丞視",正相吻合。説明在具體實踐中,承擔交易視平角色的並不一定都是法律所説的令史,其他官吏也可以,而且不僅買賣中存在"視平"這一程序,里耶秦簡中大量的倉庫稟人出稟記錄中,都有"視平"這一程序的存在。

簡文大意

　　《關市律》規定:縣官有買賣活動,一定要設令史監督,不遵守這項命令的,貲罰一甲。

簡1241+1242+1363+1386(244—247)

　　䌛(徭)律曰:歲興䌛(徭)徒,人爲三尺券一[1],書其厚焉[2]。節(即)發䌛(徭),鄉嗇夫必身與典[3]以券行之。田時[4]先行富244有賢人[5],以閒時行貧

---

[1] 陳偉主編:《里耶秦簡牘校釋》(第1卷),第40頁。

者,皆月券書其行月及所爲日數,而署[6]其都發及縣請(情)[7]┕。其當行而病及不存245,署于券,後有䌛(徭)而聶(躡)[8]行之。節(即)券䌛(徭)[9],令典各操其里䌛(徭)徒券來,與券,以畀䌛(徭)徒[10],勿徵贅,勿令費日[11]246。其移徙者,輒移其行䌛(徭)數徙所,盡歲而更爲券,各取其當聶(躡)及有贏者日數,皆署新券以聶(躡)247。

【1】三尺券

[整理小組注]

三尺券:或疑爲"叁辨券"之誤,或認爲是對文書形制上的規定。①

[疏證]

人爲三尺券一,即官府針對每位服役者,都設立一份三尺券(或叁辨券)。歲興䌛(徭)徒,人爲三尺券一,陳偉認爲"人爲三尺券一"不宜與前文斷開,"興"字,雷海龍認爲是"與"字之誤寫,陳偉認爲不是"與"字之誤,本就應作"與",理由之一是興徭"是指具體的徭役徵發,與本條律文隨後的'發徭'相當。而在律文開始所述,還處在發徭前的準備階段(與後文"盡歲而更爲券"對應),不當徑説'興'"。②我們認爲"興徭"在此處是一個概括的説法,是從總體上説徭役徵發這件事,不存在實指具體實施階段這層含義。"人爲三尺券一",是進一步解説,針對"興徭"這件事,給每位徭徒配備一個三尺券。前文若説"與徭徒","與"本身就是給予的意思,後文再説"人爲三尺券",就顯得重複,語句不通順。三尺券,陳偉認爲是對文書形制方面的規定,因爲要在券書上按月記錄出徭的日數,因此要把券做成三尺之長。③

【2】厚

[整理小組注]

厚:指財物多少。《韓非子·有度》有"毀國之厚以利其家"。《漢書·晁錯傳》有"禄利不厚,不可使久居危難之地"。④

[疏證]

書其厚焉,就是在服役券書上記載服役者的家庭財產狀況,以便作爲徵發賦役的依據。《周禮》一書所記載戰國時期的户籍統計制度,對此表現得非常明顯。⑤《周禮·天官·司書》:"三歲,則大計群吏之治,以知民之財器械之數,以知田野、夫家、六畜之數,以知山林川澤之數,以逆群吏之徵令。"《周禮·地官·小司徒》:"乃頒比法

---

① 陳松長主編:《嶽麓書院藏秦簡(肆)》,第173頁。
② 陳偉:《秦簡牘校讀及所見制度考察》,第197頁。
③ 同上注,第198頁。
④ 陳松長主編:《嶽麓書院藏秦簡(肆)》,第173頁。
⑤ 朱紅林:《嶽麓書院藏秦簡〈徭律〉補説》,王沛主編:《出土文獻與法律史研究》第3輯,第44—55頁。

於六鄉之大夫,使各登其鄉之衆寡、六畜、車輦,辨其物,以歲時入其數,以施政教,行徵令。""及大比六鄉四郊之吏,平教治,正政事,考夫屋及其衆寡、六畜、兵器,以待政令。"《周禮·地官·鄉師》:"以國比之法,以時稽其夫家衆寡,辨其老幼、貴賤、廢疾、馬牛之物,辨其可任者與其可施舍者,掌其戒令糾禁,聽其獄訟。"國家户籍統計時,詳細統計每户"夫家衆寡,辨其老幼、貴賤、廢疾、馬牛之物,辨其可任者與其可施舍者",目的就是掌握每户的人口及財産狀况,"以待政令",也就是作爲制定各種賦税徭役徵發制度的依據。

【3】典

[整理小組注]

典:指里典、田典。本組後1363簡有"令典各操其里徭徒券來與券",其中的典應與此處"典"同義。①

[疏證]

整理小組的注有一定道理,不過也有可能此處單指里典。因爲在《嶽麓肆》所收秦簡中,"里典""田典"同時出現時,"里典"一般被省稱爲"典",這種現象也值得注意。如簡1966+2042(001—002):"匿罪人當貲二甲以上到贖死,室人存而年十八歲以上者,貲各一甲,其奴婢弗坐,典、田典(缺簡)而舍之,皆貲一甲。"簡1965+2150-1+2150-2+1991(003—005):"主匿亡收、隸臣妾,耐爲隸臣妾,其室人存而年十八歲者,各與其疑同灋,其奴婢弗坐,典、田典、伍不告,貲一盾,其匿□□歸里中,貲典、田典一甲,伍一盾,匿罪人雖弗敝(蔽)貍(埋),智(知)其請(情),舍其室,□□□吏遣,及典、伍弗告,貲二甲。"簡2011+1984+1977+2040+1979(060—064):"盜賊旋(遂)者及諸亡坐所去亡與盜同灋者當黥城旦舂以上及命者、亡城旦舂、鬼薪、白粲舍人室、人舍、官舍,主舍者不智(知)其亡,贖耐。其室人、舍人存而年十八歲者及典、田典不告,貲一甲。伍不告,貲一盾。當完爲城旦舂以下到耐罪及亡收、司寇、隸臣妾、奴婢闌亡者舍人室、人舍、官舍,主舍者不智(知)其亡,貲二甲。其室人、舍人存而年十八歲以上者及典、田典、伍不告,貲一盾。"

【4】田時

[整理小組注]

田時:此處指農忙時。②

[疏證]

田時,農忙時節,包括播種、除草、收穫等主要農作環節。嶽麓簡1423+1306(274-275):"居貲贖責(債)拾日坐皋人以作官府及當成故徵,有故而作居縣者歸田

---

① 陳松長主編:《嶽麓書院藏秦簡(肆)》,第173頁。
② 同上注。

農,穜時、治苗時、穫〈穫〉時各二旬。"睡虎地秦簡《秦律十八種》簡144《倉律》也有基本相同的記載:"居貲贖責(債)者歸田農,種時、治苗時各二旬。"與嶽麓簡相比,農忙時段少了"穫時"這一階段,周海鋒認爲這種情況屬於"抄錄者節取不當",① 這是有道理的。

【5】賢人

[整理小組注]

賢人:指多財之人。《六書故·動物四》:"賢,貨幣多於人也。"②

【6】署

[整理小組注]

署:簽署。③

【7】都發及縣請

[整理小組注]

都:都官。④

[疏證]

都發及縣請,都官及縣道的徭役徵發。陳松長與周海鋒的認識基本一致。陳松長說:"所記載的内容包括行徭的月數和天數,同時,其發徭的都官或縣要有簽署的情況。"⑤ 周海鋒說:"'都發縣請'即'都縣發請',指都官、縣請求徵發徭役的情況,律文使用了互文這種常用的表達方式。"⑥ 對於"縣請",陳偉認爲:"嶽麓書院秦簡《徭律》中的'縣請',大概是指在一些特別情形下,縣在向上級請示之後而興發的徭役。"⑦ 其實還是與陳松長、周海鋒的意見大致一致。對於"都發",陳偉也是基本上同意陳松長的意見,但又說"也許應作其他解釋","大概是指整體性或者大規模的徵發"。⑧ 筆者認爲,目前看來,當以陳松長、周海鋒的解釋比較恰當。

齊繼偉則把"都發"理解爲中央派發的徭役,"縣請"理解爲地方派發的徭役,他說:"所謂'都發及縣請'是說,徭役徵發時需要署名(按:當爲'明'之誤)本次徭役是中央

---

① 周海鋒:《秦律令研究——以〈嶽麓書院藏秦簡〉(肆)爲重點》,第146頁。
② 陳松長主編:《嶽麓書院藏秦簡(肆)》,第174頁。
③ 同上注。
④ 同上注。
⑤ 陳松長:《嶽麓書院藏秦簡中的徭律例說》,中國文化遺産研究院編:《出土文獻研究》第11輯,中西書局2012年版,第164頁。
⑥ 周海鋒:《秦律令研究——以〈嶽麓書院藏秦簡〉(肆)爲重點》,第102頁。
⑦ 陳偉:《嶽麓書院秦簡〈徭律〉的幾個問題》,《文物》2014年第9期,第83頁。又見,陳偉:《秦簡牘校讀及所見制度考察》,第201頁。
⑧ 同上注。

派發的徭役還是因縣請示後或批復的徭役,'都'並非專指'都官'。"①亦可備一説。

【8】後有繇(徭)而聶(躡)行之

[整理小組注]

聶:《張家山漢簡·二年律令·徭律》:"當繇(徭)而病盈卒歲及穀(繫),勿聶(躡)。"整理小組注:躡,拘捕,《國語·吴語》注:"執也。"一説聶通躡,追也。《文選·潘嶽〈籍田賦〉》:"躡踵側肩。"李善注:"《説文》曰:'躡,追也。'躡其踵所以爲追逐也。"②

[疏證]

聶,陳松長曾主張通"攝",亦作拘捕解。我們認爲不論是通"攝",還是通"躡",作"拘捕"解,從律令的上下文來説,都難講得通。我們曾把"攝"理解爲"徵召",③現認爲當作"補償"義理解更恰當,因此整理小組的或説"聶通躡,追也",採用了陳偉的觀點,是正確的。④"其當行而病及不存,署于券,後有繇(徭)而聶(躡)行之",説的就是當行徭而生病或其他原因缺席不能成行,應記在券上,以後另有徭役的時候再補上。"其移徙者,輒移其行繇(徭)數徙所,盡歲而更爲券,各取其當聶(躡)及有贏者日數,皆署新券以聶(躡)。"説的是移居别地的人,他應服的徭役數額也隨户籍檔案一同遷到移居所在地,年終的時候重立新券,上一年少服或超額服役的信息都會轉移到新券上,如果上一年服役日期不足定額,新一年就要增加服徭日期以補足;如果上年服徭日期超出年工作量,新一年就會減少相應服徭日期。"追"有"補償"義,所以我們説整理小組的或説是有道理的。《戍律》簡1238(185):"繇(徭)發,親父母、泰父母、妻、子死,遣歸葬。已葬,輒聶(躡)以平其繇(徭)。"也是説在服徭役期間,如果家中突然發生親人亡故,可以請假回家辦理喪事,喪事處理完之後,要及時補償完欠下的服徭日期。

【9】券繇(徭)

[整理小組注]

券繇(徭):將服徭役的情況登記在券書上。⑤

[疏證]

陳偉説:"這裏説的'券徭'是在每次行徭之後,還是在每月或每年徭役之後,未見明文。由於後文有'歲盡而更爲券'云云,所以每年只券徭一次的可能性不大。徭役有可能跨月,並且不一定每月都有徭役,因而每月券徭一次的可能性也不大。在將這兩種

---

① 齊繼偉:《秦漢賦役制度叢考》,第66頁。
② 陳松長主編:《嶽麓書院藏秦簡(肆)》,第174頁。
③ 朱紅林:《嶽麓書院藏秦簡〈徭律〉補説》,王沛主編:《出土文獻與法律史研究》第3輯,第53頁。
④ 陳偉:《嶽麓書院秦簡〈徭律〉的幾個問題》,《文物》2014年第9期,第84頁。又見,陳偉:《秦簡牘校讀及所見制度考察》,第204頁。
⑤ 陳松長主編:《嶽麓書院藏秦簡(肆)》,第174頁。

情形排除之後,每次徭役後券徭的可能性最大。"① 整理小組及陳偉之説,都主張"券徭"意爲"書徭於券",只是詳略不同,可歸爲一説。

我們結合上下簡文文義,認爲此處"券徭"的含義還有另一種可能,即根據券書徵發徭役。因爲《徭律》規定符合服役條件的徭徒每人都有自己的徭券,上面記録着本人的家庭條件及服役情況,每次徵發徭役,即以此爲依據。因此,"券徭"理解爲依據徭券徵發徭役,並無不通之處。

這就涉及當時徭役徵發的具體程序。也就是説,每次徵發徭役,需要事先確定所需徭徒的人數、來源,確定下來之後,要形成一個本次服役人員的名册,然後根據名册向相關的鄉里徵發徭役。這時候是需要把名册上服役人員手中所持徭券先收繳上來,以備管理者掌握服徭隊伍的情況呢,還是等徭役完成之後,再收繳上來填寫工作量呢? 嶽麓秦簡整理小組及陳偉的意見,都是按照徭役完成之後官府填寫工作量的思路來解釋的,那麼徵發徭役之時,把本次應服徭人員的徭券同時收繳上來,以確定服徭人數的實際情況,這種可能是否存在呢? 因爲雖然官府掌握着徭券的另一半,提前確定了服徭役者的名單,但實際報到的時候,未必全都能到,所以服徭者報到的同時,里典同時上繳本次服役人員的徭券,雙券核對,就可以確認服徭役者的實際參加情況。

【10】令典各操其里䜌(徭)徒券來,與券,以畀䜌(徭)徒

[疏證]

嶽麓秦簡整理小組原標點爲"令典各操其里䜌(徭)徒券來與券以畀䜌(徭)徒",今從陳偉標點改。陳偉認爲:"'令'當由鄉嗇夫發出,'來'指里典到達鄉署,'與券'由里典與鄉官共同完成。""'與券'是指鄉官與里典共同把徭徒已履行的徭役記載到徭券上。"②

這句簡文也可以理解爲,徵發徭役時,鄉官命令各里的里典把本里應該服役者的徭券呈報上來,根據徭券,徵發徭徒。所謂"與券,以畀徭徒",意思是呈上應服役者的徭券,提供相應的勞動力。《周禮·夏官·大司馬》:"大役,與慮事屬其植,受其要,以待考而誅賞。"鄭玄注:"大役,築城邑也。……屬,賦丈尺與其用人數。"鄭司農注:"要者,簿書也。"③《周禮》的這條制度,説的就是戰國時期國家徭役徵發的情形,"受其要"就是負責工程建築的大司馬接受地方官吏所提供的服役名册,據此對服役人員的勞作情況進行考核。"受其要"與嶽麓簡所提到的"徭徒券"性質相近,可供參考。

【11】勿徵贅,勿令費日

[整理小組注]

贅: 多餘的人,或以爲贅婿。④

---

① 陳偉:《秦簡牘校讀及所見制度考察》,第205頁。
② 同上注,第205—206頁。
③ 孫詒讓:《周禮正義》,第7分册,第2839頁。
④ 陳松長主編:《嶽麓書院藏秦簡(肆)》,第174頁。

[疏證]

對於"贅"的解釋,嶽麓秦簡整理小組提供了兩種意見。此外,陳偉也提出了一種意見。他説:"'徵贅'的'贅'應是指會聚。'徵贅'即徵召徭徒到鄉署集合,逐一券徭。所以簡文接着説'勿令費日',即不讓這些徭徒花費一一自行前往券徭的時間。"[1] 陳偉説亦可備一説。

我們認爲,整理小組釋"贅"爲"多餘的人",更爲合理。按照秦律規定,徭役徵發要盡量精準合理,既不能出現人力物力不足,導致工程延誤或質量下降的情況,也不能出現所徵發人力物力超出實際需求,從而導致浪費的情況。這兩種情況,有關負責人都要受到處罰。睡虎地秦簡《秦律十八種》簡122—124《徭律》:"縣爲恒事及獻有爲殹(也),吏程攻(功),贏員及減員自二日以上,爲不察。上之所興,其程攻(功)而不當者,如縣然。度攻(功)必司令空與匠度之,毋獨令匠。其不審,以律論度者,而以其實爲繇(徭)徒計。"我們認爲,嶽麓簡所謂的"徵贅"正相當於睡虎地秦簡的"贏員",即徵發徭徒人數超過了實際需求。所謂"勿令費日",相當於睡虎地秦簡的"贏員及減員自二日以上"等等,即浪費時日。

簡文大意

《徭律》規定:每歲徵發徭徒,(官府爲)每人設立一份三尺券,券上記錄每人的家庭財產情況。如果徵發徭役,鄉嗇夫必須與里典按照券書上記錄的財產情況執行。農忙時節,先選派家庭富庶的人,農閑時節再選派家庭貧窮的人,每月在券書上記錄服役的月份及日數,同時注明是都官徵發的徭役,還是縣廷徵發的徭役。本應前往服徭役而突然生病不能成行者,要把這種情況記錄在他的券書上,以後有徭役再補上。按照徭券徵發徭役的時候,命令各里的里典携帶本里的徭徒券到鄉里,把本次應當服役的徭徒券上交鄉官,以此徵發調撥相應的徭徒。不要過多徵發人力,浪費時日。那些遷徙到它縣的人,要把他們應服的徭役數隨檔案一同轉移到當地,年底重新改立券書,在券書上寫明應補服的徭役及多服的徭役,都在券書上注明以補償。

簡 1394 + 1393 + 1429 + 1420 + 1424(248—252)

●䋣(徭)律曰:委輸傳送[1],重車[2]、負日行六十里,空車八十里,徒行[3]百里。其有□□□☑248□而□傳于計,令徒善攻閒[4]車。食牛,牛掌(䩉)[5],

---

[1] 陳偉:《秦簡牘校讀及所見制度考察》,第205頁。

將牛者不得券繇(徭)[6]。盡興隸臣妾、司寇、居貲贖責(債)，縣官249□之□傳輸之，其急事不可留殹(也)，乃爲興繇(徭)[7]」。有貲贖責(債)拾日而身居，其居縣官者[8]，縣節(即)有250繇(徭)戍，其等當得出，令繇(徭)戍，繇(徭)戍已，輒復居。當繇(徭)戍，病不能出及作盈卒歲以上，爲除其病歲繇(徭)251，勿聶(躡)□□論毄(繫)，除毄(繫)日繇(徭)戍，以出日傳(使)之252。

【1】委輸傳送

[疏證]

"委輸傳送，重車、負日行六十里，空車八十里，徒行百里"，類似内容亦見於張家山漢簡《二年律令·繇律》簡412："委輸傳送，重車重負日行五十里，空車七十里，徒行八十里。"可以看出，《二年律令》的這條内容屬於漢承秦制而有所變化，漢制在此規定的各項勞動强度均低於秦制。

另外，關於"委輸傳送"的句讀問題也有必要在此做一説明。張家山二四七號漢墓竹簡整理小組在文物出版社2001年版的《張家山漢墓竹簡〔二四七號墓〕》(釋文第188頁)和2006年出版的《張家山漢墓竹簡〔二四七號墓〕》(釋文修訂本)(第64頁)皆以"傳送"屬下讀，作："事委輸，傳送重車，重負日行五十里，空車七十里，徒行八十里。"把"委輸"與"傳送"分開讀是不合適的。彭浩、陳偉、工藤元男主編的《二年律令與奏讞書》改原釋文"事委輸，傳送……"爲"事。委輸傳送……"。① 嶽麓秦簡的出現，證明彭浩等人的句讀是正確的。因爲嶽麓秦簡1394(248)"繇律曰"之後，即以"委輸傳送"起句，所以《二年律令·繇律》"委輸"前的"事"字正應屬前讀。嶽麓書院藏秦簡整理小組亦將《嶽麓書院藏秦簡(肆)》簡1394(248)中的"委輸傳送"連讀："委輸傳送，重車負日行六十里，空車八十里，徒行百里。"這是正確的。

【2】重車

[整理小組注]

重車：運載輜重之車。《孫子·作戰》："馳車千駟，革車千乘。"曹操注："馳車，輕車也，駕駟馬；革車，重車也，言萬騎之重。"杜牧注："輕車，乃戰車也。古者車戰，革車、輜車，重車也，載器械、財貨、衣裝也。"②

[疏證]

嶽麓秦簡整理小組原把"重車負"連讀，今從魯家亮説，改爲"重車、負"。魯家亮以張家山漢簡《二年律令》412號《繇律》簡"委輸傳送，重車、重負，日行五十里，空車七十里，徒行八十里"與嶽麓簡此簡相比較，認爲："'重車負'當是'重車、重負'的省

---

① 彭浩、陳偉、[日]工藤元男主編：《二年律令與奏讞書——張家山二四七號漢墓出土法律文獻釋讀》，第248頁。
② 陳松長主編：《嶽麓書院藏秦簡(肆)》，第174頁。

略,因此當斷讀作'重車、負'。'重車''重負'當分別與下文的'空車''徒行'相對應。又,1394號簡在'重車'與'負'之間有一標識符號,也提示此處需要斷讀。"①

【3】徒行

[疏證]

徒行,徒步行走。《論語·先進》"以吾從大夫之後,不可徒行也",邢昺疏:"徒,猶空也,謂無車空行也,是步行謂之徒行。"②此處"徒行"與"重負"相對,那麽"徒行"不但是徒步行走,而且没有負重,是空着手走。

【4】攻閒

[整理小組注]

攻閒:在車子釭鐗處施以膠脂等物。"閒"通"鐗",《釋名·釋車》:"鐗,間也,間釭軸之間,使不相摩也。"《睡虎地秦簡·司空律》:"攻閒大車一輛(兩),用膠一兩,脂二錘。"③

【5】牛𤘝(胔)

[整理小組注]

牛𤘝:"𤘝"通"胔",瘦。牛胔,即牛瘦之義。《睡虎地秦簡·爲吏之道》有"畜産肥𤘝(胔)"。④

[疏證]

牛𤘝(胔),睡虎地秦簡《秦律十八種》作"牛𦧦(胔)",簡126—127《司空律》:"官府叚(假)公車牛者□□□叚(假)人所。或私用公車牛,及叚(假)人食牛不善,牛𦧦(胔),不攻閒車,車空失,大車紋(䩡);及不芥(介)車,車蕃(藩)蓋強折列(裂),其主車牛者及吏、官長皆有罪。"整理小組注:"𦧦(音自),《漢書·婁敬傳》注:'讀曰胔,胔瘦也。'"⑤睡虎地秦簡中還有關於"馬胔"的處罰。《秦律雜抄》簡29—30:"䭾吏乘馬篤、𤘝(胔),及不會膚期,貲各一盾。"⑥

【6】券繇(徭)

[疏證]

券繇,這裏指的是把作爲有效的服繇時日記録於券書。因爲將牛者没有把牛飼養好,所以作爲處罰,"將牛者不得券繇"。根據嶽麓秦簡《繇律》規定,完成繇役的天數,

---

① 魯家亮:《嶽麓秦簡校讀(七則)》,中國文化遺產研究院編:《出土文獻研究》第12輯,中西書局2013年版,第148頁。
② 十三經注疏整理委員會:《論語注疏》,北京大學出版社2000年版,第163頁。
③ 陳松長主編:《嶽麓書院藏秦簡(肆)》,第174頁。
④ 同上注。
⑤ 睡虎地秦簡整理小組編:《睡虎地秦墓竹簡》,釋文部分第49頁。
⑥ 同上注,釋文部分第86頁。

都要詳細記録在每一位服役者的猺徒券上，"月券書其行月及所爲日數"，服役者當年服猺的天數是超過了當年標準還是不足，都在猺徒券上有所記載，以作爲來年服役時日的依據，"盡歲而更爲券，各取其當聶（躡）及有贏者日數"，如果當年服猺時日超過年度標準，來年就相應的減少其人服猺天數，如果當年服猺時日沒有達到本年標準，來年就要補上相應的日子。"將牛者不得券猺"，就是説因爲沒有把牛飼養好，所以作爲處罰，這段日子不能算作有效的服猺日期記録在券上。

睡虎地秦簡中就有服猺役時沒有合格完成任務，而不被計作有效賦役時日的例子。《秦律十八種》簡116—118《猺律》："興徒以爲邑中之紅（功）者，令姞（嬶）堵卒歲。未卒堵壞，司空將紅（功）及君子主堵者有罪，令其徒復垣之，勿計爲猺（猺）。縣葆禁苑，公馬牛苑，興徒以斬（塹）垣離（籬）散及補繕之，輒以效苑吏，苑吏循之。未卒歲或壞陜（決），令縣復興徒爲之，而勿計爲猺（猺）。"①"勿計爲猺"，就是不能作爲有效的服猺時日記録在案，與嶽麓簡此處的"不得券猺"同義。

【7】乃爲興猺（猺）

[疏證]

從"盡興隸臣妾"至"乃爲興猺"一段文字，與里耶簡[16]5正所引的一條秦令十分相似。里耶簡[16]5引令曰："傳送委輸，必先悉行城旦舂、隸臣妾、居貲、贖責（債），急事不可留，乃興猺（猺）。"②相比之下，我們可以看出，嶽麓簡1393（249）《猺律》"盡興隸臣妾"此處乃承簡1394（248）"委輸傳送"四字而來，只不過中間插入了有關重車及猺徒轉運速度的規定。嶽麓秦簡整理小組原把"其急事"與"不可留毆（也）"分開讀，中間標點逗號。我們認爲，把逗號去掉更好，讀作"其急事不可留毆（也）"。

"委輸傳送"後接有關重車、空車的内容，嶽麓簡與張家山漢簡可相互印證，而"委輸傳送"（里耶簡作"傳送委輸"）後接徵發城旦舂、隸臣妾的内容，里耶簡則記載得很明確，而且從上下文義上來看，嶽麓簡"盡興隸臣妾"之前承接"委輸傳送"較爲合理。而目前所見的内容顯然與下文義不合。這種情況的出現，究竟是抄手抄寫的原因所致，還是官方律令修訂的結果，尚需進一步研究。

【8】居縣官者

[整理小組注]

居縣：指居作之縣。③

[疏證]

嶽麓秦簡整理小組把"居縣"解釋爲"居作之縣"，則後面的"官者"就很難理解。

---

① 睡虎地秦簡整理小組編：《睡虎地秦墓竹簡》，釋文部分第47頁。
② 湖南省文物考古研究所、湘西土家族苗族自治州文物處：《湘西里耶秦代簡牘選釋》，《中國歷史文物》2003年第1期。類似内容亦見於里耶簡9—2283。陳偉主編：《里耶秦簡牘校釋》（第2卷），武漢大學出版社2018年版，第448頁。
③ 陳松長主編：《嶽麓書院藏秦簡（肆）》，第174頁。

陳偉解釋爲"當事人本縣",[①] 亦誤。不如把"縣官"作爲一個詞,"居縣官者"解釋爲"居作於縣官者"。"有貲贖責(債)拾日而身居,其居縣官者,縣節(即)有䌛(徭)戍,其等當得出,令䌛(徭)戍,䌛(徭)戍已,輒復居",意思是居貲贖債者本來在縣官居作,但如果其中有人到了該服正常的䌛戍的時候,縣官有關部門要暫停這些人的居作,讓他們去服䌛戍,服完該階段的䌛戍之後,回來繼續居作。已公布的里耶秦簡[9]1—12,共12份債務文書,記載的就是這方面的實際案例,筆者對其進行了研究,當時所作的結論與嶽麓簡《䌛律》這條規定相同。[②]

簡文大意

《䌛律》規定:委輸傳送,重車載物及人力負重,每日行走六十里,空車每日行八十里,䌛徒徒步不負重行走,每日行百里。其有……令䌛徒妥善保養車輛。委輸傳送途中喂牛,如果牛瘦了,喂牛者這段時間的工作就不能作爲有效的服䌛日期記錄到券書上。(委輸傳送時,官府要)盡可能多地徵發隸臣妾、司寇、居貲贖債者等,只有出現緊急情況,官府直接控制的勞動力不足時,才徵發黔首服䌛役。居貲贖債者在縣官居作,但如果其中有些人到了該服正常䌛戍的時候,有關部門要暫停這些人的居作,讓他們去服䌛戍,服完該階段的䌛戍之後,回來繼續居作。如果居作者生病不能去服䌛役或居作,病情持續一年以上者,官府將免除當年的䌛戍,無需補償。……免除拘繫期間應服䌛役的日期,出獄之後再役使他們。

簡1305+1355+1313+0913(253—256)

　　䌛(徭)律曰:發䌛(徭),自不更以下䌛(徭)戍,自一日以上盡券書[1],及署于牒[2],將陽倍(背)事[3]者亦署之,不從令及䌛(徭)不當253券書[4],券書之,貲鄉嗇夫、吏主者各一甲,丞、令、令史各一盾。䌛(徭)多員少員[5],贖(瀆)計[6]後年。䌛(徭)戍數發[7],吏力足以均䌛(徭)[8]日254,盡歲弗均,鄉嗇夫、吏及令史、尉史主者貲各二甲,左辠(遷)[9]。令、尉、丞䌛(徭)已盈員[10]弗請而擅發者貲二甲,免255。吏(?)□䌛(徭)□均,偽爲其券書以均者貲二甲,廢256。

---

① 陳偉:《秦漢簡牘"居縣"考》,《歷史研究》2017年第5期,第181頁。
② 朱紅林:《里耶秦簡債務文書研究》,《古代文明》2012年第3期,第50頁。

【1】自一日以上盡券書

[疏證]

自一日以上盡券書,意思是服徭役一日以上者,都要在券書上記錄。這裏的券書指的就是針對每一位服徭役者所製作的徭徒券,上面記載着應服徭役日期和已服徭役日期。服徭役一日以上,只要被官府認可,就作爲有效的工作量記錄在本人的券書上,這也就是所謂的"券徭"。

【2】署于牒

[疏證]

署于牒,記錄在牒上。"署于牒"與"書于券"當有所區別。我們推測,"書于券"指的是把每個人的服役情況記錄在各自的徭役券上。而"署于牒"則有可能是官府的匯總性質的記錄。是否如此,有待於進一步研究。

【3】將陽倍(背)事

[疏證]

將陽,指的是服徭役期間逃亡,且逃亡時間不滿一年者。嶽麓秦簡0185(091):"闌亡盈十二月而得,耐。不盈十二月爲將陽,豛(繫)城旦舂。"背事,沒有把事情做好,或者說誤事。背,違反,背離。

【4】䌛(徭)不當券書

[疏證]

徭不當券書,指官府徵發的不作爲徭役記錄在券書上的勞動。秦漢律中經常提到某一類徭役被特別指明"毋計爲徭"或"毋以爲徭",這類勞動目前所見至少有兩種,一種是涉及黔首的公共利益者,如嶽麓簡1255+1371+1381(151—153):"䌛(徭)曰:補繕邑院、除田道橋、穿汲〈波(陂)〉池、漸(塹)奴苑,皆縣黔首利殹(也),自不更以下及都官及諸除有爲殹(也),及八更,其睆老而皆不直(值)更者,皆爲之,冗宦及冗官者,勿與。除郵道、橋、駞〈馳〉道,行外者,令從戶□□徒爲之,勿以爲䌛(徭)。"這類活動是爲公共利益服務的,即"皆縣黔首利殹(也)",所以即使官府爲此徵發百姓勞作,也不應把它們算作勞役。如果把這些不算徭役的勞動記錄在服徭役的券書上,有關官吏將受到處罰。睡虎地秦簡《秦律十八種》簡120—121《徭律》:"其近田恐獸及馬牛出食稼者,縣嗇夫材興有田其旁者,無貴賤,以田少多出人,以垣繕之,不得爲䌛(徭)。"[①]另一種情況是由於原勞役成果不合格被要求返工或修補者,也不能計算爲新的勞役天數,如《秦律十八種》簡116—118《徭律》:"興徒以爲邑中之紅(功)者,令結(嬸)堵卒歲。未

[①] 睡虎地秦簡整理小組編:《睡虎地秦墓竹簡》,釋文部分第47頁。

卒堵壞,司空將紅(功)及君子主堵者有罪,令其徒復垣之,勿計爲繇(徭)。縣葆禁苑、公馬牛苑,興徒以斬(塹)垣離(籬)散及補繕之,輒以效苑吏,苑吏循之。未卒歲或壞陕(決),令縣復興徒爲之,而勿計爲繇(徭)。"①

【5】多員少員

[整理小組注]

員,數。②

[疏證]

多員少員,是指徵發徭役人數超出或少於規定數額。睡虎地秦簡《秦律十八種》簡122—124《徭律》:"縣爲恒事及獻有爲殹(也),吏程攻(功),贏員及減員自二日以上,爲不察。上之所興,其程攻(功)而不當者,如縣然。度攻(功)必令司空與匠度之,毋獨令匠。其不審,以律論度者,而以其實爲繇(徭)徒計。"整理小組注:"員,數,參上《工人程》律名注(一)。"③《工人程》律名:"人程,即員程,《漢書·尹翁歸傳》:'責以員程不得取代,不中程則笞督。'注:'員,數也,計其人及日數爲功程。'楊樹達《漢書管窺》卷八:'員程謂定數之程課,如每日斫堊若干石之類。'秦簡《爲吏之道》也有'員程'。"④

【6】頯(隤)計後年

[整理小組注]

頯:通"隤"。《廣雅·釋詁》:"隤,下也。"頯(隤)計後年,下推到此年計算。《張家山漢簡·二年律令·徭律》:"戍有餘及少者,隤後年。"⑤

[疏證]

整理小組注"下推到此年計算","此年"當爲"次年"之誤。這就是説,本年度徭戍徵發人次超出或不足年度標準者,應在下一年度的徭戍徵發人次數額中減少或增加相應的數額。睡虎地秦簡《秦律十八種》簡35《倉律》:"稻後禾孰(熟),計稻後年。"整理小組注:"後年,次年。這兩句的意思是如稻在穀子之後成熟,就把稻記在下一年帳上,因爲秦以十月爲歲首,晚稻的收穫可能已到歲末。"⑥可爲參考。

【7】繇(徭)戍數發

[疏證]

嶽麓簡整理小組原標點作"……積(隤)計後年繇(徭)戍數。發吏力……",今改作"……積(隤)計後年。繇(徭)戍數發,吏力……"。徭戍數發,多次徵發徭役。

---

① 睡虎地秦簡整理小組編:《睡虎地秦墓竹簡》,釋文部分第47頁。
② 陳松長主編:《嶽麓書院藏秦簡(肆)》,第174頁。
③ 睡虎地秦簡整理小組編:《睡虎地秦墓竹簡》,釋文部分第47頁。
④ 同上注,釋文部分第45頁。
⑤ 陳松長主編:《嶽麓書院藏秦簡(肆)》,第174頁。
⑥ 睡虎地秦簡整理小組編:《睡虎地秦墓竹簡》,釋文部分第28頁。

【8】均繇(徭)

[疏證]

周海鋒說:"'均徭'在秦簡中數見,是徭役制度中頗爲重要的議題,但學界對此問題的關注不是太多,均一般作平均講,古書常見,具體到'均徭'這一詞組,'均'既是調劑盈缺的行爲,又指通過調度後達到一種均平的狀態。""'均徭'乃官吏應盡職責之一,指合理地分派徭役。"[①]

【9】左罨(遷)

[整理小組注]

左罨(遷):降職。[②]

【10】盈員

[疏證]

盈員,滿員,指達到當年規定的服役的總人數和時間數。

簡文大意

《徭律》規定:徵發徭役,自不更以下服徭戍者,服役日期自一日以上都要記錄在券書上,同時還要記錄在牒上,逃亡不滿一年缺席役事者也要記錄在牒上。不按照法令辦事以及不當算作徭役的活動被作爲徭役記錄在券書上,貲罰鄉嗇夫、主管官吏各一甲,縣丞、縣令及令史各一盾。服徭人次超出或少於年度服役人次的標準,多出或缺少的人次下推到次年服徭役的人次中。一年內數次徵發徭役,官吏本能夠調配好每次服徭的人數和日期,但一年下來他都沒有做合理的調配,(結果導致多員或少員,)鄉嗇夫、吏主者以及負責此類事務的令史、尉史貲罰各二甲,並被降職處理。縣令、縣尉、縣丞當年徵發的徭役人次已達到年度限度,不請示上級而擅自繼續徵發黔首服役者,貲罰二甲,免職。……偽造服役的券書以調配服役人次者,貲罰二甲,撤職永不敘用。

簡0350+0993+0793+0795+J57(257—261)

司空律曰:有臬以貲贖及有責(債)於縣官,以其令日[1]問之,其弗能入

---

① 周海鋒:《秦律令研究——以〈嶽麓書院藏秦簡〉(肆)爲重點》,第98、99頁。
② 陳松長主編:《嶽麓書院藏秦簡(肆)》,第174頁。

及償，以令日居之，日居八[257]【錢】[2]，食縣官者日居六錢[3]。居官府食縣官者[4]，男子參〈叄〉，女子駟（四）[5]；當居弗居者[6]，貲官嗇夫、吏[7]各一甲，丞、令、令[258]史[8]各一盾。黔首及司寇、隱官、榦官[9]人居貲贖責（債）或病及雨不作，不能自食者，貸食，以平賈（價）賈[10]，令[259]食（？）居作（？）爲它縣吏及冗募羣戍卒有貲贖責（債）爲吏縣及署所者，以令及責（債）券日[11]問其人[12]，能入者[260]，令日入[13]之若移居縣[14]入，弗能入者，以令及責（債）券日居之，如律。移居縣，家弗能入而環（還）[15]者，貲一甲[261]。

【1】令日

[疏證]

睡虎地秦簡《秦律十八種》簡133《司空律》："有罪以貲贖及有責（債）於公，以其令日問之。"整理小組注："令日，判決所規定的日期。"[1]

【2】日居八【錢】

[整理小組注]

此簡與下0993簡内容可參見《睡虎地秦簡·司空律》132、133簡。[2]

[疏證]

整理小組的注釋有誤。此簡與下0993（258）簡的內容當與睡虎地秦簡《秦律十八種》簡133—134《司空律》內容基本相同，而非簡132—133。簡132的內容爲："蓟（薊）之。各以其檮（穫）時多積之。"簡133—134的內容爲："有罪以貲贖及有責（債）於公，以其令日問之，其弗能入及賞（償），以令日居之，日居八錢；公食者，日居六錢。居官府公食者，男子參，女子駟。公士以下居贖刑罪、死罪者，居於城旦舂，毋赤其衣，勿枸櫝欙杕。鬼薪白粲，群下吏毋耐者，人奴妾居贖貲……"[3] 睡虎地秦簡"有罪以貲贖及有責（債）於公"，嶽麓簡作"有辠以貲贖及有責（債）於縣官"，睡虎地秦簡之"公"嶽麓簡改稱"縣官"，是秦統一之後的規定，這也是嶽麓簡時代晚於睡虎地秦簡的標誌之一。另外，律文的內容也進行了調整。嶽麓簡"女子駟"之後，爲"當居弗居者貲官嗇夫、吏各一甲"云云，而睡虎地秦簡"女子駟"之後，爲"公士以下居贖刑罪、死罪者"云云。

值得注意的是，秦律在敘述一項制度時，一般先從正面敘述，然後再說如果不這樣做，應當如何處置。如睡虎地秦簡《秦律十八種》簡77—79《金布律》："百姓叚（假）公器及有責（債）未賞（償），其日踐以收責之，而弗收責，其人死亡；及隸臣妾有亡公器、畜生者，以其日月減其衣食，毋過三分取一，其所亡衆，計之，終歲衣食不踐以稍賞（償），令

---

[1] 睡虎地秦墓竹簡整理小組編：《睡虎地秦墓竹簡》，釋文部分第51頁。
[2] 陳松長主編：《嶽麓書院藏秦簡（肆）》，第174頁。
[3] 睡虎地秦墓竹簡整理小組編：《睡虎地秦墓竹簡》，釋文部分第50—51頁。

居之,其弗令居之,其人【死】亡,令其官嗇夫及吏主者代賞(償)之。"① 先說百姓有債及貲贖,應當及時收繳,然後說如果不及時收繳,有關官吏應當如何處罰;接下來說隸臣妾如果弄丢了國家的公器、畜生,要逐步扣除其衣食費用或令其居作以償還,然後說如果官吏没及時讓隸臣妾賠償或居作,隸臣妾死了或跑了,官吏應當如何受到處罰。所以嶽麓簡《司空律》0350+0993+0793(257—259)的律文規定是符合這種表達句式的特點的,嶽麓簡先說了"有辠以貲贖及有責(債)於縣官"者,官府應當及時追討,否則有關官吏應分别受到懲罰。而相應的睡虎地秦簡却没有這樣,它先說了"有罪以貲贖及有責(債)於公"者,官府應當及時追討,接下來却没有說官府不及時追討,如何處理有關官吏,而是說了"公士以下居贖刑罪、死罪者"他們居作時的待遇問題。這種表述方式略顯奇怪。不過這也許表明,嶽麓簡的律文仍遵照了律文本來的表述方式,而睡虎地秦簡的表述則是抄手根據己意抄上了其他關於居作的内容。

【3】食縣官者日居六錢

[疏證]

"食縣官者日居六錢"之後,嶽麓秦簡整理小組原標點作逗號,今改爲句號。

【4】居官府食縣官者

[疏證]

"居官府食縣官者"原與"男子參〈叁〉"連讀,今以逗號隔開。

【5】男子參〈叁〉,女子駟(四)

[疏證]

睡虎地秦簡《秦律十八種》簡133—134《司空律》:"居官府公食者,男子參,女子駟(四)。"整理小組注:"四,即四食,早晚兩餐各四分之一斗,《墨子·雜守》:'四食,食二升半。'"② 即當時的一日兩餐制,男子每頓食三分之一斗,女子每頓食四分之一斗。

【6】當居弗居者

[疏證]

"當居弗居者"原與"貲官嗇夫吏各一甲"連讀,今以逗號隔開。

【7】吏

[疏證]

吏,吏主者,負責此事的吏。

---

① 睡虎地秦墓竹簡整理小組編:《睡虎地秦墓竹簡》,釋文部分第38頁。
② 同上注,釋文部分第51頁。

【8】【史】

[整理小組注]

史：原簡不見此字，據文義補。①

【9】斡官

[整理小組注]

斡官：官署名，嶽麓簡中還有"右斡官、中斡官、左斡官"等。居貲贖債等身份者在斡官服役，漢印有"斡官泉丞"。②

[疏證]

王偉認爲："秦出土文獻斡官類資料豐富而複雜，中央和地方的多個機構都有設置，但暫未見'均官'和'均輸'的名稱，考慮到班固注引如淳説斡官'主均輸之事，所謂斡（榦）鹽鐵而榷酒酤也'"，故推測"秦只有斡官，至少在呂后二年已經設立更名或增設'均官'和'均輸'"。③ 又，整理小組注"居貲贖債等身份者在斡官服役"之"斡"原誤作"幹"，今改。

【10】以平賈（價）賈

[疏證]

以平賈（價）賈，按照平價賣出，或者按照平價計算價值。

【11】責（債）券日

[疏證]

責（債）券日，債券上所規定的還債日期。

【12】問其人

[疏證]

人，嶽麓秦簡整理小組原釋爲"入"，今從陳偉、雷海龍釋改。陳偉指出："'問其人'的'人'，原釋文作'入'。這句話對應於律文前文'以其令日問之'。當以釋'人'爲是。"④雷海龍進一步解釋説："''人''入'的撇筆與捺筆有相交之處，二字的根本區別特徵以撇筆與捺筆相交處的下方筆畫的左右長短爲判斷依據。如嶽麓肆簡261之'入'、、人、人，我們不能説他們的撇筆和捺筆等長，但相交處的下方筆畫則基本等長，所以這幾個字都是'入'字。具體到簡260中的兩個字形，前者應該釋'人'字，陳偉先生的

---

① 陳松長主編：《嶽麓書院藏秦簡（肆）》，第174頁。
② 同上注。
③ 陳松長等著：《秦代官制考論》，第60—61頁。
④ 陳偉：《嶽麓秦簡肆校商（三）》，武漢大學簡帛網2016年3月29日。

意見可從,後者整理者已正確釋出爲'入'。"①

【13】入

[整理小組注]

入:繳納。②

【14】居縣

[整理小組注]

居縣:見1429簡注。③

[疏證]

簡1429(250)"其居縣官者",整理小組把其中"居縣"釋爲"居作之縣",誤,當釋爲"居作於縣",但與此處"居縣"含義不相關。此處"居縣"指的是其家庭户籍所在縣。④

【15】家弗能入而環(還)者

[整理小組注]

環(還),還債。⑤

[疏證]

整理小組的這個注釋是不準確的。"家弗能入"之"入",即爲償還之義,再把"環(還)"解釋爲還債,語意重複,不合適。"環(還)",當爲往返之義,具體指的是作爲債權一方的官府在債務人居作地與家庭所在地之間往返。因爲欠債的是"居作爲它縣吏及冗募羣戍卒有貲贖責(債)爲吏縣及署所者",這類人因爲在它縣爲吏或者作爲冗募戍卒而在外地,官府在向他們追債的時候,他們推説自己家裏可以償還,官府拿着債券到他家裏要時,家裏却説無力償還,這樣官府只好又拿着債券找到債務人本人頭上。這裏的"環"指的就是官府拿着債券來回往返的意思。正是因爲債務人言而無信,導致官府往返折騰,所以官府要對他們進行處罰。

里耶秦簡中就有幾個這樣的例子。

里耶秦簡8-60+8-656+8-665+8-748:"十二月戊寅,都府守胥敢言之:遷陵丞膻曰:少内巸言冗佐公士僰道西里亭貲三甲,爲錢四千卅二。自言家能入。爲校□□□謁告僰道受責。有追,追曰計廿八年□責亭妻胥亡。胥亡曰:貧,弗能入。謁令亭居署所。上真書謁環。□□僰道弗受計。亭譴當論,論。敢言之。"⑥ 這裏説的就是僰道西里亭

---

① 雷海龍:《〈嶽麓書院藏秦簡(肆)〉釋文商補(八則)》,華東政法大學法律古籍整理研究所等編:《第七届出土文獻與法律史研究學術研討會論文集》,2017年,第101頁。
② 陳松長主編:《嶽麓書院藏秦簡(肆)》,第174頁。
③ 同上注。
④ 陳偉:《秦漢簡牘"居縣"考》,《歷史研究》2017年第5期。
⑤ 陳松長主編:《嶽麓書院藏秦簡(肆)》,第174頁。
⑥ 陳偉主編:《里耶秦簡牘校釋》(第1卷),第43頁。

在遷陵縣任冗佐的時候，被貲三甲，計四千零三十二錢，他說家裏可以幫他還，但官府到他家裏要的時候，家裏却說沒錢，只好又追到他頭上。"上真書謁環"，真書是債券原件，意思是說把債券拿回到債務人所居縣。

里耶秦簡9[3]正："卅三年三月辛未朔戊戌，司空騰敢言之：陽陵下里士五（伍）不識有貲餘錢千七百廿八。不識戍洞庭郡，不智（知）何縣署。今爲錢校券一，上謁言洞庭尉，令署所縣責以受（授）陽陵司空，[司空]不名計，問何縣官計付署，計年名爲報，已訾責其家，[家]貧弗能入。有物故，弗服毋聽流辭，以環書道遠。報署主責發。敢言之。"①這條材料說的是，陽陵下里士伍不識在洞庭郡某縣戍守的時候，陽陵縣向他追討貲餘錢，先向他家裏要，家裏說拿不出這筆錢，所以又到戍守之所找他本人要，並且特別提出"毋聽流辭以環書"。"流辭"意指不實之辭。遠在他鄉的欠債者在被債務追到頭上時，往往會推說家裏可以幫助還債，如上引簡8-60＋8-656＋8-665＋8-748中的"冗佐公士奭道西里亭"那樣，這種推脫之辭就是"流辭"。"毋聽流辭以環書"就是說不要聽信債務人的不實之辭而拿着債券返回。

里耶秦簡9[9]正："卅三年辛未朔戊戌，司空騰敢言之：陽陵仁陽士五（伍）頡有贖錢七千六百八十。頡戍洞庭郡，不智（知）何縣署。今爲錢校券一，上謁言洞庭尉。令頡署所縣受貴以受（授）陽陵司空，[司空]不名計，問何縣官計付署，計年名爲報，已貲責頡家，[家]貧弗能入。頡有流辭，弗服勿聽。道遠毋環書。報署主責發。敢言之。"士伍頡欠贖金未還，當地官府已向其家追討，家中貧窮拿不出，所以請求有關部門配合，直接到頡駐防地追討，並且特地說明"頡有流辭，弗服勿聽"，可能是提醒相關官吏，如果頡有推諉之辭，不認賬，官吏不要聽信，也可能是此前陽陵縣當局已經通過洞庭郡有關部門向士伍頡追討贖金，士伍頡曾推說家裏可幫助代還，結果家中貧窮拿不出錢來，現在是返回頭來再次向頡追債，提醒洞庭郡方面頡如再推脫，不要聽信他的謊言。道路遙遠，不要把債務文書來回傳遞，直接找頡要好了。

需要說明的是，秦代的居貲贖債者並不影響其正常的徭戍義務。百姓有貲贖及有債於官府，在規定的徭戍期限內，仍需正常服役，官府可以在其服役期間向其追討債務，或由其家人代還，或通過居作的方式延長其服役期限以償還債務。這一點我們在早先的研究中已經得出結論，②現在嶽麓秦簡《徭律》的相關規定完全證明了這一點。③

簡文大意

《司空律》規定：有罪被貲罰、繳納贖金及欠官府債務者，按照規定的日期向他追繳，如果不能繳納或償還，就要在規定的日子到官府居作，（在官府不提供飲食的情況下）每

---

① 9[3]、9[9]均出自湖南省文物考古研究所、湘西土家族苗族自治州文物處：《湘西里耶秦代簡牘選釋》，《中國歷史文物》2003年第1期。陳偉主編：《里耶秦簡牘校釋》（第2卷），第11—12、16—17頁。
② 朱紅林：《里耶秦簡債務文書研究》，《古代文明》2012年第3期。
③ 見嶽麓簡1429＋1420＋1424（250—252）記載。

天按八錢計算,官府提供飲食,每天按六錢計算。居官府飲食,男子每頓供給三分之一斗糧食,女子每頓供給四分之一斗糧食;本該居作而沒有去居作的,貲罰官嗇夫及主管小吏各一甲,縣令、縣丞及令史各一盾。黔首及司寇、隱官、榦官人居貲贖債,如因生病或下雨而不能勞作,又不能自給飲食者,可向官府借貸糧食,按照平價算錢,計入居作時間。在它縣爲吏或冗募群戍卒,如在爲吏之縣或戍卒所在地發生了貲贖債的情況,按照法令或債券規定的日期責問他是否能繳納錢款,如果能繳納,就在規定的日期(向爲吏之縣或戍守地)繳納或移交家庭所在地之縣追繳;如不能繳納,則按法律規定日期或債券上規定日期由其本人居作。債務償還被移交到債務人所在縣,債務人家中不能償還,因而追繳債務的文書被退回居貲贖債者所在地時,居貲贖債者要被另外貲罰一甲。

簡1260+1264+J30+1240+1362+J28(262—267)

諸有貲贖責(債)者[1],訾之[2],能入者令入,貧弗能入,令居之。徒隸[3]不足以給僕、養,以居貲責(債)者給之,令出 262 □,受錢毋過日八錢,過日八錢者,貲二甲[4],免。能入而弗令入,亦貲二甲,免。除居貲贖責(債)以爲僕、養,令出僕入[5] 263。【凡】不能自衣者[6],縣官衣之,令居其衣如律然。其日未備而被[7]入錢者,許之。以日當刑而不能自衣食 264 者,亦衣食而令居之。官作居貲贖責(債)╚而遠其計所官者,盡八月各以其作日及衣數告其計所官,毋過 265【九月】[8]而齎(畢)到其官,官相近者,盡九月而告其計所官,計之其作年。黔首爲隸臣、城旦、城旦司寇、鬼新(薪)妻而内作[9] 266 者,皆勿稟食。黔首有貲贖責(債)而有一奴若一婢,有一馬若一牛,而欲居者,許之 267。

【1】諸有貲贖責(債)者

[疏證]

嶽麓簡1260+1264+J30+1240+1362+J28(262—267)的内容與睡虎地秦簡《秦律十八種·徭律》簡133—140的内容多處相同,睡虎地秦簡相關内容爲:

有罪以貲贖及有責(債)於公,以其令日問之,其弗能入及賞(償),以令日居之,日居八錢;公食者,日居六錢。居官府公食者,男子參,女子駟(四)。公士以下居贖刑罪、死罪者,居於城旦舂,毋赤其衣,勿枸櫝欙杕。鬼薪白粲,羣下吏毋耐者,人奴妾居贖貲責(債)於城旦,皆赤其衣,枸櫝欙杕,將司之;其或亡之,有罪。葆子以上居贖刑以上到贖死,居於官府,皆勿將司。所弗問而久縠(繫)之,大嗇夫、丞及官嗇夫有罪。居貲贖責（債）欲代者，耆弱相當，許之。作務及買而負責（債）者，不得代。一室二人以上居貲贖責（債）而莫見其室者，出其一人，令相爲兼居之。居貲贖責（債）者，或欲籍（藉）人與并居之，許之，毋除繇（徭）戍。凡不能自衣者，公衣之，令居其衣如律然。其日未備而披入錢者，許之。以日當刑而不能自衣食者，亦衣食而令居之。官作居貲贖責（債）而遠其計所官者，盡八月各以其作日及衣數告其計所官，毋過九月而麛（畢）到其官；官相訢（近）者，盡九月而告其計所官，計之其作年。百姓有貲贖責（債）而有一臣若一妾，有一馬若一牛，而欲居者，許。

嶽麓簡1260（2627）"諸有貲贖責（債）者，訾之，能入者令入，貧弗能入，令居之"與睡虎地秦簡133"有罪以貲贖及有責（債）於公，以其令日問之，其弗能入及賞（償），以令日居之"含義相近，而文辭表達略有不同。而睡虎地秦簡133—134"有罪以貲贖及有責（債）於公，以其令日問之，其弗能入及賞（償），以令日居之，日居八錢；公食者，日居六錢。居官府公食者，男子參，女子駟（四）"則與嶽麓簡0350＋0993（257—258）"有辠以貲贖及有責（債）於縣官，以其令日問之，其弗能入及償，以令日居之，日居八【錢】，食縣官者日居六錢，居官府食縣官者男子參（叄），女子駟（四）"，除睡虎地秦簡之"公"，嶽麓簡作"縣官"外，完全相同。

【2】訾

[疏證]

訾，計量估算財物。《韓非子·外儲説右下》"訾之人二甲"，王先慎曰："案訾之人二甲者，謂量其人二甲也。《國語·齊語》'訾相其質'高注、《列子·説符》'財貨無訾'張湛注並云：'訾，量也。'量財貨曰'訾'，量民之貧富亦曰'訾'。"[1] 嶽麓簡此處的"訾之"，意思就是對居貲贖債者的家資進行估算，以確定其是否能夠償還官府債務。凌文超把"訾"解釋爲"調查其家訾"，[2] 也是此意。

【3】徒隸

[疏證]

徒隸，指爲官府無償服役的刑徒，包括隸臣妾、城旦舂、鬼薪白粲、司寇、隱官等等。律文之所以説"徒隸不足以給僕、養，以居貲責（債）者給之"，是因爲徒隸與居貲贖債者的身份不同，前者是沒有身份自由的刑徒，後者則是有身份自由的普通人。儘管居貲贖債者爲償還債務而居作於官府，但他們仍享有普通黔首的權利，負有普通黔首應當承擔的義務。一般情況下，居貲贖債者是不允許從事僕、養這類工作的，具體規定見嶽麓秦簡1430、1421（272、273）記載。此處説的是特殊情況，在徒隸不足的情況下，可臨時調

---

[1] 王先慎：《韓非子集解》，中華書局1998年版，第335頁。
[2] 凌文超：《秦"訾税"平議》，鄔文玲、戴衛紅主編：《簡帛研究》（二〇一八秋冬卷），第150頁。

撥居貲贖債者擔任僕、養。

【4】貲二甲

[疏證]

這裏的"貲二甲"應該是針對負責貲罰事務的官吏。按照規定,居貲贖債者在官府居作,官府每天支付的報酬最多只能是八錢,超過八錢,就屬於違規了,當然要追究有關官吏的責任。除了"貲二甲"之外,"免"即免職,也是針對負責官吏的另一項處罰。同理,下文"能入而弗令入,亦貲二甲,免"之"貲二甲,免"亦是針對有關官吏而言的。嶽麓簡0993+0793(258—259)有"當居弗居者,貲官嗇夫、吏各一甲,丞、令、令【史】各一盾"可爲佐證。

【5】令出僕入

[整理小組注]

令出僕入:出,使之出,指讓居貲贖債者從其居作官府出去。"令出僕入"即命令居貲贖債不再居作,讓其以僕養的身份繼續入錢。①

[疏證]

嶽麓簡整理小組把"令出僕入"的"出",解釋爲"讓居貲贖債者從其居作官府出去",只能是可備一説,不如徑直把"出"理解爲"繳納",就是説讓居貲贖債者繳納擔任僕所得的收入。因爲前句律文已經提到,居貲贖債者擔任僕養,每天"受錢毋過日八錢,過日八錢者,貲二甲,免",他是有收入的,正因爲如此,才可以居貲贖債。而且僕養日收入似乎並不統一,所以才規定了上限,"毋過日八錢,過日八錢者,貲二甲,免"。這應該是針對使用僕養的部門來説的,要求這些部門不得擅自提高僕養的報酬。

出,作爲"出錢出物"的用法,嶽麓秦簡中屢見。如:簡1287(118):"金布律曰:出户賦者,自泰庶長以下,十月户出芻一石十五斤;五月户出十六錢,其欲出布者,許(之)。"簡1301(201):"(黔首賣)馬牛及買者,各出廿二錢以質市亭。"簡0634(379):"里人令軍人得爵受賜者出錢酒肉歓(飲)食之,及予錢酒肉者,皆貲戍各一歲。"簡0529(382):"丞相下、尉布,御史議,吏敢令後入官者出錢財酒肉,入時共分歓(飲)食及出者,皆【貲】二甲,責費。"

【6】【凡】不能自衣者

[整理小組注]

簡首第一個字殘泐不清,據《睡虎地秦簡·司空律》中的相關内容,應補爲"凡"。②

[疏證]

嶽麓簡J30+1240+1362+J28(264—267)内容與睡虎地秦簡《秦律十八種》簡138—

---

① 陳松長主編:《嶽麓書院藏秦簡(肆)》,第174頁。
② 同上注,第175頁。

140《司空律》基本相同,睡虎地秦簡相應内容爲:"凡不能自衣者,公衣之,令居其衣如律然。其日未備而柀入錢者,許之。以日當刑而不能自衣食者,亦衣食而令居之。官作居貲贖責(債)而遠其計所官者,盡八月各以其作日及衣數告其計所官,毋過九月而靡(畢)到其官;官相紤(近)者,盡九月而告其計所官,計之其作年。百姓有貲贖責(債)而有一臣若一妾,有一馬若一牛,而欲居者,許。"睡虎地秦簡中的"公"在嶽麓簡中都被改成了"縣官",睡虎地秦簡中的"百姓""臣""妾"在嶽麓簡中被改爲"黔首""奴""婢",這應該都是秦統一後文書制度的要求。其中私人"臣妾"改稱"奴婢",這是一個值得注意的變化。

還有一個值得注意又令人費解的是嶽麓簡1260+1264+J30+1240+1362+J28(262—267)與睡虎地秦簡《秦律十八種》簡133—140兩組律文中,嶽麓簡1260(262)與睡虎地秦簡《秦律十八種》簡133内容基本相同,J30+1240+1362+J28(264—267)的内容則與睡虎地秦簡《秦律十八種》簡138—140,除文書用語因統一前後制度變革因素外,内容也基本相同。也就是説,嶽麓簡《司空律》這段法律規定中,簡1264替代了睡虎地秦簡134—137的内容。

這種律文順序的變化,可以排除出土簡序編聯的原因,因爲相關簡的末尾還抄録了其他内容。那麽,造成這種法律條文内容變化的原因可能有三種:一種可能是抄手的原因。也就是説抄手在抄録時有意或無意之中對抄録的内容做了改變和調整。另一種可能是制度變革的原因。也就是説,隨着社會形勢的發展,秦朝政府對法律條文進行了修訂和調整。比較明顯的例子就是不少文書用語如睡虎地秦簡中的"公""百姓",百姓家的"臣""妾",在嶽麓簡中改稱爲"縣官""黔首""奴""婢"等,里耶秦簡8-455號木方就記録了很多這方面的變化。第三種可能就是前兩種情況的兼而有之,也就是説,既有抄手的原因,也有制度變化的原因。

【7】柀

[整理小組注]

柀:部分。《睡虎地秦簡·法律答問》:"或直(值)廿錢,而柀盗之,不盡一具,及盗不直者,以盗律論。"①

[疏證]

睡虎地秦簡《秦律十八種》簡138《司空律》:"其日未備而柀入錢者,許之。"整理小組注:"柀入錢,一部分繳錢。"②

【8】九月

[整理小組注]

簡首殘泐大約2個字,據《睡虎地秦簡·司空律》中的相同内容,應補爲"九月"。③

---

① 陳松長主編:《嶽麓書院藏秦簡(肆)》,第175頁。
② 睡虎地秦墓竹簡整理小組編:《睡虎地秦墓竹簡》,釋文部分第52頁。
③ 陳松長主編:《嶽麓書院藏秦簡(肆)》,第175頁。

【9】黔首爲隸臣、城旦、城旦司寇、鬼新(薪)妻而内作者

[整理小組注]

内作："内"當爲"宂"之訛，"宂作"指爲官府零散服役。《漢書·食貨志》："其不能出布者，宂作，縣官衣食之。"①

[疏證]

黔首爲隸臣、城旦、城旦司寇、鬼新(薪)妻，按照睡虎地秦簡的說法，這屬於徒隸的"外妻"。睡虎地秦簡《秦律十八種》簡141—142《司空律》："隸臣有妻，妻更及有外妻者，責衣。"睡虎地秦簡整理小組注："妻更，當指其妻爲更隸妾。有外妻，指其妻身份自由。"②更隸妾是定期服務於官府的隸妾，有一部分時間是自由的。作爲更隸妾的妻和外妻都屬於有經濟能力的人，所以她們的刑徒丈夫不能享受官府免費提供衣食的待遇。嶽麓簡此處說黔首爲刑徒妻而内作於官府時，不享受提供食物的待遇，或許也與他們的自由身份及經濟能力有關。

嶽麓簡整理小組認爲"内作"之"内"當爲"宂"字之訛，類似情況亦出現於張家山漢簡。張家山漢簡《二年律令》簡418《金布律》"諸内作縣官及徒隸"，張家山漢簡二四七號漢墓竹簡整理小組釋"内"，何有祖據圖版改釋作"宂"，《二年律令與奏讞書》一書采納了何有祖的意見，並加按語曰："'宂作'，《漢書·食貨志》'其不能出布者，宂作，縣官衣食之'顏師古注：'宂，散也。'《睡虎地秦墓竹簡·秦律十八種·倉律》五〇—五一號簡：'雖有母而與其母宂居公者，亦稟之，禾月半石。'整理小組注：'居，即居作，指罰服勞役。''宂居公者'，指爲官府零散服役的人。'宂作縣官'與'宂居公者'同義。"③此處另有一個需要注意的問題是《二年律令》簡418《金布律》"諸内作縣官及徒隸"，顯然是把"内作"者與"徒隸"當作了兩類身份的人看待，前者在本條律文中或許也是具有自由身份的人。

另外，張家山漢簡《奏讞書》簡56"蜀守灊(讞)：采鐵長山私使城旦田、春女爲薑，令内作"，"内作"齊繼偉認爲"從字形上判斷，'令内作'也可釋爲'令宂作'"。④

其實，從諸家的考釋來看，秦漢簡中"宂"與"内"字形相近，究竟釋"宂"還是釋"内"，有時從字形上很難確定，釋"宂"者除了字形上的依據之外，字義的含義也有很大的影響，解釋爲"宂作"比"内作"在多數情況下更順暢，尤其是《漢書·食貨志》中有關"宂作"的記載，更增加了釋"宂作"的依據。如果"内作"能從文義上講得通的話，還是有學者采用後一種釋法的。比如說池田雄一據張家山漢簡《奏讞書》簡54"令史冰私使城旦環家作"與簡56"采鐵長山私使城旦田、春女爲薑，令内作"相比較，認爲"内作"即指"家作"。⑤這種推測並非完全沒有道理。因此，高恒、韓厚明都采納了這

---

① 陳松長主編：《嶽麓書院藏秦簡(肆)》，第175頁。
② 睡虎地秦墓竹簡整理小組編：《睡虎地秦墓竹簡》，釋文第53頁。
③ 彭浩、陳偉、[日]工藤元男主編：《二年律令與奏讞書——張家山二四七號漢墓出土法律文獻釋讀》，第251頁。
④ 齊繼偉：《讀秦漢簡札記六則》，姚遠主編《出土文獻與法律史研究》第7輯，第157頁。
⑤ 彭浩、陳偉、[日]工藤元男主編：《二年律令與奏讞書——張家山二四七號漢墓出土法律文獻釋讀》，第248頁引。

一説法。① 不過,嶽麓簡此處,當以"冗作"解爲宜。

關於"冗作"的解釋,一種以楊振紅爲代表,把"冗作"解釋爲長期服役的一種服役形式;② 另一種以睡虎地秦簡整理小組爲代表,解"冗"爲"散",把"冗作"解釋爲與集中服役相區别的一種零散服役的形式。③ 我們認爲,此處嶽麓簡的理解當以前者爲宜。

簡文大意

凡是有貲罰、贖罪和債務的人,(官府)按規定向他們追討,有能力繳納財物的就按時繳納,貧窮而無力繳納者,就讓他們居作。官府的徒隸人數不足以充當僕、養時,就讓居貲贖債者去充當,令出……,(作爲報酬)受錢不能超過每天八錢,超過每天八錢的,有關官吏要被貲罰二甲,並免職。(居貲贖債者)能夠繳納財物而(官府)不向他們追繳,(有關官吏)也要被貲罰二甲,免職。任命居貲贖債者爲僕、養,要讓他們上繳作僕養的報酬(抵償貲贖債)。(居貲贖債者)不能夠自己提供衣服者,縣官給他們提供衣服,令他們按規定爲衣服的價值居作。居作没到最終日期的時候(居作者)願意繳納錢以補足,是允許的。按日服刑而不能自己提供衣食的,也是官府爲他們提供衣食而把費用計入居作日期内讓他們繼續居作。官府居貲贖債的場所遠離管理機構者,盡可能在八月份期間把居作的日期及所用衣服數量報告給負責統計的機構,不要超過九月,要全部呈報到統計機關。居作場所與統計機構距離相近的,在九月底之前上報給統計機構就可以了,争取都登記在當年的計簿上。黔首作爲隸臣、城旦、城旦司寇、鬼薪的妻子而在官府服役者,不要給她們發放食物。黔首有貲贖債務者,如果他們有一個奴或一個婢,一匹馬或一頭牛,想以之代替本人到官府居作,是可以的。

缺簡18

簡0118+0173+0060(268—270)

勿令居隱除。一室二人以上居貲贖責(債)莫視[1]室者,出[2]其一人,令更[3]居之。隸臣妾、城旦舂之司寇、居貲贖責(債)268 敼(繫)城旦舂者勿責

---

① 高恒:《秦漢簡牘中法制文書輯考》,第361頁。韓厚明:《張家山漢簡字詞集釋》,吉林大學2018年博士學位論文,下編第386頁。
② 楊振紅:《秦漢簡中的"冗""更"與供役方式——從〈二年律令・史律〉談起》,卜憲群、楊振紅主編:《簡帛研究》二〇〇六,廣西師範大學出版社2008年版。
③ 睡虎地秦墓竹簡整理小組編:《睡虎地秦墓竹簡》,釋文部分第23、33頁。

衣食。其與城旦舂作者,衣食之如城旦舂[4]。人奴婢䰯(繫)城旦舂,貲衣食縣官,日未[備]₂₆₉而死者,出其衣食[5]。䰯(繫)城旦舂食縣官當責者,石卅錢[6]。泰匠有貲贖責(債)弗能入,輒移宮司空,除都廥₂₇₀

【1】視

[整理小組注]

視:照管。①

[疏證]

視,睡虎地秦簡作"見"。《秦律十八種》簡136—137《司空律》:"一室二人以上居貲贖責(債)而莫見其室者,出其一人,令相為兼居之。"睡虎地秦簡整理小組注:"見,義同視,照管。"②

【2】出

[疏證]

出,免除。出其一人,免除其中一人到官府居作。這不是徹底免除一人的債務,而是因為一室之中如果兩個以上勞動力都因為居貲贖債居作於官府,家中缺乏勞動力會耽誤農事,官府出於這一考慮,因此允許其中一人回家照管家務,從事農事。法律之所以說與其他人輪流居作,就表明這個人的債務並沒有徹底免除。下文"出其衣食"之"出"與此"出其一人"之"出",含義相同,均為"免除"義。

【3】更

[整理小組注]

更:輪流。《續漢志》:"太子舍人秩二百石,無員,更直宿衛也。"③

[疏證]

令更居之,睡虎地秦簡《秦律十八種》簡136—137《司空律》作"令相為兼居之",即輪換居作。

【4】衣食之如城旦舂

[疏證]

"衣食之如城旦舂"後,嶽麓秦簡整理小組原標點為逗號,今改為句號。

【5】日未[備]

[整理小組注]

"備"字殘,據簡J30"其日未備而柀入錢者"補。

---

① 陳松長主編:《嶽麓書院藏秦簡(肆)》,第175頁。
② 睡虎地秦墓竹簡整理小組編:《睡虎地秦墓竹簡》,釋文部分第52頁。
③ 陳松長主編:《嶽麓書院藏秦簡(肆)》,第175頁。

【6】石卅錢

[疏證]

嶽麓秦簡"隸臣妾"至"石卅錢",內容與睡虎地秦簡《秦律十八種》簡141—143《司空律》基本相同:"隸臣妾、城旦舂之司寇、居貲贖責(債)毄(繫)城旦舂者,勿責衣食;其與城旦舂作者,衣食之如城旦舂。隸臣有妻,妻更及有外妻者,責衣。人奴妾毄(繫)城旦舂,貣(貸)衣食公,日未備而死者,出其衣食。司空。""毄(繫)城旦舂,公食當責者,石卅錢。司空。"只是睡虎地秦簡《司空律》"衣食之如城旦舂"與"人奴妾毄(繫)城旦舂"之間,多出一條"隸臣有妻,妻更及有外妻者,責衣"的規定。另外,睡虎地秦簡《秦律十八種》簡141—142連在一起,末尾署"司空"律名;簡143單獨一條抄寫,末尾亦署"司空"律名。嶽麓秦簡中相應的內容並未如睡虎地秦簡這般區分,其間的不同,可能是兩者抄寫版本的不同,也有可能是抄手在抄寫時作了相應的處理。另外,兩者之間還有一點不同,就是睡虎地秦簡中的"公",在嶽麓秦簡中都被改稱"縣官","人奴妾"變成了"人奴婢",這種文書制度中文書用語的變化,雖不影響文意,但很顯然後者是刻意而爲的,因此陳偉稱"顯然後者是前者的修訂本"。[①]

簡文大意

不能讓他們居隱除。一家有兩人以上居貲贖債而無法照管家裏者,免除其中一人(使其暫時歸家),讓兩個人輪流居作。隸臣妾、城旦舂之司寇、居貲贖債繫城旦舂者,官府不向他們收取衣食費用。和城旦舂共同勞作的人,衣食都與城旦舂待遇相同,私人奴婢繫城旦舂者,衣食費用向官府借貸,居作期未滿而死亡者,免除其這部分費用。繫城旦舂由官府提供衣食者,如需繳納費用,每石糧食按三十錢。泰匠有貲贖債務不能繳納者,則移交宫司空處理,除都厷……

缺簡19

殘5+1434+1430+1421+1423+1306(271—275)

☐☐☐☐☐城旦┘。司寇勿以爲僕、養、守官府及除有爲殹(也)。有上令除之,必復請之[1]┘。徒隸271毄(繫)城旦舂、居貲贖責(債)而敢爲人僕、

---

① 陳偉:《秦簡牘校讀及所見制度考察》,第11頁。

養、守官府及視臣史事[2]若居隱除者，坐日六錢爲₂₇₂盜∟[3]。吏令者，耐。城旦舂當將司者廿人，城旦司寇一人將[4]，毋令居貲贖責（債）將城旦舂。城旦司寇₂₇₃不足以將，令隸臣妾將[5]。居貲贖責（債）拾日[6]坐臬人[7]以作官府及當成故徼有故而作居₂₇₄縣者歸田農，種時、治苗時、穫時各二旬[8]₂₇₅。

【1】必復請之

[疏證]

嶽麓秦簡殘5＋1434"司寇"至"必復請之"，相同內容亦見於睡虎地秦簡《秦律十八種》簡150《司空律》："司寇勿以爲僕、養、守官府及除有爲殹（也）。有上令除之，必復請之。"睡虎地秦簡整理小組注："除，任用。司寇用以'備守'，故不得充當其他職役。"① 有爲，睡虎地秦簡整理小組譯文爲"從事其他的事務"。睡虎地秦簡《秦律十八種》簡122《司空律》"縣爲恒事及瀰有爲殹（也）"之"有爲"，譯文爲"工程"，《日書》中也多次出現"有爲"一詞，如《日書》甲種簡一四正貳："建日，良日也。可以爲嗇夫，可以祠。利棗（早）不利莫（暮）。可以入人、始寇（冠）、乘車。有爲也，吉。"簡二〇正貳："柀（破）日，毋可以有爲也。"綜合理解，"有爲"即造作，從事某種活動之意。

【2】臣史

[整理小組注]

視臣史事：視事，秦漢簡文中常見語詞，即主管某項事情。"臣史事"即臣史所當做的事情。"臣史"當是一種類似"書佐"的佐史，嶽麓秦簡0806上有"臣史佐吏書"的記載，又"臣"當是"隸臣"的"臣"，嶽麓秦簡1919上的"書佐隸臣"可資參證。②

[疏證]

臣史，或許是具有刑徒身份的史。嶽麓秦簡1216＋1315（《嶽麓叁》編號064—065）"芮盜賣公列地案"有"主市曹臣史"。整理小組注："曹臣，似爲隸屬於曹的一種身份，具體情況未詳。"③ 勞武利指出，臣史爲隸臣更在主市曹所擔任的職務。④ 這是有道理的。現在結合《嶽麓肆》的材料來看，"主市曹臣史"也許應當理解爲"主市曹之臣史"，而不應"曹臣"聯讀。睡虎地秦簡《法律答問》有："可（何）謂'耐卜隸''耐史隸'？卜、史當耐者皆耐以爲卜、史隸。"整理小組注："耐卜隸、耐史隸，受耐刑而仍做卜、史事務的奴隸。"⑤ 耐史隸或許爲臣史的一種。

---

① 睡虎地秦墓竹簡整理小組編：《睡虎地秦墓竹簡》，釋文部分第54頁。
② 陳松長主編：《嶽麓書院藏秦簡（肆）》，第175頁。
③ 朱漢民、陳松長主編：《嶽麓書院藏秦簡（叁）》，第138頁。
④ ［德］勞武利：《秦代的司法裁判若干問題研究》，王沛主編：《出土文獻與法律史研究》第3輯，第155頁。
⑤ 睡虎地秦墓竹簡整理小組編：《睡虎地秦墓竹簡》，釋文部分第139頁。

【3】坐日六錢爲【盜】

[整理小組注]

參看簡1033：犯令者坐日六錢爲盜。①

【4】城旦司寇一人將

[疏證]

"城旦舂當將司者廿人，城旦司寇一人將"，相同內容見於睡虎地秦簡《秦律十八種》簡146《司空律》。睡虎地秦簡整理小組將《秦律十八種》簡145與146編聯在一起："毋令居貲贖責（債）將城旦舂。城旦司寇不足以將，令隸臣妾將。居貲贖責（債）當與城旦舂作者，及城旦傅堅、城旦舂當將司者，廿人，城旦司寇一人將。司寇不蹱，免城旦勞三歲以上者，以爲城旦司寇。司空。""居貲贖責（債）當與城旦舂作者，及城旦傅堅"在簡145上，"城旦舂當將司者，廿人，城旦司寇一人將"則在簡146上。也就是說，如果按照嶽麓簡的記載，睡虎地秦簡146或許不應該與145編聯在一起。因爲嶽麓簡"城旦舂當將司者"之前，同一隻簡上，抄錄着與睡虎地秦簡意義毫不相同的內容。當然，也不能完全排除嶽麓簡與睡虎地秦簡抄寫版本不同而造成的原因。將，周海鋒認爲即"將司"之省。②

【5】令隸臣妾將

[疏證]

"毋令居貲贖責（債）"至"令隸臣妾將"，在睡虎地秦簡《司空律》中排在了"城旦舂當將司者，廿人，城旦司寇一人將"的前面。

【6】拾日

[疏證]

拾日，即給日。參見簡2080（092）"拾逋事"注。

【7】坐皋人

[疏證]

"坐皋人"之"人"，整理小組原釋作"入"，今從劉傑、馬麗娜所釋改。③

---

① 陳松長主編：《嶽麓書院藏秦簡（肆）》，第175頁。
② 周海鋒：《秦律令研究——以〈嶽麓書院藏秦簡〉（四）爲重點》，第145頁。
③ 劉傑、馬麗娜：《〈嶽麓書院藏秦簡〉（肆）校讀札記》，《中國古文字研究會第二十一屆年會論文集》，2016年10月。吳淏：《〈嶽麓書院藏秦簡（肆）〉集釋及相關問題研究》，第180頁引。

【8】穜時、治苗時、獲時各二旬

[疏證]

睡虎地秦簡《秦律十八種》簡144《司空律》:"居貲贖責(債)者歸田農,種時、治苗時各二旬。"與嶽麓簡相比,缺"穫時"二字。參見簡1241(244)"田時"注。

簡文大意

……城旦。司寇不能去擔任駕車、做飯、看守官府及其他事務。如果上級要求他們這樣做,(有關官吏)一定要再次請示。徒隸繫城旦舂者、居貲贖債者如果敢爲人僕、養、看守官府,以及從事臣史的事務,或者居隱除,按照每日六錢的價值以盜罪論處。指使他們這樣做的官吏,要被處以耐刑。城旦舂需要被監管的,每二十個城旦舂,設城旦司寇一人監管,不能讓居貲贖債者監管城旦舂。城旦司寇人數不夠,就讓隸臣妾來監管。居貲贖債在官府居作以及本應當去戍守故徼而由於某種原因留在本縣居作者,農忙時節可歸家務農,播種時、治苗時以及收穫時,各給二十天的假期。

簡1354+1314(276—277)

●索(索)律[1]曰:索(索)有脫[2]不得者[3],節(即)後得及自出,●[4]訊[5]索(索)時所居[6]。其死罪[7],吏徒部索(索)[8]弗得者,贖耐;城旦舂到刑罪,貲$_{276}$二甲;耐罪以下貲一甲$_{277}$。

【1】索(索)律

[整理小組注]

索(索)律:當是"捕律"的秦代稱法。"索",猶"搜索、搜捕"也。《史記·留侯世家》:"秦始皇大怒,大索天下。"①

[疏證]

睡虎地秦簡有"捕盜律"。《秦律雜抄》簡38—39:"捕盜律曰:捕人相移以受爵者,耐。求盜勿令送逆爲它,令送逆爲它事者,貲二甲。"整理小組注:"據《晉書·刑法志》及《唐六典》注,李悝、商鞅所制訂的法律中都有'捕法',此處《捕盜律》可能與之有關。"②張家山漢簡《二年律令》中有《捕律》。嶽麓簡《索律》時代介於睡虎地秦律"捕

---

① 陳松長主編:《嶽麓書院藏秦簡(肆)》,第175頁。
② 睡虎地秦簡整理小組編:《睡虎地秦墓竹簡》,釋文部分第89頁。

盜律"與張家山漢律"捕律"之間,名稱與二者截然不同,因此,它是否如嶽麓簡整理者所說是"捕律"的秦代稱呼,需要進一步研究。

【2】脱

[整理小組注]

脱:逃脱。《國語·晉語四》:"公懼,乘馹自下,脱會秦伯於王城。"韋昭注:"脱會,遁行潛逃之言也。"①

【3】不得者

[疏證]

嶽麓秦簡整理小組原把"索有脱不得者"與"即後得及自出"連讀,今爲了方便理解,以逗號隔開。

【4】●

[整理小組注]

這裏的墨點當是提示符號,從文義和語法上看,前面的文句都不可單獨成句,而後面的内容也不是起首句,故這個墨點肯定不是一般的章節起首或結尾的符號。②

【5】訊

[整理小組注]

訊:審問。《左傳·昭公二十一年》:"使子皮承宜僚以劍而訊之,宜僚盡以告。"③

【6】所居

[疏證]

所居,所在。這裏指的是審問嫌疑人他當時藏匿的狀況,弄清爲什麽搜索時沒有發現他,以便追究搜捕者的責任。"所居"之後,嶽麓秦簡整理小組原標點爲逗號,今改爲句號。

【7】其死罪

[疏證]

"死罪"以及後面的"城旦舂到刑罪""耐罪以下",是針對亡人而言,説的是亡人的犯罪性質,"贖耐""貲二甲""貲一甲"是針對抓捕亡人的吏徒而言,説的是抓捕者搜索不到這些亡人時所受到的相應處罰。這幾種有序的處罰,給我們展示了當時大致的刑

---

① 陳松長主編:《嶽麓書院藏秦簡(肆)》,第175頁。
② 同上注。
③ 同上注。

罰序列,即"死罪""城旦舂到刑罪"和"耐罪以下"。"城旦舂到刑罪",包括各種勞役刑與肉刑的結合,"城旦舂"包括刑爲城旦舂、完爲城旦舂,"刑罪"可能是指刑罪的最低一級"耐爲隸臣妾"。"耐罪以下",應當就是指贖罪、貲罰及笞刑了。

【8】部索(索)

[疏證]

部,管轄,秦漢簡牘中多强調管轄範圍。部索,按轄區搜索。

簡文大意

《索律》規定:搜捕罪犯時有逃脱抓不到者,事後被抓到或者自首,(官府)要審問他搜索時他躲在哪裡。如果罪犯爲死刑犯(就藏在吏徒搜索的區域之内),吏徒在本區搜索時没有抓到,要被處以贖耐的刑罰;罪犯爲城旦舂到刑罪者,負責搜索的吏徒(若没搜到)要被貲罰二甲;罪犯爲耐罪以下者,負責搜索的吏徒(若没搜到)要被貲罰一甲。

簡0914+0349(278—279)

●□律[1]曰:冗募[2]羣戍卒及居貲贖責(債)戍者及冗佐史、均人史[3],皆二歲壹歸[4],取衣用[5],居家卅日[6],其□□□₂₇₈以歸寧,居室卅日外往來,初行[7],日八十里,之署,日行七十里。當歸取衣用,貧,毋(無)以歸者,貸日[8],令庸以遺[9]₂₇₉。

【1】□律

[整理小組注]

"律曰"前一字殘存半邊,其字無法確定,或以爲是"齎"字。①

【2】冗募

[疏證]

冗募,應募長期服役。秦漢簡牘中"冗募""冗作""冗官"之"冗",學術界一般有兩種認識,一種以睡虎地秦簡整理小組爲代表,釋爲"散""衆"。如睡虎地秦簡《秦律雜抄》:"冗募歸,辭曰日已備,致未來,不如辭,貲日四月居邊。"整理小組注:"冗募,意即

---

① 陳松長主編:《嶽麓書院藏秦簡(肆)》,第175頁。

衆募,指募集的軍士,《漢書·趙充國傳》稱爲'應募'。"[1]另一種以楊振紅爲代表,主張"冗"爲一種長期服役的方式,"《秦律雜抄》中的'冗募'即長期應募者。"[2]

《釋文注釋修訂本(壹)》綜合諸家之説後,也贊同"長期服役"説,其引諸家説曰:"孫言誠(1985)斷作'冗、募',認爲分指兩種人,冗指冗邊者,就是爲贖罪或贖身而到邊地去服額外的勞役(冗作)。募是應募而從軍戍的。秋非(1989):'冗'或借爲'由'、'從'也。里耶秦簡8-132有'冗募群戍卒百卌三人'。陳偉主編(2012,70頁):冗募者爲'戍卒',則通過本簡可知。今按:秦漢時期的戍卒來源於按制度徵發的内地丁壯,與自願應募的募兵制有別。簡文的'募'有徵召之意。冗募,即爲贖罪或贖身而到邊地去戍守者,其服役期限長,如《司空律》簡151:'百姓有母及同牲(生)爲隸妾,非適(謫)罪而欲爲冗邊五歲,毋賞(償)興日,以免一人爲庶人,許之。'與按制度徵發的戍卒有固定服役期限不同。"[3]

【3】均人史

[整理小組注]

均人史:均人的佐史。均人,《睡虎地秦簡·法律答問》:"可(何)謂'宮均人'?●宮中主循者殹(也)。"注:均,讀爲徇,《尚書·泰誓中》傳:"徇,循也。"循,巡查也。"史"當是承前省略了"佐"字。[4]

[疏證]

里耶秦簡有"均史佐""均佐"。里耶秦簡8-197有"佐均史佐日有泰觝已備歸",8-1277有"均佐上造郁郅往春曰田□",何有祖、魯家亮等認爲,"佐均史佐"或即"均佐"。[5]

"均人"一職,見於先秦典籍《周禮》,其屬下有"史四人"。《周禮·地官·均人》:"掌均地政,均地守,均地職,均人民、牛馬、車輦之力政。凡均力政,以歲上下:豐年則公旬用三日焉,中年則公旬用二日焉,無年則公旬用一日焉。凶札則無力政,無財賦,不收地守、地職,不均地政。三年大比,則大均。"《均人》敘官,鄭玄注:"均猶平也。主平土地之力政者。"[6]《均人》本職,鄭玄注:"政讀爲征。地征謂地守地職之税也。地守,虞衡之屬。地職,農圃之屬。力征,人民則治城郭、涂巷、溝渠,牛馬車輦則轉委積之屬。"[7]可以看出,《周禮》一書中"均人"的職責就是負責徭役賦稅徵發的均平合理。"均"的主旨不是數量相等,而是合理分配。《論語》所謂的"不患寡而患不均"就是這個意思。

睡虎地秦簡"宮均人"的職責"宮中主循者殹",初看之下,似乎與《周禮》"均人"

---

[1] 睡虎地秦簡整理小組編:《睡虎地秦墓竹簡》,釋文第88頁。
[2] 楊振紅:《秦漢簡中的"冗""更"與供役方式——從〈二年律令·史律〉談起》,卜憲群、楊振紅主編:《簡帛研究》二〇〇六,第87頁。
[3] 彭浩、劉樂賢等撰著:《秦簡牘合集·釋文注釋修訂本(壹)》,第174頁。
[4] 陳松長主編:《嶽麓書院藏秦簡(肆)》,第175頁。
[5] 陳偉主編:《里耶秦簡牘校釋》(第1卷),第108頁。
[6] 孫詒讓著,汪少華整理:《周禮正義》,第2分册,第794頁。
[7] 同上注,第1194頁。

的職責有所區別。但如果進一步研究"主循宮中"之目的,就會發現也是爲了使宮中人員調配合理,確保安全。這一點,銀雀山漢簡《田法》中的記載,可爲佐證。銀雀山漢簡《田法》:"……□□居焉,循行立稼之狀,而謹□□美亞(惡)之所在,以爲地均之歲……□巧(考)參以爲歲均計,二歲而均計定,三歲而一更賦田,十歲而民必易田,令皆受地美亞(惡)□均之數也。"①《田法》"循行立稼之狀",目的就是爲了確定合理的"地均之計"。睡虎地秦簡"宮均人"一職的設置,亦當按照這一思路理解。

秦律中也很強調人力資源及物資的合理調撥分配。睡虎地秦簡《秦律十八種》中有《均工律》,睡虎地秦簡整理小組注:"均,《周禮·內宰》注:'猶調度也。'均工,關於調度手工業勞動者的法律規定。"②里耶秦簡8-759有"徒少及毋徒,薄(簿)移治虜御史,御史以均予","均予"即指合理調配。嶽麓秦簡、里耶秦簡在徵發徭役時,都強調合理調配,先徵發官府控制的徒隸,徒隸不足時再動用黔首;即使是徵發黔首,也盡量先徵發家訾富厚者,再徵發貧窮者,以盡量減少百姓損失。這都體現了政府管理的一種"均平"思想。

【4】二歲壹歸

[疏證]

二歲壹歸,兩年回家一次,這是官府對冗募羣戍卒及居貲贖責(債)戍者及冗佐史、均人史的休假規定。從下文看,每次休假的日期是三十天。漢初關於官吏休假的規定中有每年一次的,也有兩年一次的。《二年律令》簡217《置吏律》:"吏及宦皇帝者、中從騎,歲予告六十日;它內官,卅日。吏官去家二千里以上者,二歲一歸,予告八十日。"

【5】取衣用

[疏證]

取衣用,取衣物及其他用品,爲秦漢時習語。肩水金關漢簡73EJT6:91:"……之移居延卅井縣索關門,遣從史憲歸。取衣用。居延乘幍……"73EJT10:15:"□遣丞從史造昌,歸隴西,取衣用與從……河津關毋苛留止,如律令。敢言之。……"③73EJT24:269:"過所縣道河津關。遣從史畢歸取衣用……"④

【6】居家卅日

[疏證]

"居家",在家中停留,與下文"居室"同義。嶽麓秦簡假期的時間區分了途中往返日期及家中停留日期。"居家卅日",指的是在家中停留三十日。居延新簡的類似規定,

---

① 銀雀山漢墓竹簡整理小組編:《銀雀山漢墓竹簡(壹)》,文物出版社1985年版,第146頁。
② 睡虎地秦簡整理小組編:《睡虎地秦墓竹簡》,釋文第46頁。
③ 甘肅簡牘保護中心等編:《肩水金關漢簡(壹)》,第70、130頁。
④ 甘肅簡牘保護中心等編:《肩水金關漢簡(貳)》,第157頁。

更清楚地表明了這一點。《居延新簡》EPT17·6:"鄣卒蘇寄,九月三(四)日封符休,居家十日,往來二日,會月十五日。"① EPC·61:"十一日封符更休,居家十日。往來……"②

【7】初行

[疏證]

"初行"與"之署"相對,"初行"指從官署歸家,"之署"指從家返回官署。

【8】貸日

[整理小組注]

貸日:給予居作的日子。貸,給予。《説文·貝部》:"貸,施也。"③

[疏證]

嶽麓秦簡整理小組此注不確。"貸日"不是給予居作的日子,而是在規定假期天數之外,另行多借給幾日自由時間,以便於歸家者籌措回家路費。當然,這多借的幾日將來是要通過額外的勞作來歸還的,故稱"貸日"。

【9】逋

[整理小組注]

逋:或當是"補"字之訛。"令庸以補"即令"毋以歸者"以作"庸(傭)"的方式去補償。④

[疏證]

整理小組的意思似乎是説,"令庸以補"是補償"貸日"的,此説不確。我們認爲,"令庸以補"是解釋"貸日"的用途的。此處"補"的含義不是"補償",而是"補貼"。所謂"令庸以補",應該説的是因爲歸家者很窮,往返沒有足夠的路費,官府就在法定的假期之外,另行多借給他幾天時間,這幾天時間他可以通過庸作的方式,掙夠路費。當然,庸作的對象可以是官府,也可以是私人。

簡文大意

《□律》説:冗募群戍卒、居貲贖債戍者、冗佐史、均人史等,皆兩年放假歸家一次,取衣物用度,在家可以待三十天,其……除去在家待的三十天外,路上往返的日期,回家時按照日行八十里計算時間,返回工作單位時按照日行七十里計算。應當回家取衣物用度的,因貧窮沒有路費回家,官府可以多借給他幾天,以便讓他通過庸作掙錢,攢足路費。

---

① 孫占宇:《居延新簡集釋(一)》,第466頁。
② 張德芳:《居延新簡集釋(七)》,第660頁。
③ 陳松長主編:《嶽麓書院藏秦簡(肆)》,第175頁。
④ 同上注。

簡0994(280)

●田律曰：黔首居[1]田舍[2]者毋敢醢〈醯(酤)〉酒，有不從令者貲(遷)之，田嗇夫、士吏、吏部[3]弗得，貲二甲。●第乙[4]280。

【1】居

[整理小組注]

居：居住。①

[疏證]

居，這裏指的是農忙時節臨時居住在田舍中。這條律令亦見於嶽麓簡1400(115)："黔首居田舍者毋敢醢〈醯(酤)〉酒，不從令者貲(遷)之，田嗇夫、吏、吏部弗得，貲各二甲，丞、令、令史各一甲。"後者多出"丞、令、令史各一甲"一句，從文義來看，簡0994漏抄了這一句。基本相同的內容還見於睡虎地秦簡《秦律十八種》簡12《田律》："百姓居田舍者毋敢醢(酤)酉(酒)，田嗇夫、部佐謹禁御之，有不從令者有罪。"

【2】田舍

[疏證]

田舍，睡虎地秦簡整理小組曰："農村中的居舍。"②這是不準確的。這裏的田舍，指的是農忙季節農民爲節省時間不回家居住而在田間臨時搭建的居所。正因爲如此，才禁止居田舍者買酒飲酒。

【3】吏部

[疏證]

吏部，即"吏部主者"的省稱，有時亦簡稱爲"部者""吏主者"等等，其意義均爲直接負責的官吏。張家山漢簡《二年律令》簡6《賊律》："船人渡人而流殺人，耐之。船嗇夫、吏主者贖耐。"《二年律令》簡144-145《捕律》："盜賊發，士吏、求盜部者，及令、丞、尉弗覺智(知)，士吏、求盜皆以卒戍邊二歲，令、丞、尉罰金各四兩。令、丞、尉能先覺智(知)，求捕其盜賊，及自劾，論吏部主者，除令、丞、尉罰。"《二年律令》簡147《捕律》："□□□□發及鬥殺人而不得，官嗇夫、士吏、吏部主者，罰金各二兩。"

---

① 陳松長主編：《嶽麓書院藏秦簡(肆)》，第175頁。
② 睡虎地秦墓竹簡整理小組編：《睡虎地秦墓竹簡》，釋文部分第22頁。

【4】第乙

[疏證]

周海鋒說:"0994號律文結尾處標明序號了'第乙',並以'·'號隔開律文。帶有序號的秦律在此尚屬首見,傳達出來的信號就是秦代對律文進行過統一地整理,至於是否基於全部通行的律文,我們不得而知。至少就某一類律,在某個時期是進行了統一編纂的,不然就無法解釋律文編序號的問題。"① 我們認爲,本條律文起首已經明確自稱《田律》,文末再加序號顯然不會再是國家統一的行爲,因爲再這樣做没必要,這種行爲很可能是律文抄録部門或使用者或書手個人的行爲。睡虎地秦簡的記載表明,各個部門會定期到指定的部門去抄録或校對國家頒布的法律條文,這些部門不會抄録全部律文,而是各取所需,只抄録與本部門有關的律文,個人使用者也是同樣的做法,正因爲如此,我們所見到的墓葬中的法律條文都不是全本,原因就在於此。由於是本部門或個人使用,爲了使用方便,對混雜在一起的各類律文進行編號,就各隨其便了。

簡文大意

《田律》規定:黔首在田舍居住者不能買酒,不服從法令的處以遷刑,田嗇夫、士吏、直接負責該區的小吏没有發現,貲罰二甲。第乙。

簡0798+0794(281—282)

興律曰:諸書求報者[1],皆告,令署某曹發[2]└,弗告曹[3]└報者署報書中某手[4],告而弗署,署而環(還)及弗告└,及 281 不署手,貲各一甲 282。

【1】諸書求報者

[疏證]

諸書求報者,就是要求接收方有回復的文書。嶽麓簡1271+1243(223—224):"□律曰:傳書受及行之,必書其起及到日月夙莫(暮),以相報,報宜到不來者,追之。書有亡者,亟告其縣官。不從令者,丞、令、令史主者貲各一甲。" "報宜到不來者"是說回文本應到達而未到者,要及時查詢。睡虎地秦簡《秦律十八種》簡184—185《行書律》:"行傳書、受書,必書其起及到日月夙莫(暮),以輒相報殹(也)。書有亡者,亟告官。隸臣妾老

---

① 周海鋒:《嶽麓書院藏秦簡〈田律〉研究》,武漢大學簡帛研究中心主辦:《簡帛》第11輯,第103頁。

弱及不可誠仁者勿令。書廷辟有曰報，宜到不來者，追之。""輒相報"，就是説收到來書後要及時回復。

【2】署某曹發

[疏證]

署某曹發，署明由某曹開啓文書。實例屢見於里耶秦簡文書封檢，如里耶秦簡8-263："廷户曹發。"8-778："廷令曹發。"8-978："守府户曹發。"8-1859："廷令曹發。"8-2550："遷陵以郵行。覆曹發。洞庭。"① 封檢上除了署"某某曹"發之外，有時候也署由某某機構或機構長官發，如8-52："廷主吏發。"8-64背："☐署金布發。"

【3】弗告曹

[整理小組注]

"弗告曹"前後的勾識符號當爲强調符號。②

[疏證]

"弗告曹"與"報者署報書中某手"之間，嶽麓簡整理小組原有逗號隔開，今刪除，讀作"弗告曹報者署報書中某手"。"弗告曹"與後面的"告而弗署"相對，"報者署報書中某手"爲"弗告曹"的具體内容。

【4】某手

[疏證]

某手，一般理解爲書手所寫，即抄寫者或書寫者。里耶秦簡5-1："元年七月庚子朔丁未，倉守 陽 敢言之：獄佐辨、平、士吏賀具獄，縣官食盡甲寅，謁告過所縣鄉以次續食。雨留不能投宿齋。來復傳。零陽田能自食。當騰期卅日。敢言之。七月戊申零陽䵼移過所縣鄉。䌷手。／七月庚子朔癸亥，遷陵守丞固告倉嗇夫：以律令從事。嘉手。"《校釋一》注曰："手，學界歧義頗多。張春龍、龍京沙先生指出：抄手名後綴以'手'字，于簡文中爲定例，也見於張家山漢墓竹簡。李學勤先生云：'手'訓爲'親'，'某手'即某人簽署，……文書中簽寫'某手'的人是負責抄寫、收發文書等事的吏員。于振波先生亦云：'气手''壬手'，是有關官署的署名。這些簽名或者出現在文書正文中，並用斜綫"/"與正文隔開……或者出現在文書末尾，不用斜綫，而是與正文之間保留一段空白。胡平生先生認爲：'手'指文書由某人經手。馬怡先生認爲：'手'，手迹，經手。《漢書·郊祀志上》：'天子識其手。'顔師古注：'手，謂所書手迹。'王焕林先生認爲：'在可以確定爲非公文原件（即經過二次書寫而成爲歸類檔案）的那一批簡牘中，其最後一行所出現的某手必爲書佐之署名。'今按：8-756云：'有書，書壬手。'又稟食文書中參與

---

① 陳偉主編：《里耶秦簡牘校釋》（第1卷），第125、225、255、400、479頁。
② 陳松長主編：《嶽麓書院藏秦簡（肆）》，第175頁。

出稟的史、佐與某'手'爲同一人。可見'手'爲書手。"① 嶽麓秦律規定,文書在書寫或抄寫完畢後,要署書手的名字,否則有關人員將受到處罰。

簡文大意

《興律》規定:文書傳遞要求有回文者,都要在文書中告知,要署明由哪一曹拆閲,如果不告知該曹報者要在回文中署明書手姓名,或者已告知而没有署名,署名之後再次回文,回文中没有告知某曹發,没有署明書手姓名,貲罰各一甲。

缺簡20

簡J14(283)

☐☐下縣道官而弗治[1]。毄(繫)人而弗治[2],盈五日,貲一盾;過五日到十日,貲一甲;過十日到廿日,貲二甲,後有盈十日,輒駕(加)一甲 283。

【1】下縣道官而弗治

[疏證]

下,投入,這裏指的是投入監獄的意思。睡虎地秦簡《秦律十八種》簡108《工人程》:"隸臣、下吏、城旦與工從事者冬作,爲矢程,賦之三日而當夏二日。"睡虎地秦簡整理小組注:"秦漢時把原有一定地位的人交給官吏審處,稱爲'下吏',如《史記·叔孫通傳》:'於是二世命御史案諸生言反者下吏。'此處係名詞,指被'下吏'的人。"②

"下縣道官而弗治"之後,嶽麓秦簡整理小組原標點爲逗號,今改爲句號。"下縣道官而弗治"與下文"毄(繫)人而弗治"云云含義相同,後者是對前者的進一步詳細解説,意思是官府把人抓進監獄,却又不及時加以審訊處理,導致長期關押,久繫不決。

【2】毄(繫)人而弗治

[疏證]

毄(繫)人而弗治,把人拘繫起來却又不加審訊,即所謂的"弗問而久繫"。睡虎地秦簡《秦律十八種》簡135-136《司空律》:"所弗問而久毄(繫)之,大嗇夫、丞及官

---

① 陳偉主編:《里耶秦簡牘校釋》(第1卷),第5頁。
② 睡虎地秦墓竹簡整理小組編:《睡虎地秦墓竹簡》,釋文部分第45頁。

嗇夫有罪。"睡虎地秦簡"弗問"即嶽麓簡"弗治"。"繫"與"治"是兩個緊密相連的司法程序,"繫"後緊接着就是"治",按程序依次進行,故法律上"繫治"並稱。如張家山漢簡《二年律令》簡118《具律》:"毋敢以投書者言毄(繫)治人,不從律者,以鞫獄故不直論。"嶽麓簡這條律令則是針對官吏行政過程中"繫而不治"的這種不作爲現象采取的懲治措施。睡虎地秦簡《法律答問》簡33—34:"士五(伍)甲盜,以得時直(值)臧(贓),臧(贓)直(值)過六百六十,吏弗直(值),其獄鞫乃直(值)臧(贓),臧(贓)直(值)百一十,以論耐,問甲及吏可(何)論?甲當黥爲城旦;吏爲失刑罪,或端爲,爲不直。"簡35—36:"士五(伍)甲盜,以得時直(值)臧(贓),臧(贓)直(值)百一十,吏弗直(值),獄鞫乃直(值)臧(贓),臧(贓)直(值)過六百六十,黥甲爲城旦,問甲及吏可(何)論?甲當耐爲隸臣,吏爲失刑罪。甲有罪,吏智(知)而端重若輕之,論可(何)殹(也)?爲不直。"這兩種"久繫不決"的情況都導致了盜竊案判決結果的巨大差異,嚴重地影響了司法公正。這種情況大概在秦代非常普遍,因此引起了皇帝的注意。《嶽麓書院藏秦簡(伍)》簡59—61:"制詔御史:聞獄多留或至數歲不決,令無皁者久毄(繫)而有皁者久留,甚不善,其舉留獄上之。御史請:至計,令執灋上冣(最)者,各牒書上其餘獄不決者,一牒署不決歲月日及毄(繫)者人數,爲冣(最),偕上御史,御史奏之,其執灋不將計而郡守丞將計者,亦上之。制曰:可。卅六"①《嶽麓肆》的這條律令也許正是皇帝干預之後的政策反應。

簡文大意

……投入縣道官(監獄)而不處理。拘繫人(於監獄)而不處理,滿五日,有關官吏要被貲罰一盾;超過五日至十日,貲罰一甲;超過十日至二十日,貲罰二甲;以後每超過十日,加貲罰一甲。

---

① 陳松長主編:《嶽麓書院藏秦簡(伍)》,上海辭書出版社2017年版,第58—59頁。

第三組簡

簡0528+0527(0)+0467-1+0019+缺簡21+0557(284—288)

　　黔首居貲贖責(債),其父母妻子同【居責】[1],☑284☑☑☑許之。不可資〈責〉[2],令自衣食[3],亦許。隸臣妾老[4]、病、𤕫[5]、毋疕[6]、睆[7]、毋(無)賴[8],縣官285☑☑☑☑☑爲隸臣妾而皆老[9],毋(無)賴,縣官☑☑286皆勿令回費日[10],以便[11]。毋(無)病,黔首爲故[12]不從令者,貲丞、令、史[13]、執灋、執灋丞、卒史各二甲287。(缺簡21)死,皆毋(無)父母妻子同居責(債)殹(也),出之[14]。有等比[15]288。

【1】父母妻子同【居責】

[疏證]

　　父母妻子同居責(債),這可能是全家居責(債)。嶽麓秦簡和睡虎地秦簡的《司空律》都提到了"一室二人以上居貲贖責",家中缺乏人手照料的時候,允許一人留居家中。或許就有針對全家居貲的情況。還有一種可能,就是黔首居貲贖債,爲了加快居貲贖債的進度,讓自己的父母妻子也一同加入進來,這種情況法律也是允許的。睡虎地秦簡《秦律十八種》簡137《司空律》:"居貲贖責(債)者,或欲籍(藉)人與并居之,許之,毋除繇(徭)戍。"可爲證。即使如此,家中也要留人,不得耽誤農事。

【2】資〈責〉

[疏證]

　　資,嶽麓秦簡整理小組原釋作"貲"。林少平釋"資"。從字形上來看,釋"資"比較合適,但文義難通。故吳淏又推測或可釋"責"。① 從上下文義來看,釋"責"比較恰當,爲"收取費用"之義,但字形上還是有一定差距。因此我們推測,此處釋"資"之字,或爲"責"之誤寫。

【3】自衣食

[疏證]

　　自衣食,自備衣食。

---

① 吳淏:《〈嶽麓書院藏秦簡(肆)〉集釋及相關問題研究》,第184頁。

【4】老

[疏證]

老,免老,本指秦漢時期養老制度中的一個年齡段,達到免老年齡者將享受到國家一系列優惠政策。養老制度主要針對庶民以上及有爵位者。這裏指隸臣妾達到免老的年齡。

【5】攣

[疏證]

攣,抽搐,痙攣,手足蜷曲不能伸直。居延新簡EPT53.14:"☐董充——酒三月癸巳病攣,右脛癰種。☐。"馬智全曰:"攣,手足蜷曲。《集韻·綫韻》:'攣,手足曲病。'《史記·蔡澤列傳》:'先生曷鼻,巨肩,魋顔,蹙齃,膝攣。'裴駰《集解》:'攣,兩膝曲也。'《慧琳音義》卷六十'攣躄'引《韻英》:'攣,手足筋急拘束,不能行步申縮也。'"[1]

【6】毋疣

[整理小組注]

毋疣:"毋"疑為衍文。[2]

[疏證]

疣,亦作"肬",肉瘤。《玉篇·疒部》:"疣,結病也,今疣贅之腫也。"《廣韻·尤韻》:"疣,《釋名》曰:疣,丘也。出皮上聚高,如地之有丘也。"

【7】睆

[疏證]

睆,睆老,這裏指達到睆老年齡。嶽麓簡1371(152)《繇律》有"其睆老而皆不直(值)更者"。睆老、免老、賜杖是秦漢時期養老制度對於不同年齡段的老人的相關規定。

睡虎地秦簡中有免老和賜杖兩個年齡段的記載。《秦律十八種》簡59《倉律》:"免隸臣妾、隸臣妾垣及為它事與垣等者,食男子旦半夕參,女子參。"整理小組注:"免,疑即達到免老年齡。《漢舊儀》:'秦制二十爵,男子賜爵一級以上,有罪以減,年五十六免。無爵為士伍,年六十乃免老。'隸臣妾也有免老的規定,見下。"[3]簡61《倉律》"隸臣欲以人丁粼者二人贖,許之。其老當免老、小高五尺以下及隸妾欲以丁粼者一人贖,許之",說的就是這種情況。睡虎地秦簡中提到"仗(杖)城旦",說的就是達到賜杖年齡的城旦。《秦律十八種》簡147《司空律》:"仗城旦勿將司;其名將司者,將司之。"整理小組注:

---

[1] 馬智全:《居延新簡集釋(四)》,甘肅文化出版社2016年版,第287頁。
[2] 陳松長主編:《嶽麓書院藏秦簡(肆)》,第225頁。
[3] 睡虎地秦墓竹簡整理小組編:《睡虎地秦墓竹簡》,釋文部分第34頁。

"仗,疑讀爲杖。老人持杖,故古時稱老人爲杖者。《論語·鄉黨》:'杖者出。'孔注:'杖者,老人也。'此處仗城旦因年老,故不必將司。"①

張家山漢簡有關於睆老、免老和賜杖三個年齡段的詳細規定,可供參考。《二年律令》簡355—357《傅律》:"大夫以上年七十,不更七十一,簪褭七十二,上造七十三,公士七十四,公卒、士五(伍)七十五,皆受仗(杖)。大夫以上年五十八,不更六十二,簪褭六十三,上造六十四,公士六十五,公卒以下六十六,皆爲免老。不更年五十八,簪褭五十九,上造六十,公士六十一,公卒、士五(伍)六十二,皆爲睆老。"②

嶽麓簡關於睆老年齡的記載表明,漢初養老制度的三個年齡段的規定,在秦代已經全部出現了。

【8】毋(無)賴

[疏證]

毋賴,秦律習語,即無所依靠之義。還見於嶽麓簡0635(358)"隸臣妾、城旦、城旦舂司寇、鬼薪、白粲及毄(繫)城旦舂老、癃(癃)病,毋賴不能作者"、簡0319(360)"徒隸老、癃(癃)病,毋(無)賴"。

另外,"睆"與"毋賴"之間,嶽麓簡整理小組原點頓號,今改爲逗號。這就是說,"毋(無)賴"不是與"老""病""擊""毋疵""睆"並列的一種情況,而是對前面五種情況而無所依靠者的一種概括。嶽麓簡説的是隸臣妾出現這五種情況而本人又無親無友,無所依靠的情況時,官府的救濟措施。如果這些老弱病殘的徒隸有親友可以依靠,官府則倡導其親友提供幫助。如嶽麓簡0635(358)"隸臣妾、城旦、城旦舂司寇、鬼薪、白粲及毄(繫)城旦舂老、癃(癃)病,毋賴不能作者",如果無親友可以依靠,則"遣就食蜀守"。如果有親友願意贖買他們,則由親友贖買,不再令"遣就食"。因此,陶磊認爲"毋賴縣官"當作一句讀,意指那些老弱病殘者不應當依賴官府,③這種理解是不恰當的。

【9】老

[疏證]

"老"之後,嶽麓秦簡整理小組原標點作頓號,今改爲逗號。

【10】費日

[整理小組注]

費日:浪費時日。④

---

① 睡虎地秦墓竹簡整理小組編:《睡虎地秦墓竹簡》,釋文部分第54頁。
② 張家山二四七號漢墓竹簡整理小組編著:《張家山漢墓竹簡〔二四七號墓〕》(釋文修訂本),第57頁。
③ 陶磊:《讀嶽麓書院藏秦簡(肆)劄記》,武漢大學簡帛網2017年1月9日。吳淏:《〈嶽麓書院藏秦簡(肆)〉集釋及相關問題研究》,第184頁引。
④ 陳松長主編:《嶽麓書院藏秦簡(肆)》,第225頁。

【11】以便

[整理小組注]

以便：因利乘便，見機行事。《史記·廉頗藺相如列傳》："（李牧）以便宜置吏，市租皆輸入莫府，爲士卒費。"①

【12】爲故

[疏證]

爲故，"爲"，屬於，表示肯定的判斷詞。"爲故不從令"，即屬於故意不從令者。一説"爲"當爲"無"之誤，"爲故"即"無故"。

【13】令、史

[疏證]

嶽麓簡整理小組原標點作"令史"，今改作"令、史"。"史"爲"令史"一職的簡稱。因爲"貲丞、令、史、執灋、執灋丞、卒史各二甲"這句話中，貲罰的對象分兩部分，一部分是縣令系統，一部分是執灋系統，執灋系統官吏爲"執灋、執灋丞、卒史"，按照對應的原則，縣令系統官吏當爲"丞、令、令史"，因此我們推測，此處的"丞、令史"當讀作"丞、令、史"，"史"爲"令史"之省稱，也有可能是脱一"令"字。

【14】出之

[疏證]

出之，即銷賬，這裏指免除債務。居責者在居責期間死亡，又沒有父母妻子同居替他居作償還，剩餘債務只能免除。睡虎地秦簡有一條材料記載説，債務人在居債期間死亡，不追究其妻子同居替其居作，這可能屬於特殊情況。如《秦律十八種》簡82–85《金布律》："吏坐官以負賞（償），未而死，及有罪以收，抉出其分。其已分而死，及恒作官府以負責（債），牧將公畜生而殺、亡之，未賞（償）及居之未備而死，皆出之，毋責妻、同居。"②

【15】有等比

[疏證]

有等比，又作"它有等比"。歐陽説："'它有等比'的意思是其他官署遇到同等情況時須比照此事處置。"③用今天的話説，就是"諸如此類"的意思。歐陽把"它有等比"類的文獻視爲法律上的比行事，陳偉又以此爲基礎做了進一步的剖析。④"它有等比"亦見於嶽麓

---

① 陳松長主編：《嶽麓書院藏秦簡（肆）》，第225頁。
② 睡虎地秦墓竹簡整理小組編：《睡虎地秦墓竹簡》，釋文部分第40頁。
③ 歐陽：《嶽麓秦簡所見秦比行事研究》，中國文化遺産研究院編：《出土文獻研究》第14輯，第71頁。
④ 陳偉："有等比"與"比行事"，韓國慶北大學校人文學書院編：《古代東亞文字資料研究的現在與未來——以韓國、中國和日本出土木簡資料爲中心》，2020年，第329–335頁。

簡0680、0319、0588-2（342、360、385）。"有等比"亦省作"有等"，見嶽麓簡0530（305）。《漢書·元后傳》："太后憐弟曼蚤死，獨不封，曼寡婦渠供養東宮，子莽幼孤不及等比，常以爲語。"[1]《後漢書·翟酺傳》："今外戚寵倖，功均造化，漢元以來，未有等比。"[2]

簡文大意

黔首居貲贖債，其父母妻子一同（居作）者，……是可以的。無法收取費用，令自備衣食，也是可以的。隸臣妾（達到）免老（年齡）、生病、攣、疕、（達到）睆老（年齡）而無所依靠者，縣官……爲隸臣妾皆到了免老年齡，無所依靠，縣官……皆不讓他們往返浪費時日，可根據具體情況自便。無病，黔首無故不服從命令者，貲罰縣令、縣丞及令史、執灋、執灋丞及卒史各二甲。（居貲贖債者沒有還清債務而）死亡，沒有父母妻子爲他繼續居貲贖債者，所欠債務取消。其他情況據此處理。

簡0479（289）

▌泰上皇[1]元年以前隸臣妾及□□□□☐289

【1】泰上皇

［疏證］

泰上皇，參見簡0587（329）"泰上皇"注。

簡文大意

泰上皇元年以前，隸臣妾和……

缺簡22

簡0326＋0324（290—291）

責（債）及司寇、踐更者[1]不足，乃遣城旦、鬼薪有□不疑[2]亡者┗。遣之

---

[1] 班固：《漢書》，第4026頁。
[2] 范曄：《後漢書》，第1603頁。

不如令或□殺及□□□□☑290而吏主遣者，貲各二甲，丞、令、令史各一甲291。

【1】責（債）及司寇、踐更者

[整理小組注]

類似內容見里耶秦簡16-5A："節（即）傳之，必先悉行乘城卒、隸臣妾、城旦舂、鬼薪白粲、居貲贖責（債）、司寇隱官、踐更縣者。"此處嶽麓簡簡文意爲：遣居貲贖債及司寇、踐更者去從事某事。①

[疏證]

"責"前當承接"居貲贖"三字。

【2】不疑亡者

[整理小組注]

疑：疑忌、擔憂。不疑亡者，不擔憂其逃亡者。參見嶽麓簡0898："毋得免赦，皆盜戒（械），膠致桎傳之。其爲士五庶人者，處蒼梧，蒼梧守均處少人所；疑亡者，戒（械），膠致桎傳。"或讀"疑"爲"擬"。《漢書·食貨志下》："東置滄海郡，人徒之費疑於南夷。"顔師古注："疑讀曰擬。擬謂比也。"②

[疏證]

"鬼薪"與"有□不疑亡者"之間，嶽麓簡整理小組原標點頓號，今删除，改爲連讀。意思是派遣城旦、鬼薪中被認爲不會中途逃亡的人。

簡文大意

……居貲贖債者、司寇、踐更者不夠，再派遣城旦、鬼薪中那些被認爲不會中途逃亡的人。如果沒有按照規定派遣人力，或……負責派遣的官吏，貲罰各二甲，令、丞、令史貲罰各一甲。

簡J44+0705（292—293）

【諸】[1]給日[2]及諸從事[3]縣官、作縣官[4]及當戍故徵而老病居縣[5]、坐貤[6]入舂，篤貧不能自食，皆食292縣官而益展其日以當食[7]，如居貲責（債）293。

---

① 陳松長主編：《嶽麓書院藏秦簡（肆）》，第225頁。
② 同上注。

【1】諸

[整理小組注]

諸：此字據下文推補。①

【2】給日

[疏證]

給日，嶽麓秦簡中又作"拾日"，補償日期，這裏指的是補償所欠勞役日期。參見嶽麓簡2080（092）"拾逋事"之"拾"注、簡1225（186）"拾日"注。

【3】從事

[整理小組注]

從事：服役。《睡虎地秦簡·秦律十八種·倉律》："從事公"，即爲官府服役。②

[疏證]

從事，作"服役"講，與"居作"有所區別，前者是正常服役，後者則是爲償還債務或懲罰性勞作。亦見於睡虎地秦簡《秦律十八種》簡191《内史雜》："令敖史毋從事官府。"整理小組注："從事官府，在官府服務。"③

【4】作縣官

[整理小組注]

作：居作，帶有懲罰性的勞作。作縣官，即在官府居作。《漢書·食貨志下》："諸取衆物鳥獸魚鱉百蟲於山林水澤及畜牧者，嬪婦桑蠶織紝紡績補縫，工匠醫巫卜祝及它方技商販賈人坐肆列里區謁舍，皆各自占所爲於其在所之縣官。除其本，計其利，十一分之，而以其一爲貢。敢不自占，自占不以實者，盡没入所采取，而作縣官一歲。"④

[疏證]

嶽麓秦簡整理小組把"作"釋爲"居作，帶有懲罰性的勞作"，故此"居作"當爲"罰作"，與"居貲贖債"之"居作"有所不同，後者主要目的在於通過勞作還清債務。

【5】居縣

[疏證]

居縣，户籍所在之縣。這裏指的是通過在本縣勞作抵償本應去戍守故徼的戍役。陳偉對此有詳細論述，可作參考。他説："《嶽麓秦簡（肆）》274—275號中的'當戍故徼有故而作居

---

① 陳松長主編：《嶽麓書院藏秦簡（肆）》，第225頁。
② 同上注。
③ 睡虎地秦墓竹簡整理小組編：《睡虎地秦墓竹簡》，釋文部分第63頁。
④ 陳松長主編：《嶽麓書院藏秦簡（肆）》，第225頁。

縣',《嶽麓秦簡(肆)》292—293號中的'當戍故徼而老病居縣'應關聯密切。後者的'老病'大概就是前者'有故'或者若干'故'中的一種,而後者的'居縣'又應與前者'作居縣'相當。這兩條令文中所說的對象,本來應該到故徼戍守,因爲老病或其他原因而在'居縣'(或簡稱'縣')勞作。這裏的'居縣'(或簡稱'縣'),也以理解爲當事人家鄉之縣爲宜。"①

【6】妒

[整理小組注]

妒:通"妬"。坐妒,即因妒而犯罪。②

【7】益展其日以當食

[整理小組注]

益展,同義複詞。延長也。《漢書·王溫舒傳》:"令冬月益展一月,卒吾事矣!"③

[疏證]

居作縣官而家貧不能自己提供飲食者,可由縣官供給,但飲食費用則通過延長居作時日的方式進行補償。睡虎地秦簡《秦律十八種》簡133—134《司空律》:"有罪以貲贖及有責(債)於公,以其令日問之,其弗能入及賞(償),以令日居之,日居八錢;公食者,日居六錢。居官府公食者,男子參,女子駟(四)。"

簡文大意

那些補償勞役者、居作以及本應去戍守故徼但因老病而居作於本縣者、因妒忌而被罰爲舂者,(這些人中如有)貧窮不能自己提供衣食者,由官府提供衣食,相應費用通過延長他們的勞作時間來補償,如同居貲債那樣處理。

簡0099-2(294)

諸居貲贖購賞……294

簡文大意

那些居貲贖債者獎勵……

---

① 陳偉:《秦漢簡牘"居縣"考》,《歷史研究》2017年第5期。
② 陳松長主編:《嶽麓書院藏秦簡(肆)》,第225頁。
③ 同上注。

簡0466+0944(295—296)

▌諸故同里里門而別爲數里者,皆復同[1]以爲一里。一里過百[2]而可隔垣,益[3]爲門者,分以爲二里。□□₂₉₅□□出歸里中[4],里夾、里門者隔車馬[5],衰爲門介(界)[6],更令相近者,近者相同里[7]₂₉₆。

【1】同

[疏證]

同,合併。

【2】百

[疏證]

百,指的是民户數。過百,民户數在百户以上。

【3】垣益

[疏證]

嶽麓秦簡整理小組原"垣益"二字連讀,筆者以爲以逗號斷開爲宜,"垣"字上讀,"益"字下讀。"一里過百而可隔垣",是説一個里如果人户過百而可用圍牆隔開。"益爲門者",增加一個門。正因爲如此,"分以爲二里"就順理成章了。周波把"垣益"讀爲"垣、隘",①意思是説百户以上的里,可由圍牆或險隘分爲兩個里,亦可通,然不如前説爲佳。

【4】里中

[疏證]

"里中"與"里夾"之間,嶽麓秦簡整理小組原標點爲頓號,今改爲逗號。

【5】里夾、里門者隔車馬

[整理小組注]

里夾:里的左右兩邊。唐玄應《一切經音義》:"夾,在兩邊也。"②

[疏證]

里夾、里門者隔車馬,嶽麓秦簡整理小組原標點作"里夾、里門者,□車馬",今改

---

① 周波:《〈嶽麓書院藏秦簡(肆)〉補説》,姚遠主編:《出土文獻與法律史研究》第7輯,第67頁。
② 陳松長主編:《嶽麓書院藏秦簡(肆)》,第225頁。

爲"里門者"與"□車馬"連讀。"□",嶽麓秦簡整理小組未釋,今從吳湅釋作"隔",意爲阻礙。"里夾",嶽麓秦簡整理小組解釋爲"里的兩邊",不準確,不如解釋爲"兩里之間",這裏指兩里之間的通道。"里夾、里門者隔車馬",是說里夾和里門過窄,阻礙車馬通行。

【6】衷爲門介(界)

[整理小組注]

衷:適當、恰當。《左傳·僖公二十四年》:"服之不衷,身之災也。"杜預注:"衷,猶適也。"①

[疏證]

門介(界),門的寬度。"衷爲門介(界)",適當地拓寬里門(以便車馬通行)。

【7】近者相同里

[疏證]

近者相同里,大概指的是特別相近的兩里,要合爲一里,否則兩里之間夾道過窄,不利交通。付奎認爲"更令相近者,近者相同里"中後一"近者"可能是衍文,②是有道理的。

簡文大意

那些曾經同里共用一個里門而(後來)分爲數里者,(現在)皆合爲同一個里。一個里人户過百而可以用墻隔開增加里門者,分爲二里。……出入里中或兩里之間,里夾、里門過窄,阻礙車馬通行者,要適當拓寬里門。距離特別相近的兩里之間,可合爲一里。

簡0443+0544+0665+1521(297—300)

廿年二月辛酉内史言:里人[1]及少吏[2]有治里中,數晝閉門不出入。請:自今以來[3]敢有□來□□□□╱297晝閉里門,擅訾僞□□□□□□□□□者,縣以律論之。鄉嗇、吏[4]智(知)而弗言,縣廷亦論。鄉298嗇夫、吏[5]╲令典、老告里長[6],皆勿敢爲。敢擅晝閉里門,不出入□□,訾鄉嗇夫、吏,智

---

① 陳松長主編:《嶽麓書院藏秦簡(肆)》,第225頁。
② 付奎:《秦簡所見里的拆併、吏員設置及相關問題——以〈嶽麓書院藏秦簡(肆)〉爲中心》,《安徽史學》2017年第2期,第33頁。

(知)弗言,縣廷赀囗299 ▌内史户曹令。　第甲300。

【1】里人

[整理小組注]

里人:里宰,猶里長也。嶽麓秦簡0443號有"里人及少吏治理中",其中"里人"與"少吏"並列,且能"治理中"。故知"里人"是與"少吏"一樣的基層官吏。《國語·魯語上》:"若罪也,則請納禄與車服而違署,唯里人之所命次。"①

[疏證]

整理小組注中"嶽麓秦簡0443號有'里人及少吏治理中'"似乎應删掉,因爲此注本來就是在解釋0443號簡,現在又說"嶽麓秦簡0443號有'里人及少吏治理中'",明顯重複。另外,周海鋒不同意把此處的"里人"解釋爲"里長",他認爲可解釋爲"同里之人",②這是有道理的。不能一看見"里人"與"少吏"並列,就認爲"里人"也屬於"吏"一類的角色,"治里中"也不是"里人"一定就是"里長"的證據,簡文說的是"有治里中",就是說在里中有公事要辦。"里人"跟着少吏在里中辦點事,他就一定是領導者嗎?顯然不一定。

【2】少吏

[整理小組注]

少吏:小吏。《漢書·百官公卿表》:"百石以下有斗食、佐史之秩,是爲少吏。"又《漢書·武帝紀》:"少吏犯禁",文穎曰:"少吏,小吏也。"③

【3】自今以來

[疏證]

自今以來,即從現在開始。周海鋒說:"制定新的律令條文常采用'自今以來'這一格式語,只有在謄録故有律令時采用'具體年月+以來'格式。'自今以來'常作爲律令條文的標誌而存在,僅據此四字並不能判定條文制定的具體時間。"這一意見可供參考。④

【4】鄉嗇、吏

[疏證]

嶽麓秦簡整理小組原標點作"鄉嗇吏",今改。"鄉嗇"之後脱"夫"字,即下文"鄉嗇夫、吏"。"吏"即"吏主者"之省。

---

① 陳松長主編:《嶽麓書院藏秦簡(肆)》,第225頁。
② 周海鋒:《〈嶽麓書院藏秦簡(肆)〉所收令文淺析》,鄔文玲、戴衛紅主編:《簡帛研究》二〇一八春夏卷,第70頁。
③ 陳松長主編:《嶽麓書院藏秦簡(肆)》,第225頁。
④ 周海鋒:《〈嶽麓書院藏秦簡(肆)〉所收令文淺析》,鄔文玲、戴衛紅主編:《簡帛研究》二〇一八春夏卷,第75頁。

【5】鄉嗇夫、吏

[疏證]

嶽麓秦簡整理小組原標點作"鄉嗇夫吏",今改。嶽麓簡1313(255)有"盡歲弗均,鄉嗇夫、吏及令史、尉史主者貲各二甲","鄉嗇夫、吏",嶽麓秦簡整理小組已斷開讀。① 周海鋒對此有詳細解説,可參看。② 下文簡0665(299)"鄉嗇夫吏"亦當斷作"鄉嗇夫、吏"。

【6】典、老告里長

[疏證]

秦簡中"典、老"並稱時,"典"多指里典,也就是一里之長。但此處有"里長",則前面"典、老"之"典"只能理解爲"田典"。"里長"作爲一里之長的稱呼,此前幾乎不見於秦漢簡牘,此處的出現值得注意。另外簡0443(297)又出現"里人",整理小組亦以"里長"釋之。如果這幾隻簡的編聯無誤,那麼"里人""典""里長"三種表示"里長"的稱呼同時出現,是有問題的。

簡文大意

二十年二月辛酉,内史説:里人及少吏在里中有事務處理,數次關閉里門禁止人出入。請:自今以來敢有……白天關閉里門,擅自貲罰假……縣按律論處。鄉嗇夫、吏主者知道而不説,縣廷也要對他們進行處罰。鄉嗇夫、吏主者命令典、老告訴里長,不能那麼做。敢擅自關閉里門,不讓……出入,貲罰鄉嗇夫、吏主者,知道却不説,縣政府貲……內史户曹令。第甲。

簡0630+0609(301—302)

●十三年六月辛丑以來,明告[1]黔首:相貸資緡者[2],必券書吏[3]└,其不券書而訟,乃勿聽[4],如廷律[5]。前此 301 令不券書訟者,爲治其緡,毋治其息[6],如内史律[7]302。

---

① 陳松長主編:《嶽麓書院藏秦簡(肆)》,第152頁。
② 周海鋒:《〈嶽麓書院藏秦簡(肆)〉所收令文淺析》,鄔文玲、戴衛紅主編:《簡帛研究》二〇一八春夏卷,第71頁。

【1】明告

[疏證]

明告,明確宣告。睡虎地秦簡中有"明布",《語書》簡4—5:"故騰爲是而脩法律令、田令及爲閒私方而下之,令吏明布,令吏民皆明智(知)之,毋巨(距)於罪。"

【2】相貸資緡者

[整理小組注]

資緡:同義複詞。猶緡錢也。①

[疏證]

相貸,即借貸。"相貸資緡",指貨幣借貸。睡虎地秦簡中已經出現過有關借貸的法律條文。《法律答問》簡206:"'貣(貸)人贏律及介人。'可(何)謂'介人'？不當貣(貸),貣(貸)之,是謂'介人'。"②

【3】必券書吏

[疏證]

必券書吏,即"必券書於吏",意即借貸事務要通過官府的認可,在官府登記備案。這裏的"券書",爲動詞,意爲在券上書寫。這種做法當與市場商品交易要到市亭"取質"的道理是一致的。就是說不論是官府還是私人的借貸行爲,必須經過國家的法律認可,取得相應的法律文書憑證。嶽麓簡1300+1301(200—201)記載《金布律》規定:"黔首賣奴卑(婢)、馬牛及買者,各出廿二錢以質市亭。""質市亭",就是在市亭取質。

【4】其不券書而訟,乃勿聽

[疏證]

如果沒有相應的借貸券書,雙方發生訴訟,官府不予受理。《周禮·秋官·朝士》"凡有責者,有判書以治,則聽。"判書即券書。可見,《周禮》所記載的戰國時期的經濟活動,也強調以券書作爲交易合法有效的證據和解決糾紛的依據。嶽麓簡提到自"十三年六月辛丑以來",涉及借貸糾紛的案件,訴訟者必須持有相應的券書到官府提起訴訟,官府才予以受理,如果沒有券書,則只受理有關本金部分的訴訟,利息部分的訴訟則不予受理。這種時間節點上的規定,對於我們研究上引《周禮·秋官·朝士》這條史料所反映的時代屬性可提供一定的參考。也就是說,《周禮》這條史料所反映的時代大致當在秦始皇十三年六月的前後一段時期。官府出具交易憑證,是國家對經

---

① 陳松長主編:《嶽麓書院藏秦簡(肆)》,第225頁。
② 睡虎地秦墓竹簡整理小組編:《睡虎地秦墓竹簡》,釋文部分第143頁。

濟進行管理的有效方式。張家山二四七號墓漢簡的記載表明，漢初的家庭財產轉移，也都必須由官府出具證明。《二年律令》簡334—336《户律》："民欲先令相分田宅、奴婢、財物，鄉部嗇夫身聽其令，皆参辨券書之，輒上如户籍。有争者，以券書從事；毋券書，勿聽。"① 百姓分家，相分田宅、奴婢、財物，必須要經過官府的認可，按程序辦理，由鄉部嗇夫出具三辨券文書，這樣一旦日後發生糾紛，這份三辨券文書就作爲法律依據而得到官府的認可。

【5】廷律

[疏證]

廷律，適用於縣廷或郡府的法律。睡虎地秦簡《法律答問》簡95："'辭者辭廷。'今郡守爲廷不爲？爲殹（也）。"②

【6】毋治其息

[疏證]

毋治其息，不處理債務糾紛中有關利息的問題。石洋認爲，秦時的借貸券書上一般會記録借貸的利息，因此，如果在借貸事務中雙方没有簽訂借貸券書，官府就没有處理的依據，因此才會在法律上規定没有在官府立券的借貸，不予處理有關利息的糾紛。③

【7】内史律

[疏證]

"内史律"，與内史相關的或者適用於内史的法律。睡虎地秦簡有《内史雜》，嶽麓秦簡有《内史襦律》，内史律或許是"内史襦律""内史雜"的更爲簡略的稱呼，除了包括這兩種情況的律文之外，還有嶽麓簡中與内史有關的各種令，如"内史二千石共令"等。睡虎地秦簡整理小組曰："内史雜，關於掌治京師的内史職務的各種法律規定。"④

簡文大意

十三年六月辛丑以來，明確地向黔首宣告：相借貸緡錢者，必須在官吏那裏以券書的形式登記備案，如果没有券書而發生訴訟，按照廷律，（官府）將於不受理。此令公布之前發生的無券書訴訟，官府則按照内史律的規定，只處理其本金問題，不處理利息問題。

---

① 張家山二四七號漢墓竹簡整理小組編著：《張家山漢墓竹簡〔二四七號墓〕》（釋文修訂本），第54頁。
② 睡虎地秦墓竹簡整理小組編：《睡虎地秦墓竹簡》，釋文部分第115頁。
③ 石洋：《秦漢時期借貸的期限與收息周期》，《中國經濟史研究》2018年第5期，第23頁。
④ 睡虎地秦墓竹簡整理小組編：《睡虎地秦墓竹簡》，釋文部分第61頁。

簡 0532-1+0686（303—304）

▌故徼外蠻[1]……請令縣以□，令吏毋（無）害[2]者₃₀₃一人與蠻夷偕，即爲御，到縣（？）以□□□□□蠻夷到縣 ╚，亦求具，令令史與皆（偕）者，毋敢令蠻夷□₃₀₄

【1】故徼外蠻

[疏證]

"故徼外蠻夷"與"徼內蠻夷"相對。秦朝政府對故徼外蠻夷的警惕性更高，對與之相關的處罰也更重。簡0161+0186+2065+0780+0187（099—102）："☒□主，不自出而得，黥顏（顔）頯，畀其主。之亡徼中蠻夷而未盈歲，完爲城旦舂。奴婢從誘，其得徼中，黥顏（顔）頯；其得故徼外，城旦黥之；皆畀主。誘隸臣、隸臣從誘以亡故塞徼外蠻夷，皆黥爲城旦舂；亡徼中蠻夷，黥其誘者，以爲城旦舂；亡縣道，耐其誘者，以爲隸臣。道徼中蠻夷來誘者，黥爲城旦舂。其從誘者，年自十四歲以上耐爲隸臣妾，奴婢黥顏（顔）頯，畀其主。"

【2】毋（無）害

[疏證]

嶽麓秦簡1405+1291（143—144）有"以其里公卒、士五（伍）年長而毋（無）害者爲典、老"，整理小組注："毋害，《漢書·蕭何傳》：'以文無害爲沛主吏掾。'顏師古注引蘇林曰：'毋害，若言無比也。一曰，害，勝也，無能勝害之者。'"[1] 這個解釋不容易理解。睡虎地秦簡《秦律十八種》簡161《置吏律》："官嗇夫節（即）不存，令君子毋（無）害者若令史守官，毋令官佐、史守。"整理小組注："無害，秦漢文書習語，例如《墨子·號令》：'舉吏貞廉、忠信、無害、可任事者。'《史記·蕭相國世家》：'以文無害爲沛主吏掾。'意思是辦事沒有疵病，參看楊樹達《漢書窺管》卷四。"[2] 毋害，諸家多有解釋，[3] 然綜合比較，當以"無瑕疵"説最爲公允。

簡文大意

故徼外蠻夷……請令縣以……，命令一個公正寬厚的人陪同蠻夷，爲他駕車，一起

---

① 陳松長主編：《嶽麓書院藏秦簡（肆）》，第166頁。
② 睡虎地秦墓竹簡整理小組編：《睡虎地秦墓竹簡》，釋文部分第56—57頁。
③ 蔣波：《秦漢簡"文毋害"一詞小考》，《史學月刊》2012年第5期。

到縣……令令史與蠻夷一起活動，不能讓蠻夷……

簡0530（305）

●魚（漁）陽外廄[1]□賃[2]□簿，故□以其故壞，疑它縣官有等[3]。請：自今以來，有賃爲簿，□□□305

【1】魚（漁）陽

[整理小組注]

魚（漁）陽：秦置郡名，位於今北京密雲西南。《史記·陳涉世家》："二世元年七月，發閭左謫戍漁陽。"外廄：宮外養馬之處，與中廄相對而言。《秦封泥彙考》中收錄"中廄""中廄丞印""中廄將馬""中廄馬府"等封泥多品。《史記·李斯列傳》："駿良駃騠不實外廄。"①

[疏證]

睡虎地秦簡《秦律十八種》簡17《廄苑律》中提到秦的養馬機構有"大廄""中廄""宮廄"等，②這應該都屬於中央養馬機構。而漁陽外廄，則屬於中央設置於地方的養馬機構。張家山漢簡《二年律令》簡425《金布律》提到漢初有"都廄"，簡449《秩律》提到漢初有"大（太）倉中廄、未央廄"。③

【2】賃

[整理小組注]

賃：租借。④

【3】有等

[疏證]

有等，即"有等比"省稱，這裏指有類似情況。

簡文大意

魚陽外廄……以其已經被破壞，可與其它縣的情況相同。請示：自今以來，凡租賃

---

① 陳松長主編：《嶽麓書院藏秦簡（肆）》，第225—226頁。
② 睡虎地秦墓竹簡整理小組編：《睡虎地秦墓竹簡》，釋文部分第24頁。
③ 張家山二四七號漢墓竹簡整理小組編著：《張家山漢墓竹簡〔二四七號墓〕》（釋文修訂本），第66、71頁。
④ 陳松長主編：《嶽麓書院藏秦簡（肆）》，第226頁。

之事皆記錄在簿，……

簡0748+0355（306—307）

●諸假弩矢[1]以給事[2]者┗，即有折傷[3]□□□皋？　●☒306　▎内史郡二千石官共令[4]。　第甲307。

【1】諸假弩矢

[疏證]

"諸假弩矢"一句，説的是携帶官府發給弓矢執行任務者，弓矢折損後如何處理的規定。睡虎地秦簡中有關假借公物的記錄比較全面。整理如下：

假借生産工具。睡虎地秦簡《秦律十八種》簡15《廄苑律》："叚（假）鐵器，銷敝不勝而毀者，爲用書，受勿責。"① 所借鐵器因自然原因而損毀，使用者不必賠償，寫個説明就行。

假借官奴婢。睡虎地秦簡《秦律十八種》簡48《倉律》："妾未使而衣食公，百姓有欲叚（假）者，叚（假）之，令就衣食焉，吏輒柀事之。"② 向官府假借官奴婢也是可以的，由借者提供衣食，當然，有可能還要提供相應的租借費用，也就是佣金。

假借武器。睡虎地秦簡《秦律十八種》簡102—103《工律》："公甲兵各以其官名刻久之，其不可刻久者，以丹若鬃書之。其叚（假）百姓甲兵，必書其久，受之以久。入叚（假）而而毋（無）久及非其官之久也，皆没入公，以齎律責之。"③ 官府收藏的甲兵上都刻有或寫有收藏單位的名稱標記，百姓在領取兵器時，都要登記武器編號標記，歸還的時候必須能夠對應上，否則將予以没收，并賠償武器費用。

假借公器後的歸還問題。

首先，歸還有規定時期，到時候没還就會被追討。睡虎地秦簡《秦律十八種》簡77—79《金布律》："百姓叚（假）公器及有責（債）未賞（償），其日蹙以收責之，而弗收責，其人死亡；及隸臣妾有亡公器、畜生者，以其日月減其衣食，毋過三分取一，其所亡衆，計之，終歲衣食不蹙以稍賞（償），令居之，其弗令居之，其人【死】亡，令其官嗇夫及吏主者代賞（償）之。"④

其次，借物人如是官員，其死亡後，他的隨從人員有責任爲其賠償。《秦律十八種》簡101《工律》："邦中之繇（徭）及公事官（館）舍，其叚（假）公，叚（假）而有死亡者，亦

---

① 睡虎地秦墓竹簡整理小組編：《睡虎地秦墓竹簡》，釋文部分第23頁。
② 同上注，釋文部分第32頁。
③ 同上注，釋文部分第44頁。
④ 同上注，釋文部分第38頁。

令其徒、舍人任其叚（假），如從興戍然。"①

第三，歸還假借公器時，必須核對公器所附標識，標識相符者才予以接收，否則將被没收，並繼續追討所欠。睡虎地秦簡《秦律十八種》簡104—107《工律》："公器官□久，久之。不可久者，以鬓久之。其或叚（假）公器，歸之，久必乃受之。敝而糞者，靡蟲其久。官輒告叚（假）器者曰：器敝久恐靡者，逮其未靡，謁更其久。其久靡不可智（知）者、令齎賞（償）。叚（假）器者，其事已及免，官輒收其叚（假），弗亟收者有罪。其叚（假）者死亡、有罪毋（無）責也，吏代賞（償）。毋擅叚（假）公器，者（諸）擅叚（假）公器者有罪，毀傷公器及□者令賞（償）。"②

假借官府車牛，公車損壞，牛飼養不善，借者都要受到處罰。睡虎地秦簡《秦律十八種》簡126—127《司空律》："官府叚（假）公車牛者□□□叚（假）人所。或私用公車牛，及叚（假）人食牛不善，牛瘏（膌）；不攻閒車，車空失，大車軹紋（轚）；及不芥（介）車，車蕃（籓）蓋强折列（裂），其主車牛者及吏、官長皆有罪。"③

假借官府器物而逃亡者，視情節予以相應處罰。《法律答問》簡131："把其叚（假）以亡，得及自出，當爲盜不當？自出，以亡論。其得，坐臧（贓）爲盜；盜罪輕於亡，以亡論。"④"自出，以亡論"，是説假借者借了官府的東西之後逃亡，後來又自首，按逃亡罪論處；如果逃亡期間被抓獲，則按盜竊罪論處，但如果此時盜竊罪輕於逃亡罪，則按照逃亡罪論處。這裏對借官府東西而逃亡者的處理，依據了兩個原則，一是從重處罰的原則，因爲這類人借東西不還還逃亡，性質惡劣；二是"一人有數罪也，以其重罪罪之"。

出差期間所住館驛着火，燒毀了所携帶官物，不需要賠償。睡虎地秦簡《法律答問》簡159："'舍公官（館），旞火燔其舍，雖有公器，勿責。'今舍公官（館），旞火燔其叚（假）乘車馬，當負不當出？當出之。"⑤

和嶽麓秦簡這條律令内容比較相近的是張家山漢簡《二年律令》簡19《賊律》："軍（？）吏緣邊縣道，得和爲毒，毒矢謹臧（藏）。節（即）追外蠻夷盜，以假之，事已輒收臧（藏）。匿及弗歸，盈五日，以律論。"⑥《賊律》這條律令説的是邊境軍吏由於需要，可以製作和使用帶毒的箭頭，但這種致命的武器平時由官府嚴加收藏，只有在追剿外蠻夷時才允許携帶使用，行動結束之後要立即歸還，藏匿不還滿五日者，將按律治罪。

漢初規定，假借弩矢者行動結束後五日，必須歸還，這也許是一個特例。一般假借公物歸還的時間，在使用完畢後二十日内。《二年律令》簡78—79《盜律》："諸有叚（假）於縣道官，事已，叚（假）當歸。弗歸，盈廿日，以私自叚（假）律論。其叚（假）别在它所，

---

① 睡虎地秦墓竹簡整理小組編：《睡虎地秦墓竹簡》，釋文部分第44頁。
② 同上注，釋文部分第45頁。
③ 同上注，釋文部分第49頁。
④ 同上注，釋文部分第124頁。
⑤ 同上注，釋文部分第130頁。
⑥ 張家山二四七號漢墓竹簡整理小組編著：《張家山漢墓竹簡〔二四七號墓〕》（釋文修訂本），第11頁。

有(又)物故毋道歸叚(假)者,自言在所縣道官,縣道官以屬告叚(假)在所縣道官收之。其不自言,盈廿日,亦以私自假律論。其叚(假)已前入它官及在縣道官廷(？)。"①

【2】給事

[疏證]

給事,從事某種事務。

【3】折傷

[疏證]

折傷,破損,這裏指弓弩損毀。秦漢簡牘中習語,如居延漢簡14·20:"數一二。分別爲爰書。移官。其初假時折傷毋舉。□"45·7:"□長湯敢言之。謹移折傷兵名。長長之。"135·18:"十月旦見折傷牛車十二。"137·8:"書曰。正月盡三月。四時出折傷……"179·6:"校候三月盡六月折傷兵簿。出六石弩弓廿四,付庫。庫受嗇夫久廿三,而空出一弓。解何？"270·26:"驚虜隧長王倚。弩幅三,折傷毋裏。蘭冠三,其二緘,皆毋裏。靳三,幣。"等等。

【4】共令

[疏證]

共,通"供",即"供職"之"供"。共令,即供令,執行之令。内史二千石官共令,就是内史二千石官所執行的法令。《周禮·地官·大司徒》:"正歲令于教官曰:'各共爾職,修乃事,以聽王命。其有不正,則國有常刑。'"孫詒讓正義云:"'曰各共爾職,脩乃事,以聽王命'者,猶小宰令治官云'各脩乃職,攷乃法,待乃事,以聽王命'也。"②共,可理解爲執行、實施。内史二千石官共令,即内史二千石官所執行、實施之令。《詩·大雅·抑》:"罔敷求先王,克共明刑。"毛注:"魯、韓'共'作'拱'。"王先謙集疏:"'共作拱'者,《釋詁》:'拱,執也。'此魯說。《玉篇·手部》'共'引《詩》'克拱明刑',亦云'執也'。此韓說。'共'皆作'拱',訓'執',明魯、韓與毛字異義同。"③

陳松長把"共令"之"共"解釋爲"供",他説:"所謂的'共令'也許並不是一個詞,而應該分開理解,'共'者,提供也,'共'也就是一個介詞,只是它的賓語前置罷了。這樣,簡文中的'食官共令'就是供食官遵守使用的令。所謂的'内史郡二千石官共令'也不是内史、郡二千石官共同使用的令,而應該是供内史、郡兩千石官所遵守使用的令。"④陳說與筆者的解釋有同有異,可以參看。

---

① 張家山二四七號漢墓竹簡整理小組編著:《張家山漢墓竹簡〔二四七號墓〕》(釋文修訂本),第19—20頁。
② 孫詒讓:《周禮正義》,第3分冊,第932頁。
③ 王先謙:《詩三家義集疏》,中華書局1987年版,第931—932頁。
④ 陳松長:《嶽麓秦簡中的幾個令名小識》,《文物》2016年第12期,第60頁。

簡文大意

那些假弩矢從事公務者，如果（弓矢）有所損傷……内史郡二千石官共令。第甲。

簡 1918+0558+0358+0357+0465（308—312）

●制詔丞相、御史[1]：兵事畢矣┘，諸當得購賞貲責[2]者，令縣皆亟予之。令到縣，縣各盡以見（現）錢不禁308者[3]，勿令巨皋[4]。令縣皆亟予之。▊丞相御史請：令到縣，縣各盡以見錢不禁者皆亟予之，不足，各請其屬309所執灋，執灋調均[5]；不足，乃請御史，請以禁錢[6]貸之，以所貸多少爲償，久易（易）期[7]，有錢弗予，過一月[8]310，貲二甲311。▊内史郡二千石官共令。 第戊312。

【1】制詔丞相、御史

[疏證]

簡1918、0558（308、309）中的"丞相、御史"，嶽麓秦簡整理小組原標點皆連讀作"丞相御史"，今皆以頓號隔開。這段詔令，從内容看，很明顯是秦平定天下之初，要求各級政府論功行賞的指示。這段詔令的内容與漢初高祖頒布的一條詔令，性質極爲相似，可參看《漢書·高帝紀下》："帝乃西都洛陽。夏五月，兵皆罷歸家。詔曰：'諸侯子在關中者，復之十二歲，其歸者半之。民前或相聚保山澤，不書名數，今天下已定，令各歸其縣，復故爵田宅，吏以文法教訓辨告，勿笞辱。民以饑餓自賣爲人奴婢者，皆免爲庶人。軍吏卒會赦，其亡罪而亡爵及不滿大夫者，皆賜爵爲大夫。故大夫以上賜爵各一級，其七大夫以上，皆令食邑，非七大夫以下，皆復其身及户，勿事。'又曰：'七大夫、公乘以上，皆高爵也。諸侯子及從軍歸者，甚多高爵，吾數詔吏先與田宅，及所當求於吏者，亟與。爵或人君，上所尊禮，久立吏前，曾不爲決，甚亡謂也。異日秦民爵公大夫以上，令丞與亢禮。今吾於爵非輕也，吏獨安取此。且法以有功勞行田宅，今小吏未嘗從軍者多滿，而有功者顧不得，背公立私，守尉長吏教訓甚不善。其令諸吏善遇高爵，稱吾意。且廉問，有不如吾詔者，以重論之。"[①] 秦漢這兩道詔令相比，明顯的區別之一，就是秦突出了賞功勞以現金爲主，而對爵位及土地賞賜絲毫不見提及；漢則相反，賞賜重在爵位、土地。這或許就是兩者治國思想上的差異之一。

---

① 班固：《漢書》，第54頁。

【2】貰責

[疏證]

"購賞貰責",亦見於嶽麓簡0668(338):"都官有購賞貰責(債)者,如縣。""貰責"與"購賞"連在一起,從上下文義來看,此處的"貰責"當是作爲戰後國家論功行賞措施的一部分出現的,也是政府爲恢復社會生產而采取的一種經濟刺激手段。① 但國家借貸也是有償還期限的,如果不能按時償還,有關人員將會受到相應的處罰。

【3】見(現)錢不禁者

[整理小組注]

見錢:即現錢。《漢書·王嘉傳》:"是時外戚資千萬者少耳,故少府水衡見錢多也。"顏師古注:"見在之錢也。"②

[疏證]

嶽麓簡整理小組原標點作作"見錢,不禁者",今改。縣中的見錢收入至少分兩部分,一部分歸少府,不能擅動,是要上繳中央的,故稱禁錢;還有一部分見錢是由縣中支配的,這部分就屬於"不禁者"。睡虎地秦簡《法律答問》簡32:"'府中公金錢私貣用之,與盜同法。'可(何)謂'府中'?唯縣少內爲'府中',其它不爲。"縣少內所掌管金錢就屬於"禁錢",所以不能擅動。這裏的"私貣用之"多半不是指私人挪用,而是指縣廷未經請示,擅自動用了這筆錢。張家山漢簡《二年律令·金布律》簡429—430:"官爲作務、市及受租、質錢,皆爲缿,封以令、丞印而入,與參辨券之,輒入錢缿中,上中辨其廷。質者勿與券。租、質、户賦、園池入錢縣道官,勿敢擅用,三月壹上見金、錢數二千石官,二千石官上丞相、御史。"這部分上交到縣道官並規定不得擅用的"租、质、户賦、园池入钱"當屬所謂的"禁錢"。

【4】巨皋

[整理小組注]

巨皋:巨,通"距",至也。《睡虎地秦簡·語書》:"令吏明布,令吏民皆明智(知)之,毋巨(距)于罪。"③

【5】調均

[整理小組注]

調均:同義複詞,即調濟平均。《漢書·食貨志下》:"以臨萬貨,以調盈虛。"顏師古

---

① 朱德貴、齊丹丹:《嶽麓秦簡律令文書所見借貸關係探討》,《史學集刊》2018年第2期,第69、75頁。
② 陳松長主編:《嶽麓書院藏秦簡(肆)》,第226頁。
③ 同上注。

注:"調,平均也。"①

【6】禁錢

[整理小組注]

禁錢:見《漢書·賈捐之傳》:"大司農錢盡,乃以少府禁錢續之。"顏師古注:"少府錢主供天子,故曰禁錢。"②

【7】久易(易)期

[整理小組注]

久易期:易,通"易",更改。久易期,即時間拖了很長而不按期歸還。③

[疏證]

朱德貴、齊丹丹認爲,"久易(易)期,有錢弗予,過一月,貲二甲"云云,指的是官吏不按照規定支付相關的賞金或貸款。④亦可備一說。

【8】過一月

[疏證]

月,嶽麓秦簡整理小組原釋作"金",今從雷海龍釋改。他認爲:"此字僅存上部筆畫。查嶽麓簡壹至肆,我們在嶽麓貳的簡文中查到有上部與 ▨ 相似寫法的'金'字,如 ▨(嶽麓貳《數》簡149)。因此,此字釋爲'金'的可能性是存在的。但我們還可以考慮其他上部寫法與 ▨ 相一致的其他文字。比如嶽麓肆中與之相近的'月'字,參:▨(122)、▨(137)、▨(384)。因此,僅從字形上看,其釋爲'金''月'都是可能的。遍查嶽麓叁、肆簡文中所有出現的'金'字,可以發現它們的寫法都是常見的標準寫法如 ▨(嶽麓肆簡124)。從書寫習慣來看,這一現象的存在減小了 ▨ 爲'金'字殘筆的可能性。從文義看,'久易(易)期,有錢弗予'即長時期地更改約定的歸還期限,有錢不給,超過一 ▨ ,其處罰方式是'貲二甲'。那麼這裏的 ▨ 更可能是對歸還期限的限定,將此字釋爲'月'似與文意更合。"⑤

簡文大意

制詔丞相、御史:戰爭已經結束,那些應當得到賞賜或借貸者,命令縣官立即予以發放。命令下到縣,縣官盡量把不禁用的現錢發放,在不違反規定得前提下,立即發放。

---

① 陳松長主編:《嶽麓書院藏秦簡(肆)》,第226頁。
② 同上注。
③ 同上注。
④ 朱德貴、齊丹丹:《嶽麓秦簡律令文書所見借貸關係探討》,《史學集刊》2018年第2期,第75頁。
⑤ 雷海龍:《〈嶽麓書院藏秦簡(肆)〉釋文商補(八則)》,華東政法大學法律古籍整理研究所等編:《第七屆出土文獻與法律史研究學術研討會論文集》,2017年,第103頁。

丞相、御史請示：命令下到縣，縣官各盡量以不禁用的現錢立即發放，如果不足，各向其所屬的執灋請示，執灋負責調配；如果還不足，就向御史請示，請求從禁錢中借出款項（完成賞賜），（縣官）借出多少都要及時償還，如長期拖延，有錢不還，過期一月，（負責的官吏）貲罰二甲。

簡0698+0641（313—314）

　　縣官毋得過驂乘[1]，所過縣以律食馬及禾之[2]∟。御史言，令覆獄[3]乘恒馬[4]者，日行八十里[5]∟。請，許。如313有所留避，不從令，貲二甲314。

【1】驂乘

[整理小組注]

驂乘：驂，《説文》："駕三馬也。"乘，車。驂乘，即三馬所駕之車。①

[疏證]

驂乘，見於漢代畫像磚（圖18）。

圖18　軺車驂駕畫像磚　東漢②

【2】以律食馬及禾之

[疏證]

　　以律食馬及禾之，按照有關規定爲經過本縣的馬提供芻槀及糧食。從睡虎地秦簡及張家山漢簡的記載可知，秦漢時期官馬的餵養，不但有芻槀，有時還提供一定的糧食作飼料（參看下頁圖19魏晋墓出土畫像磚飲馬圖）。睡虎地秦簡《秦律十八種》簡47

---

① 陳松長主編：《嶽麓書院藏秦簡（肆）》，第226頁。
② 引自《中國畫像磚全集》編輯委員會編：《四川漢畫像磚》，四川美術出版社2006年版，圖版部分第1—3頁。

圖19 飲馬　甘肅嘉峪關一號魏晉墓出土①

《倉律》："駕傳馬，一食禾，其顧來有（又）一食禾，皆八馬共。其數駕，毋過日一食。駕縣馬勞，有（又）益壺〈壹〉禾之。"《釋文注釋修訂本（壹）》："一食禾，整理者：餵飼一次糧食。熊鐵基（1979）：'禾'即精飼料，《傳食律》中另有'芻、稾各半石'的飼料供應規定。魏德勝（2003，233頁）：'禾'指禾稈，不是糧食。《儀禮·聘禮》：'積爲芻禾，介皆有餼。'鄭玄注：'禾以秣馬。'今按：禾，指未脱粒的糧食，參看《倉律》簡21'入禾倉'及注釋。張家山漢簡《二年律令》簡425 '傳馬、使馬、都廄馬日匹叔（菽）一斗半斗'，傳馬的飼料在芻稾之外，還有糧食。"② 陳偉在對諸家説研究的基礎上認爲，"食"與"禾"是兩種不同的飼養方式，"食"可能指用菽來餵養，"禾"可能指用禾餵養。③ 這個結論雖有一定道理，但也存在着問題，那就是馬牛的餵養飼料中，芻稾占有很大的比重，用芻稾餵養的過程在陳偉的研究中並未得到體現。因此，其結論還需要進一步論證。

【3】覆獄

[整理小組注]

覆獄；覆，審查。覆獄，即審查、核查案例。《漢書·王嘉傳》："張敞爲京兆尹，有罪當免，黠吏知而犯敞，敞收殺之，其家自冤，使者覆獄，劾敞賊殺人，上逮捕不下，會免，亡命數十日，宣帝徵敞拜爲冀州刺史，卒獲其用。"④

【4】恒馬

[整理小組注]

恒馬：亦見於《張家山漢簡·奏讞書》："乘恒馬及船行五千一百卌六里，率之，日行八十五里。""恒馬"，即不是每天更換的馬。⑤

[疏證]

張家山二四七號墓漢簡整理小組對《張家山漢簡·奏讞書》"恒馬"注："恒，疑讀作'騰'，《説文》：'傳也'。指傳馬。"⑥ 按，《説文·馬部》："騰，傳也。從馬，朕聲。一曰，犗馬也。"段玉裁注："傳與上文傳同，皆張戀切。引申爲馳也，爲躍也。……上文犗馬謂之

---

① 張寶璽攝影，胡之選編：《甘肅嘉峪關魏晉一號墓彩繪磚》，重慶出版社2000年版，第19頁。
② 彭浩、劉樂賢等：《秦簡牘合集·釋文注釋修訂本（壹）》，第71頁。
③ 陳偉：《秦簡牘校讀及所見制度考察》，第207—213頁。
④ 陳松長主編：《嶽麓書院藏秦簡（肆）》，第226頁。
⑤ 同上注。
⑥ 張家山二四七號漢墓竹簡整理小組編著：《張家山漢墓竹簡〔二四七號墓〕》（釋文修訂本），第105頁。

騅,則是騰爲騅之叚借字也。亦有叚騰爲乘者,如《月令》'㸬牛騰馬',讀乘匹之乘。"[1] 張家山二四七號漢墓竹簡整理小組把"恒馬"解釋爲"傳馬",意思似乎是指驛傳之馬。但從段注來看,騰馬似乎與驛傳之馬聯繫不大。

《二年律令與奏讞書》注曰:"今按:恒馬,也許是指常馬。"[2] 此説較合理。睡虎地秦簡《田律》有"恒籍",《徭律》有"恒事",《法律答問》有"恒數",《封診式》有"恒書",張家山漢簡《二年律令・置吏律》有"恒秩",《蓋廬》有"恒親"等,"恒"皆作"常"解。嶽麓秦簡整理小組把"恒馬"解釋爲"不常換的馬",不如"常馬"義更恰當。

【5】日行八十里

[疏證]

日行八十里的行進速度亦見於嶽麓簡1394(248):"委輸傳送,重車、負日行六十里,空車八十里,徒行百里。"嶽麓簡0349(279):"以歸寧,居室卅日外往來,初行,日八十里,之署,日行七十里。"

簡文大意

縣官乘車不得超過三匹馬,所經過的縣要按照規定餵養。御史上言,命令審查案例者騎乘恒馬,日行八十里。向朝廷請求,允許。如有所停留回避,不服從命令,貲罰二甲。

簡0754(315)

□□乘其乘車馬,歸……315

簡0801(316)

□以當□而輸(?)之,有□316

---

[1] 段玉裁:《説文解字注》,第818頁。
[2] 彭浩、陳偉、[日]工藤元男:《二年律令與奏讞書——張家山二四七號漢墓出土法律文獻釋讀》,第366頁。

簡0589（317）

諸書當傳者勿漕[1]㇄，斷辠輸罷（遷）蜀巴者[2]㇄，令獨水道漕傳317。

【1】漕

[整理小組注]

漕：水運。《張家山漢簡·二年律令》："廿三、丞相上備塞都尉書，請爲夾谿河置關，諸漕上下河中者，皆發傳，及令河北縣爲亭，與夾谿關相直。"①

【2】斷辠輸罷（遷）蜀巴者

[疏證]

只有被判罪遷往巴蜀的有關案件的法律文書才可以走水道漕運。睡虎地秦簡《封診式》簡46—49《罷（遷）子》所涉及的法律文書可歸入此類："爰書：某里士五（伍）甲告曰：'謁鋈親子同里士五（伍）丙足，罷（遷）蜀邊縣，令終身毋得去罷（遷）所，敢告。'告法（廢）丘主：士五（伍）咸陽才（在）某里曰丙，坐父甲謁鋈其足，罷（遷）蜀邊縣，令終身毋得去罷（遷）所論之，罷（遷）丙如甲告，以律包。今鋈丙足，令吏徒將傳及恒書一封詣令史，可受代吏徒，以縣次傳詣成都，成都上恒書太守處，以律食。法（廢）丘已傳，爲報，敢告主。"②

簡文大意

文書應當用傳通過陸路傳送的，不要使用漕運，只有關於判罪遷往巴蜀的文書才可以使用漕運。

簡0691+0016+0316（318—320）

丞相議：吏歸治病[1]及有它物故，免，不復之官者，令其吏、舍人[2]、僕【庸】行□318如故。事已者[3]，輒罷歸，以書致其縣官，它官當用者，亦皆用之319。▆内史郡二千石官共令。　第己320。

---

① 陳松長主編：《嶽麓書院藏秦簡（肆）》，第226頁。
② 睡虎地秦墓竹簡整理小組編：《睡虎地秦墓竹簡》，釋文部分第155頁。

【1】吏歸治病

[疏證]

　　吏歸治病是有一個期限的，也就是説，秦律關於官吏的請病假應該是有規定的。但病假最長時限是多長，尚不清楚。漢代有關規定可作參考。《漢書·高帝紀》"高祖嘗告歸之田"，孟康曰："古者名吏休假曰告。告又音謦。漢律，吏二千石有予告，有賜告。予告者，在官有功最，法所當得也。賜告者，病滿三月當免，天子優賜其告，使得帶印綬將官屬歸家治病。至成帝時，郡國二千石賜告不得歸家。至和帝時，予賜皆絶。"①這就是説，漢代官吏病假，一般一次是三個月，如非皇帝給予續假的優待，不能視事者將被免職。《漢書·汲黯傳》："黯多病，病且滿三月，上常賜告者數，終不瘉。最後，嚴助爲請告。"②《漢書集釋》："《疏證》沈欽韓曰：病滿三月則當免，故優假之，復賜告也。《唐會要》八十一，職事官假滿百日，即合停解。長慶二年四月，御史臺奏檢校司空兼太子少傅嚴綬疾病，假滿百日，合停。敕嚴綬，年位居高，須加優異，宜依舊秩，未要舉停。此則出自特恩，其常員百日例罷，沿漢制也。《皇甫湜集》韓文公《神道碑》云：病滿三月免。"③

【2】吏、舍人

[疏證]

　　吏、舍人，嶽麓簡整理小組原標點作作"吏舍人"，今改。此處"舍人"的用法，亦見於睡虎地秦簡《秦律十八種》簡101《工律》："邦中之繇（徭）及公事官（館）舍，其叚（假）公，叚（假）而有死亡者，亦令其徒、舍人任其叚（假），如從興戍然。"整理小組注："徒，指服徭役的人衆。舍人，《漢書·高帝紀》注：'親近左右之通稱也，後遂以爲私屬官號。'此處指有官府事務的隨從。"④睡虎地秦簡《工律》的記載與嶽麓簡這條記載從内容到表達方式，都非常相似，説的都是官吏由於某種原因，不能繼續執行公務，由其隨從人員處理相關善後事宜。

【3】如故。事已者

[疏證]

　　"如故。事已者"，嶽麓簡整理小組原標點作"如故事已者"，今改。事，官吏此前在外正在執行的任務。這裏説的是，官吏本來在外公幹，但中途因病或其他原因被免職，不能再返回原單位，他所携帶的官有器物及相關憑證也就無法由其本人繳回。如果他被免職的時候，所承擔任務已經完成，他所携帶的官有器物及相關憑證由其從人帶回原單位，他附上一份説明性文書即可。他所借的官物，如果其他部門需要，就可以接着領用。

---

① 班固：《漢書》，第6頁。
② 同上注，第2317頁。
③ 施之勉：《漢書集釋》，臺灣三民書局2003年版，第12分册，第5829頁。
④ 睡虎地秦墓竹簡整理小組編：《睡虎地秦墓竹簡》，釋文部分第44頁。

簡文大意

丞相議曰：官吏歸家治病或因其他原因被免職，不再返回原來的工作單位，令其舍人、僕從……如故。事情已經完成者，本人雖罷官回家，他所携帶的官有器物及相關憑證由其從人帶回原單位，他附上一份説明文書即可。他所借的官物，如果其他部門需要，就可以接着領用。内史郡二千石官共令。第己。

簡 0624+J47（321—322）

如下邽廟[1]者輒[2]壞，更[3]爲廟便[4]地潔清所，弗更而祠焉，皆棄市。各謹明告縣道令、丞及吏，主₃₂₁更[5]五日壹行廟[6]，令史旬壹行，令若丞月行廟[7]□□□₃₂₂

【1】下邽廟

[整理小組注]

下邽：縣名，秦置，屬内史，漢屬京兆尹。①

[疏證]

曹旅寧認爲，嶽麓簡0316、0624、J47、0549、0467、0055（2）-3、0327、0617、（320—327），屬於秦"祠令"範圍。② 廟，范雲飛認爲指秦"泰上皇祠廟"等皇室宗廟。③

【2】輒

[整理小組注]

輒：每也。《助字辨略》卷五："《漢書·董仲舒傳》：'凡相兩國，輒事驕王。'此輒字，猶云每也。言所事者動輒是驕王也。"④

【3】更

[整理小組注]

更：善也，易也。《周禮·考工記·函人》："視其裏而動，則材更也。"鄭玄注引鄭司

---

① 陳松長主編：《嶽麓書院藏秦簡（肆）》，第226頁。
② 曹旅寧：《嶽麓秦簡（肆）所見秦祠令考》，中國秦漢史研究會、蘇州大學社會學院編：《秦漢思想與社會發展學術討論會論文集》，中國蘇州2018年10月，第43頁。
③ 范雲飛：《嶽麓秦簡"内史郡二千石官共令第巳"釋證》，武漢大學簡帛研究中心主辦：《簡帛》第19輯，上海古籍出版社2019年版。
④ 陳松長主編：《嶽麓書院藏秦簡（肆）》，第226頁。

農云:"更,善也。"俞樾《羣經平議》:"更之爲善,猶易之爲善也。……變謂之更,亦謂之易;善謂之易,亦謂之更,正古訓之輾轉相通者。"①

【4】便

[整理小組注]

便:宜也。《急就篇》:"貰貸賣買販肆便。"顏師古注:"便,宜也。"或以爲:便,平也。《説文·人部》段玉裁注:"便,古與平、辨通用。如《史記》便章百姓,古文《尚書》作平,今文《尚書》作辨。"便地,便適平坦之地。②

[疏證]

張家山漢簡《二年律令》簡266—267:"北地、上、隴西,卅里一郵;地險陿不可郵者,得進退就便處。"③"便處"與嶽麓簡"便地"含義相同,即合適的地方。

【5】縣道令、丞及吏

[疏證]

嶽麓秦簡整理小組原把"縣道令丞及吏主更"屬上連讀,今從吳淏句讀,在"令""丞"之間加頓號。但吳淏主張"主更"分開,"主"屬上讀,"更"屬下讀。④我們認爲此説不妥,當以"吏""主"分開爲是。"吏"屬上讀,"主"屬下讀。"令、丞及吏",與下文"主更、令史、令若丞"相對應,讀爲:"主更五日壹行廟,令史旬壹行,令若丞月行廟。"

【6】主更

[疏證]

主更,主管執勤的官吏。"更",更役,這裏指廟中的執勤者,也就是服役的人。這裏的"更"與"踐更"之"更"含義相近,與簡0624(321)"更爲廟便地潔清所"之"更"含義不同。

【7】行廟

[疏證]

行廟,對廟中事務進行巡查。吏主者五日一行廟,令史十日一行廟,令或丞每月一行廟。里耶秦簡8-138+8-174+8-522+8-523:"廿六年六月壬子,遷陵□、【丞】敦狐爲令史更行廟詔:令史行□失期。行廟者必謹視中□各自署廟所質日。行先道旁曹始,以坐次相屬。十一月己未,令史慶行廟。十一月己巳,令史應行廟。十二月戊辰,

---

① 陳松長主編:《嶽麓書院藏秦簡(肆)》,第226頁。
② 同上注。
③ 張家山二四七號漢墓竹簡整理小組編著:《張家山漢墓竹簡〔二四七號墓〕》(釋文修訂本),第45頁。
④ 吳淏:《〈嶽麓書院藏秦簡(肆)〉集釋及相關問題研究》,第196頁。

令史陽行廟。十二月己丑,令史夫行廟。□□□□令史韋行。端月丁未,令史應行廟。□□□□令史慶行廟。□月癸酉,令史犯行廟。二月壬午,令史行行廟。二月壬辰,令史莫邪行廟。二月壬寅,令史釦行廟。四月丙申,史戎夫行廟。五月丙午,史釦行廟。五月丙辰,令史上行廟。五月乙丑,令史□□□。六月癸巳,令史除行廟。"《校釋》:"行,巡視。《禮記·樂記》:'釋箕子之囚,使之行商容而復其位。'鄭玄注:'行,猶視也。'行廟,巡視廟。又'行'有從事義。《墨子·經上》:'行,爲也。'行廟也可能是舉行廟祭。"① 里耶秦簡的記載表明,遷陵縣至少遵循着令史十日一行廟的制度。范雲飛認爲,"'行廟'乃爲巡視各宗廟,並不祭祀"。② 縣道官行廟,是否舉行廟祭,目前尚未見到明確的證據,因此范說過於絶對,當以《校釋》説爲是。

簡文大意

像下邽廟這樣經常毁壞的廟,(地方主管部門)應另擇便利清潔之所建立新廟,(如)不另擇新所而在原址上繼續祭祀的,(相關官吏)都要被處以棄市之刑。各地應明確告知縣道令丞及小吏,主管執勤的官吏五日一巡廟,令史十日一巡廟,縣令或縣丞每月一巡廟……

簡0549(323)

丞相議:[1]□₃₂₃

【1】丞相議

[疏證]

"丞相議"後,嶽麓簡整理小組原標點作句號,今改爲冒號。"議"之後往往都有所議内容,故以標點冒號爲宜。參見嶽麓簡0691(318)、0587(329)、0680(342)、0805(351)、0669(383)等。

簡文大意

丞相議曰:……

---

① 陳偉主編:《里耶秦簡牘校釋》(第1卷),第79頁。
② 范雲飛:《嶽麓秦簡"内史郡二千石官共令第巳"釋證》,武漢大學簡帛研究中心主辦:《簡帛》第19輯。

簡0467(324)

　　　祠焉[1]。廷當[2]：嘉等不敬祠,當……☐325

【1】祠焉

　　[疏證]

　　嶽麓簡0624(321)記載祠廟制度説"如下邦廟者輒壞,更爲廟便地潔清所,弗更而祠焉,皆棄市"云云,簡0467(324)"祠焉"之前很可能是下文提到的"嘉等"違反了這些規定,因而被判定"不敬祠",予以處罰。

【2】廷當

　　[疏證]

　　廷當：廷,廷尉,也有可能是縣廷。當,判決。張家山漢簡《奏讞書》案例判決中常見"吏當",整理小組引《漢書·刑法志》注："當謂處斷也。"①

簡文大意

　　……祭祀。廷尉判決：嘉等不敬重祠廟,應判處……

簡0055(2)-3+0327(325-326)

　　　●泰上皇祠廟在縣道者……☐325令部吏[1]有事縣道者循行[2]之,毋過月☐[3],當繕治者輒繕治之,不☐☐者☐☐☐☐有不☐☐326

【1】部吏

　　[整理小組注]

　　部吏,鄉部、亭都之吏。如《漢書·王莽傳》："盜賊始發,其原甚微,非部吏、伍人所能禽也。"《後漢書·王符傳》："鄉亭部吏,亦有任決斷者。"②

---

① 張家山二四七號漢墓竹簡整理小組編著：《張家山漢墓竹簡〔二四七號墓〕》(釋文修訂本),第92頁。
② 陳松長主編：《嶽麓書院藏秦簡(肆)》,第226頁。

[疏證]

整理小組注"亭都之吏"之"都"可能爲"部"之誤。另外,這裏的"部吏"除解釋爲"鄉部、亭部之吏"外,也有可能是"田部之吏"。張家山漢簡《二年律令》簡246–248:"田廣一步,袤二百卌步,爲畛,畮二畛,一佰(陌)道;百畮爲頃,十頃一千(阡)道,道廣二丈。恒以秋七月除千(阡)佰(陌)之大草;九月大除道□阪險;十月爲橋,脩波(陂)堤,利津梁。雖非除道之時而有陷敗不可行,輒爲之。鄉部主邑中道,田主田道。道有陷敗不可行者,罰其嗇夫、吏主者黃金各二兩。□□□□□及□土,罰金二兩。"王彥輝認爲:"'田主田道'的第一個'田'字,整理小組釋爲'田典',不確,應指田部。後文云'道有陷敗',罰其嗇夫,既然'田道'由田部負責維修,這個受罰的'嗇夫'只能是田嗇夫,這也反証了田部的長官在常態下是田嗇夫,而不是'部佐'。"[1]

【2】循行

[整理小組注]

循行:巡察,巡視。《墨子·號令》:"大將使信人行守,長夜五循行,短夜三循行。"[2]

【3】毋過月□

[疏證]

□,嶽麓秦簡整理小組原釋作"歸",雷海龍認爲原圖版字形與"歸"字形差距較大,不當釋"歸",暫時作缺釋爲宜。[3]其説可從,故從改。"毋過云云",睡虎地秦簡中有類似辭例,"毋過"之後多爲數量或時間限制,可爲此參照。如《秦律十八種》簡47《倉律》:"駕傳馬,一食禾,其顧来有(又)一食禾,皆八馬共。其數駕,毋過日一食。"《秦律十八種》簡77–78《金布律》:"及隸臣妾有亡公器、畜生者,以其日月減其衣食,毋過三分取一。"《秦律十八種》簡100《工律》:"縣及工室聽官爲正衡石贏(纍)、斗甬(桶)、升,毋過歲壺〈壹〉。"《秦律十八種》簡139–140《司空律》:"官作居貲贖責(債)而遠其計所官者,盡八月各以其作日及衣數告其計所官,毋過九月而臡(畢)到其官。"[4]其中"毋過日一食""毋過歲壺〈壹〉"與嶽麓簡"毋過月□"辭例最爲相似。

簡文大意

泰上皇的祠廟分布在縣道者……命令縣道中各轄區的官吏進行巡察,每月不超過……,應當修繕的要及時修繕,……

---

[1] 王彥輝:《田嗇夫、田典考釋——對秦及漢初設置兩套基層管理機構的一點思考》,《東北師大學報(哲學社會科學版)》2010年第2期。
[2] 陳松長主編:《嶽麓書院藏秦簡(肆)》,第226頁。
[3] 雷海龍:《〈嶽麓書院藏秦簡(肆)〉釋文商補(八則)》,姚遠主編:《出土文獻與法律史研究》第7輯,第110頁。
[4] 睡虎地秦墓竹簡整理小組編:《睡虎地秦墓竹簡》,釋文部分第31、38、43、51頁。

簡 0617（327）

❚ 内史郡二千石官共令。　第庚 327。

簡 0690（328）

❚ 内史郡二千石官共令。　第乙 328。

簡 0587＋0638＋0681（329—331）

泰上皇[1]時内史[2]言[3]：西工室[4]司寇、隱官踐更[5]，多貧不能自給程（糧）。議：令縣道遣司寇入禾[6]，其縣毋（無）禾 329 當貲者，告作所縣償及貸[7]。西工室伐榦[8]沮、南鄭[9]山，令沮、南鄭聽西工室致。其入禾者及吏移[10]西 330 工室。●二年[11]曰：復用 331。

【1】泰上皇

[整理小組注]

泰上皇：即太上皇。《史記·秦始皇本紀》："二十六年……追尊莊襄王爲太上皇。"此令稱"太上皇"，後又有"二年"紀年，其抄寫年代必不早於秦二世二年。①

【2】内史

[整理小組注]

内史：秦内史監管諸工，故此處内史上言西工室事務。《睡虎地秦簡·秦律十八種·均工》："新工初工事……盈期不成學者，籍書而上内史。"②

---

① 陳松長主編：《嶽麓書院藏秦簡（肆）》，第 226 頁。
② 同上注，第 227 頁。

【3】言

[疏證]

陳松長説:"'泰上皇時内史言'是令文的起首句。'……言'是秦漢時期就專門事項發令文的一種常見格式用語,在嶽麓秦簡中多次出現。如簡0346'御史丞相言',簡1114'泰山守言'等。這種格式用語不只嶽麓秦簡如此,漢初的張家山漢簡《二年律令·津關令》中也多次出現,如'御史言''相國上内史書言''相國上南郡守書言''丞相上魯御史書言'等。這種專門事項類的令文格式,是秦漢律令文獻中常用的格式用語,嶽麓秦簡中出現這類格式用語,足以説明,在秦代,這已是常見的令文格式用語之一。"①

【4】西工室

[整理小組注]

西工室:隴西郡西縣之工室。1978年寶雞鳳閣嶺出土的"二十六年戈"銘文有"西工室閹"。②

[疏證]

"西工室"之"西",學術界有兩種觀點。一種觀點認爲"西"指秦代隴西郡西縣,如王輝、后曉榮、陳松長等。③以地名命名工室,如"咸陽工室丞",因此西縣之工室,名爲"西工室"也是有可能的。

另一種觀點認爲指機構的分支。秦封泥有"蜀西工丞",周曉陸等認爲:"此爲蜀郡西工室之丞。一般秦時單位多稱'左右',西漢多稱'東西',此蜀郡西工室之稱,或已在秦末。"④四川涪陵的秦始皇二十六年銅戈銘文有"東工師",于豪亮認爲:"此戈作'東工師',當時蜀郡没有東縣,此東字可能同西字相對,有東工師,也有西工師。《小校經閣金文拓本》卷十有銘文爲'蜀西工'的戈一件,亦爲秦器。《漢金文録》四·二下載有銅酒銷一件,題銘爲'二年蜀西工'。但是,四川製造漆器、金銀銅器的工藝不始於秦漢,早在戰國時期就有了,成都羊子山第172號戰國墓就出土有漆器、銀釦和鎏金銅釦。西漢時蜀郡的漆器和金銀銅用器工藝,應從戰國時期繼承、發展而來,因此,製造這些用器機構的名稱,也就沿襲戰國時期秦國的名稱,稱爲'西工'。我們不妨認爲,秦時蜀郡成都有東西兩工,主持製造兵器和用器。"⑤陝西渭南出土"蜀西工戈",吴鎮烽、王輝亦以爲秦代蜀郡有東西工室,"蜀西工戈"爲西工室所造,吴鎮烽還指出"蜀郡的東西工早在秦昭襄王時期就設置了"。⑥

---

① 陳松長:《嶽麓秦簡中的兩條秦二世時期令文》,《文物》2015年第9期,第88頁。
② 王輝:《秦文字集證》,臺灣藝文印書館1999年版,第175、179頁。陳松長主編:《嶽麓書院藏秦簡(肆)》,第227頁。
③ 陳松長:《嶽麓秦簡中的兩條秦二世時期令文》,《文物》2015年第9期。
④ 周曉陸、陳曉捷、湯超、李凱:《於京所見秦封泥中的地理内容》,《西北大學學報》2005年第4期。
⑤ 于豪亮:《于豪亮學術論集》,上海古籍出版社2015年版,第200頁。
⑥ 吴鎮烽:《秦兵新發現》,廣東炎黄文化研究會、紀念容庚先生百年誕辰暨中國古文字學學術研討會合編:《容庚先生百年誕辰紀念文集》,廣東人民出版社1998年版,第569頁。王輝:《秦文字集證》,第66—67頁。

從上下簡文來看,嶽麓簡此處的"西工室"可指揮沮、南鄭兩縣,似乎是指中央朝廷"東西工室"之"西工室"。徐世權也認爲此處"西工室"是指與"東工室"相對的"西工室",但他推測屬於漢中郡。①

【5】司寇、隱官踐更

[整理小組注]

司寇、隱官、踐更:是縣遣至西工室勞作的三類人,因爲他們可授田宅。《張家山漢簡·二年律令·户律》第312簡:"……公卒、士五(伍)、庶人各一頃,司寇、隱官各五十畝。"故有田者須"入禾"。而做工的刑徒如"工城旦""工鬼薪""工隸臣"等無田,所以此令不提及。②

[疏證]

嶽麓秦簡整理小組原標點作"司寇、隱官、踐更",今從陳偉意見改。③踐更指的是一種行爲,即服更役,踐更者包括不更爵位以下及無爵之士伍、司寇、隱官等,故陳偉意見可從。

另外,律文本身已經説得很明確,在西工室勞作的"司寇、隱官踐更"時"多貧不能自給稈(糧)"了,怎麽可能又讓他們"入禾"呢? 因此,這裏不可能是讓司寇本人"入禾"。律文説得很明確,"令縣道遣司寇入禾",應該是司寇、隱官這兩類踐更者所屬縣道政府出禾,派遣司寇運輸禾到西工室所設立的勞作場所。正因爲如此,下文才説,如果這些縣道提供不了糧食,則由西工室勞作場所所在縣提供補償或借貸。陳偉持同樣的看法。④

【6】入禾

[整理小組注]

入禾:向官府繳納稱爲"禾"的一類實物田租。見《睡虎地秦簡·秦律十八種》第28簡:"入禾稼、芻稾,輒爲廥籍,上内史。"⑤

[疏證]

整理小組此注值得商榷。這裏的"禾"指的就是糧食,與所謂的"實物田租"没有關係。陳偉説:"第一,'縣遣司寇入禾',即司寇、隱官踐更者所屬縣(秦漢簡牘中通常稱'居縣')如果有糧食就派司寇向作所縣運送糧食。"⑥這個解釋是有道理的,即糧食由勞作者所屬縣政府出,運輸任務由縣所管理的司寇來承擔。

---

① 徐世權:《嶽麓秦簡所見秦"西工室"之"西"解》,鄔文玲主編:《簡帛研究》二〇一七秋冬卷,廣西師範大學出版社2018年版,第49頁。
② 陳松長主編:《嶽麓書院藏秦簡(肆)》,第227頁。
③ 陳偉:《秦簡牘校讀及所見制度考察》,第83頁。
④ 同上注,第87頁。
⑤ 陳松長主編:《嶽麓書院藏秦簡(肆)》,第227頁。
⑥ 陳偉:《秦簡牘校讀及所見制度考察》,第87頁。

【7】告作所縣償及貸

[疏證]

告作所縣償及貸,陳偉的解釋是:"如果所屬縣缺糧而需要借糧,則通知作所縣,由作所縣'償(償還已貣的部分)及貸(向踐更者借出糧食)'。"① 筆者認爲,這個解釋值得商榷。前面説由踐更者所居縣政府提供糧食,並没有説是借給踐更者,因爲這些人已經窮極無聊,借了也還不了,所以應該是無償提供踐更者。下面接着説如果踐更者所居縣也缺糧,則由作所縣縣政府提供,那麽債務人應該是踐更者所居縣政府,而不是踐更者本人。"償及貸",應解釋爲"貸及償",即由踐更者所屬縣政府向作所縣借貸並日後償還。這裏的"告"不是"通知、告知",而是向對方求助的意思。

【8】榦

[整理小組注]

榦:製器原材料的總稱,多用於指代製作弓箭的木材。見《禮記·月令》:"是月也,命工師令百工審五庫之量,金、鐵、皮、革、筋、角、齒、羽、箭、榦、脂、膠、丹、漆,毋或不良。"鄭玄注:"榦,器之木也。"孔穎達正義:"《周禮·弓人》掌作弓,云'凡折榦',故知榦,弓榦。此則總論材榦,不獨指弓,但器之材樸,總謂之榦。"②

【9】沮、南鄭

[整理小組注]

沮、南鄭:沮縣、南鄭縣屬秦漢中郡。沮縣,秦封泥有"沮丞之印"。《張家山漢簡·二年律令·秩律》注:"菹,亦名'沮',漢初疑屬漢中郡,《地理志》記屬武都郡。"③

【10】移

[整理小組注]

移:指移書。《睡虎地秦簡·語書》:"移書曹",注:"移書,致送文書,戰國末至秦漢時習語,如《韓非子·存韓》:'二國事畢,則韓可以移書定也。'"④

[疏證]

陳偉把"吏"解釋爲"事",把"移"解釋爲"移交",説:"沮與南鄭聽命於西工室,把居縣入禾者與'事'移交給西工室。"⑤ 亦可備一説。

---

① 陳偉:《秦簡牘校讀及所見制度考察》,第88頁。
② 陳松長主編:《嶽麓書院藏秦簡(肆)》,第227頁。
③ 同上注。
④ 同上注。
⑤ 陳偉:《秦簡牘校讀及所見制度考察》,第88頁。

【11】二年

[疏證]

二年，陳松長認爲是指秦二世二年，陳偉認爲指秦王政二年，各有道理，未詳孰是，在此暫從前者。①

簡文大意

泰上皇時内史上言：西工室的司寇、隱官踐更者多貧困不能自給口糧。議曰：命令（司寇、隱官踐更者所屬）縣派遣司寇輸送糧食（借給勞作者），如果（所屬）縣没有糧食可借給，則向勞作所在地之縣借貸，並日後償還。西工室伐榦於沮、南鄭山，命令沮、南鄭兩縣按照西工室頒發的致發給糧食。那些運輸糧食的司寇及官吏要把相關的運送憑證上交西工室。二年（皇帝）曰：原詔令繼續適用。

簡0749＋0351（332—333）

●内史言：斄[1]卒從破趙軍┗，長輓粟徒[2]壹夫[3]身貧毋糧，貸縣官者，死軍[4]，爲長……332 ▋内史郡二千石官共令。　第丁333。

【1】斄

[整理小組注]

斄：縣名，秦屬内史，治所在今陝西武功縣西南。②

【2】長輓粟徒

[整理小組注]

長輓粟徒：拉運糧車之徒，即文獻所見"長輓者"。《戰國策·魏策四》："秦自四境之内執法以下至於長輓者。"高誘注："長輓者，長爲輓車之人。"嶽麓秦簡1880號簡有"吏從軍治粟將漕長輓者"。③

---

① 陳松長：《嶽麓秦簡中的兩條秦二世時期令文》，《文物》2019年第5期，第90—91頁。陳偉：《秦簡牘校讀及所見制度考察》，第94—97頁。
② 陳松長主編：《嶽麓書院藏秦簡（肆）》，第227頁。
③ 同上注。

【3】壹夫

[整理小組注]

壹夫：人名。①

[疏證]

"壹夫"是否人名，或可以再斟酌。因爲此處當爲内史上奏皇帝之書，其中單單提起一普通運糧之役徒，實在有點不同尋常。因此推測此處是否爲一類人，"壹夫"也許指的是無兒無女的鰥夫。陶磊、吴淇皆持此議。②

【4】死軍

[疏證]

"死軍"，死於軍事，或稱"死事"。睡虎地秦簡《秦律雜抄》簡37："戰死事不出，論其後。"整理小組注："死事，死於戰事，《墨子·勵士》：'有死事之家，歲使使者勞賜其父母，著不忘於心。'"③

簡文大意

内史説：鰲縣士卒參與攻破趙軍，運糧的役徒壹夫家中貧窮，無法自給口糧，向縣官借貸，死於軍事，爲長……内史郡二千石官共令。第丁。

簡0559＋0359＋0353（334—336）

●獄史、令史、有秩吏及屬[1]、尉佐以上，二歲以來新爲人贅壻（壻）[2]者免之。其以二歲前爲人贅壻（壻）而334能去妻室者[3]勿免，其弗能去者免之└。二歲以來家不居其所爲吏之郡縣，而爲舍室[4]即取（娶）妻焉335官[5]，免之。家不居咸陽而取（娶）妻咸陽[6]及前取（娶）妻它縣而後爲吏焉，不用此令336。

---

① 陳松長主編：《嶽麓書院藏秦簡（肆）》，第227頁。
② 陶磊：《讀嶽麓書院藏秦簡（肆）劄記》，武漢大學簡帛網2017年1月9日。吴淇：《〈嶽麓書院藏秦簡（肆）〉集釋及相關問題研究》，第203頁。
③ 睡虎地秦墓竹簡整理小組編：《睡虎地秦墓竹簡》，釋文部分第89頁。

【1】屬

[整理小組注]

參見第二組一百二十一注。

[疏證]

按,即嶽麓秦簡整理小組注所謂"第二組一百二十一注":"屬:連接。《睡虎地秦簡·内史雜律》:'它垣屬焉者,獨高其置芻廥及倉茅蓋者。'"這個注釋對於簡0559(334)"屬"是不合適的,0559(334)中的"屬"指下屬、屬官。嶽麓簡1404(132)有"縣屬",嶽麓簡整理小組注:"縣屬,縣的屬吏。"① 即此類。

【2】贅壻(婿)

[整理小組注]

贅壻(婿):秦漢時期,壯年男子家貧入贅女家爲壻者,其社會地位低賤。參見《睡虎地秦簡·爲吏之道》附抄"魏户律"中的"贅壻"注。②

【3】去妻室

[疏證]

去妻室,離開入贅的妻室,與之離婚。據秦簡的記載,秦代已經規定,男女雙方結婚,必須到官府登記。睡虎地秦簡《法律答問》簡166:"女子甲爲人妻,去亡,得及自出,小未盈六尺,當論不當?已官,當論;未官,不當論。"睡虎地秦簡整理小組注:"官,疑指婚姻經官府認可。"③ 既然婚姻結合須經官府認可,那麼離婚也應得到官府認可。

【4】舍室

[整理小組注]

舍室:指吏在其視事的所在郡縣購置的私宅。《張家山漢簡·二年律令·户律》320簡:"欲益買宅,不比其宅者,勿許。爲吏及宦皇帝,得買舍室。"④

[疏證]

程帆娟曰:"簡文'家不居其所爲吏之郡縣,而爲舍室即取妻焉,官,免之',實際意爲一郡縣長官不得在爲吏之地娶妻買房,而郡縣屬吏則不用遵守此項規定。至於秦漢政府爲何對地方官吏任用之籍貫限制如此,嚴耕望曾做過三點論述,曰當官擇吏,每先鄉里,今嚴制以別,使監官長吏單車蒞任,親私之弊不戒自除;既私利之無從,則擇吏任

---

① 陳松長主編:《嶽麓書院藏秦簡(肆)》,第164頁。
② 同上注,第227頁。
③ 睡虎地秦墓竹簡整理小組編:《睡虎地秦墓竹簡》,釋文部分第132頁。
④ 陳松長主編:《嶽麓書院藏秦簡(肆)》,第227頁。

政自能客觀,樂選賢能,與共圖治;長官除自中央,其下所有屬吏皆由長官自辟,但又不能任用私人,亦無地方豪傑恃勢脅制之弊,是以中央集權之形式,宏地方自治之實效。因此如若外籍郡縣長官在其爲吏之地娶妻買房,實際上又形成了新的地方姻親關係,與本籍人士並無多大區別,所以秦令規定郡縣長官不得在爲吏之地娶妻買房,應當也是出於此種考慮。"① 其説可從。

【5】取(娶)妻焉官

[整理小組注]

取(娶)妻焉官:焉,介詞,用法同"於",《孟子·盡心上》:"人莫大焉無親戚君臣上下。"《經傳釋詞》卷二:"焉,猶於也。"取(娶)妻焉官,即娶妻於官,此處"官"指官吏視事的官署所在地。②

[疏證]

嶽麓簡0359(335)釋文末字"焉"後,嶽麓秦簡整理小組釋文原有殘簡符號"☐",而注釋中却將"焉"字與簡0353(336)首字"官"連讀,這樣做是不合適的。因此吳淏認爲:"簡335簡末有殘,整理者却將'取(娶)妻焉官'直接連讀解釋,有問題,這裏不應該連讀。"③ 從圖版來看,"焉"字當處於簡0359(335)的最後一個字,雖然竹簡殘斷,但其下再有它字的可能性很小,如果要與簡0353(336)連讀,此處就不能再加殘簡符號,今按照不加殘簡號處理。

【6】家不居咸陽而取(娶)妻咸陽

[疏證]

程帆娟曰:"'家不居咸陽而娶妻咸陽,不用此令'的規定與嚴耕望考證漢代'中央任命之各級監官長吏不用本籍人,惟西漢之司隸校尉、京兆尹、長安縣令丞尉不在此限'的狀況很是相似,這應當是統治者出於'強本弱末'的考慮。"④ 其説可從。

簡文大意

獄史、令史、有秩吏及僚屬、尉佐以上,近兩年以來剛作了別人家的贅壻者,要被免職。如果是兩年之前作了別人家贅壻而現在能離開女方者,可不予免職,不能離開女方者,免職。近兩年以來,家不在其爲吏之郡縣而個人在當地買房然後娶妻者……官免職。家不在咸陽而在咸陽娶妻及先在它縣娶妻後在當地爲吏者,不在此令的限制範圍之內。

---

① 程帆娟:《秦漢官吏的婚姻約束》,《河西學院學報》2020年第1期,第90頁。
② 陳松長主編:《嶽麓書院藏秦簡(肆)》,第227頁。
③ 吳淏:《〈嶽麓書院藏秦簡(肆)〉集釋及相關問題研究》,第204頁。
④ 程帆娟:《秦漢官吏的婚姻約束》,《河西學院學報》2020年第1期,第90頁。

殘37+0672-1（337）

●制詔丞相御史：唯不爲人贅壻（婿）□徒數□……□₃₃₇

簡文大意

制詔丞相御史：只有不作別人家的贅壻……徒數……

簡0668+0591+0522（338—340）

舉不如令者[1]，論之，而上[2]奪爵者名丞相，丞相上御史└。都官有購賞貰責（債）者，如縣。兵事畢[3]₃₃₈矣└，諸當得購賞貰責（債）者[4]₃₃₉▋内史郡二千石官共令。　第丙₃₄₀。

【1】舉不如令者

[疏證]

嶽麓秦簡整理小組原標點爲"舉，不如令者"，不妥。"舉"意爲舉報，"不如令者"爲舉報之對象，因此"舉不如令者"當連讀。睡虎地秦簡《語書》簡5-6："自從令、丞以下智（知）而弗舉論，是即明避主之明法殹（也），而養匿邪避（僻）之民。"睡虎地秦簡整理小組注："舉，檢舉揭發。論，處罪。"① "舉論"即嶽麓簡之"舉不如令者，論之"。

【2】上

[整理小組注]

上：上計，向上呈報。②

【3】兵事畢矣

[疏證]

"兵事畢矣，諸當得購賞貰責（債）者"又見嶽麓秦簡1918（308），可參看。

---

① 睡虎地秦墓竹簡整理小組編：《睡虎地秦墓竹簡》，釋文部分第14頁。
② 陳松長主編：《嶽麓書院藏秦簡（肆）》，第227頁。

【4】購賞貰責（債）

[疏證]

購賞,即獎勵賞賜。貰責(債),即借貸,此處與"購賞"並列,可能也是作爲獎勵的一種方式而實施的,或許是國家恢復經濟的一種刺激手段。

簡文大意

……舉報不符合法令者,按律論處,並上報被奪去爵位者名單給丞相,丞相上報給御史大夫。都官管轄範圍內有應當發給賞賜或借貸者,按照縣的規定處理。戰事已經結束,那些應當得到賞賜或借貸者……內史郡二千石官共令。第丙。

簡0639+0680+1520（341—343）

嚻園[1]、宣深[2]有斗食嗇夫、史各一人,毋與相襍[3]稍廩月食者[4]賣囗息子[5]。所以爲耗囗物及它₃₄₁當賣買者┕,令相監,毋(無)律令。議:令嚻園宣深嗇夫若史相襍監,坐,如監令史[6],它有等比₃₄₂。▎內史二千石官共令囗₃₄₃

【1】嚻園

[整理小組注]

嚻園:當是秦獻公葬處"嚻圉"。《史記·秦始皇本紀》:"獻公享國二十三年,葬嚻圉。"①

[疏證]

嶽麓秦簡整理小組原以"嚻園宣深"連讀,不確。"嚻園"與"宣深"爲兩處陵園,故當以頓號隔開。簡文說的應是"嚻園""宣深"這兩處陵園各有斗食嗇夫與史各一人,而不是"嚻園""宣深"共同擁有嗇夫及史各一人。

【2】宣深

[整理小組注]

宣深:疑爲秦宣太后葬處。《史記·秦始皇本紀》:"宣太后薨,葬芷陽驪山。"②

---

① 陳松長主編:《嶽麓書院藏秦簡(肆)》,第227頁。
② 同上注。

【3】相襍

[整理小組注]

相襍：襍，同也，共也。《漢書·雋不疑傳》："公車以聞，詔使公卿將軍二千石雜識視。"顏師古注："雜，共也。"相襍，即相共、共同的意思。①

【4】稍稟月食者

[整理小組注]

稍稟：即稟食。《儀禮·聘禮》："赴者至，則衰而出，則稍受之。"鄭玄注："稍，稟食也。"②

[疏證]

齊繼偉認爲，嶽麓簡此處的稍稟月食者可能指睡虎地秦簡《法律答問》中的"甸人"等一類職役者。③其説可從。《法律答問》簡190："可（何）謂'甸人'？'甸人'守孝公、瀗（獻）公冢者殹（也）。"睡虎地秦簡整理小組注："秦獻公，公元前三八四至三六二年在位。秦孝公，獻公子，公元前三六一至三三八年在位。《史記·秦始皇本紀》載獻公'葬囂圉'，孝公'葬弟圉'。"④

【5】息子

[整理小組注]

息子：或即"子息"之倒置。《睡虎地秦簡·倉律》："豬、雞之息子不用者，賣之，別計其錢。"注："息，義與子同。息子，此處指小豬、小雞。"《里耶秦簡》(壹)8-1516："廿六年十二月癸丑朔庚申，遷陵守祿敢言之，沮守瘳言課，廿四年畜息子得錢殿。沮守周主爲新地吏，令縣論言夬。問之，周不在遷陵，敢言之。"可見"息子"或當專指動物所生之幼小者。⑤

[疏證]

整理小組説"息子"或即"子息"之倒置，但隨後所舉簡例皆爲"息子"，並無"子息"用法。不知是失誤還是另有理解。

【6】監令史

[整理小組注]

監令史：官名，負責監管的令史。文獻中元代以後爲太府所屬的官吏名。⑥

---

① 陳松長主編：《嶽麓書院藏秦簡（肆）》，第228頁。
② 同上注。
③ 齊繼偉：《秦簡"月食者"新證》，武漢大學簡帛研究中心主辦：《簡帛》第19輯，第203—206頁。
④ 睡虎地秦墓竹簡整理小組編：《睡虎地秦墓簡》，釋文部分第138頁。
⑤ 陳松長主編：《嶽麓書院藏秦簡（肆）》，第228頁。
⑥ 同上注。

[疏證]

秦簡的記載表明,秦代官府中有物資出入及買賣等經濟活動時,一般有一位"令史"(有時簡稱"史")負責監督,稱爲"監""視""視平"等。嶽麓簡1265(243):"關市律曰:縣官有賣買殹(也),必令令史監,不從令者,貲一甲。"里耶秦簡中提到倉庫管理人員在發放糧食或者官府在進行一些買賣活動時,也經常有令史負責監督。里耶簡8-760:"粟米一石二斗半斗。卅一年三月丙寅,倉武、佐敬、稟人援出稟大隸妾☐。令史尚監。"簡8-811+8-1572:"錢三百五十。卅五年八月丁巳朔癸亥,少内沈出以購吏養城父士五(伍)得。得告戍卒贖耐罪惡。令史華監。瘳手。"① "監",有時又稱爲"視平"。如簡8-760"令史尚監",但在簡8-1336又有"令史尚視平"的記載:"稻七石五斗。卅一年七月辛亥朔壬子,倉是、史☐、令史尚視平。☐"② "視平"有時又省作"視",如簡8-880:"☐令史圂視。敬手。"③

當然"令史監"與"監令史"是否爲同一職務,還很值得探討。上述事例中的"令史監"似乎不是一個專職的職務,只是"令史"的衆多職責之一。"監令史"是否如此,還難以確定。因爲文獻及簡牘資料中的"監御史"與"監令史"詞例相近,而"監御史"却是一個職務相對固定的專職職官。

簡文大意

囂園、宜深設有斗食嗇夫、史各一人,不共同參與稍食月食的發放及買賣息子的事務。在出賣耗物及其它需要買賣的東西時,讓他們參與監督,没有法律依據。經合議:命令囂園、宜深嗇夫或史參與共同監督,出現問題,按照監令史的慣例處理。其他類似事務比照辦理。内史二千石官共令。

簡0519+0352(344—345)

昭襄王[1]命曰:置酒[2]節(即)徵錢金及它物以賜人,令獻(讞),丞請出[3];丞獻(讞),令請出[4]。以爲恒[5]。●三年[6]詔曰:344復用345。

【1】昭襄王

[整理小組注]

昭襄王:嬴姓,名則,一名稷,生於公元前325年,卒於公元前251年,乃秦惠文王之

---

① 陳偉主編:《里耶秦簡牘校釋》(第1卷),第218、231頁。
② 同上注,第312頁。
③ 同上注,第241頁。

子、武王之異母弟,公元前306年至公元前251年在位。①

【2】置酒

[整理小組注]

置酒:辦酒席。《史記·高祖本紀》:"西入關,至櫟陽,存問父老,置酒。"②

【3】請出

[整理小組注]

請出:根據上奏文書中的實際數額出納財物,不能肆意爲之。如《張家山漢簡·二年律令·效律》:"出實多於律程,及不宜出而出,皆負之。"③

[疏證]

陳松長讀"請"爲"情","情出"即按照實際情況或數額支出④。"情"的這一用法甚是罕見,甚至有點怪異。因此陳偉曰:"這個意義上的'情'能否用作狀語,描述官員的行政作爲,不能無疑。'請'很可能如字讀,指請求。"⑤筆者同意陳偉的意見。這裏的"請"字主要是表示恭敬客氣的語氣,即便可以理解爲"請求",也非實指"提出要求"的含義。

出,陳松長文章⑥及嶽麓秦簡整理小組解爲"出納",這是不準確的,"出"與"納"是兩種相反的行爲,"出"是"支出","納"是"收入",是兩回事,在嶽麓簡此處只能是"支出"的意思。陳偉對此的解釋則比較猶豫,他表示"令文之'出'究竟是指支出還是指注銷,目前似尚難論定"。⑦筆者認爲,這一猶豫可能與對令文前半部分,也就是對"置酒節(即)徵錢金及它物以賜人"的理解有關,這句話究竟是理解成"置辦酒席,在宴會上賞賜金錢及其他財物給人",還是理解成"置辦酒席,在酒席上徵集金錢及其他財物,然後拿來賞賜給人"。如果是後者,就有點像現在的募捐,那置辦酒席的費用自然要由公家掏腰包,因而也就涉及報銷的事了。筆者認爲後一種理解過於求深,也難合情理,不如前一種理解簡單明了,也解釋得通。

【4】令請出

[疏證]

"令請出"之後,嶽麓秦簡整理小組原標點作逗號,今從陳松長、陳偉的意見,⑧改爲句號。

---

① 陳松長主編:《嶽麓書院藏秦簡(肆)》,第228頁。
② 同上注。
③ 同上注。
④ 陳松長:《嶽麓秦簡中的兩條秦二世時期令文》,《文物》2015年第9期,第92頁。
⑤ 陳偉:《秦簡牘校讀及制度考察》,第91頁。
⑥ 陳松長:《嶽麓秦簡中的兩條秦二世時期令文》,《文物》2015年第9期,第92頁,注釋第19。
⑦ 陳偉:《秦簡牘校讀及制度考察》,第92頁。
⑧ 同上注,第89頁。

【5】以爲恒

[疏證]

以爲恒,恒,常也。以爲恒,即以爲常,以爲常法,長期實施。《左傳》文公六年:"宣子於是乎始爲國政,制事典:正法罪,辟獄刑,董逋逃,由質要,治舊污,本秩禮,續常職,出滯淹。既成,以授大傅陽子與大師賈佗,使行諸晉國,以爲常法。""以爲恒"用語,還見於嶽麓簡J58、0663(370、380)。

【6】三年

[整理小組注]

三年:秦二世三年(公元前207年)。秦王政二十六年改"令"爲"詔"。①

[疏證]

陳偉認爲,"三年"有可能是指"秦王政三年"。② 可備一説。

簡文大意

昭襄王命令説:設置酒宴拿出金錢或財物賞賜人,(這種情况)縣令要向上級請示,然後由縣丞來支出,或者縣丞向上級請示,由縣令來支出。(秦二世)三年,詔書説:此令再次適用。

簡0561＋缺簡23＋0592＋0523＋0520＋2148＋0813＋0805＋0081＋0932(346—353)

●縣官上計執灋,執灋上計最(最)[1]皇帝所,皆用筭槀[2]□,告舊(舊)已,復環(還)筭槀,令報訑縣官。計□□□346(缺簡23)□其不能者,皆免之。上攻(功)[3]當守[4]六百石以上,及五百石以下有當令者[5],亦免除。攻勞皆令自占,自占不347以[6]實,完爲城旦。以尺牒牒書[7],當免者人一牒,署當免狀,各上,上攻所執灋,執灋上其日[8],史以上牒丞348【相】、御史,御史免之,屬、尉佐、有秩吏,執灋免之,而上牒御史丞相[9]∟,後上之恒與上攻皆(偕)∟,獄史、令史、縣349官[10],恒令令史官、吏各一人上攻勞吏員[11],會

---

① 陳松長主編:《嶽麓書院藏秦簡(肆)》,第228頁。
② 陳偉:《秦簡牘校讀及制度考察》,第97頁。

八月五日[12]。上計冣（最）、志[13]、郡〈羣〉課[14]、徒隸員簿[15]，會十月望。同期350，一縣用吏十人，小官一人[16]。凡用令史三百八人，用吏三百五十七人[17]。上計冣（最）者，被[18]兼上志╗、羣課、徒隸351員簿。●議：獨令令史上計冣（最）、志、羣課╗、徒隸員簿，用令史四百八十五人，而盡歲[19]官吏╗上攻者352▋廷內史郡二千石官共令。　●第己。　●今辛[20]353。

【1】計冣（最）

［整理小組注］

計冣（最）：地方官吏每年或每三年上呈中央的賬簿。《漢書·嚴助傳》："願奉三年計最。"如淳注："舊法當使丞奉計。"①

［疏證］

計冣（最），用於上計的統計簿書。《周禮·天官·小宰》："聽出入以要會。"鄭司農注："要會，謂計最之簿書，月計曰要，歲計曰會。"②孫詒讓云："'要會，謂計最之簿書'者，《月令》，'季冬農事備收，舉五穀之要'。注云：'定其租稅之簿。'《呂氏春秋·季冬紀》高注云：'要，簿書也。'《國語·魯語》云：'收攗而烝，納要也。'《小爾雅·廣詁》云：'最、凡、目、質，要也。'《説文·言部》云：'計，會也，算也。'又《冃部》云：'最，犯而取也。又曰會。'又《冖部》云：'冣，積也。'案：凡經典之言計最、會最、最目、殿最者，皆冣之借字，音義並與聚同。故《公羊》隱元年傳云'會猶最也'，何注云：'最，聚也。最之言聚，若今聚民爲投最。'今並讀如字，非也。《漢書·嚴助傳》'願奉三年之計最'，顏注云：'最，凡要也。'《史記·周勃世家》索隱云：'最，都凡也。'是計最者，總聚事物而算校其名數之言。計最則有簿書，故此注釋要會爲計最之簿書也。"③

里耶秦簡有"作徒薄（簿）及冣""倉徒薄（簿）冣"。簡8-815："作徒薄（簿）及冣卅一⊠。"簡8-1559："卅一年五月壬子朔辛巳，將捕爰，叚（假）倉茲敢言之：上五月作簿及冣（最）卅牒。敢言之。"簡10-1170則具體展現了"簿最"文書的原貌：

　　卅四年十二月倉徒薄（簿）冣：大隸臣積九百九十人，小隸臣積五百一十人，大隸妾積二千八百七十六，凡積四千三百七十六。其男四百廿人吏養，男廿六人與庫武上省，男七十二人牢司寇，男卅人輸鐵官未報，男十六人與吏上計，男四人守囚，男十人養牛，男卅人廷守府，男卅人會逮它縣，男卅人與吏男（勇）具獄，男百五十人居貲司空，男九十人觳（繫）城旦，男卅人爲除道通食，男十八人行書守府，男卅四人庫工。小男三百卅人吏走，男卅人廷走，男九十人亡，男卅人付司空，男卅人與史

---

① 陳松長主編：《嶽麓書院藏秦簡（肆）》，第228頁。
② 孫詒讓：《周禮正義》，第1分册，第205頁。
③ 同上注，第213頁。

謝具獄,女五百一十人付田官,女六百六十人助門淺,女卌四人助田官懼,女百卌五人縠(繫)舂,女三百六十人付司空,女二百七十人居貲司空,女卅人牧鴈、女卅人爲除道通食,女卅人居貲無陽,女廿三人與吏上計、女七人行書酉陽,女卅人守船、女卅人付庫、女六十人行書廷,女九十人求菌,女六十人會逮它縣,女六十人囗人它縣,女九十人居貲臨沅,女十六人輸服(箙)弓,女卌四人市工用,女卅三人作務,女卅四人付貳舂,女六人取薪,女廿九人與少内段買徒衣,女卅人與庫佐午取桼,女卅六人付畜官,女卌九人與史武輸鳥,女六十人付啟陵。①

孫詒讓曰"計最者,總聚事物而算校其名數之言",説得最爲明白。所以陳偉説里耶簡"徒簿及冣(最)"之"最"曰:"最,當指簿書的綱要。大概這次上報的簿書每日一簡,共30簡。爲首或末尾一簡的背面記總括之辭。"②這一論斷是準確的。不過,"冣"作爲簿書綱要,本身就是統計簿書的一部分,因此不論是傳世文獻還是出土文獻,往往"計冣(最)"或"簿冣(最)"並稱,有時也以"計"或"冣(最)"指代上計簿書。如里耶簡8-627 "卒歲未具者冣囗"、8-701 "囗已敢言之:上冣　囗手。"③

【2】筭橐

[整理小組注]

筭橐:疑爲專門用來裝計最簿籍的袋子。④

[疏證]

筭橐,本是用來裝算籌的布橐,此處用來裝用以上計的簿籍。《説文·竹部》:"筭,長六寸,所以計曆數者。"段玉裁注:"《漢志》云:'筭法,用竹,徑一分,長六寸,二百七十一枚而成六觚,爲一握。'此謂筭籌,與算數字各用。計之所謂算也,古書多不别。"⑤

居延漢簡中有"衣橐""韋橐""革橐"等。居延新簡EPT10:38 "囗革橐一",整理小組注:"革橐,橐,盛物的袋子。《詩·大雅·公劉》:'乃裹餱糧,于橐于囊。'毛傳:'小曰橐,大曰囊。'《史記·田敬仲完世家》:'田乞盛陽生橐中,置坐中央。'革橐,皮製帶子。"⑥居延新簡EPT17·12:"南陽郡成卒衣橐。"衣橐,即盛衣物的袋子。EPT56·101:"布橐一。"EPT68·27:"革橐一。"黄浩波認爲,以布橐盛放的文書,是針對重要文書采取的傳送制度,非重要文書或用"蒲封"的方式封緘。⑦

---

① 里耶秦簡博物館、出土文獻與中國古代文明研究協同創新中心中國人民大學中心編著:《里耶秦簡博物館藏秦簡》,中西書局2016年版,第197—198頁。
② 陳偉主編:《里耶秦簡牘校釋》(第1卷),序言第10頁。
③ 同上注,第186、206頁。
④ 陳松長主編:《嶽麓書院藏秦簡(肆)》,第228頁。
⑤ 段玉裁:《説文解字注》,第353頁。
⑥ 孫占宇:《居延新簡集釋(一)》,第443頁。
⑦ 黄浩波:《蒲封:秦漢時期簡牘文書的一種封緘方式》,《考古》2019年第10期,第100頁。

【3】攻(功)

[整理小組注]

攻:通"功",勞績。功與勞有一定的換算比例,即勞四歲爲一功。①

【4】守

[整理小組注]

守:秦代某些行政部門的最高負責人稱"守",如《里耶秦簡》(壹)中出現"遷陵守""倉守""司空守""啓陵鄉守""少內守""洞庭守""發弩守"等。②

【5】當令

[整理小組注]

當令:與法令要求相符合。《里耶秦簡》(壹)8-62:"卅二年三月丁丑朔日,遷陵丞昌敢言之。令曰:上葆繕牛車簿恒會四月朔日泰守府。·問之,遷陵毋當令者。敢言之。"③

[疏證]

"六百石以上,及五百石以下有當令者",這裏的"當"指的是上計於中央的官員秩級的標準,一般來說是六百石以上,但五百石以下有專門要求者,也要上計於中央。秩級六百石,屬於"長吏"的範疇。《漢書·景帝紀》:"五月,詔曰:'夫吏者,民之師也,車駕衣服宜稱。吏六百石以上,皆長吏也,亡度者或不吏服,出入閭里,與民亡異。令長吏二千石車朱兩轓,千石至六百石朱左轓。車騎從者不稱其官衣服,下吏出入閭巷亡吏體者,二千石上其官屬,三輔舉不如法令者,皆上丞相御史請之。'"④

【6】不以

[疏證]

嶽麓秦簡整理小組原釋文,簡0592(347)簡末"不"字後爲殘簡符號"☒",簡0523(348)簡首"實"字前亦爲殘簡符號"☒",周波據圖版分析後認爲,簡0592(347)末"不"字後應再無字,故釋文不應加殘簡符號,而簡0523(348)簡首殘簡處,據文例可補"以"字,二簡相連處釋文讀作"自占不以實",⑤可從。周波在其研究中還指出《嶽麓肆》釋文中的其他幾處類似情況,都有一定道理。但前提是應首先確定二簡是應該連讀的,否則簡末或簡首殘缺處是否還有字,還可以另行考慮。

---

① 陳松長主編:《嶽麓書院藏秦簡(肆)》,第228頁。
② 同上注。
③ 同上注。
④ 班固:《漢書》,第149頁。
⑤ 周波:《〈嶽麓書院藏秦簡(肆)〉補説》,姚遠主編:《出土文獻與法律史研究》第7輯,第72頁。

【7】牒書

[疏證]

牒書，在牒上記録。睡虎地秦簡《秦律十八種·倉律》簡36"到十月牒書數"，整理小組注："牒，薄小的簡牘。"①《漢書·薛宣傳》"乃手自牒書"，顏師古注："牒書，謂書於簡牒也。"②

【8】日

[整理小組注]

日：核算功勞的日數。《里耶秦簡》(壹)8-269："資中令史陽里釦閥閱：十一年九月隃爲史，爲鄉史九歲一日，爲田部史四歲三月十一日，爲令史二月。"③

【9】御史、丞相

[疏證]

御史、丞相，嶽麓秦簡整理小組原釋文連讀，作"御史丞相"，其實當以頓號隔開，今改。

【10】縣官

[疏證]

簡0520(349)與簡2148(350)內容很接近，可能屬於同一條律令的內容，故將兩者連讀。但連讀之後，"獄史、令史、縣官，恒令令史官、吏各一人上攻勞吏員"一句又極爲費解。故兩者之間或有缺簡，仍存疑。

【11】恒令令史官、吏各一人上攻勞吏員

[疏證]

官、吏各一人，嶽麓簡整理小組原標點"官吏"爲一詞，今據"各一人"語，知"官"與"吏"當分爲二，故改標點爲"官、吏"。即便如此，此處簡文仍難理解。具體斷讀尚需進一步研究。

【12】會八月五日

[疏證]

會，會合，集合。"會八月五日"，規定在八月五日統一上交。

---

① 睡虎地秦墓竹簡整理小組編：《睡虎地秦墓竹簡》，釋文部分第28頁。
② 班固：《漢書》，第3387頁。
③ 陳松長主編：《嶽麓書院藏秦簡(肆)》，第228頁。

【13】志

[整理小組注]

志：一種匯總性質的簿録。《里耶秦簡》中有各種志，如：事志（8-42）、羣志（8-94）、田課志（8-383）、田官課志（8-479）、尉課志（8-482）、司空課志（8-446）、鄉課志（8-483）、畜官課志（8-490＋8-501）、倉課志（8-495）、人庸作志（8-949）等。①

【14】郡〈羣〉課

[整理小組注]

郡〈羣〉課：課，考核。《説文》："課，試也。"羣課，是關於各種考課結果的記録。②

【15】徒隸員簿

[整理小組注]

徒隸員簿：一種記録徒隸人數及勞役作情況的簿籍。《里耶秦簡》（壹）8-686："廿九年八月乙酉，庫守悍作徒薄（簿）：受司空城旦四人，丈城旦一人，舂五人，受倉隸臣一人。凡十一人。城旦二人繕甲□□。城旦一人治輸□。……"③

【16】小官一人

[疏證]

"小官一人"後，嶽麓簡整理小組原標點爲逗號，今改爲句號。

【17】三百五十七人

[疏證]

"三百五十七人"後，嶽麓簡整理小組原標點爲逗號，今改爲句號。

【18】柀

[整理小組注]

柀：部分。《睡虎地秦簡·秦律十八種》："其日未備而柀入錢者，許之。"④

【19】盡歲

[整理小組注]

盡歲：全年，整年。《里耶秦簡》（壹）8-16："廿九年盡歲田官徒簿。"⑤

---

① 陳松長主編：《嶽麓書院藏秦簡（肆）》，第228頁。
② 同上注。
③ 同上注。
④ 同上注，第229頁。
⑤ 同上注。

【20】第己●今辛

[疏證]

陳松長對《嶽麓肆》所收錄的兩條"内史郡二千石官共令"的序號更改現象進行研究時認爲:"這兩條'共令'在簡尾分別標注了'今辛''今壬'兩個字,且其書體也與前面的完全不同,很顯然,這是在編輯整理過程中標注的更正記録。應該是在編輯整理的過程中,發現這批共令的排序有錯,即原來編排爲'第己''第庚'的兩批令應歸入第辛、第壬的序列内,所以在後面標注'今辛''今壬'。"[1]筆者認爲,這只是一種可能,但也有可能是隨着新的共令的編輯加入,編輯者對原來的法令編輯次序進行了調整,同時注明了調整過程。也就是説,原來的編號並没有錯,只是後來根據新情況進行了新的調整而已。秦漢律令有年度校讎核對的制度,這種律令校讎不但包括律令内容逐字逐條的校讎,還包括"對該年度的律令篇目名稱、條文數目及其順序"的校讎。[2]"第己·今辛"有可能表示該條律令原來的順序是"第己",校讎調整以後的順序爲"第辛"。這是這條律令在年度律令校讎過程中所做的調整記録。這種可能性是很大的。

簡文大意

縣官上計簿到執灋,執灋則把計簿送到皇帝那裏,計簿都用裝筭籌的筭囊盛放。上計完畢之後,退還筭囊,並報知地方縣道。上計……没有能力者,都予以免職。六百石以上的長吏及五百石以下的有專門要求的官員在上計功勞時,不合格者都要被免職。官員的功勞都要自己上報,上報不實者,完爲城旦。免職的情況用牒記録下來,每位免職者記録在一支牒上,寫明被免職的具體原因,分別呈報上級部門。每位不合格官員的功勞記録都上報給所屬執灋,執灋則把他們的勞績日期再上報上去,史以上的官員記録勞績的牒上報給丞相、御史,由御史將其(不合格者)免職;屬、尉佐、有秩吏這類官員中不合格者由執灋將其免職,把記録勞績的牒上報給丞相、御史;此後上報免職的簡牒一般與上報功勞簿籍時一起上報,獄史、令史、縣官,一般都是命令令史官、吏各一人向上級呈報吏員功勞簿,統一在八月五日上報。上報計最、志、各類考課記録、徒隸員簿,十月十五日統一上報。一個縣用吏十人,小官一人。總共用令史三百零八人,用吏三百五十七人。上報計最的官吏,有的也兼上報志、各類考課記録、徒隸員簿。議曰:單獨命令令史負責上報計最、志、各類課、徒隸員簿,共使用令史四百八十五人,而全年官吏上報功勞簿籍……廷内史郡二千石官共令。原編號"第己",現編號"第辛"。

---

[1] 陳松長:《嶽麓秦簡中的幾個令名小識》,《文物》2016年第12期,第61頁。
[2] 陳中龍:《試論〈二年律令〉中的"二年"——從秦代官府年度律令校讎的制度出發》,中國法律史學會、中研院歷史語言研究所編:《法律史研究》第27期(2015年),第216頁。

簡0018(354)

　　上其校獄[1]屬所執灋，執灋各以案臨計[2]，乃相與校之，其計所同執灋者，各別上之其曹，曹主者□354

【1】校獄

　　[疏證]

　　校獄，案件審理的卷宗，又稱爲"獄校"。里耶秦簡8-164＋8-1475："□□年後九月辛酉朔丁亥，少内武敢言之：上計□□而後論者獄校廿一牒，謁告遷陵將計丞□上校。敢言之。□□九月丁亥水十一刻刻下三，佐欣行廷。欣手。□。"①

　　案件卷宗又可簡稱爲"獄"。張家山漢簡《二年律令》簡116—117《具律》："气(乞)鞫者各辭在所縣道，縣道官令、長、丞謹聽，書其气(乞)鞫。上獄屬所二千石官，二千石官令都吏覆之。都吏所覆治，廷及郡各移旁近郡，御史、丞相所覆治移廷。"《二年律令》簡396—397《興律》："縣道官所治死罪及過失、戲而殺人，獄已具，毋庸論，上獄屬所二千石官。二千石官令毋害都吏復案，問(聞)二千石官，二千石官丞謹掾。當論，乃告縣道官以從事。徹侯邑上在所郡守。""上獄屬所二千石官"的"獄"，指的就是有關案件的卷宗。

　　嶽麓簡的"上其校獄屬所執灋"與張家山漢簡"上獄屬所二千石官"，嶽麓簡的"執灋各以案臨計"與張家山漢簡的"二千石官令都吏覆之""二千石官令毋害都吏復案"（《二年律令》簡116《具律》、簡396《興律》），句式及語義都十分相似。因此我們認爲嶽麓簡的"校獄"與張家山漢簡的"獄"，含義相同，指的都是有關案件的卷宗；嶽麓簡的"執灋"與張家山漢簡的"二千石官"級別相同，都是郡級的執法機構，"執灋"或許是郡級某一具體執法機構的名稱，或許是郡級官府的統稱。

【2】臨計

　　[疏證]

　　臨計，監督統計。張家山漢簡《二年律令·收律》："當收者，令獄史與官嗇夫、吏雜封之，上其物數縣廷，以臨計。"整理小組注："臨計，監督統計。"②

簡文大意

　　把審核後的案件卷宗上呈所屬的執灋，執灋各自再次進行審核，根據案情進行勘

---

① 陳偉主編：《里耶秦簡牘校釋》(第1卷)，第100頁。
② 張家山二四七號漢墓竹簡整理小組：《張家山漢墓竹簡〔二四七號墓〕》(釋文修訂本)，第32頁。

驗,案件原審理結論與執灋的審核結果相同者,分別歸於各曹保管,曹的負責人……

簡0099-1(355)

治(？)獄□校者各上其校[1]屬所執灋,其治(？)獄者□☑₃₅₅

【1】校

[疏證]

校,此處即"獄校"或"校獄"之省,指所審核的案件卷宗。

簡文大意

治獄之官把各自所審核的案件卷宗上呈所屬執灋,其治(？)獄者……

簡0395(356)

計其敝[1]者,補繕[2]以上計₃₅₆。

【1】敝

[疏證]

敝,破舊。敝者,當指已經報廢的官有器物。睡虎地秦簡《秦律十八種》簡15《廄苑律》:"叚(假)鐵器,銷敝不勝而毀者,爲用書,受勿責。"整理小組注:"銷敝,破舊。"[①]

【2】補繕

[疏證]

補繕,修繕。睡虎地秦簡《秦律十八種》簡89《金布律》:"韋革、紅器相補繕。"

簡文大意

對已經破舊的器物進行統計,修補完善之後上報。

---

① 睡虎地秦墓竹簡整理小組編:《睡虎地秦墓竹簡》,釋文部分第24頁。

簡0640+0635（357—358）

縣恒以十月鄰[1]牒，書署當賣及就食[2]狀。須[3]卒史、屬[4]糞[5]兵，取省[6]以令[7]，令案視[8]。當就食，其親、所智（知）【欲買】357[9]者，賣之。隸臣妾、城旦、城旦舂司寇、鬼薪、白粲及毄（繫）城旦舂老、癃（癃）病[10]，毋賴不能作者，遣就食蜀守。☐358

【1】鄰

[整理小組注]

鄰：通"遴"，遴選也。①

[疏證]

鄰，遴選，編次。嶽麓簡1397+1372（140—141）："尉卒律曰：爲計，鄉嗇夫及典、老月辟其鄉里之入穀（穀）、徙除及死亡者，謁于尉，尉月牒部之，到十月乃比其牒，里相就殹（也）以會計。黔[首]之闌亡者卒歲而不歸，結其計，籍書其初亡之年月于結，善臧（藏）以戒其得。"整理小組注："比，編次。"《尉卒律》"到十月乃比其牒"與此處"十月鄰牒"義同，故此處"鄰"亦爲"編次"之意。簡2148（350）："上計冣（最）、志、郡（群）課、徒隸員簿，會十月望。"因爲十月望日有上報各類數據的規定，所以此前整理編製簿書就是順理成章的事。

【2】就食

[整理小組注]

就食：當是"遣就食"的省稱，即出外謀生。《史記·平準書》："令饑民得流就食江淮間。"此作使動用法，使前面提到的幾類人出外謀生。"就"或讀爲僦，租賃也。②

[疏證]

整理小組注中"前面提到的幾類人"中的"前面"，當爲"後面"之誤。"書署當賣及就食狀"，就是把縣中需出賣及到外地就食的徒隸這兩件事記錄在簿籍上。

從下文看，"當賣"指的是那些"隸臣妾、城旦、城旦舂司寇、鬼薪、白粲及毄（繫）城旦舂老、癃（癃）病，毋賴不能作者"中其親友願意贖買他們的人；"就食"指的則是那些老弱病殘喪失勞動能力而又無親友可以依靠的人，官府只能派遣他們"就食蜀守"。從嶽麓簡的律令來看，這種情況似爲常制。也就是說秦朝各地的官府會定期遴選出一部

---

① 陳松長主編：《嶽麓書院藏秦簡（肆）》，第229頁。
② 同上注。

分因年老或疾病不能爲官府勞作的徒隸,這類人如果没有親人贖買,就會被輸送到蜀地就食,表面上看似乎是對這群弱勢群體的照顧,實際上是一種變相的淘汰老弱勞動力的殘酷舉措,讓他們到蜀地去自生自滅。這對於我們研究秦代官府的徒隸制度是一個很值得關注的問題。

嶽麓簡"就食",與《周禮》"移民就穀"制度有相近之處。《周禮·地官·廩人》:"若食不能人二鬴,則令邦移民就穀,詔王殺邦用。"鄭玄注:"就穀,就都鄙之有者。"① 移民就穀,就是説在發生災荒的年份,國家有組織移民到糧食豐收的地方去謀食生活。《孟子·梁惠王上》:"梁惠王曰:'寡人之於國也,盡心焉耳矣。河内凶,則移其民於河東;河東凶亦然。'""河内凶,則移其民於河東",説的也是發生災荒時,國家"移民就穀"的事。而嶽麓簡説的則是對於徒隸中的老弱病殘,國家不再强制他們勞作,而是把他們發放到蜀地,讓他們自己謀生。二者之間既有區别,又有聯繫。

【3】須

[整理小組注]

須:必須。②

[疏證]

整理小組原標點作"狀,須",今改作"狀。須"。"須卒史"至"令案視"一句,與上下文義不符,似乎是抄手抄寫時誤竄入。

【4】卒史、屬

[整理小組注]

卒史、屬:指卒史和屬兩類基層小吏。③

【5】糞

[整理小組注]

糞:棄除也。《睡虎地秦簡·金布律》:"縣、都官以七月糞公器不可繕者。"④

【6】取省

[整理小組注]

取省:取用或廢棄。省,廢去、去掉。《漢書·元帝紀》:"其令諸宫館希御幸者勿繕治,大僕減穀食馬,水衡省肉食獸。"顔師古注:"省者,全去之。"⑤

---

① 孫詒讓:《周禮正義》,第4分册,第1473頁。
② 陳松長主編:《嶽麓書院藏秦簡(肆)》,第229頁。
③ 同上注。
④ 同上注。
⑤ 同上注。

【7】以令

　　[疏證]

　　以令，依據法令，按照規定。

【8】令案視

　　[疏證]

　　令案視，命令（卒史、屬）審查。"令"後省略了"卒史、屬"。

【9】其親、所智（知）【欲買】

　　[疏證]

　　"親所智（知）"之後當有"欲買"之類的内容，今據文意補，"親所智（知）"亦見於張家山漢簡《二年律令·亡律》簡160："奴婢亡，自歸主，主親所智（知），及主、主父母、子若同居自求得之，其論當畀主，或欲毋詣吏論者，皆許之。"

【10】瘑（癃）病

　　[疏證]

　　嶽麓秦簡整理小組原標點作"瘑（癃）病、毋（無）賴不能作者"，今改爲"瘑（癃）病，毋（無）賴不能作者"，"毋（無）賴不能作者"指前面所説的"隸臣妾、城旦、城旦舂司寇、鬼薪、白粲及穀繫城旦舂老、瘑（癃）病"這些人，無勞動能力，又無親友可依靠。

簡文大意

　　縣常以每年十月遴選統計數據編製檔案，登記應當被賣掉以及輸往外地就食者的名單。由卒史及僚屬處理掉已不堪使用的兵器，兵器能否繼續使用要按照相關規定確定。那些應當赴外地就食的人，如果他們的親戚、朋友願意贖買他們，就把他們賣給這些親友。隸臣妾、城旦、城旦舂司寇、鬼薪、白粲及繫城旦舂等年老、癃病，生活無所依靠而又無勞動能力者，遣送到蜀郡就食。……

簡0526（359）

　　當就食[1]，其親、所智（知）欲買，勿令就食，許[2]。其歸，臯，不得賣359。

【1】當就食

[疏證]

當就食,應當被輸送到外地謀生。據嶽麓秦簡的記載,秦朝政府在某地遇到自然災害,特別是饑荒時,經常把一些老弱病殘的人口輸送到外地謀生。

【2】許

[疏證]

許,允許(親友贖買就食者)。

簡文大意

(災荒年份,)應當輸往外地就食謀生(者),如果他們的親戚朋友想贖買他們,可以不讓他們外出就食,這是允許的。他們返回原籍後,如果犯罪,(被收歸官府),不能再出賣。

簡0319(360)

●東郡守言[1]:東郡多食,食賤[2],徒隸老、癃(癃)病[3],毋(無)賴,縣官當就食者[4],請止,毋遣就食。它有等比。●制曰,可₃₆₀。

【1】東郡

[整理小組注]

東郡,郡名,秦置,漢因之,約當今河南省東北部和山東省西部部分地區。東漢以後,廢置無常。《史記·魏世家》:"景湣王元年,秦拔我二十城,以爲秦東郡。"①

[疏證]

"東郡守言"之後,嶽麓秦簡整理小組原標點爲逗號,今改爲冒號。

【2】食賤

[整理小組注]

食賤,指糧食價格便宜。《商君書》:"食賤則農貧,錢重則商富;末事不禁,則技巧之人利,而游食者衆之謂也。"②

---

① 陳松長主編:《嶽麓書院藏秦簡(肆)》,第229頁。
② 同上注。

【3】徒隸老、瘴(癃)病

[疏證]

"徒隸老、瘴(癃)病"與"毋賴"之間，嶽麓秦簡整理小組原連讀，今以逗號隔開。此處"徒隸老、瘴(癃)病，毋賴"這部分無所依靠的老弱徒隸，與簡0635(358)"隸臣妾、城旦、城旦舂司寇、鬼薪、白粲及毄(繫)城旦舂老、瘴(癃)病，毋(無)賴不能作者"、簡0527(285)"隸臣妾老、病、挐、毋疣、睆、毋(無)賴"是同一類人。

【4】縣官當就食者

[疏證]

"縣官當就食者"，指的就是"徒隸老、瘴(癃)病，毋(無)賴"這類官府徒隸。按照計劃他們本來是要外出就食的，但現在東郡守上書表示，東郡糧食多，價格賤，這些本當外輸就食的，可以不用外輸了。

簡文大意

東郡守上言：東郡糧食很多，糧價賤，徒隸中年老、瘴病而生活無所依靠，官府本應派遣去外地就食者，現請求停止，不必他處就食。其他類似情況照此處理。詔書回復曰：可以。

簡0652＋0524＋0521（361—363）

●爲徒隸員[1]┕，黔首居貲績〈贖〉責(債)者，勿以爲員[2]。鐵椎(錐)鐵[3]鋒(鏠)不可久劾[4]，勿久劾。鐵鑱[5]□□□□361□久劾殹(也)，令吏勿坐，而務求可以劾久職(職)[6]者，劾久職(職)之；可而弗劾久職(職)者，貲官嗇夫、吏各一盾[7]。鑄362爲覃鐵器及它器賣黔首者，勿久劾[8]363。

【1】爲徒隸員

[整理小組注]

爲徒隸員：統計刑徒工作量。嶽麓秦簡2147號簡有"徒隸員簿"。①

[疏證]

員，數量。睡虎地秦簡《秦律十八種》簡108《工人程》整理小組注："人程，即員程，

---

① 陳松長主編：《嶽麓書院藏秦簡（肆）》，第229頁。

《漢書·尹翁歸傳》:'責以員程不得取代,不中程輒笞督。'注:'員,數也,計其人及日數爲功程。'楊樹達《漢書管窺》卷八:'員程謂定數之課程,如每日斫菜若干石之類。'秦簡《爲吏之道》也有'員程'。工人程,關於官營手工業生產定額的法律規定。"①

員,亦見於嶽麓秦簡1367(211)"及公卒、士五(伍)子年十八歲以上備員",簡1355(254)"繇(徭)多員少員,積(隤)計後年繇(徭)戍數",簡1313(255)"令、尉、丞繇(徭)已盈員弗請而擅發者貲二甲,免",簡2148(350)"恒令令史官吏各一人上攻勞吏員,會八月五日。上計寂(最)、志、郡(羣)課、徒隸員簿,會十月望"等。"員",本義是數量單位,因此嶽麓秦簡此處的"爲徒隸員",可能是整理小組所謂的"統計徒隸工作量"的意思,也有可能是統計徒隸工徒隸人數的意思。

【2】勿以爲員

［疏證］

勿以爲員,不能算在徒隸人數之内。黔首居貲贖債者在官府居貲,經常與隸臣妾、城旦舂在一起勞作,在統計總的勞作人數時,他們都在統計範圍之内。如嶽麓簡1248+1249(190-191):"歲上舂城旦、居貲繢(贖)、隸臣妾繕治城塞數、用徒數與黔首所繕用徒數于屬所尉,與計偕,其力足以爲而弗爲及力不足而弗言者,貲縣丞、令、令史、尉、尉史、士吏各二甲。離城鄉嗇夫坐城不治,如城尉。"黔首居貲贖債者雖然也在官府的控制下勞作,但他們的身份仍然是黔首,與徒隸的奴隸身份是有所不同的。因此在統計徒隸人數時,不能把居貲贖債的黔首計算在内。在其他方面的管理上,黔首居貲贖債者與徒隸也多有不同。簡1260(262):"徒隸不足以給僕、養,以居貲責(債)者給之。"這條律令中居貲贖債者雖然也可以作僕養,但首先是徒隸,其次才用居貲贖債的黔首,二者顯然是區別對待的。

【3】鐵

［整理小組注］

鐵:見《廣雅·釋詁》:"鐵,鋭也。"②

【4】久刻

［整理小組注］

久刻:久,見《睡虎地秦簡·秦律十八種·金布律》:"有久識者",注:"久"讀爲"記"。"刻",《文選·幽通賦》:"姒聆呱而刻石兮。"吕延濟注:"刻,刻也。"久刻,即久刻,刻標記之意。③

---

① 睡虎地秦墓竹簡整理小組編:《睡虎地秦墓竹簡》,釋文部分第45頁。
② 陳松長主編:《嶽麓書院藏秦簡(肆)》,第229頁。
③ 同上注。

[疏證]

"鐵椎(錐)鐵鋒(鋒)不可久劾,勿久劾。"就是説,鐵椎鐵鋒上無法刻畫標記時,可以不刻畫標記。但這不等於不在上面做標記。睡虎地秦簡《秦律十八種·工律》:"公甲兵各以其官名刻久之,其不可刻久者,以丹若髹書之。"

【5】鐖

[整理小組注]

鐖:機括。《淮南子·齊俗訓》:"若夫工匠之爲連鐖運開。"①

【6】職(職)

[整理小組注]

職(職):通"識",標識也。②

【7】貲官嗇夫、吏各一盾

[疏證]

吏,即"吏主者"之省稱。睡虎地秦墓竹簡《秦律十八種》簡178《效律》:"公器不久刻者,官嗇夫貲一盾。"與嶽麓秦簡相比,睡虎地秦簡此處少"吏"字,或爲抄寫時漏抄。

【8】鑄爲群鐵器及它器賣黔首者,勿久劾

[疏證]

這裏所説的"久劾",是指的標識器物所歸屬部門的符號,與所謂"物勒工名"有所不同。"物勒工名"是標識生産部門及生産者的符號,以便對産品質量進行監督。嶽麓簡此處所謂的"久劾",是在官府器物上銘刻標識,確定其所歸屬部門,便於統計和管理國有資産。官府出售給黔首的商品,當然不需要此類銘刻。

簡文大意

統計徒隸的工作量,黔首居貲贖債者不要統計在内。鐵椎、刀劍等無法在上面刻標記的産品,可以不刻標記。鐵機括……標記,令官吏不要受連坐,而務求可以做標記的産品,一定要做標記;可以做標記而不做者,官嗇夫、吏主者要被貲罰一盾。鑄造賣給黔首的各類鐵器及其它器具時,不用做官府標記。

---

① 陳松長主編:《嶽麓書院藏秦簡(肆)》,第229頁。
② 同上注。

簡0527+0531（364—365）

●内史吏有秩[1]以下□□□□□爲縣官事□而死所縣官，以縣官木爲槥[2]，槥高三尺，廣一【尺】364八寸，袤六尺[3]，厚毋過二寸[4]。毋木者，爲賣（買）[5]。出之[6]，善密緻[7]其槥，以枲堅約兩敦（槨）[8]，勿令解絶[9]365。

【1】有秩

[整理小組注]

有秩：俸祿爲百石及百石以上的官吏稱有秩。見《史記·范雎列傳》："自有秩以上至諸大吏"，指秩祿在百石以上的低級官吏。王國維《流沙綴簡》考釋："漢制秩自百石始，百石以下謂之斗食，自百石則稱有秩矣。"①

[疏證]

嶽麓簡整理小組注引"《流沙綴簡》"當爲"《流沙墜簡》"之誤。另外，這裏更需要弄清楚的是"内史吏有秩"的句讀，是讀作"内史吏有秩"，還是讀作"内史、吏有秩"。我們暫且采用前者，即内史屬下的有秩吏。

【2】以縣官木爲槥

[整理小組注]

槥，小棺材。《漢書·高帝紀》："十一月，令士卒從軍死者爲槥。"服虔曰："槥，音衛。"應劭曰："小棺也，今謂之櫝。"②

[疏證]

張家山漢簡《二年律令》簡283—284《賜律》："二千石吏不起病者，賜衣襦、棺及官衣常（裳）。郡尉，賜衣、棺及官常（裳）。千石至六百石吏死官者，居縣賜棺及官衣。五百石以下至丞、尉死官者，居縣賜棺。"《二年律令與奏讞書》校釋："死官，今按：指死於任上。《漢書·何並傳》'死雖當得法賻，勿受'如淳注：'公令，吏死官，得法賻。'《漢書·原涉傳》：'涉父哀帝時爲南陽太守。天下殷富，大郡二千石死官，賻斂送葬皆千萬以上，妻子通共受之，以定產業。'"③張家山漢簡《二年律令》簡500—501《津關令》還記載了官吏死於任上後，其棺槨運回原籍，沿途過關的有關規定："□、制詔相國、御史，諸不幸死，家在關外者，關發索（索）之，不宜，其令勿索（索），具爲令。相國、御史請關外人宦爲吏若繇（徭）使，有事關中，不幸死，縣道若屬所官謹視收斂，毋禁物，以令若

---

① 陳松長主編：《嶽麓書院藏秦簡（肆）》，第229頁。
② 同上注。
③ 彭浩、陳偉、［日］工藤元男主編：《二年律令與奏讞書——張家山二四七號漢墓出土法律文獻釋讀》，第209頁。

丞印封櫝槢,以印章告關,關完封出,勿索(索)。櫝槢中有禁物,視收斂及封……"

【3】袤六尺

[整理小組注]

袤六尺:槢長僅六尺,葬必屈肢。"有秩以下"小吏乃秦社會中下層,此令揭示其葬式,與考古發現秦庶民多數屈肢葬的現象互相印證。①

【4】厚毋過二寸

[疏證]

"厚毋過二寸"之後,嶽麓秦簡整理小組原標點爲逗號,今改爲句號。

【5】爲賣(買)

[疏證]

"爲賣(買)"之後,嶽麓秦簡整理小組原標點爲逗號,今改爲句號。"以縣官木爲槢"至"厚毋過二寸"說的是官府用公家的木材爲死事者做棺材的事。"毋木者,爲賣(買)"是補充說明,說如果官府臨時沒有棺木,就要出錢購買。"出之"至"勿令解絕"說的是束縛封棺之事。三件事之間用句號隔開,便於讀者理解。

【6】出之

[整理小組注]

出之:指出喪。②

【7】密緻

[整理小組注]

密緻:見《說文》:"緻,密也。"緻,通"致",密致,同義複詞。③

【8】敦

[整理小組注]

敦:通"橓",棺材上的覆蓋物。《玉篇·木部》:"橓,棺覆也。"④

[疏證]

敦,劉傑認爲當讀爲"端",曰:"今按,讀'敦'爲'橓','兩敦(橓)'不好理解,文意未安。敦、耑二字古音相通,《說文解字·支部》:'敦,怒也,詆也。'朱駿聲通訓定聲:

---

① 陳松長主編:《嶽麓書院藏秦簡(肆)》,第230頁。
② 同上注。
③ 同上注。
④ 同上注。

《管子·君臣》:"丈尺一綧制",字作"綧",又爲"削"。《莊子·説劍》:"試使士敦劍。"司馬注:"斷也。"敦、耑一聲之轉,又疊韻連語。'可以爲證。耑、端爲古今字,《周禮·考工記·磬氏》:'已上則摩其旁,已下則摩其耑。'陸德明釋文:'耑,本或作端。'孫詒讓正義:'耑、端古今字。'居延漢簡1058簡'☐壽王敢言之:戍卒鉅鹿郡廣阿臨利里潘甲疾温不幸死。謹與☐椯櫝,參絜堅約,刻書名縣爵里椯敦,參辨券書其衣器所以收'之'椯敦',裘錫圭先生認爲:'疑即椯端。"敦""端"同聲母,韻部也相近(漢代韻文,真文與元通押之例常見)。《詩·豳風·七月》"有敦瓜苦",《毛傳》:"猶專專也。"以"專專"(即團團)釋"敦",應爲聲訓。"專""端"都是元部字。"敦"與"端","敦"與"專",都是一聲之轉。'亦可證,故簡文'敦'當讀爲'端'。"①論述甚精,其説可從。

【9】解絕

[整理小組注]

解絕:解,散也;絕,斷也。解絕,指捆椯的繩子解開或斷裂。②

簡文大意

内史屬下官吏有秩以下……爲公家事務而死於任上者,官府爲其提供椯,椯高三尺,寬一尺八寸,長六尺,厚不超過二寸。(縣官)没有棺木者,到市場購買。出喪時,仔細捆綁其椯,兩端用枲麻捆牢,不使其鬆散或斷裂。

簡0325+0317+0318+J59+J58+0717(366—371)

●郡及關外黔首有欲入見親、市中縣【道】[1],【毋】禁錮者殹(也)[2],許之。入之,十二月復[3],到其縣,毋後田。田時,縣毋☐366入殹⌐。而[4]澍不同[5]⌐,是吏不以田爲事殹(也)。或者以澍稺[6]時繇(徭)黔首而不顧其時⌐,及令所謂春秋367試射[7]者,皆必以春秋閒時殹(也)。今縣或以黔首急耕⌐、種、治苗時[8]已乃試之[9]⌐,而亦曰春秋試射之368令殹(也),此非明吏所以用黔首殹(也)。丞相其以制明告郡縣⌐,及毋令吏369以苛[10]繇(徭)奪黔首春夏時,令皆明焉,以爲恒[11]。不從令者,貲丞、令、令史、尉、尉史、士[12]370吏、發弩[13]各二甲371。

---

① 劉傑:《〈嶽麓書院藏秦簡(肆)〉札記四則》,《中山大學學報(社會科學版)》2019年第6期,第116—117頁。
② 陳松長主編:《嶽麓書院藏秦簡(肆)》,第230頁。

【1】欲入見親、市中縣【道】

[疏證]

"欲入見親、市中縣【道】"是兩件事,前者是探親訪友,後者是采購商品或從事商業活動。

【2】【毋】禁錮者殹(也)

[整理小組注]

禁錮:一種剥奪人身自由的刑罰執行方式。《漢書·刑法志三》:"前令之刑城旦舂歲而非禁錮者,如完爲城旦舂歲數以免。"禁錮,似可簡稱"錮"。《張家山漢簡·二年律令·賊律》第38簡:"父母告子不孝,其妻子爲收者,皆錮,令毋得以爵償、免除及贖。"整理者注:"錮,禁錮。"①

[疏證]

【毋】禁錮者殹(也),是說那些想進入中縣道的人,如果不在國家禁錮令的範圍之内,就可以放行。

【3】復

[疏證]

復,返回。

【4】而

[整理小組注]

而:若,假若。《左傳·襄公二十九年》:"先君若有知也……且先君而有知也。"②

【5】同

[整理小組注]

同:此處指一起進行種植一類的農業生産。《詩·豳風·七月》:"同我婦子,饁彼南畝,田畯至喜。"鄭玄箋:"同,猶俱也。"③

【6】澍穜

[整理小組注]

澍穜:澍,通"樹",訓種。本組簡文有"而澍不同",即不參與種植。"澍穜"爲同義

---

① 陳松長主編:《嶽麓書院藏秦簡(肆)》,第230頁。
② 同上注。
③ 同上注。

複詞,可作"種樹"。《漢書·文帝紀》:"歲勸民種樹。"顏師古注:"樹,謂藝殖也。"①

[疏證]

睡虎地秦簡《秦律十八種》簡1《田律》:"雨爲澍〈澍〉,及誘(秀)粟,輒以書言澍〈澍〉稼、誘(秀)粟及豤(墾)田暢毋(無)稼者頃數。"《釋文注釋修訂本(壹)》:"澍,整理者:應爲澍字之誤。澍,及時的雨。張政烺、日知(1990B,5頁):澍是深泥,水潤苗生名莳田。夏利亞(2011,118頁):'雨爲澍'與'及誘(秀)粟'是並列關係,張氏釋文省略'及',與原文不一致。今按:《説文》:'澍,時雨,所以樹生萬物。'桂馥《説文解字義證》引《尸子》:'神農氏治天下,欲雨則雨。五日爲行雨,旬爲穀雨,旬五日爲時雨。'"②

現在從嶽麓簡此簡內容來看,睡虎地秦簡《田律》中的"澍"亦當作"種樹"解。

【7】春秋試射

[整理小組注]

春秋試射:春秋兩季的武藝考試。《張家山漢簡·二年律令·徭律》第414簡:"縣弩春秋射各旬五日,以當繇(徭)。"《居延漢簡釋文合校》133.14:"居延甲渠候官當曲燧長公乘關武　建平三年以令秋試射發矢十二中帣矢□□。"③

【8】急耕、種、治苗時

[整理小組注]

急耕、種、治苗時:此三時可對比嶽麓秦簡1306:"縣毄(繫)者歸田農,種時、治苗時、穫(穫)時各二旬。"這些時節可統稱"田急時",見嶽麓秦簡1870-1+1870-2:"田不急時欲令田徒及車牛給它事,而以田急時以它徒賞(償)……"④

[疏證]

嶽麓簡整理小組注引嶽麓秦簡1306(275):"縣毄(繫)者歸田農,種時、治苗時、穫(穫)時各二旬。"查簡1306爲:"縣者歸田農,種時、治苗時、樓〈穫〉時各二旬。"可見整理小組引用多處有誤。首先,"縣"與"者"之間無"毄(繫)"字,其次"穫時"之"穫",原文寫作"樓",而非"穫"。

【9】已乃試之

[整理小組注]

已乃試之:已,通"以",《荀子·非相》:"人之所以爲人者何已也。"楊倞注:"已,與以同。"乃,其,此處指急耕時的黔首,《經傳釋詞》卷六:"乃,猶其也。""已(以)乃試

---

① 陳松長主編:《嶽麓書院藏秦簡(肆)》,第230頁。
② 彭浩、劉樂賢等:《秦簡牘合集·釋文注釋修訂本(壹)》,第40頁。
③ 陳松長主編:《嶽麓書院藏秦簡(肆)》,第230頁。
④ 同上注。

之",指吏以急耕時的黔首參與春秋試射。①

【10】以苛

[整理小組注]

首端文字有被刮削的痕迹。②

【11】令皆明焉,以爲恒

[疏證]

令皆明焉以爲恒,嶽麓簡整理小組原標點作"令皆明焉。以爲恒",今改爲"令皆明焉,以爲恒"。"以爲恒",嶽麓秦簡整理小組原標點爲逗號,屬下讀,今改爲句號,屬上讀。按照律文慣例,往往是敘述完畢一條制度時,以"以爲恒"結尾,表示前面的規定已經成爲定制。而"以爲恒"之後的"不從令"者云云,則是補充説明,説如果違反了這條定制,應當如何處罰,等等。

【12】士

[疏證]

"士"字後,原釋文有殘簡號,今從周波説删除。③

【13】士吏、發弩

[整理小組注]

士吏、發弩:兩類組織春秋試射的官吏。《睡虎地秦簡·秦律雜抄》第2、3簡:"除士吏、發弩嗇夫不如律,及發弩射不中,尉貲二甲。發弩嗇夫射不中,貲二甲,免,嗇夫任之。"整理者注:"士吏……《漢書·匈奴傳》注引漢律:'近塞郡皆置尉,百里一人,士史、尉史各二人,巡行徼塞也。'士史,應即士吏。……發弩,專司射弩的兵種。"④

簡文大意

諸郡及關外的黔首有想到中縣道探望親人或做買賣的,只要不屬於禁錮範圍的人,都是允許的。每年十二月的時候,返回本縣,不能耽誤(次年)農時。農忙時節,縣不能……進入。如果不能按時進行農業生産,這是官吏不重視農事的表現。有的在播種時節徵發黔首服徭役,不顧農時,以及根據所謂春秋試射的法令,試射必須在春秋農閑之際進行,而有的縣却在黔首忙於農耕、播種或治苗的時節進行,却仍然説是根據春秋

---

① 陳松長主編:《嶽麓書院藏秦簡(肆)》,第230頁。
② 同上注。
③ 周波:《〈嶽麓書院藏秦簡(肆)〉補説》,姚遠主編:《出土文獻與法律史研究》第7輯,第73頁。
④ 陳松長主編:《嶽麓書院藏秦簡(肆)》,第230頁。

試射的法令，這都不是明智的官吏所用以管理黔首的做法。丞相應該明確地以文書告知地方郡縣，不能讓官吏擅奪黔首農時，令官吏們都明白這個道理，以爲定制。不服從法令的，貲罰縣令、縣丞、令史、縣尉、尉史、士吏、發弩各二甲。

簡0015+0391（372—373）

☐☐☐而八月或稙[1]或穉[2]┕，相去欿[3]。今茲[4]非有軍殹(也)，黔首之急春☐☐₃₇₂丞、令、令史、官嗇夫、吏主者☐☐☐☐☐者以其官爲☐☐☐☐☐₃₇₃

【1】稙

【整理小組注】

稙：早種。《説文·禾部》："稙，早種也。"①

【2】穉

[整理小組注]

穉：後種。《詩·魯頌·閟宮》："黍稷重穋，稙穉菽麥。"《毛傳》："先種曰稙，後種曰穉。"②

【3】欿

[整理小組注]

欿：見《説文·欠部》："欿，食不滿也。"相去欿，或指早種與後種之間，糧食不夠，故"食不滿"也。③

【4】茲

[整理小組注]

茲：年。④

簡文大意

……八月或早種或晚種，收穫時間也會相差甚遠。今年沒有軍事行動，黔首忙於春

---

① 陳松長主編：《嶽麓書院藏秦簡（肆）》，第230頁。
② 同上注。
③ 同上注。
④ 同上注，第231頁。

耕……縣令、縣丞、令史、官嗇夫、主管官吏……

簡0752（374）

☐☐☐☐☐戰圍（？）如故。☐374

簡J70+J71+J67（375）

▊廷内史郡二千石官共令。☐375

簡0658（376）

其可爲傳[1]者，爲傳，財（裁）期[2]之蜀，毋故，令蜀☐黔首戍376。

【1】傳

［整理小組注］

傳：驛傳。《漢書·高帝紀》："乘傳詣雒陽。"顏師古注引如淳曰："傳者，若今之驛，古者以車，謂之傳車。"[1]

［疏證］

嶽麓簡整理小組以爲"驛傳"，只能是可備一説。也有可能是作爲過關憑證的"傳"。"可爲傳"，意爲有資格取得傳。也就是居延漢簡中常提到的"當得取傳"。如居延漢簡15·19："永始五年閏月己巳朔丙子，北鄉嗇夫忠敢言之：義成里崔自當自言爲家私市居延。謹案：自當毋官獄徵事，當得取傳，謁移肩水金關、居延縣索關。敢言之。閏月丙子，觻得丞彭移肩水金關、居延縣索關。書到，如律令。/掾晏、令史建。"[2]

---

[1] 陳松長主編：《嶽麓書院藏秦簡（肆）》，第231頁。
[2] 簡牘整理小組編：《居延漢簡（壹）》，中研院歷史語言研究所專刊之一〇九，第54頁。

【2】財(裁)期

[整理小組注]

財(裁)期：財通"裁"。裁期即裁定日期，也就是限定日期的意思。①

[疏證]

嶽麓簡中"財(裁)"的類似用法還有幾處，如簡1413+1297(169—170)："内史襍律曰：弩稾廥、倉、庫、實官、積，垣高毋下丈四尺，瓦牆(牆)，財(裁)爲候，晦令人宿候，二人備火，財(裁)爲□□水。宫中不可爲池者財(裁)爲池宫旁。"簡1369(179)："令守城邑害所，豫先分善署之，財(裁)爲置將吏而皆令先智(知)所主。"

簡文大意

可以取得傳的，就發給他傳，限期到達蜀郡。没有特殊的原因，令蜀郡……黔首戍守。

簡0671+0651-1(377—378)

六月，其女子作居縣[1]，以當戍日。戍[2]告犯令者一人以上，爲除[3]戍故徼一歲者一人。鄉嗇夫謹禁弗得[4]，以爲不377勝任，免之，貲丞、令、令史各一甲378。

【1】其女子作居縣，以當戍日

[整理小組注]

其女子作居縣，以當戍日：意思是，如果犯令者是女子，那麽不必離開本縣戍，而是在縣官居作，以抵戍日。這是對女子犯令的特殊規定。

[疏證]

作居縣，意爲在本縣居作。② 作，居作。居縣，女子所居住之縣，戶籍所在縣。此處"居縣"之"居"不是"居作"的意思。類似用法見於嶽麓簡J44+0705(292—293)："【諸】給日及諸從事縣官、作縣官及當戍故徼而老病居縣、坐姙在春，篤貧不能自食，皆食縣官而益展其日以當食，如居貲贖責。"張家山漢簡中也有類似的用法。《二年律令》簡284—285《賜律》："千石至六百石吏死官者，居縣賜棺及官衣。五百石以下至丞、尉死官者，居縣賜棺。官衣一，用縵六丈四尺，帛裹，毋絮；常(裳)一，用縵二丈。"這裏的"居縣"指的是官員任職工作之縣。

---

① 陳松長主編：《嶽麓書院藏秦簡(肆)》，第231頁。
② 陳偉：《秦漢簡牘"居縣"考》，《歷史研究》2017年第5期，第182頁。

【2】戍

[疏證]

戍,戍者。

【3】爲除

[疏證]

爲除,爲之免除,即作爲獎勵,爲舉報者免除一位本應成故徼一年的人。

【4】謹禁弗得

[疏證]

謹禁,謹慎地巡察約束。弗得,不能發現已違反法令的人。

簡文大意

……六月,如果是女子犯罪就在本縣居作,以抵償本應去外地戍守的刑期。戍守者如能舉報一人以上違反法令者,可爲之免除本應成故徼一歲者一人。鄉嗇夫謹慎約束管理却不能發現已違反法令者,視爲不勝任本職工作,要予以免職,同時貲罰縣令、縣丞、令史各一甲。

簡0634+0663+0525+0529(379—382)

●里人令軍人得爵受賜者出錢酒肉歓(飲)食之[1],及予錢酒肉者,皆貲戍[2]各一歲。其先自告,貲 典 、老 [3]379各一甲[4];弗智(知),貲各一盾[5]。有不從令者而丞、令、令史弗得,貲各一盾[6]。以爲恒380。●材官[7]、趨發[8]、發弩[9]、善士[10],敢有相責(債)[11]入舍錢酉(酒)肉及予者,捕者盡如此令,士吏坐之,如鄉嗇夫。貲丞、令[12]381 令 史、尉、尉史各一甲。丞相下、尉布,御史議,吏敢令後入官者出錢財酒肉,入時[13]共分歓(飲)食及出者[14],皆【貲】二甲,責費[15]382。

【1】里人令軍人得爵受賜者出錢酒肉歓(飲)食之

[疏證]

里人令軍人得爵受賜者出錢酒肉歓(飲)食之,意思是里人讓同里中得到爵位及賞賜的軍人出錢請客。這是一種很不好的鄉俗。官場之中也存在着類似的惡俗。嶽麓簡

0525+0529(381—382)："·材官、趨發、發弩、善士敢有相責入舍錢西(酒)肉及予者,捕者盡如此令,士吏坐之,如鄉嗇夫。貲丞、令、令史、尉、尉史各一甲。丞相下、尉布、御史議,吏敢令後入官者出錢財酒肉,入時共分歙(飲)食及出者,皆【貲】二甲,責費。"這條律令則是官場中同僚之間或者上下級之間,對於新提升者,要求出錢請客。嶽麓簡秦律對這兩種現象嚴加懲治,請客者及被請者都要受到處罰。睡虎地秦簡《語書》簡1—3中曾提到法律對於陳規陋習的匡正思想:"古者,民各有鄉俗,其所利及好惡不同,或不便於民,害於邦。是以聖王作爲法度,以矯端民心,去其邪避(僻),除其惡俗。法律未足,民多詐巧,故後有閒令下者。凡法律令者,以教道(導)民,去其淫避(僻),除其惡俗,而使之之於爲善殹(也)。"嶽麓秦律的規定也許正是這種思想在法律上的具體體現。

周海鋒認爲此處的"里人"有"指令軍人的職權,那麽,它肯定不是一般的泛指所謂同里之人"。① 筆者認爲,這種推測求之過深,此處"里人"就是同里之人,因爲軍人得到了賞賜,同里的人就起哄,要他請客,如現今某些習慣一樣,不存在"指令"的含義。

【2】貲戍

[整理小組注]

貲戍:"貲"與"罰戍"相結合的一類刑罰。《睡虎地秦簡·秦律雜抄》:"徒食、敦(屯)長、僕射弗告,貲戍一歲;……軍人買(賣)稟橐所及過縣,貲戍二歲。"

[疏證]

嶽麓簡整理小組的這個注釋值得商榷。"貲戍",在這裏的意思即罰戍。睡虎地秦簡《秦律雜抄》簡11—14中相關原文爲:"不當稟軍中而稟者,皆貲二甲,法(廢);非吏殹(也),戍二歲;徒食、敦(屯)長、僕射弗告,貲戍一歲;令、尉、士吏弗得,貲一甲。軍人買(賣)稟橐所及過縣,貲戍二歲;同車食、敦(屯)長、僕射弗告,戍一歲;縣司空、司空佐史、士吏將者弗得,貲一甲;邦司空一盾。"可以看出,在相關的處罰中,"戍二歲""貲戍一歲""貲戍二歲""戍一歲"交互使用,可見"貲戍一歲"與"戍一歲"在此都是"罰戍"的意思。何況"貲戍"中,"貲"如指罰財物,爲什麼不提出數量,而只説出"戍"的時間,也難以理解。

【3】典、老

[整理小組注]

此處字形已泐,據上下文義可知,所殘缺者應是"典、老"二字。②

[疏證]

"典、老"後原釋文有殘簡號,今從周波説刪除。③

---

① 陳松長等著:《秦代官制考論》,第254頁。
② 陳松長主編:《嶽麓書院藏秦簡(肆)》,第231頁。
③ 周波:《〈嶽麓書院藏秦簡(肆)〉補説》,姚遠主編:《出土文獻與法律史研究》第7輯,第73頁。

【4】各一甲

[疏證]

"各一甲"之後,嶽麓秦簡整理小組原標點爲逗號,今改爲分號。

【5】貲各一盾

[疏證]

"貲各一盾"之後,嶽麓秦簡整理小組原標點爲逗號,今改爲句號。

【6】貲各一盾

[疏證]

"貲各一盾"之後,嶽麓秦簡整理小組原標點爲逗號,今改爲句號。"貲各一盾"之後的"以爲恒",是對前面所有内容的一個確認,故單獨成句。

【7】材官

[整理小組注]

材官:正卒的一類。《後漢書·百官志五》注引《漢官儀》:"民年二十三爲正,一歲以爲衛士,一歲爲材官、騎士,習射御騎馳戰陣。"①

【8】趨發

[整理小組注]

趨發:兵種名。《銀雀山漢簡·孫臏兵法·威王問》第282簡:"篡(選)卒力士者,所以絶陳(陣)取將也;勁弩趨發者,所以甘戰持久也。"②

【9】發弩

[整理小組注]

發弩:專司射弩的兵種,由"發弩嗇夫"統領。③

【10】善士

[整理小組注]

善士:或當是一種軍吏名。《孟子注疏解經傳》第十四上:"晋人有馮婦者,善搏虎,卒爲善士。"善或通繕,繕士即繕修兵器的軍吏。④

---

① 陳松長主編:《嶽麓書院藏秦簡(肆)》,第231頁。
② 同上注。
③ 同上注。
④ 同上注。

【11】責（債）

[整理小組注]

責：通"債"，索取。《廣韻·卦韻》："債，徵財也。"①

【12】丞、令

[整理小組注]

丞、令：或應是令丞的倒寫。②

[疏證]

"令"下當有重文符號被漏抄，下接"令史"。因此嶽麓簡中釋文當爲"丞、令、令史"。

【13】入時

[整理小組注]

入時：即前文"入官時"之省略。③

【14】出者

[整理小組注]

出：自出④。

[疏證]

嶽麓秦簡整理小組的注釋不準確。"出者"當指出錢請客的人。

【15】責費

[整理小組注]

責費：追索已花掉的費用。⑤

簡文大意

里中的人讓軍人得到爵位及賞賜者出錢買酒肉請客吃飯者，及出錢買酒肉請客者，（兩者）都要被罰戍各一年。如果主動向官府自告者，（只）貲罰里典、里父老各一甲；如果里典、里父老不知此事，貲罰各一盾。有不服從這項法令而縣令、縣丞及令史沒有發

---

① 陳松長主編：《嶽麓書院藏秦簡（肆）》，第231頁。
② 同上注。
③ 同上注。
④ 同上注。
⑤ 同上注。

現者,貲罰各一盾。(以上規定)成爲定制。材官、趨發、發弩、善士膽敢有要求別人出錢請客以及出錢請別人者,全部按照這一命令逮捕,士吏連坐,如同鄉嗇夫。貲罰縣令、縣丞及令史、尉、尉史各一甲。丞相下發,廷尉公布,御史合議:官吏敢讓新入職者出錢買酒肉請客,入職時共同飲食,出錢者及飲食者皆貲罰二甲,同時追繳飲食花費。

簡0669+0666+0588-1+0588-2(383—385)

●縣輸從反者[1]、收人材官[2],多毋(無)衣履,毋(無)以蔽。輸者[3]或不運冬夏賤衣[4]。議:□新□而後,冬若383夏賤衣而聯寒者[5],冬袍裘絝履及它物可衣履者,盡四月收[6]。其後賤夏衣者,假禪帬襦384盡九月收⌐,叚(假)裘者,勿假袍;假袍者,勿假裘。它有等比。□385

【1】從反者

[整理小組注]

從反者:從人、反者的合稱,指故六國的合縱反秦之人。

[疏證]

嶽麓秦簡整理小組讀"從"爲"縱",所以把"從反者"解釋爲合縱反秦之人。其實,如果没有上下文意的提示,用不着非要把"從"解釋爲"縱",用其本義即可。温俊萍就認爲,"嶽麓秦簡令文中的'從反者'應該不是整理者所説的故六國的合縱反秦之人",而應該是反者的從者,"或者説是妻子、同産、舍人等依附群體"。① 此説可備一説。

【2】收人材官

[疏證]

嶽麓秦簡整理小組原把"收人"與"材官"用頓號隔開,不確。今從陳偉説,把"收人材官"連讀。陳偉舉《史記·大宛列傳》中"囚徒材官"與此處"收人材官"相類比,是恰當的。《史記·大宛列傳》:"乃案言伐宛尤不便者鄧光等,赦囚徒材官,益發惡少年及邊騎。"陳偉推測《大宛列傳》所説"材官"似是工官名,"蓋與秦簡此處'材官'類似"。② 如何理解"赦囚徒材官"之"材官"爲工官名稱呢? 這句話應理解爲"赦囚徒於材官",中間省略了"於",意思是赦免材官這一機構轄下的囚徒,以擴

---

① 温俊萍:《嶽麓秦簡與秦代社會控制》,湖南大學2019年博士學位論文,第19頁。
② 陳偉:《嶽麓秦簡肆校商(三)》,武漢大學簡帛網2016年3月29日。

充兵員。同理,嶽麓簡此處的"縣輸從反者、收人材官",也是省略了"於",應理解爲"縣輸從反者、收人於材官",意思是縣向"材官"這個機構輸送"從反者、收人"這些囚徒勞動力。

溫俊萍又搜集了《南齊書》和《南史》中有關"材官"機構的兩個例子作爲佐證。《南史·王敬則傳》:"太祖將受禪,材官薦易太極殿柱,從帝欲避土,不肯出宫遜位。"① 《南齊書·恩倖傳·茹法亮傳》:"帝給珍之宅,宅邊又有空宅,從即併取,輒令材官營作,不關詔旨。"② 這兩例中的"材官"都是負責土木工程建築的機構。溫俊萍還進一步推測,這類機構早期可能與掌管山林川澤之官有關。③ 這些結論都是可取的。

【3】輸者

[整理小組注]

輸者:指前面所提到的從反者、收人和材官。④

[疏證]

按照"【2】收人材官"疏證所説,此處的"材官"當指勞動力的接收管理機構,則此"輸者"指的則是"從反者"和"收人"。

【4】不逮冬夏賤衣

[整理小組注]

賤衣:賤通"餞",兩字古音相通,均爲元部從母字。《玉篇·食部》:"餞,送也。"引申爲發放。賤衣,或即發放衣服的意思。⑤

[疏證]

逮,及也。輸者或不逮冬夏賤衣,就是説縣相輸送的這類罪人往往衣不蔽體,有的人甚至等不到官府發放冬衣或夏衣的時候,就無衣可穿了。睡虎地秦簡《秦律十八種》簡201《屬邦律》中强調道官相輸的隸臣妾、收人"受衣未受""受者以律續食衣之",正可與嶽麓簡的記載互相印證。

【5】聯

[整理小組注]

聯:裂也。聯、裂皆來紐,音可通,義爲破裂、破爛。《嶽麓書院藏秦簡》(壹)1534號簡"衣聯弗補"、1564號簡"室屋聯扇(漏)"之"聯"均當作此義解。⑥

---

① 蕭子顯:《南齊書》,中華書局1972年版,第481頁。
② 李延壽:《南史》,中華書局1975年版,第1929頁。
③ 溫俊萍:《嶽麓秦簡與秦代社會控制研究》,第18頁。
④ 陳松長主編:《嶽麓書院藏秦簡(肆)》,第231頁。
⑤ 同上注。
⑥ 同上注。

【6】盡四月收

[整理小組注]

盡四月收：借出去的冬衣到四月底時要收回。秦律有規定稟衣的時間，《睡虎地秦簡·秦律十八種·金布律》："受（授）衣者，夏衣以四月盡六月稟之，冬衣以九月盡十一月稟之，過時者勿稟。"

[疏證]

對於睡虎地秦簡《金布律》稟衣，學界或認爲是發實物，或認爲是發貨幣，但都認爲是作爲必要的生活資料發放給徒隸的，没有人認識到還要收回。但嶽麓簡的這條材料規定，冬衣四月底收回，夏衣九月底收回，正好與睡虎地秦簡所記載的夏衣、冬衣的發放時間相銜接。但又存在着一個很大的問題。睡虎地秦簡中的"稟衣"，不論是實物發放，還是貨幣發放，學術界一般都認爲是發給徒隸後就不再收回了，故還存在着有償發放及無償發放的爭論，而嶽麓簡此處却明明白白只是借給穿，就像發放生産工具一樣，到時還要收回的。因此，嶽麓簡的"賤衣"與睡虎地秦簡的"稟衣"之間的關係還需要進一步研究。

簡文大意

縣官輸送造反者、收人於材官，多衣不蔽體。被輸送的人往往趕不上冬夏發放衣服的時候。議曰：……冬袍、裘、袴、鞋及其它衣物，到四月底收回。其後發放夏季衣物，假借給襌帬、襦等到九月底收回。借給皮裘的，就不再借給袍；借給袍的，就不再借給裘。其他類似情况照此辦理。……

簡0518+0610+0667+0664+1131（386—390）

芻槀積五歲以上者以貸[1]，黔首欲貸者，到收芻槀時而責（債）之，黔首莫欲貸，貸而弗能索（索）者，以386黔首入租貸芻【槀】□□□□□賣，毋（無）衡石斗甬（桶）以縣米，令里□□者，□□□□□□□387□石（？）斗甬（桶）⌐，里量（？）以□□□□爲□□□縣官衡石斗甬（桶）□縣（？）□□□□□□□及芻（？）□388□斗甬（桶）焉，毋奪黔首時[2]，内史布當用者389。▌廷内史郡二千【石】官共令。　●第庚。　●今壬390。

【1】芻稾積五歲以上者以貸

[疏證]

官府倉庫儲存的芻稾，積累五年以上的要借貸給出去。此舉是爲了保持倉庫裏的芻稾時常是新鮮的，避免時間長了變質。張家山漢簡《二年律令》簡240—241《田律》："入頃芻稾，頃入芻三石；上郡地惡，頃入二石；稾皆二石。令各入其歲所有，毋入陳，不從令者罰黄金四兩。收入芻稾，縣各度一歲用芻稾，足其縣用，其餘令頃入五十五錢以當芻稾。芻一石當十五錢，稾一石當五錢。"張家山漢簡的規定說明，漢初官府倉庫儲存芻稾也是盡量儲存當年收穫的，儲存量足夠支持一年用度時，後續繳納者將被要求以折合貨幣繳納。這樣既可以避免芻稾儲存量過大，長時間不用而變質浪費，又可以增加貨幣收入，還可以減輕倉庫儲存管理的壓力。而嶽麓秦簡的規定則說明，秦代倉庫芻稾管理，除了在徵收的時候，倉庫儲存量達到適度時就以繳納貨幣的手段作爲補充外，還采取借貸舊芻稾，以新芻稾償還的方式，保證倉庫中芻稾的新鮮品質。

【2】毋奪黔首時

[疏證]

時，農時。毋奪黔首時，不要占用黔首的農時。

簡文大意

（官府儲存的）芻稾積存五年以上者，要借貸給黔首。黔首借貸官府的芻稾，收穫之後要用新芻稾償還官府。如果黔首不願借貸，或借貸之後不能償還者，……不要占用黔首的農時，內史宣布當用者。廷內史郡二千石官共令。原編號第庚。今編號第壬。

簡0356（空白簡）(391)

參考文獻

專　　著

B

班固:《漢書》,中華書局1962年版。

C

陳公柔:《先秦兩漢考古學論叢》,文物出版社2005年版。
陳松長等著:《秦代官制考論》,中西書局2018年版。
陳松長等著:《嶽麓書院藏秦簡的整理與研究》,中西書局2014年版。
陳松長主編:《嶽麓書院藏秦簡(肆)》,上海辭書出版社2015年版。
陳松長主編:《嶽麓書院藏秦簡(伍)》,上海辭書出版社2017年版。
陳偉主編:《里耶秦簡牘校釋》(第1卷),武漢大學出版社2012年版。
陳偉:《秦簡牘校讀及所見制度考察》,武漢大學出版社2017年版。
成東、鍾少異編著,張博智、張濤繪圖:《中國古代兵器圖集》,解放軍出版社1990年版。

D

杜正勝:《編户齊民——傳統政治社會結構之形成》,臺灣聯經出版事業公司1990年版。
段玉裁:《説文解字注》,鳳凰出版社2007年版。

F

范曄:《後漢書》,中華書局1965年版。
[日]冨谷至著,柴生芳、朱恒曄譯:《秦漢刑罰制度研究》,廣西師範大學出版社2006年版。
傅嘉儀編著:《秦封泥彙考》,上海書店出版社2007年版。

G

甘肅簡牘保護研究中心等編:《肩水金關漢簡(壹)》,中西書局2011年版。
甘肅簡牘保護研究中心等編:《肩水金關漢簡(貳)》,中西書局2012年版。

高恒：《秦漢簡牘中法制文書輯考》，社會科學文獻出版社2008年版。
高敏：《雲夢秦簡初探》（增訂本），河南人民出版社1981年版。
顧頡剛、劉起釪：《尚書校釋譯論》，中華書局2005年版。
郭道揚：《中國會計史稿》（上），中國財政經濟出版社1982年版。
國家計量總局等主編：《中國古代度量衡圖集》，文物出版社1984年版。

H

郝懿行：《爾雅義疏》，中華書局2017年版。
胡平生、張德芳：《敦煌懸泉漢簡釋粹》，上海古籍出版社2001年版。
胡平生、李天虹：《長江流域出土簡牘與研究》，湖北教育出版社2004年版。
湖北省荆沙鐵路考古隊：《包山楚簡》，文物出版社1991年版。
湖北省文物考古研究所、北京大學中文系編：《九店楚簡》，中華書局2000年版。
華東政法大學法律古籍整理研究所編：《第六屆"出土文獻與法律史研究"暨慶祝華東政法大學法律古籍整理研究所成立三十周年學術研討會論文集》，上海，2016年11月。
黄懷信、張懋鎔、田旭東：《逸周書匯校集注》（修訂本），上海古籍出版社2007年版。

J

簡牘整理小組編：《居延漢簡（壹）》，中研院歷史語言研究所專刊之一〇九，中研院歷史語言研究所2014年版。
簡牘整理小組編：《居延漢簡（貳）》，中研院歷史語言研究所專刊之一〇九，中研院歷史語言研究所2015年版。

L

李道平：《周易集解纂疏》，中華書局1994年版。
李均明：《秦漢簡牘文書分類輯解》，文物出版社2009年版。
李延壽：《南史》，中華書局1975年版。
李迎春：《居延新簡集釋（三）》，甘肅文化出版社2016年版。
里耶秦簡博物館等編著：《里耶秦簡博物館藏秦簡》，中西書局2016年版。
栗勁：《秦律通論》，山東人民出版社1985年版。
劉善澤：《三禮注漢制疏證》，嶽麓書社1997年版。
劉文典：《淮南鴻烈集解》，中華書局1989年版。
劉信芳、梁柱：《雲夢龍崗秦簡》，科學出版社1997年版。
劉永華：《中國古代車輿馬具》，清華大學出版社2013年版。

M

馬聰、王濤、曹旅寧主編：《出土文獻與法律史研究現狀學術研討會論文集》，暨南大學出版社2017年版。

馬智全:《居延新簡集釋(四)》,甘肅文化出版社2016年版。

P

潘偉:《中國傳統農器古今圖譜》,廣西師範大學出版社2015年版。

彭浩、陳偉、[日]工藤元男主編:《二年律令與奏讞書——張家山二四七號漢墓出土法律文獻釋讀》,上海古籍出版社2007年版。

彭浩、劉樂賢等撰著:《秦簡牘合集·釋文注釋修訂本(壹)》,武漢大學出版社2016年版。

Q

裘錫圭:《裘錫圭學術文集文集》第二卷《簡牘帛書卷》,復旦大學出版社2012年版。

S

施之勉:《漢書集釋》,臺灣三民書局2003年版。

十三經注疏整理委員會編:《論語注疏》,北京大學出版社2000年版。

[日]瀧川資言:《史記會注考證》,上海古籍出版社2015年版。

睡虎地秦墓竹簡整理小組編:《睡虎地秦墓竹簡》,文物出版社1990年版。

司馬遷:《史記》,中華書局1959年版。

宋傑:《漢代監獄制度研究》,中華書局2013年版。

孫希旦:《禮記集解》,中華書局1989年版。

孫星衍:《尚書今古文注疏》,中華書局1986年版。

孫詒讓:《周禮正義》,中華書局2015年版。

孫占宇:《居延新簡集釋(一)》,甘肅文化出版社2016年版。

W

王輝:《秦文字集證》,臺灣藝文印書館1999年版。

王念孫:《廣雅疏證》,上海古籍出版社2016年版。

王偉雄:《秦倉制研究》,臺灣花木蘭出版社2013年版。

王先謙:《詩三家義集疏》,中華書局1987年版。

王先謙:《荀子集解》,中華書局1988年版。

吳樹平:《秦漢文獻研究》,齊魯書社1988年版。

吳毓江:《墨子校注》,中華書局1993年版。

X

蕭子顯:《南齊書》,中華書局1972年版。

肖從禮:《居延新簡集釋(五)》,甘肅文化出版社2016年版。

邢義田：《地不愛寶：漢代的簡牘》，中華書局2011年版。
邢義田：《秦漢史論稿》，臺灣東大圖書股份有限公司1987年版。
熊長云：《新見秦漢度量衡集存》，中華書局2018年版。
徐彥：《春秋公羊傳注疏》，上海古籍出版社2014年版。
許維遹：《韓詩外傳集釋》，中華書局1980年版。
薛英群、何雙全、李永良：《居延新簡釋粹》，蘭州大學出版社1988年版。

Y

閻步克：《品位與職官：秦漢魏晉南北朝官階制度研究》，中華書局2009年版。
楊伯峻：《春秋左傳注》，中華書局2016年版。
楊伯峻、何樂士：《古漢語語法及其發展》（修訂本）上冊，語文出版社2001年版。
伊強：《秦簡虛詞及句式考察》，武漢大學出版社2017年版。
銀雀山漢墓竹簡整理小組編：《銀雀山漢墓竹簡（壹）》，文物出版社1985年版。
于豪亮：《于豪亮學術文存》，中華書局1985年版。
于豪亮：《于豪亮學術論集》，上海古籍出版社2015年版。
俞本元、俞本亨：《元亨療馬集選釋》，農業出版社1984年版。
俞偉超：《中國古代公社組織的考察——論先秦兩漢的"單—僤—彈"》，文物出版社1988年版。

Z

張寶璽攝影，胡之選編：《甘肅嘉峪關魏晉一號墓彩繪磚》，重慶出版社2000年版。
張伯元：《出土法律文獻研究》，商務印書館2005年版。
張德芳：《居延新簡集釋（七）》，甘肅文化出版社2016年版。
張家山漢簡二四七號墓整理小組編著：《張家山漢墓竹簡〔二四七號墓〕》（釋文修訂本），文物出版社2006年版。
中國文物研究所、湖北省文物考古研究所編：《龍崗秦簡》，中華書局2001年版。
中華人民共和國農業部主編：《養馬》（農業生產技術基本知識），農業出版社1963年版。
周曉陸、路東之編著：《秦封泥集》，三秦出版社2000年版。
周汛、高春明主編：《中國衣冠服飾大辭典》，上海辭書出版社1996年版。
朱彬：《禮記訓纂》，中華書局1996年版。
朱漢民、陳松長主編：《嶽麓書院藏秦簡（叁）》，上海辭書出版社2013年版。

論　文

A

艾學璞、陳興、田勇、王立新、畢建華：《對"槩"的研究與探討》，《中國計量》2006年第9期。

C

曹旅寧:《嶽麓書院新藏秦簡叢考》,《華東政法大學學報》2009年第6期。

曹旅寧:《嶽麓秦簡(肆)所見秦祠令考》,中國秦漢史研究會、蘇州大學社會學院編:《秦漢思想與社會發展學術討論會論文集》,中國蘇州2018年10月。

曹旅寧:《漢唐時期律令法系中奴婢馬牛等大宗動產買賣過程研究——以新出益陽兔子山漢簡所見異地買賣私奴婢傳致文書爲綫索》,《社會科學》2020年第1期。

陳長琦《〈睡虎地秦墓竹簡〉譯文商榷(二則)》,《史學月刊》2004年第11期。

陳公柔、徐蘋芳:《關於居延漢簡的發現和研究》,《考古》1960年第1期。

陳侃理:《北京大學藏秦代傭作文書初釋》,中國文化遺產研究院編:《出土文獻研究》第14輯,中西書局2015年版。

陳松長:《嶽麓書院藏秦簡中的行書律令初論》,《中國史研究》2009年第3期。

陳松長:《嶽麓書院所藏秦簡綜述》,《文物》2009年第3期。

陳松長:《睡虎地秦簡中的"將陽"小考》,《湖南大學學報(社會科學版)》,2012年第5期。

陳松長:《嶽麓書院藏秦簡中的徭律例說》,中國文化遺產研究院編:《出土文獻研究》第11輯,中西書局2012年版。

陳松長:《嶽麓秦簡中的兩條秦二世時期令文》,《文物》2015年第9期。

陳松長:《秦代"户賦"新證》,《湖南大學學報(社會科學版)》2016年第4期。

陳松長:《嶽麓秦簡中的幾個令名小識》,《文物》2016年第12期。

陳松長:《嶽麓秦簡〈奔警律〉及相關問題淺論》,《湖南大學學報(社會科學版)》2017年第5期

陳偉:《嶽麓書院秦簡考校》,《文物》2009年第10期。

陳偉:《關於秦與漢初"入錢缿中"律的幾個問題》,《考古》2012年第8期。

陳偉:《嶽麓秦簡"尉卒律"校讀(一)》,武漢大學簡帛網2016年3月21日。

陳偉:《岳麓秦簡肆校商(壹)》,武漢大學簡帛網2016年3月27日。

陳偉:《嶽麓秦簡肆校商(三)》,武漢大學簡帛網2016年3月29日。

陳偉:《秦與漢初律令中馬"食禾"釋義及其方法論啓示》,澳門大學、武漢大學、香港城市大學、佛羅里達大學合辦:《首屆新語文與早期中國研究國際研討會論文集》,2016年6月。

陳偉:《秦漢簡牘"居縣"考》,《歷史研究》2017年第5期。

陳治國:《從里耶秦簡看秦的公文制度》,《中國歷史文物》2007年第1期。

陳中龍:《試論〈二年律令〉中的"二年"——從秦代官府年度律令校讎的制度出發》,中國法律史學會、中研院歷史語言研究所編:《法律史研究》第27期(2015年)。

程帆娟:《秦漢官吏的婚姻約束》,《河西學院學報》2020年第1期。

F

范雲飛:《嶽麓秦簡"内史郡二千石官共令第巳"釋證》,武漢大學簡帛研究中心主辦:《簡帛》第19輯,上海古籍出版社2019年版。

方勇:《讀〈嶽麓書院藏秦簡(肆)〉札記一則》,武漢大學簡帛網2016年3月31日。

付奎:《秦簡所見里的拆併、吏員設置及相關問題——以〈嶽麓書院藏秦簡(肆)〉爲中心》,《安徽史學》2017年第2期。

G

甘肅省博物館:《武威雷臺漢墓》,《考古學報》1974年第2期。

高恒:《"嗇夫"辨正——讀雲夢秦簡札記》,《法學研究》1980年第3期。

高敏:《關於漢代有"户賦""質錢"及各種礦産税的新證——讀〈張家山漢墓竹簡〉》,《史學月刊》2003年第4期。

[日]宫宅潔:《出稟與出貸——里耶秦簡所見戍卒的糧食發放制度》,武漢大學簡帛研究中心、香港中文大學歷史系中國歷史研究中心、韓國國立慶北大學歷史系主編:《新出土戰國秦漢簡牘研究論文集——中國簡帛學國際論壇二零一七》,中國武漢2017年。

H

何有祖:《讀嶽麓秦簡肆札記(一)》,武漢大學簡帛網2016年3月24日。

何有祖:《讀〈嶽麓書院藏秦簡(肆)〉札記(三則)》,姚遠主編:《出土文獻與法律史研究》第7輯,法律出版社2018年版。

湖南省文物考古研究所、湘西土家族苗族自治州文物處:《湘西里耶秦代簡牘選釋》,《中國歷史文物》2003年第1期。

黄浩波:《蒲封:秦漢時期簡牘文書的一種封緘方式》,《考古》2019年第10期。

J

紀婷婷:《嶽麓書院藏秦簡〈亡律〉集釋及文本研究》,武漢大學2017年碩士學位論文。

賈麗英:《秦及漢初二十等爵與"士下"准爵層的剖分》,《中國史研究》2018年第4期。

賈麗英:《庶人:秦漢社會爵制身份與徒隸身份的銜接》,《山西大學學報(哲學社會科學版)》2019年第6期。

蔣波:《秦漢簡"文毋害"一詞小考》,《史學月刊》2012年第5期。

晉文:《睡虎地秦簡與授田制研究的若干問題》,《歷史研究》,2018年第1期。

L

[德]勞武利:《秦代的司法裁判若干問題研究》,王沛主編:《出土文獻與法律史研究》第3輯,上海人民出版社2014年版。

雷海龍:《〈嶽麓書院藏秦簡(肆)〉釋文商補八則》,華東政法大學法律古籍整理研究所、湖南大學嶽麓書院、湖南大學法學院、中國法律史學會法律古籍整理專業委員會等主編:《第七屆出土文獻與法律史研究學術研討會論文集》,2017年。

雷海龍（網名：秋風掃落葉）：《〈嶽麓書院藏秦簡（肆）初讀〉》，武漢大學簡帛網2018年3月23日。

黎明釗、唐俊峰：《里耶秦簡所見秦代縣官、曹組織的職能分野與行政互動——以計、課爲中心》，武漢大學簡帛研究中心主辦：《簡帛》第13輯，上海古籍出版社2016年版。

李力：《關於秦漢簡牘所見"稍入錢"一詞的討論》，《國學學刊》2015年第4期。

李力：《秦漢簡〈關市律〉〈金布律〉解讀之若干問題辨析》，中國文化遺産研究院編：《出土文獻研究》第15輯，中西書局2016年版。

李力：《嶽麓秦簡（肆）〈金布律〉讀記（一）——關於1402簡釋文與注釋的討論》，中國文化遺産研究院編：《出土文獻研究》第17輯，中西書局2018年版。

李學勤：《青川郝家坪木牘研究》，《文物》1982年第10期。

凌文超：《秦"訾税"平議》，鄔文玲、戴衛紅主編：《簡帛研究》二〇一八秋冬卷，廣西師範大學出版社2019年版。

凌文超：《秦代傅籍標準新考——兼論自占年與年齡計算》，《文史》2019年第3輯。

劉傑：《〈嶽麓書院藏秦簡（肆）〉札記四則》，《中山大學學報（社會科學版）》2019年第6期。

劉釗：《説秦簡"右剽"一語並論歷史上的官馬標識制度》，《書馨集——出土文獻與古文字論叢》，上海古籍出版社2013年版。

魯家亮：《嶽麓秦簡校讀（七則）》，中國文化遺産研究院編：《出土文獻研究》第12輯，中西書局2013年版。

魯家亮：《嶽麓書院藏秦簡〈亡律〉零拾》，王捷主編：《出土文獻與法律史研究》第6輯，法律出版社2017年版。

陸德富：《戰國時期地方官營手工業中的商品生産》，《中國經濟史研究》2011年第3期。

N

［日］籾山明：《秦代審判制度的復原》，劉俊文主編：《日本中青年學者論中國史》（上古秦漢卷），上海古籍出版社1995年版。

P

彭浩：《睡虎地秦簡"王室祠"與〈齋律〉考辨》，武漢大學簡帛研究中心主辦：《簡帛》第1輯，上海古籍出版社2006年版。

彭浩：《談〈嶽麓書院藏秦簡（肆）〉中的"執瀘"》，"第六届出土文獻與法律史研究暨慶祝華東政法大學法律古籍整理研究所成立三十周年學術研討會"論文，華東政法大學法律古籍整理研究所2016年。

Q

齊繼偉：《秦漢賦役制度叢考》，湖南大學2019年博士學位論文。

齊繼偉：《秦簡"月食者"新證》，武漢大學簡帛研究中心主辦：《簡帛》第19輯，上海古籍出版社2019年版。
裘錫圭:《漢簡零拾》,《文史》第12輯,中華書局1981年版。
裘錫圭:《嗇夫初探》,中華書局編輯部編:《雲夢秦簡研究》,中華書局1981年版。

R
任傑:《秦漢時制探析》,《自然科學史研究》2009年第4期。

S
沈剛:《簡牘所見秦代縣級財政管理問題探討》,《中國經濟史研究》2019年第1期。
石洋:《秦漢時期借貸的期限與收息周期》,《中國經濟史研究》2018年第5期。
蘇俊林:《簡牘所見秦及漢初"有爵寡"考論》,《中國史研究》2019年第2期。
孫聞博:《秦縣的列曹與諸官——從〈洪範五行傳〉一則佚文説起》,武漢大學簡帛研究中心主辦:《簡帛》第11輯,上海古籍出版社2015年版。
孫聞博:《律令簡新獲與秦史研究——讀〈嶽麓書院藏秦簡(肆)〉》,鄔文玲主編:《簡帛研究》二〇一七春夏卷,廣西師範大學出版社2017年版。
孫曉春、陳維禮:《〈睡虎地秦墓竹簡〉譯注商兑》,《史學集刊》1985年第2期。
孫玉榮:《秦及漢初簡牘中的"寡"——以爵位、户籍、經濟活動爲中心》,《中國經濟史研究》2020年第2期。

T
陶磊:《讀嶽麓書院藏秦簡(肆)劄記》,武漢大學簡帛網2017年1月9日。

W
王惠:《秦簡律目衡微》,2009年華東政法大學碩士學位論文。
王萍:《嶽麓秦簡〈尉卒律〉中的'比其牒'與'案比'制度》,《中國史研究》2020年第2期。
王四維:《秦郡"執法"考——兼論秦郡制的發展》,《社會科學》2019年第11期。
王偉:《〈嶽麓書院藏秦簡(肆)〉考釋二則》,《第二屆古文字與出土文獻語言研究學術討論會論文集》,西南大學漢語言文獻研究所2017年。
王偉:《嶽麓書院藏秦簡札記(四則)》,武漢大學簡帛網2020年4月27日。
王彥輝:《田嗇夫、田典考釋——對秦及漢初設置兩套基層管理機構的一點思考》,《東北師大學報(哲學社會科學版)》2010年2期。
王彥輝:《論秦及漢初身份秩序中的"庶人"》,《歷史研究》2018年第4期。
王勇:《嶽麓秦簡〈金布律〉關於奴婢、馬牛買賣的法律規定》,《中國社會經濟史研究》2016年第3期。
温俊萍:《嶽麓秦簡與秦代社會控制研究》,湖南大學2019年博士學位論文。
鄔文玲:《里耶秦簡所見"户賦"及相關問題瑣議》,武漢大學簡帛研究中心主辦:《簡帛》第8輯,上海古籍出版社2013年版。

吳淏:《〈嶽麓書院藏秦簡(肆)〉集釋與相關問題研究》,復旦大學2018年碩士學位論文。

吳鎮烽:《秦兵新發現》,廣東炎黃文化研究會、紀念容庚先生百年誕辰暨中國古文字學學術研討會合編:《容庚先生百年誕辰紀念文集》,廣東人民出版社1998年版。

X

謝坤:《讀嶽麓秦簡〈内史倉曹令〉札記》,武漢大學簡帛網2018年3月10日。

謝坤:《出土簡牘所見秦代倉、廥的設置與管理》,《中國農史》2019年第3期。

熊賢品:《早期農業史中的馬耕材料考析》,《古今農業》2019年第1期。

徐世權:《嶽麓秦簡所見秦"西工室"之"西"解》,鄔文玲主編:《簡帛研究》二〇一七秋冬卷,廣西師範大學出版社2018年版。

Y

楊振紅:《秦漢簡中的"冗""更"與供役方式——從〈二年律令·史律〉談起》,卜憲群、楊振紅主編:《簡帛研究》二〇〇六,廣西師範大學2008年版。

楊振紅:《從嶽麓秦簡看秦漢時期有關"奔命警備"的法律》,姚遠主編:《出土文獻與法律史研究》第7輯,法律出版社2018年版。

楊振紅:《秦漢時期"符"的尺寸及其變更——兼論嶽麓秦簡肆〈奔警律〉的年代》,鄔文玲、戴衛紅主編:《簡帛研究》二〇一八秋冬卷,廣西師範大學出版社2019年版。

楊振紅:《嶽麓秦簡中的"作功上"與秦王朝大興土木——兼論〈詩·豳風·七月〉"上入執宫功"句義》,《湖南師範大學社會科學學報》2019年第1期。

于洪濤:《里耶秦簡文書簡分類整理與研究》,吉林大學博士論文2017年。

于振波:《秦律中的甲盾比價及相關問題》,《史學集刊》2010年第5期。

Z

張春龍:《里耶秦簡中遷陵縣學官和相關記録》,清華大學出土文獻研究與保護中心編:《出土文獻》第1輯,中西書局2010年版。

張全民:《秦律的責任年齡辨析》,《吉林大學社會科學學報》1998年第1期。

張榮強:《吳簡中的"户品"問題》,北京吳簡研討班編:《吳簡研究》第1輯,崇文書局2004年版。

張榮強:《簡紙更替與中國古代基層統治重心的上移》,《中國社會科學》2019年第9期。

趙斌:《秦簡"卒"相關律令研究》,湖南師範大學2019年碩士學位論文。

中國政法大學中國法制史基礎史料研究會:《睡虎地秦簡法律文書集釋(二):〈秦律十八種〉(〈田律〉〈廄苑律〉)》,徐世虹主編:《中國古代法律文獻研究》第7輯,社會科學文獻出版社2013年版。

中國政法大學中國法制史基礎史料研讀會:《睡虎地秦簡法律文書集釋(四):〈秦律十八

種〉(〈金布律〉-〈置吏律〉)》,徐世虹主編《中國古代法律文獻研究》第9輯,社會科學文獻出版社2015年版。

周波:《〈嶽麓書院藏秦簡(肆)〉補說》,姚遠主編:《出土文獻與法律史研究》第7輯,法律出版社2018年版。

周海鋒:《嶽麓書院藏秦簡〈田律〉研究》,武漢大學簡帛研究中心主辦:《簡帛》第11輯,上海古籍出版社2015年版。

周海鋒:《嶽麓秦簡〈尉卒律〉研究》,中國文化遺產研究院編:《出土文獻研究》第14輯,中西書局2015年版。

周海鋒:《秦律令研究——以〈嶽麓書院藏秦簡〉(肆)爲重點》,湖南大學2016博士學位論文。

周海鋒:《嶽麓書院藏秦簡〈金布律〉研究》,鄔文玲主編:《簡帛研究》二〇一七年春夏卷,廣西師範大學出版社2017年版。

周海鋒:《〈嶽麓書院藏秦簡(肆)〉所收令文淺析》,鄔文玲、戴衛紅主編:《簡帛研究》二〇一八春夏卷,廣西師範大學出版社2018年版。

周曉陸、陳曉捷、湯超、李凱:《於京所見秦封泥中的地理內容》,《西北大學學報》2005年第4期。

朱德貴、齊丹丹:《嶽麓秦簡律令文書所見借貸關係探討》,《史學集刊》2018年第2期。

朱紅林:《試論竹簡秦漢律中的"與同法"和"與同罪"》,《吉林大學古籍研究所建所二十周年紀念文集》,吉林文史出版社2003年版。

朱紅林:《張家山漢簡中所見的勞績制度考析》,《考古與文物》2004年增刊。

朱紅林:《再論竹簡秦漢律中的"三環"——簡牘中所反映的秦漢司法程序研究之一》,《當代法學》2007年第1期。

朱紅林:《竹簡秦漢律中的"贖罪"與"贖刑"》,《史學月刊》2007年第5期。

朱紅林:《再論睡虎地秦簡中的"齎律"》,霍存福、呂麗主編:《中國法律傳統與法律精神》,山東人民出版社2010年版。

朱紅林:《戰國時期官營畜牧業立法研究——竹簡秦漢律與〈周禮〉比較研究(六)》,《古代文明》2010年第4期。

朱紅林:《嶽麓簡〈爲吏治官及黔首〉分類研究(一)》,王沛主編:《出土文獻與法律史研究》第1輯,上海人民出版社2012年版。

朱紅林:《里耶秦簡債務文書研究》,《古代文明》2012年第3期。

朱紅林:《嶽麓書院藏秦簡〈徭律〉補說》,王沛主編:《出土文獻與法律史研究》第3輯,上海人民出版社2014年版。

朱紅林:《里耶秦簡視事簡研究》,王沛主編:《出土文獻與法律史研究》第4輯,上海人民出版社2015年版。

朱紅林:《讀〈嶽麓書院藏秦簡(叄)〉札記》,中國文化遺產研究院編:《出土文獻研究》第14輯,中西書局2015年版。

朱紅林:《〈嶽麓書院藏秦簡(肆)〉補注(一)》,王捷主編:《出土文獻與法律史研究》第6輯,法律出版社2017年版。

朱錦程:《秦制新探》,湖南大學2017年博士學位論文。

莊小霞:《秦漢簡牘所見"巴縣鹽"新解及相關問題考述》,《四川文物》2019年第6期。

鄒水傑:《論秦及漢初簡牘中有關逃亡的法律》,《湖南師範大學社會科學學報》2019年第1期。

鄒水傑:《秦代屬邦與民族地區的郡縣化》,《歷史研究》2020年第2期。

圖書在版編目(CIP)數據

《嶽麓書院藏秦簡(肆)》疏證/朱紅林著.—上海：上海古籍出版社,2021.12
ISBN 978-7-5732-0129-4

Ⅰ.①嶽… Ⅱ.①朱… Ⅲ.①簡(考古)-研究-中國-秦代 Ⅳ.①K877.54

中國版本圖書館CIP數據核字(2021)第243511號

《嶽麓書院藏秦簡(肆)》疏證
朱紅林 著

上海古籍出版社出版發行

(上海市閔行區號景路 159 弄 1-5 號 A 座 5F　郵政編碼 201101)

(1) 網址：www.guji.com.cn
(2) E-mail：guji1@guji.com.cn
(3) 易文網網址：www.ewen.co

商務印書館上海印刷有限公司印刷

開本 787×1092　1/16　印張 26.5　插頁 5　字數 565,000
2021 年 12 月第 1 版　2021 年 12 月第 1 次印刷
ISBN 978-7-5732-0129-4
K·3075　定價：128.00 元

如有質量問題，請與承印公司聯繫